A ASTROLOGIA DE NÓS DOIS

COMO ENTENDER E MELHORAR CADA RELACIONAMENTO EM SUA VIDA

GARY GOLDSCHNEIDER
Autor do best-seller *A linguagem secreta dos aniversários*

Tradução de
FRANK DE OLIVEIRA

ÁRIES

21 de março
a 20 de abril

TOURO

21 de abril
a 20 de maio

GÊMEOS

21 de maio
a 20 de junho

CÂNCER

21 de junho
a 21 de julho

LEÃO

22 de julho
a 22 de agosto

VIRGEM

23 de agosto a
22 de setembro

LIBRA

23 de setembro a
22 de outubro

ESCORPIÃO

23 de outubro a
21 de novembro

SAGITÁRIO

22 de novembro a
21 de dezembro

CAPRICÓRNIO

22 de dezembro a
20 de janeiro

AQUÁRIO

21 de janeiro a
19 de fevereiro

PEIXES

20 de fevereiro a
20 de março

Este livro é dedicado aos meus sete filhos –
Andrew, Aron, Isak, Sara, Anton, Ariana e
Isadora –, a quem devo minhas primeiras
lições práticas de psicologia.

SUMÁRIO

Introdução	*10*

ÁRIES

(21 de março a 20 de abril) — *10*

Trabalho

O chefe de Áries	*11*
O funcionário de Áries	*12*
O colega de trabalho de Áries	*14*
O cliente de Áries	*16*
O sócio de Áries	*17*
O concorrente de Áries	*19*

Amor

O primeiro encontro com alguém de Áries	*21*
O par romântico de Áries	*22*
O cônjuge de Áries	*24*
O amante de Áries	*25*
O ex-cônjuge de Áries	*27*

Amigos e família

O amigo de Áries	*29*
O colega de quarto de Áries	*31*
Os pais de Áries	*32*
Os irmãos de Áries	*34*
Os filhos de Áries	*35*

TOURO

(21 de abril a 20 de maio) — *38*

Trabalho

O chefe de Touro	*39*
O funcionário de Touro	*41*
O colega de trabalho de Touro	*42*
O cliente de Touro	*44*
O sócio de Touro	*46*
O concorrente de Touro	*47*

Amor

O primeiro encontro com alguém de Touro	*50*
O par romântico de Touro	*51*
O cônjuge de Touro	*53*
O amante de Touro	*55*
O ex-cônjuge de Touro	*56*

Amigos e família

O amigo de Touro	*59*
O colega de quarto de Touro	*61*
Os pais de Touro	*62*
Os irmãos de Touro	*64*
Os filhos de Touro	*66*

GÊMEOS

(21 de maio a 20 de junho) — *68*

Trabalho

O chefe de Gêmeos	*69*
O funcionário de Gêmeos	*71*
O colega de trabalho de Gêmeos	*72*
O cliente de Gêmeos	*74*
O sócio de Gêmeos	*76*
O concorrente de Gêmeos	*77*

Amor

O primeiro encontro com alguém de Gêmeos	*80*
O par romântico de Gêmeos	*81*
O cônjuge de Gêmeos	*83*
O amante de Gêmeos	*85*
O ex-cônjuge de Gêmeos	*86*

Amigos e família

O amigo de Gêmeos	*89*
O colega de quarto de Gêmeos	*90*
Os pais de Gêmeos	*92*
Os irmãos de Gêmeos	*94*
Os filhos de Gêmeos	*95*

CÂNCER

(21 de junho a 21 de julho)   97

Trabalho

O chefe de Câncer   *98*

O funcionário de Câncer   *99*

O colega de trabalho de Câncer   *101*

O cliente de Câncer   *103*

O sócio de Câncer   *104*

O concorrente de Câncer   *106*

Amor

O primeiro encontro com alguém de Câncer   *108*

O par romântico de Câncer   *109*

O cônjuge de Câncer   *111*

O amante de Câncer   *113*

O ex-cônjuge de Câncer   *114*

Amigos e família

O amigo de Câncer   *117*

O colega de quarto de Câncer   *118*

Os pais de Câncer   *120*

Os irmãos de Câncer   *122*

Os filhos de Câncer   *123*

LEÃO

(22 de julho a 22 de agosto)   *126*

Trabalho

O chefe de Leão   *127*

O funcionário de Leão   *128*

O colega de trabalho de Leão   *130*

O cliente de Leão   *132*

O sócio de Leão   *133*

O concorrente de Leão   *135*

Amor

O primeiro encontro com alguém de Leão   *137*

O par romântico de Leão   *138*

O cônjuge de Leão   *140*

O amante de Leão   *142*

O ex-cônjuge de Leão   *143*

Amigos e família

O amigo de Leão   *145*

O colega de quarto de Leão   *146*

Os pais de Leão   *148*

Os irmãos de Leão   *150*

Os filhos de Leão   *151*

VIRGEM

(23 de agosto a 22 de setembro)   *154*

Trabalho

O chefe de Virgem   *155*

O funcionário de Virgem   *157*

O colega de trabalho de Virgem   *158*

O cliente de Virgem   *160*

O sócio de Virgem   *161*

O concorrente de Virgem   *163*

Amor

O primeiro encontro com alguém de Virgem   *165*

O par romântico de Virgem   *166*

O cônjuge de Virgem   *168*

O amante de Virgem   *170*

O ex-cônjuge de Virgem   *171*

Amigos e família

O amigo de Virgem   *174*

O colega de quarto de Virgem   *175*

Os pais de Virgem   *177*

Os irmãos de Virgem   *179*

Os filhos de Virgem   *180*

LIBRA

(23 de setembro a 22 de outubro)   *183*

Trabalho

O chefe de Libra   *184*

O funcionário de Libra   *185*

O colega de trabalho de Libra   *187*

O cliente de Libra   *189*

O sócio de Libra   *190*

O concorrente de Libra   *192*

Amor

O primeiro encontro com alguém de Libra	*194*
O par romântico de Libra	*195*
O cônjuge de Libra	*197*
O amante de Libra	*198*
O ex-cônjuge de Libra	*200*

Amigos e família

O amigo de Libra	*202*
O colega de quarto de Libra	*204*
Os pais de Libra	*205*
Os irmãos de Libra	*207*
Os filhos de Libra	*208*

ESCORPIÃO

(23 de outubro a 21 de novembro)	*211*

Trabalho

O chefe de Escorpião	*212*
O funcionário de Escorpião	*213*
O colega de trabalho de Escorpião	*215*
O cliente de Escorpião	*217*
O sócio de Escorpião	*218*
O concorrente de Escorpião	*220*

Amor

O primeiro encontro com alguém de Escorpião	*222*
O par romântico de Escorpião	*223*
O cônjuge de Escorpião	*225*
O amante de Escorpião	*226*
O ex-cônjuge de Escorpião	*228*

Amigos e família

O amigo de Escorpião	*230*
O colega de quarto de Escorpião	*232*
Os pais de Escorpião	*233*
Os irmãos de Escorpião	*235*
Os filhos de Escorpião	*236*

SAGITÁRIO

(22 de novembro a 21 de dezembro)	*239*

Trabalho

O chefe de Sagitário	*240*
O funcionário de Sagitário	*241*
O colega de trabalho de Sagitário	*243*
O cliente de Sagitário	*245*
O sócio de Sagitário	*246*
O concorrente de Sagitário	*248*

Amor

O primeiro encontro com alguém de Sagitário	*250*
O par romântico de Sagitário	*251*
O cônjuge de Sagitário	*253*
O amante de Sagitário	*254*
O ex-cônjuge de Sagitário	*256*

Amigos e família

O amigo de Sagitário	*258*
O colega de quarto de Sagitário	*259*
Os pais de Sagitário	*261*
Os irmãos de Sagitário	*262*
Os filhos de Sagitário	*264*

CAPRICÓRNIO

(22 de dezembro a 20 de janeiro)	*266*

Trabalho

O chefe de Capricórnio	*267*
O funcionário de Capricórnio	*269*
O colega de trabalho de Capricórnio	*270*
O cliente de Capricórnio	*272*
O sócio de Capricórnio	*274*
O concorrente de Capricórnio	*276*

Amor

O primeiro encontro com alguém de Capricórnio	*278*
O par romântico de Capricórnio	*280*
O cônjuge de Capricórnio	*281*
O amante de Capricórnio	*283*
O ex-cônjuge de Capricórnio	*284*

Amigos e família

O amigo de Capricórnio	*287*
O colega de quarto de Capricórnio	*288*
Os pais de Capricórnio	*290*
Os irmãos de Capricórnio	*292*
Os filhos de Capricórnio	*293*

AQUÁRIO

(21 de janeiro a 19 de fevereiro)	*296*

Trabalho

O chefe de Aquário	*297*
O funcionário de Aquário	*298*
O colega de trabalho de Aquário	*300*
O cliente de Aquário	*302*
O sócio de Aquário	*303*
O concorrente de Aquário	*305*

Amor

O primeiro encontro com alguém de Aquário	*307*
O par romântico de Aquário	*308*
O cônjuge de Aquário	*310*
O amante de Aquário	*311*
O ex-cônjuge de Aquário	*313*

Amigos e família

O amigo de Aquário	*315*
O colega de quarto de Aquário	*317*
Os pais de Aquário	*318*
Os irmãos de Aquário	*320*
Os filhos de Aquário	*321*

PEIXES

(20 de fevereiro a 20 de março)	*324*

Trabalho

O chefe de Peixes	*325*
O funcionário de Peixes	*326*
O colega de trabalho de Peixes	*328*
O cliente de Peixes	*330*
O sócio de Peixes	*331*
O concorrente de Peixes	*333*

Amor

O primeiro encontro com alguém de Peixes	*335*
O par romântico de Peixes	*336*
O cônjuge de Peixes	*338*
O amante de Peixes	*339*
O ex-cônjuge de Peixes	*341*

Amigos e família

O amigo de Peixes	*343*
O colega de quarto de Peixes	*344*
Os pais de Peixes	*346*
Os irmãos de Peixes	*347*
Os filhos de Peixes	*349*

INTRODUÇÃO

Numa tarde chuvosa de outubro de 2007, eu estava de novo em minha cidade natal da Filadélfia e liguei para David Borgenicht, presidente e editor da Quirk Books, para dizer que tinha chegado. Ele imediatamente me convidou para ir até lá e logo me vi percorrendo as conhecidas ruas e calçadas da Cidade Velha e tocando a campainha de sua editora nada convencional. Atendido por uma recepcionista, fiquei esperando-o e logo me senti atraído pelos prêmios, que sua coleção Worst-Case Scenario havia conquistado, emoldurados e expostos na parede. David e eu não nos conhecíamos pessoalmente até sermos apresentados por um amigo comum, Rick Lightstone, no American Book Center, em Amsterdã, onde Rick e eu moramos. Fiquei agradavelmente impressionado com a atmosfera de trabalho cordial e descontraída da Quirk. David, após me receber, ofereceu-me uma cadeira numa comprida mesa de sua sala de reuniões, diante de estantes que exibiam uma seleção de livros, entre os quais o meu próprio *A linguagem secreta dos aniversários*.

Gary Goldschneider
Nascimento: 22 de maio
Signo: Gêmeos

Rick sugeriu que eu combinasse com David o projeto de um novo livro. Como se lesse minha mente, David logo me pediu que lhe comunicasse quaisquer ideias sobre minha próxima obra de fôlego. Mencionei algumas que vinha ruminando e, após anotá-las cuidadosamente, David interveio:

– Tenho uma ideia para um novo livro. Um livro de astrologia sobre as outras pessoas.

– Sobre as outras pessoas? – perguntei, intrigado.

– Sim – ele respondeu. – Você sabe, nos anos 1990, tudo era "eu e eu". Os leitores procuravam desesperadamente livros que falassem sobre eles próprios e seu *A linguagem secreta dos aniversários* de fato se enquadrava nessa tendência. O que imagino é um tipo de guia astrológico que ensine a se aproximar das pessoas conforme o signo delas, isto é, a conviver com alguém de Capricórnio, de Leão ou de Gêmeos, em quase todas as áreas da vida.

Seis meses depois, em abril de 2008, David parou em Amsterdã para falar comigo. Estava a caminho da Feira do Livro de Londres. Sentado à minha frente em uma mesa do Café Luxembourg, na praça Spui, David esboçou as seções principais do livro, que ele e sua equipe haviam escolhido: Trabalho, Amor, Amigos e Família. Sob cada categoria, havia subtítulos como "O chefe de Libra", "O amante de Aquário" ou "O amigo de Gêmeos" e, sob essas, mais seis subseções com temas como "Como pedir aumento ao chefe de Libra", "Sexo e o amante de Aquário" e "Como pedir um empréstimo ao amigo de Gêmeos". O número total de palavras que esse projeto exigiria – de 170 a 180 mil – era assombroso; mas, como cada um dos três livros de *A linguagem secreta* totalizado cerca de meio milhão de palavras, ambos sabíamos que eu poderia fazê-lo.

Achei – e ainda acho – brilhante a ideia original de David. Hoje, as pessoas estão mesmo mais interessadas nos outros e talvez um pouquinho menos em si próprias. Só mais tarde percebi que essa era a obra que eu sempre quisera escrever e, de fato, sugerira aos editores como o livro do meu signo. Achei que chegara a hora, finalmente, de outro livro importante no gênero, curiosamente ausente desse campo popular desde os anos 1960 e da obra revolucionária de Linda Goodman, *Signos Estelares*. A coincidência de nossas ideias e interesses foi um estímulo satisfatório para eu escrever este volume. Agradeço a David e a toda a equipe da Quirk, que transformou nossa criação mútua numa experiência tão maravilhosa. Este foi, sem dúvida, o livro que eu mais gostei de escrever.

Gary Goldschneider
Amsterdã
Novembro de 2008

Áries

NASCIDOS DE 21 DE MARÇO A 20 DE ABRIL

Áries é o primeiro signo do zodíaco. Representa o fogo primordial e simboliza as energias puras, altamente intuitivas, do signo. Como Marte é seu planeta regente, os indivíduos de Áries tendem a ser enérgicos, agressivos e dispostos a vencer à sua maneira.
Embora às vezes pueris e abertos, não são afetados emocionalmente com facilidade e acham difícil exprimir seus sentimentos complexos. Não gostam de ser analisados e sua atitude para com os outros é a de "sou o que você está vendo".

Trabalho

ÁRIES
21 DE MARÇO A 20 DE ABRIL

O chefe de Áries

Os chefes de Áries são líderes natos. Assim, não há muitas dúvidas quanto ao rumo que, a seu ver, o grupo deve tomar. Explícitos, claros e exigentes, esses indivíduos implacáveis requisitam toda a energia e dedicação de seus funcionários – se não mais. Como se sentem muito à vontade nesse papel, gostam de tomar decisões e vê-las implementadas. Individualistas de verdade, respeitam com naturalidade essa característica nos outros e se mostram surpreendentemente propensos a tolerar ou mesmo a incentivar que seus subordinados ajam de modo independente, desde que saibam o que se espera deles.

Como pedir aumento ao chefe de Áries

Os chefes de Áries quase sempre se antecipam a essa medida. Provavelmente, o seu lhe oferecerá um aumento (se você o merecer) sem que precise solicitá-lo. No entanto, isso implica também que, se você precisar pedir, provavelmente não vai conseguir. Os chefes de Áries gostam de ser magnânimos, mas desde que isso seja seguro. Ficam particularmente impressionados quando alguém aparece com uma ideia revolucionária, que dê novo alento e direção ao grupo. Porém, não apreciam nada o comportamento sereno e burocrático, podendo ignorar o empregado fiel que trabalha sem chamar a atenção.

Como dar más notícias ao chefe de Áries

Não se esqueça de usar seu capacete. Os chefes de Áries costumam perder o controle (gritam, xingam ou arremessam objetos que tiverem à mão) após um ameaçador silêncio inicial. Um rosto cada vez mais fechado pode ser o segundo sinal de alerta. Abalos sísmicos em geral duram alguns minutos, mas logo passam, como as tempestades de verão. Uma alternativa é dar por escrito as notícias perturbadoras e sair correndo da sala.

Como providenciar viagens e/ou entretenimento para o chefe de Áries

Os chefes de Áries ficam muito satisfeitos quando você arranja as coisas exatamente como eles próprios arranjariam – e bem menos satisfeitos quando isso não acontece. Assim, conhecer a fundo os desejos e vontades especiais deles é essencial para seu sucesso. Como a organização não é, em geral, o forte dessas pessoas, elas dependem inteiramente de você para que as coisas funcionem bem. Tenha em mente que os chefes de Áries adoram o

PONTOS FORTES
Inspirador
Dinâmico
Pioneiro

PONTOS FRACOS
Descuidado
Estressado
Desatento

ESTILO INTERATIVO
Agressivo
Autoritário
Brusco

espetáculo e não pouparão dinheiro para parecerem maravilhosos. Agradecidos por esse pequeno toque que indica sensibilidade às suas preferências, os arianos olham favoravelmente quem se esforça para agradá-los. Então, é melhor alertar com alguma antecedência o restaurante, o hotel ou o agente de viagens sobre as preferências de seu chefe.

A tomada de decisões e o chefe de Áries

Obviamente, os chefes de Áries tomam sozinhos as decisões mais importantes, sem pedir a opinião de ninguém. Mas querem que o funcionário tome as suas com firmeza, quando é o caso: portanto, respire fundo quando eles estiverem analisando o que você fez. Quase sempre, ao tomar decisões e dar ordens, os chefes de Áries não toleram insubordinação nem equívocos. Também não mudam de opinião com frequência. Como resultado, quando enfrentam dificuldades ou fracassos, costumam pôr a culpa em você, acusando-o de acomodado ou fraco. O melhor é, com coragem, fazer o que mandam e, educadamente, lembrá-los de suas ordens originais se as coisas forem mal.

Como impressionar e/ou motivar o chefe de Áries

O primeiro passo é chamar a atenção dele. Isso dará mais resultado se for feito não com respeitosos memorandos periódicos, mas com planos sucintos e inteligentes, que consigam penetrar sem demora a couraça de Áries. Tais planos devem ser apresentados quando vocês dois estiverem sozinhos, pois não convém correr o risco de deixar o chefe constrangido diante de seus colegas. Não tente bajulá-lo nem enganá-lo: isso só o tornará mais impaciente. Depois de disparar o raio contra seu chefe, deixe-o sozinho por algum tempo; ele o procurará quando estiver pronto.

Como fazer propostas e/ou apresentações para o chefe de Áries

Em se tratando de um chefe de Áries, o melhor é nunca enrolar. Esclareça suas colocações ou resultados logo no início; não os deixe para o final. Faça uma lista dos pontos principais, nunca indo além de cinco itens. Não receie mencionar os problemas que seu plano possa acarretar; não minimize despesas nem esforços. Os chefes de Áries se sentem atraídos pelo desafio e, não raro, o improvável ou mesmo o impossível é que atiçam sua ânsia de lutar. Abra bastante espaço para o envolvimento pessoal de seu chefe, do contrário a proposta pode não ser aceita. Uma vez que ele se irrita facilmente, prefira cores e estilos discretos, neutros.

O funcionário de Áries

Apesar de toda a sua independência, os funcionários de Áries são muito bons em seguir regras e obedecer às orientações de seus superiores. Mas detectam logo os equívocos destes, percebendo as falhas e insuficiências de seus planos. Em geral, fazem silêncio sobre esses assuntos, até que um belo dia, provocados ou acusados injustamente de errar, desdobram a lista inteira das exigências injustas ou absurdas que lhes foram feitas. Funcionários de Áries costumam dar sugestões a fim de mudar as coisas, mas só fazem isso quando sentem que o grupo ou o chefe estão receptivos.

Como entrevistar e/ou contratar um funcionário de Áries

O entrevistado de Áries procura uma tarefa clara e bem definida para desempenhar, sem ambiguidades nem exigências absurdamente imaginativas. Será mais fácil entrevistar e contratar um ariano se isso for feito com a maior franqueza. É muito importante não fazer promessas falsas ou enganadoras, pois elas não serão esquecidas. Não confunda o realismo de Áries com falta de entusiasmo: os recém-contratados desse signo estão mais que prontos para aplicar suas prodigiosas energias nas tarefas que lhes forem confiadas. Ambientes alegres e descontraídos são os melhores para tirar deles o melhor.

Como dar más notícias ao funcionário de Áries ou demiti-lo

Isso é um problema porque, quando Áries pensa ter feito um bom trabalho, pode não ser nada fácil convencê-lo de que ele errou. Para muitos arianos, o fracasso é o transtorno mais difícil de enfrentar na vida. Além disso, funcionários de Áries às vezes não se veem com objetividade, nem a seu trabalho: veem apenas o que querem ou precisam ver. Precisam ser preparados gradualmente para más notícias ou para a demissão algumas semanas antes, se possível, para terem tempo de se ajustar e absorver os sinais de advertência. Evite ao máximo agir intempestivamente contra eles, pois com certeza reagirão também de maneira abrupta e tempestuosa, piorando tudo para todos.

Como viajar com o funcionário de Áries e entretê-lo

Embora bem capazes de viver com o que levam na mala, muitos funcionários de Áries se saem melhor em ambientes seguros, familiares. Em geral, são pessoas dinâmicas, mas encontram dificuldade em adequar-se a situações novas, que mudam constantemente, e podem ficar confusas quando viajam por períodos muito longos, pois isso limita sua eficiência. Em se tratando de entretenimento, os funcionários de Áries mostram-se ótimos organizadores ao promover jantares, festas e noitadas na cidade para colegas, clientes e chefes. São também muito hábeis em descobrir os gostos dos outros e, assim, bons para dar presentes.

Como confiar tarefas ao funcionário de Áries

Se a tarefa for bem definida, dificilmente haverá problema. Os funcionários de Áries sabem do que não gostam e deixam isso claro com antecedência. Assim, estimule-os a revelar se acham que poderão cumprir determinada tarefa sem muito aborrecimento ou estresse. Há casos, porém, em que eles podem ser convencidos ou encorajados a aceitar um trabalho pouco desejável: quando seu chefe tem certeza de que passarão a gostar da tarefa uma vez iniciada. Essas missões devem ser confiadas ao empregado de Áries com a opção de voltar atrás, sem ser censurado por isso.

[O funcionário de Áries]

PONTOS FORTES
Dedicado
Enérgico
Solidário

PONTOS FRACOS
Rebelde
Muito sensível
Não perdoa

ESTILO INTERATIVO
Honesto
Confiável
Sincero

TRABALHO

Como motivar ou impressionar o funcionário de Áries

O dinheiro é um forte incentivo para a maioria dos trabalhadores desse signo: para eles, se você for sério, investirá seu dinheiro em quem deposita confiança. Os bônus também constituem um ótimo incentivo para motivar os funcionários de Áries. Considerando-se sua energia quase sempre prodigiosa, eles não se recusam a fazer horas extras para ganhar mais. É preciso cuidado, no entanto, para que não cheguem à estafa devido ao fato de não avaliarem bem seus limites. Embora possa convencê-los a trabalhar duro numa dada tarefa, convém evitar que se desgastem por superestimarem sua própria capacidade.

Como gerenciar, dirigir ou criticar o funcionário de Áries

Os funcionários de Áries são extremamente sensíveis a críticas. Podem suportá-las bem se você tiver o cuidado de explicar com calma o que quer dizer, mas ficam abalados e muitíssimo ofendidos com uma observação repentina e leviana. Também detestam a crítica contínua, pois não são flexíveis o bastante para ignorar a negatividade. Induzi-los a rir, ou pelo menos sorrir, de suas falhas (e de qualquer coisa divertida ou ridícula numa situação tensa) pode ser uma ótima ajuda para pacificá-los. De um modo geral, os funcionários de Áries são fáceis de gerenciar e dirigir – desde que você se mostre honesto com eles, evitando subterfúgios e promessas falsas.

O colega de trabalho de Áries

PONTOS FORTES
Interessado
Solidário
Enérgico

PONTOS FRACOS
Desanimado
Autocrítico
Deprimido

ESTILO INTERATIVO
Positivo
Amistoso
Prestativo

ÁRIES

Você espera que os colegas de trabalho de Áries cumpram suas responsabilidades e tenham uma atitude positiva no emprego. Mas, como desanimam facilmente (o que pode levar ao descontentamento e até à depressão), os companheiros devem exaltar seu valor para o grupo. Sentir-se necessário ou mesmo no centro do que está acontecendo é algo muito importante para um colega de trabalho desse signo. Nem todas essas pessoas precisam ser estrelas e destacar-se do grupo: basta-lhes, na maioria das vezes, ser valorizadas pelo que fazem.

Como pedir conselhos ao colega de trabalho de Áries

Muitos colegas de trabalho de Áries ficam lisonjeados quando você os consulta e, por isso, dão o melhor de si para ajudar. Entretanto, por serem muito diretos e intransigentes, seus conselhos devem ser ouvidos, mas não necessariamente seguidos ao pé da letra. O colega de trabalho ariano tentará descobrir se você fez o que ele recomendou: esteja, portanto, preparado para uma segunda ou terceira discussão. Se você não estiver preparado, evite o colega, pois ele leva esses assuntos muito a sério. Os arianos nunca dão conselhos impensados ou superficiais no ambiente de trabalho.

Como pedir ajuda ao colega de trabalho de Áries

Os arianos gostam de ser solicitados e, em geral, fazem de tudo para ajudar, não importa a dificuldade da tarefa. Lembre-se de que o colega de trabalho de Áries é movido a desafios, precisando, portanto, sentir-se importante e valorizado. Ter um ariano à mão é definitivamente uma vantagem. Mas não o solicite demais nem o faça sentir-se explorado. O melhor é deixar sua ajuda de reserva para situações ocasionais de emergência, sem convocá-lo o tempo todo.

Como viajar com o colega de trabalho de Áries e entretê-lo

Os colegas de trabalho de Áries são individualistas e têm valores rígidos, de modo que não convém deixá-los planejar sozinhos viagens ou festas. Em geral, atuam bem em grupo, desde que a tarefa seja claramente definida. Eles adoram divertir-se, sobretudo quando descobrem estar gostando de uma tarefa que não estão exatamente a fim de cumprir. Risos e piadas são importantes para mantê-los de bom humor e com a energia fluindo facilmente. Gostam de imagens coloridas e de organizar arranjos ao gosto de colegas e chefes.

Como o colega de trabalho de Áries coopera com os outros

Os colegas de trabalho de Áries têm gostos e antipatias muito fortes, sobretudo em se tratando de pessoas. Em geral, lhes dão uma chance, mas raramente dão uma segunda ou terceira quando se sentem postos de lado ou traídos. Não espere que eles se revelem particularmente solidários com pessoas de quem não gostam. Podem trabalhar com elas, mas se mostram frios e não fazem nenhum esforço para ajudá-las abertamente. Não espere também que deem o primeiro passo rumo à reconciliação. Para melhores resultados, integre-os num grupo em que se sintam à vontade.

Como impressionar e motivar o colega de trabalho de Áries

Impressionados sobretudo pela franqueza e pela honestidade, os colegas de trabalho de Áries precisam saber que você é correto com eles e não os faz de bobos. Desconfiam sobretudo de comportamentos manipuladores, furtivos ou ardilosos, mesmo que com isso você só esteja tentando, sutilmente, contemporizar. São bastante motivados pelos desafios, a ponto de precisarem cumprir tarefas aparentemente impossíveis. Então, você precisa protegê-los, e ao grupo, de sua própria arrogância, procurando métodos realistas, nunca extraordinários, sobretudo no cotidiano. Dê ao colega de trabalho de Áries tarefas menores, exequíveis, e vá alimentando aos poucos sua autoconfiança.

Como persuadir e/ou criticar o colega de trabalho de Áries

Os colegas de trabalho de Áries são difíceis de persuadir, sobretudo quando você tem um ponto de vista completamente oposto ao deles. Encaram com suspeita as propostas sedutoras ou lisonjeiras – e com intransigência as francamente agressivas. A melhor maneira de persuadir um colega de Áries é mostrar-lhe, com argumentos pragmáticos e livres de emoções, que determinada abordagem pode funcionar. Como as pessoas desse signo são muito sensíveis às críticas, seja direto e ouça o que elas têm a se opor ao seu ponto de vista, oferecendo boas explicações para defendê-lo.

TRABALHO

PONTOS FORTES
Autoconfiante
Decidido
Franco

PONTOS FRACOS
Muito exigente
Não perdoa
Impaciente

ESTILO INTERATIVO
Quer resultados
Tempestuoso
Difícil

O cliente de Áries

Satisfazer clientes de Áries não é difícil, desde que você os ouça com paciência e lhes dê o que exigem. O problema é que às vezes acham ter sido muito objetivos em sua exposição quando, na verdade, alguns detalhes importantes não foram completamente definidos. Ou seja, os clientes de Áries presumem que você os entendeu porque acreditam ser tão claros e minuciosos que ninguém deixa de entendê-los. Imagine sua surpresa quando você pede mais esclarecimentos! Eles podem achar que você é um tanto devagar ou que tem alguma dificuldade de entendimento. Use sua intuição e tente captar tudo logo na primeira vez.

Como impressionar o cliente de Áries

Os clientes de Áries esperam que você seja atento, inteligente e capaz de entender perfeitamente o que eles têm a dizer. Podem ficar loucos da vida com complicações, problemas e incertezas que você venha a levantar. São muito impacientes. Depois de provar sua compreensão e disposição para satisfazer as vontades de um cliente desse signo, comece a impressioná-lo com seu conhecimento do assunto favorito dele, que você, é claro, pesquisou antes. Mas não se preocupe caso não tenha pesquisado: de qualquer maneira ele lhe revelará que assunto é esse, se você perguntar ou adivinhar.

Como vender para o cliente de Áries

Esqueça. Os clientes de Áries não se deixam levar. Ou já ouviram toda a conversa antes ou não acreditam no que você diz, cortando logo sua lenga-lenga de vendedor. Eles é que são importantes, não você — e querem que suas exigências sejam atendidas. Não se comprometem, isso não está no dicionário deles. Se, ainda assim, você tentar convencê-los do valor de um novo produto ou serviço, procure atender às suas exigências de uma maneira sutil, sedutora e descontraída. Só assim você chamará a atenção de clientes de Áries.

Sua aparência e o cliente de Áries

Nunca se esqueça de que o cliente de Áries é o mais importante de vocês dois; portanto, não tente superá-lo com suas belas roupas e seu penteado deslumbrante. Sua aparência deve ser modesta, segura e tranquila. Isso posto, o cliente desse signo ficará lisonjeado por você achar que o encontro com ele é importante o suficiente para se apresentar da melhor maneira possível. Então, apresente-se bem e aja como um profissional. Acima de tudo, não fale pelos cotovelos nem exagere para parecer engraçado. Sua piada cuidadosamente preparada para quebrar o gelo com certeza falhará ou merecerá apenas um risinho amarelo, obrigando-o a recomeçar do zero.

Como manter o interesse do cliente de Áries

O cliente de Áries se impressiona com resultados. Isso não significa fazer promessas, mas sim enfatizar seus êxitos passados, sobretudo se você realizou um bom trabalho para um concorrente. A simples menção deste provocará uma reação e um interesse renovado naquilo que você tem a dizer. Enfatize, para os clientes de Áries, por que você prefere trabalhar com eles — e eles ficarão exultantes. Quando souberem que você trabalhou para concorrentes, farão de tudo para agradá-lo.

ÁRIES

Como dar más notícias ao cliente de Áries

Você correria voluntariamente para o olho de um furacão? E que tal desafiar um ciclone? Clientes de Áries não gostam de más notícias. Pagam você para dar só as boas. Então, dê. Se não tiver notícias boas, apresente as más sob uma luz favorável, explicando que poderiam ser bem piores. Não diga que fez o melhor possível ou que tudo não passou de azar: essas desculpas terão somente efeito negativo. Prepare um plano B para preservar o projeto e ainda satisfazer aos desejos do cliente de Áries: garanta-lhe que fará o trabalho se tiver um pouquinho mais de tempo ou se o objetivo for menos ambicioso.

Como entreter o cliente de Áries

Faça uma pesquisa prévia para descobrir a preferência do cliente de Áries à mesa – pratos, serviço, ambiente, apresentação – e se concentre nos detalhes. Secretárias e fofoqueiros de escritório são as melhores fontes. E, quando se trata de entretenimento, é provável que todos saibam o tipo de música ou ambiente que esse nativo aprecia. Em geral, ele gosta de comer e beber, de modo que talvez você tenha problemas para controlar seu consumo de álcool. Não se preocupe – ele sem dúvida aceitará suas recomendações caso esteja se divertindo. Cuide para transportá-lo de maneira rápida e cômoda.

O sócio de Áries

Os sócios de Áries costumam direcionar imensas energias para qualquer empreendimento. Mas sua abordagem muitas vezes frenética e limitada pode se revelar um problema, caso estejam tomando o caminho errado: isso significa grande perda de tempo e dinheiro. Assim, é recomendável que tudo seja discutido e planejado antes da fase de implementação e que você acompanhe de perto o processo. Eles não gostam de mandar relatórios semanais a você ou ao grupo: isso deve ser feito de maneira discreta. Os sócios de Áries insistem em trabalhar a seu modo, queimando seu próprio combustível.

Como montar um negócio com um ariano

O papel de seu sócio de Áries deve ser bem definido desde o começo, pois de outro modo ele tentará se meter em tudo. Convém ainda analisar os motivos pelos quais ele o quer como parceiro. Por que uma pessoa tão independente precisaria de um sócio – e por que justamente você? Contratos legais por escrito, dando garantias aos dois, são recomendáveis; isso significa um único advogado que irá considerar as exigências de ambos. Mencionar dificuldades futuras, nos mínimos detalhes, tornará impaciente seu sócio de Áries, mas isso é necessário caso as coisas deem errado.

Como dividir tarefas com o sócio de Áries

Os sócios de Áries se julgam capazes de fazer qualquer coisa, mesmo as tarefas mais difíceis. Entretanto, o negócio andará melhor no dia a dia se as responsabilidades forem divididas e definidas. Elas podem ser determinadas desde o início, mas os verdadeiros pontos fortes do sócio (marketing, relações públicas, vendas, pesquisa e desen-

PONTOS FORTES

Leal
Positivo
Honesto

PONTOS FRACOS

Desligado
Esquecido
Insensível

ESTILO INTERATIVO

Agressivo
De mente estreita
Ambicioso

TRABALHO

volvimento etc.) logo se tornarão aparentes. Os sócios de Áries podem descobrir que o que gostam de fazer não é necessariamente aquilo que fazem melhor ou aquilo de que a empresa necessita. Às vezes, não aceitam de modo algum renunciar às suas tarefas favoritas, apesar do desempenho e dos resultados negativos.

Como viajar com o sócio de Áries e entretê-lo

Os sócios de Áries, em geral, gostam tanto de viagens quanto de diversões ligadas ao trabalho, mas não são necessariamente os melhores organizadores. Você ou o seu assistente deve examinar os planos de seu sócio desse signo, pois este costuma esquecer detalhes importantes na pressa e impaciência de pôr tudo em ordem. Os sócios de Áries muitas vezes se comportam como bons representantes do negócio, em casa ou em viagem, pois são positivos, francos e ambiciosos. Certifique-se, no entanto, de que coloquem os interesses do grupo antes dos deles, quando tratam com clientes. Não raro preocupados apenas consigo mesmos, podem sacrificar o bem da empresa em proveito próprio.

Como gerenciar e dirigir o sócio de Áries

De modo geral, os sócios de Áries não são "gerenciáveis". Você terá de confiar na intuição e no julgamento deles na maioria das situações. Esses sócios não gostam de ser orientados, pois acham que sabem tudo, sobretudo quando ocorre uma crise. Como seus poderes intuitivos são consideráveis (por exemplo, para desmascarar fraudes e artistas picaretas), a empresa às vezes se beneficia dessas habilidades. Procure esclarecer bem o que você quer, dê algumas indiretas e deixe a implementação com eles.

Como se relacionar com o sócio de Áries a longo prazo

O sócio de Áries é bastante confiável e, quando se compromete, não esquece. No entanto, problemas sempre surgem e podem minar o relacionamento. Assuntos pessoais devem, se possível, ficar fora da parceria. Os nativos de Áries são muito sensíveis a certas questões que, quando levantadas, costumam provocar reações explosivas. Lembre-se: o forte deles é a objetividade, não os sentimentos intensos. Portanto, é melhor não haver muito envolvimento pessoal. Mesmo se seu sócio de Áries for brusco, procure ter tato, paciência e firmeza, se conseguir.

Como romper com o sócio de Áries

Pode-se romper a parceria com um ariano, após anos de trabalho conjunto, desde que tudo seja feito de um modo mutuamente vantajoso, pragmático e eficiente. Devido à sua honestidade, os sócios desse signo dificilmente pedirão algo a que não tenham direito. Não é o apreço que eles têm por você, é o seu senso inato de justiça que os impede de tirar vantagens indevidas. Basta apelar para o comportamento ético, que eles raramente consentem em transgredir. Ficam muito desapontados por ter de reconhecer um fracasso, mas sua independência os motiva a ir em frente.

ÁRIES

O concorrente de Áries

Os concorrentes de Áries podem se mostrar raivosos e ameaçadores quando confrontados de forma direta. No mínimo, sua abordagem pode ameaçar esmagar seus adversários com surtos de energia, infusões de capital e campanhas incisivas, persistentes, que não podem ser ignoradas. O choque com esses adversários às vezes lembra batalhas, e as brigas pela conquista de consumidores e clientes acabam por se transformar em verdadeiras guerras. Vencer um concorrente de Áries exige um minucioso estudo de suas táticas e, assim como na guerra, um conhecimento profundo do terreno, tanto quanto das circunstâncias atuais do mercado. Ignorar o concorrente de Áries e preocupar-se apenas com os próprios negócios, esperando que ele vá fracassar ou desistir... isso quase nunca funciona.

Como enfrentar o concorrente de Áries

Como no boxe, a melhor estratégia para vencer um concorrente de Áries é contra-atacar. Deixá-lo fazer o primeiro movimento não é difícil, sem dúvida; mas ter paciência e autocontrole para dar o troco, detectar os pontos fracos e só então partir para o ataque pode ser difícil, mas é essencial para a vitória. Os concorrentes de Áries costumam provocar sua própria derrota quando você os cansa e os força a cometer erros, dos quais então pode se aproveitar. Convém ainda, às vezes, irritá-los com zombarias e provocações.

Como superar o concorrente de Áries em planejamento

O plano de Áries é, em geral, muito simples. Sua estratégia é direta. Elabore, pois, um plano de longo alcance que esgote o ímpeto do primeiro ataque e teça uma rede complexa de contenção capaz de criar obstáculos e problemas que cansarão seu oponente. Faça um plano versátil, que leve em conta os movimentos mais recentes de seu adversário. Esteja pronto também para unir forças com outros concorrentes do ramo, recuando ou se comprometendo quando necessário. O melhor plano é o flexível, não o rígido ou defensivo. Recusando-se a apresentar um objetivo fixo, você neutraliza a agressividade do adversário.

Como impressionar pessoalmente o concorrente de Áries

Seu concorrente de Áries se recusará, sem dúvida, a ficar impressionado com você em pessoa. Portanto, não tente impressioná-lo e seja você mesmo. Se ele próprio quiser te impressionar fingindo que não se impressionou, ignore-o, pois assim você ficará por cima. Convém olhá-lo bem nos olhos quando for desafiado e responder às suas provocações com ditos sutis, meio irônicos. Mostrar-se vago ou sarcástico pode despertar sua fúria. Rir ou gargalhar do que ele disse equivalerá a jogar gasolina no fogo de Áries. Fale devagar, claramente, e faça com que o silêncio trabalhe em seu favor.

Como enfraquecer e superar o concorrente de Áries

Em vez de adotar a abordagem agressiva de Áries, atinja seus objetivos calma e eficientemente, preferindo os detalhes aos grandes gestos. Se o concorrente de Áries dominar o mercado, vá minando sua posição e margem de lucro aos poucos, estabelecendo

PONTOS FORTES

Persistente
Combativo
Irresistível

PONTOS FRACOS

Excessivamente
confiante
Ofuscado
Irrefletido

ESTILO INTERATIVO

Dinâmico
Flexível
Ousado

TRABALHO

preços maiores ou menores sem pressa, deixando que o tempo trabalhe a seu favor. Por outro lado, se você for o maioral no mercado e Áries o desafiar, não se importe e vá em frente, imune a seus ataques. Continue confiante, mas não se esqueça de detectar as ameaças reais ao seu domínio e de defender-se delas prontamente, sem estardalhaço.

Guerras de relações públicas com o concorrente de Áries

A abordagem de Áries em termos de relações públicas será provavelmente das mais belicosas, de modo que o melhor é você contra-atacar com maneiras mais conservadoras e prudentes. Ao construir credibilidade para sua empresa, mostre os erros de pensamento do adversário, rindo dos anúncios simplistas e da ingenuidade que ele exibe. Se você desafiar os oponentes de Áries com a demonstração da superioridade de seus produtos ou serviços, ele terá de dar respostas dispendiosas, que o esgotarão financeiramente. Isso o induzirá a adotar medidas desesperadas e caras para fazer frente às suas provocações.

O concorrente de Áries e a abordagem pessoal

Esse pode ser o item mais fraco no poderoso arsenal de Áries. Como a defesa não é em geral seu forte, os adversários de Áries não conseguem lidar muito bem com elementos pessoais que às vezes vêm à tona nos negócios. Saiba que você não precisa, necessariamente, espicaçá-los ou feri-los. Adotando uma abordagem compreensiva, cordial, ética e pragmática, você ganhará seu respeito, que talvez resulte futuramente em empreendimentos baseados na cooperação mútua. Nada esmorecerá mais um ataque de Áries do que concordar com ele e mostrar-lhe que vocês dois, trabalhando juntos para um mesmo objetivo, se sairão melhor do que brigando.

Amor

ÁRIES
21 DE MARÇO A 20 DE ABRIL

O primeiro encontro com alguém de Áries

Prepare-se para ficar encantado, surpreso e abalado! Empanturrada de pizzas ou de reserva e autoconfiança, essa pessoa deixará pouca dúvida quanto a seus desejos, preferências ou da direção que, na opinião dela, os acontecimentos devem tomar. Pouco propenso a enviar mensagens confusas ou ambíguas, Áries tomará a dianteira no primeiro encontro. Se você decidir assumir esse papel, a pessoa desse signo sem dúvida permitirá que o faça; mas, ao primeiro sinal de hesitação ou insegurança, ela, com pena, assumirá o comando para não ver você confuso. E depois de começar a tomar decisões por vocês dois, não parará mais.

Como paquerar alguém de Áries e como marcar um encontro

Chamar a atenção de alguém de Áries em geral não é difícil. Se perceber que você tem interesse, essa pessoa fingirá ignorá-lo completamente, seja a atração mútua ou não. Devido a essa tática, pode ser problemático descobrir se um ariano de fato está interessado em você. Abordar diretamente uma pessoa de Áries pode fazê-la afastar-se ou dar uma resposta rude. Se você não se importar e insistir, ela talvez aceite seu convite para conversar, passear ou tomar um drinque. Como o nativo de Áries anseia por atenção, convém ligar para ele poucas horas (ou um dia ou dois) após o primeiro encontro, mandar-lhe um e-mail ou ambas as coisas.

Atividades sugeridas para o primeiro encontro com alguém de Áries

Áries gosta de luzes fortes, ação, filmes e todo o tipo de entretenimento. Seu primeiro encontro com uma pessoa desse signo será inesquecível caso você satisfaça a seus impetuosos gostos e preferências. Áries ficará amuado diante de sua falta de atenção ou indiferente à sua atitude reservada, esperando muito de você no primeiro contato. No entanto, esse signo tem uma forte inclinação para a independência e qualidades de liderança que você deve levar em conta caso queira ficar a seu lado. Saiba que Áries está menos interessado em você do que em agir de modo a beneficiá-lo.

Estímulos e desestímulos no primeiro encontro com alguém de Áries

Pessoas de Áries não gostam de quem tenta melhorar seu humor, acalmá-las ou dominá-las. Tocá-las de leve, pôr distraidamente a mão em seu ombro ou pegar em seu

PONTOS FORTES
Fascinante
Autoconfiante
Decidido

PONTOS FRACOS
Didático
Teimoso
Dominador

ESTILO INTERATIVO
Convincente
Determinado
Direto

braço não é recomendável. Fique o mais distante possível, sem revelar emoções – positivas ou negativas. Arianos às vezes se irritam e perdem o controle com demonstrações prematuras de afeto. Descubra seu assunto de interesse e mantenha a conversa nessa direção. Lembre-se: satisfazer às nossas necessidades e desejos só é importante para Áries se refletir o sucesso dele em nos agradar. Evite o silêncio repentino; deixe que as coisas rolem.

O "primeiro passo" no primeiro encontro com alguém de Áries

Áries gosta de dar o primeiro passo. Acontecerá de repente – talvez antes que qualquer um de vocês dois se dê conta disso – e pode desaparecer tão depressa quanto um raio. Mesmo que o encontro se estenda até a madrugada não é provável que vocês se lembrem de tudo o que houve. Para Áries, a questão é se deixar levar com a experiência: ele não se interessa por sua presença, personalidade ou (Deus nos livre) problemas. Áries quer o que quer no momento em que está querendo – simples assim. Não espere arroubos de afeição ou de empatia porque isso não acontecerá.

Como impressionar alguém de Áries no primeiro encontro

Já é grande coisa sobreviver ao primeiro encontro com alguém desse signo. Não tente ostentar talentos ou virtudes. Áries só se impressionará com a capacidade do parceiro de suportar seu ímpeto, além de compreender seus desejos e vontades. Extremamente teimoso, não espera que ninguém concorde com ele, mas, ainda assim, tentará de todos os modos convencer você de que está certo. Não fuja do debate, pois arianos apreciam interações que vão desde réplicas curtas até discussões demoradas. Prove que é um adversário à altura.

Como dispensar alguém de Áries no primeiro encontro

De um modo geral, sob essa máscara de bravata e autoconfiança, esconde-se uma criança que odeia e teme a rejeição acima de tudo. Se você quiser evitar a insistência não desejada ou uma reação furiosa de alguém de Áries, tenha esperteza. Insinue que vai lhe dar o fora (acrescentando, talvez, que com você é assim) e ele sem dúvida virará a mesa e será o primeiro a rejeitar você. Ganhar ou perder é importante para a maioria dos nativos de Áries. E perder não é com ele.

O par romântico de Áries

Os pares românticos de Áries são honestos e fazem de tudo para preservar seus casos. No entanto, seu dinamismo é tão grande que talvez você não tenha energia suficiente para atender às suas constantes demandas. Embora pessoas de Áries sejam muito independentes – e, com certeza, encorajem você a ser independente também –, vão querer ter contato diário com você, seja de forma virtual, pessoal ou por telefone. Arianos detestam ser chamados de carentes, pois cultivam a autoimagem de pessoa com total independência, mas na verdade dependem de seu par romântico, ao menos para serem ouvidos, levados a sério com seus conselhos e obedecidos.

Como conversar com o par romântico de Áries

Quase sempre, conversar com um par romântico de Áries significa ouvir em silêncio o que ele tem a dizer. Basicamente, não se interessa por conversa e sim por ação. Você logo descobrirá que a finalidade principal de uma conversa é corrigir algo de errado que você fez; portanto, quando um ariano disser "precisamos conversar", prepare-se para o pior. Censurar, criticar, acusar, moralizar – tudo é possível. No entanto, quando está de bom humor, Áries pode brilhar e impressionar verbalmente, mostrando-se engraçado e encantador. Arianos também gostam de piadas, histórias e trocadilhos – só não exagere.

Como discutir com o par romântico de Áries

Para seu próprio bem, evite ao máximo discutir com alguém de Áries. Esse é um signo de fogo e de temperamento difícil. Frequentemente, uma discussão com seu par romântico de Áries termina com uma batida de telefone ou uma saída brusca da sala. Quase sempre, discutir com os nativos desse signo não leva a lugar nenhum. Só lhes dá oportunidade de extravasar ressentimentos e criticar suas atitudes. Como Áries guarda muita coisa para si, essa abertura pode ser um resultado positivo de uma discussão com ele.

Como viajar com o par romântico de Áries

Viajar com um alguém de Áries pode ser verdadeiramente excitante, desde que você não interfira em seu comportamento. Arianos se julgam muito saudáveis e esperam que você também o seja. Portanto, nunca tente refrear queixando-se de uma dificuldade física ou revelando cansaço. Esse signo não mostrará nenhuma simpatia por sua queixa e ordenará que volte ao normal o mais breve possível. Você perceberá como é difícil manter-se à altura das prodigiosas energias de Áries.

O sexo com o par romântico de Áries

Áries não tolera esperar muito. Em geral, quer tudo imediatamente e, quando não consegue, fica infeliz, calado e muitas vezes deprimido. Quer o que quer na hora que quer – e quase sempre obtém. Embora apresente um bom desempenho, de algum modo você jamais consegue saber de fato o que sente por você ou como encarou a experiência. Mas não pergunte nada: Áries imagina que você já saiba quão maravilhoso ele é e como a experiência foi boa. Impetuoso e impulsivo em público, Áries pode se mostrar muito afetuoso e doce em particular. Entretanto, nem sempre consegue esperar por um ambiente mais aconchegante ou privado para exprimir seus sentimentos apaixonados.

Afeição e o par romântico de Áries

Nem sempre a pessoa de Áries faz o tipo "fofo". Não espere demonstrações de afeto em situações sociais, onde ela quase sempre será contida. Em particular, no entanto, costuma ser extremamente amorosa, gostando tanto de dar quanto de receber. Momentos de tranquilidade juntos revelarão um lado terno que você jamais imaginaria que pudesse existir, desde que encontre tempo para forçar seu par a umas horas de repouso. No fundo, Áries necessita é de uma pessoa com quem se sinta à vontade e seja confiável o bastante para lhe permitir baixar a guarda. Esse pode até ser seu desejo inconsciente.

(O par romântico de Áries)

PONTOS FORTES

Independente

Honesto

Enérgico

PONTOS FRACOS

Pouco autoconsciente

Exigente

Insistente

ESTILO INTERATIVO

Decidido

Concentrado

Dinâmico

O senso de humor e o par romântico de Áries

Nos relacionamentos, Áries adora ser engraçado e divertir-se, mas às vezes acha difícil fazer isso devido à sua postura séria e autoconsciente. Quando baixa a guarda, gosta de trocadilhos e jogos de salão, piadas e brincadeiras (como a autêntica criança que nunca deixou de ser). Melhor permitir que ele avise estar pronto para brincar e depois, delicadamente, encorajá-lo a ir em frente até que se atinja um estado de hilaridade geral. Mas não permita que as coisas avancem demais, pois o entusiasmo de Áries pode escapar ao controle e revelar-se destrutivo. Cuidado com a tendência dele de fazer piadas de mau gosto.

O cônjuge de Áries

PONTOS FORTES

Honesto

Diligente

Responsável

PONTOS FRACOS

Fingido

Enganador

Egoísta

ESTILO INTERATIVO

Dedicado

Corajoso

Audacioso

O cônjuge de Áries exige honestidade acima de tudo. Sem dúvida, se seu cônjuge de Áries der um ou dois pulinhos de cerca ao longo do casamento, esperará ser perdoado – quer dizer, se você descobrir tudo. No dia a dia, Áries cumpre suas obrigações, mas muitas vezes suas prioridades são a profissão e não a família. Ele esperará que você segure as pontas e que as coisas caminhem bem em casa. Áries, em geral, não é lá grande organizador, de modo que arrumar a bagunça caberá muito provavelmente a você.

A cerimônia de casamento e a lua de mel com o cônjuge de Áries

Embora não aprecie muito cerimônias e demonstrações públicas de afeto, Áries contribuirá com cem por cento de entusiasmo e cooperação para o casamento. Tende a gastar muito além de suas posses, de modo que você talvez sinta falta de dinheiro nos primeiros tempos, após a ostentação da cerimônia e os gastos da lua de mel. Pode contar com plena atenção de Áries no quarto; talvez você até se sinta sem forças e com necessidade de umas boas férias após os primeiros dias. Provavelmente, terá de deixar a casa em ordem enquanto seu cônjuge de Áries vai à luta para conseguir algum dinheiro.

O cotidiano doméstico e a vida de casado com alguém de Áries

O exuberante Áries geralmente está muito ocupado consigo mesmo, suas ideias e suas carreiras para dar a devida atenção aos assuntos domésticos. Pode ser uma boa ideia determinar as responsabilidades do cônjuge de Áries desde o início, em vez de permitir que ele crie um padrão de negligência doméstica ou, pior ainda, fique esperando que você faça tudo. O nativo de Áries, na verdade, se sai muito bem no cotidiano caso suas tarefas sejam bem definidas e você fique de olho nele. Elogio e recompensa são elementos essenciais para mantê-lo animado.

As finanças e o cônjuge de Áries

Gastar muito é um problema para Áries e, consequentemente, também para seu cônjuge. Ele não apenas desembolsa sem pensar para ter o que quer, estourando os cartões de crédito e recorrendo a um dinheiro que não possui, como às vezes chega a contrair dívidas com as quais jamais terá condições de arcar. De novo será você, o cônjuge, que irá tirá-lo do aperto. Todavia, não se sabe como, Áries parece sempre

ÁRIES

descobrir uma maneira de se reequilibrar financeiramente, evitando a ruína completa no último momento. Coisa estranha: a despreocupação de Áries com dinheiro aparentemente lhe dá sorte e trabalha em seu favor.

A infidelidade e o cônjuge de Áries

A sua infidelidade não é tolerada; a dele, sim. Isso poderia criar um padrão duplo e inviável caso Áries não tendesse a ser fiel e só fizesse das suas de vez em quando. Além disso, seus envolvimentos extraconjugais quase sempre duram pouco e, embora intensos, não são emocionalmente profundos. Se puder, ignore seus desejos e flertes, pois não significam muito nem constituem uma ameaça real ao casamento. De qualquer modo, boa parte disso não passa de produto da imaginação exacerbada de Áries. Quando excitado, Áries não distingue com facilidade a fantasia da realidade.

Os filhos e o cônjuge de Áries

Os nativos de Áries podem ser bons pais, mas não gostam de fazer o trabalho pesado. Ótimos conselheiros, professores e guias de seus filhos, não poupam esforços para estimulá-los a praticar esportes, estudar e fazer amigos. O principal problema é que raramente estão por perto, pois dedicam a maior parte do tempo à carreira e aos compromissos pessoais. Adivinhe, então, quem terá de se ocupar das tarefas do cotidiano! Os pais de Áries sempre aparecem nas emergências, mas não sabem nada dos problemas do dia a dia e, por isso, costumam exagerá-los ou simplesmente ignorá-los.

O divórcio e o cônjuge de Áries

Como Áries é alérgico à derrota, só existem duas maneiras de resolver os problemas conjugais: ficar com ele, não importa o que tenha acontecido, ou admitir que o erro foi seu. Cuidado ao ouvir do cônjuge de Áries que ele vai começar vida nova e não cometerá mais os erros do passado. Apesar de bem-intencionado, Áries tende a não ser realista consigo mesmo. Faz promessas com o maior fervor, mas, por algum motivo, quase nunca as cumpre. Se o divórcio for inevitável, encarregue-se serenamente das questões legais, de custódia e financeiras. Ponha-as por escrito e apresente-as a seu cônjuge de Áries – sem cólera nem censura.

O amante de Áries

Ardente e impetuoso, o amante de Áries fará tudo pelo amor. No entanto, às vezes, você se perguntará se toda essa energia se dirige a você ou a um ideal de amor – tão perfeito que não existe. Assim, a despeito de seu ímpeto, o amante de Áries muitas vezes é decididamente não físico em sua crença e desempenho. Às vezes, parece ser um padre ou uma freira diante do altar, reverenciando o amor como uma religião. Ser colocado num pedestal pode trazer problemas para você, pois é difícil, se não impossível, corresponder a expectativas, apesar da extrema necessidade que ele sente de acreditar em você.

(O amante de Áries)

PONTOS FORTES

Dedicado

Ardente

Intenso

PONTOS FRACOS

Não realista

Muito exigente

Ofuscado

ESTILO INTERATIVO

Dedicado

Idealista

Positivo

Como conhecer o amante de Áries

O amante de Áries provavelmente procurará você por estar infeliz ou insatisfeito com seu relacionamento atual. Portanto, você não precisará ir atrás dele. Tudo acontecerá numa festa ou por acaso, num espaço público. Basta observar o rosto e as maneiras de alguém de Áries para saber imediatamente o que quer e por quê. Seja cuidadoso ao envolver-se, pois sem dúvida será alvo do mesmo idealismo que ele dispensou ao seu relacionamento anterior ou atual. Aproveite o início do romance, quando você não pode cometer nenhum erro e a paixão dele está a mil.

Onde se encontrar com o amante de Áries

O amante de Áries provavelmente vai querer encontrar a pessoa com quem está envolvido na casa desta, uma vez que, quase com certeza, é casado ou mora com alguém. Transformará esse lugar num santuário e o visitará com regularidade, considerando-o um lar fora do lar. Isso coloca você no controle de certos aspectos da situação, mas não de outros, principalmente o de ser o segundo na fila. Quando ele resolver dormir em sua casa, você deverá decidir se essa agradável ligação é algo que deseja tornar permanente. Pense bem antes de tomar a decisão, mas não a adie por muito tempo.

O sexo e o amante de Áries

O amante de Áries dará toda atenção a você, sobretudo sexualmente. O problema é que, entremeados a esse surto de paixão, pode haver cólera ou ressentimento em relação a um parceiro anterior ou atual: assim, você será diminuído ou diminuída, exceto como um substituto ou substituta. Você, é claro, quer receber amor por si e não em comparação a outra pessoa. Muitas vezes, quanto maior for o ressentimento, mais forte será o desejo por você e isso pode piorar ainda mais as coisas, a despeito do intenso prazer físico envolvido. Discutir a relação talvez seja necessário, mas abrandará o fogo de Áries.

Como segurar o amante de Áries

Normalmente, isso não é problema, pois o amante de Áries está totalmente absorvido em seu amor por você. Se quiser conservá-lo pelo maior tempo possível, evite cuidadosamente discussões sobre motivos, intenções e outros envolvimentos dele. Áries, sem dúvida, falará a respeito do assunto mais cedo ou mais tarde e então você terá condições de ouvir com uma atitude compreensiva. Mas deixe claro que, apesar de seu apego ou amor, você não sacrificará sua autoestima ou autorrespeito no altar do ego de Áries. Você também tem desejos e necessidades, que Áries terá de reconhecer. Tenha cuidado.

Como entreter o amante de Áries

Áries gosta muito de sair e divertir-se, de aparecer em clubes, cinemas e festas. O problema é encontrar um de seus amigos, colegas ou parentes que nem sabe que você existe. Esteja, pois, preparado para mentir ou torcer um pouquinho a verdade nesse breve encontro, deixando que Áries se encarregue da conversa. Jantares sossegados para dois ou um drinque casual após o expediente também agradam à maioria dos nativos de Áries e garantem a você um pouco de privacidade num ambiente social. Vigie o consumo de álcool de Áries, que pode escapar bem depressa ao controle, sobretudo quando está se divertindo.

Como romper com o amante de Áries

Romper com um amante de Áries será muito difícil, caso ainda se encontre na fase idealista do caso. A rejeição é algo intolerável para ele; pensará em milhões de motivos para continuar e achará quase impossível não telefonar, enviar e-mails ou bater à sua porta. No entanto, depois que você tomar a decisão, seja forte e inabalável na recusa a conversar com ele pessoalmente. Amenize essa atitude com mensagens compreensivas, mas firmes, que permitam um rompimento sem choques abruptos, para evitar cenas desagradáveis, fúria ou agressão.

O ex-cônjuge de Áries

A cólera e o ressentimento de um ex-cônjuge de Áries não desaparecerão tão cedo após o fim do romance. Como, certamente, ele colocou a culpa em você, continuará agressivo, mostrando-se incapaz de reconhecer com ponderação suas necessidades e desejos. A atitude dele será a de concentrar-se nos próprios direitos, alegando que você errou muito no passado. Assim, para vingar-se, ele insistirá, às vezes durante anos, em que você pague por semelhante comportamento. Se você não reconhecer seus erros, o ex-cônjuge de Áries não o perdoará e sempre o lembrará de sua culpa.

Como fazer amizade com o ex-cônjuge de Áries

O primeiro passo para fazer amizade com seu ex-cônjuge de Áries será reconhecer que você errou e pedir perdão. Depois que ele aceitar suas desculpas, embora a contragosto, você poderá avançar mais. Não tente pedir o mesmo a ele. Surpreendentemente, seu ex-cônjuge de Áries talvez se desculpe também mais tarde, mas nos termos que escolher. Amizades sinceras com um ex-cônjuge de Áries são possíveis e costumam durar bastante depois de estabelecidas. Ele pode ser extremamente magnânimo, desde que não se sinta pressionado e sim livre para dar. Além disso, pode-se contar com sua ajuda em situações realmente difíceis: ele comparecerá nas emergências.

Problemas para reatar com o ex-cônjuge de Áries

Tudo depende de qual dos dois solicita um encontro. Se seu ex realmente quiser isso, então a decisão caberá a você. Mas as coisas se complicam para aquele que se mostra mais interessado. O ex-cônjuge de Áries terá de ser cortejado, tal como se vocês fossem se casar ou estivessem marcando o primeiro encontro. Não espere conversas muito longas sobre esse assunto. Lembre-se: Áries é pessoa de ação e seus atos se baseiam em decisões rápidas após longos períodos em que evitou o problema completamente ou pensou nele sem parar.

PONTOS FORTES
Forte
Atento
Incansável

PONTOS FRACOS
Não perdoa
Crítico
Raivoso

ESTILO INTERATIVO
Agressivo
Belicoso
Exigente

AMOR

Como conversar sobre questões do passado com o ex-cônjuge de Áries

Em se tratando de um ex-cônjuge de Áries, a conversa certamente se transformará num monólogo em que, coisa curiosa, poucas palavras serão ditas. Ele ficará impaciente caso você fale do assunto por mais de dois minutos. Interromperá a conversa o tempo todo, pondo fim a qualquer comunicação real entre ambos. É improvável que o ex-cônjuge de Áries possa lidar objetivamente com o passado sem que as antigas censuras e acusações venham à tona. Tente controlar a emoção e mantenha-se de cabeça fresca, não permitindo que Áries o tire do sério com suas recriminações. Melhor será que o encontro ocorra num ambiente sossegado e aconchegante, mas social, onde Áries se sinta coagido a permanecer calmo.

Como expressar afeto pelo ex-cônjuge de Áries

O ex-cônjuge de Áries desconfiará muito de suas demonstrações de afeto; convém, portanto, evitá-las e privilegiar a objetividade. Depois de dois anos mais ou menos, um toque ocasional no braço ou um tapinha nas costas pode terminar num abraço rápido. Embora Áries muitas vezes sinta afeição, mal consegue expressá-la ou aceitá-la, preferindo os extremos de proibir o contato físico completamente ou procurá-lo sem reservas. Espere por ligeiros sinais de carinho, quase sempre sutis, e responda à altura.

Como definir o atual relacionamento com o ex-cônjuge de Áries

Essas definições terão de ser concretas e na maior parte improvisadas, pois o ex-cônjuge de Áries geralmente não gosta de acordos verbais ou escritos. Seja, pois, bastante sensível aos desejos dele e nunca o lembre dos compromissos assumidos. O ex-cônjuge de Áries nunca deve ser forçado a exprimir seus sentimentos ou dar garantias, uma vez que quase sempre é incapaz ou relutante a fazer qualquer dessas coisas (ou ambas). Deixe que o novo relacionamento com seu ex-cônjuge de Áries evolua naturalmente, sem planejar nada.

Como compartilhar a guarda com o ex-cônjuge de Áries

Um ex-cônjuge de Áries considerará os filhos do casal uma prova viva dos erros do cônjuge, enfatizando sobretudo os problemas que as crianças enfrentam devido à negligência do outro. Pode ser difícil convencer um ex-cônjuge de Áries a se concentrar na situação presente, pois ele sem dúvida continua preso ao passado. Com o passar do tempo, um ex-cônjuge de Áries deve ser delicadamente estimulado a pensar no que é melhor para os filhos, em vez de dar atenção unicamente a seu ego ferido. Faça com que ele obedeça às decisões do juiz. Cumpra sua parte do acordo e exija o mesmo de seu ex-cônjuge. Mas não espere total compreensão dos problemas emocionais envolvidos.

Amigos e família

ÁRIES
21 DE MARÇO A 20 DE ABRIL

O amigo de Áries

Com o passar dos anos, pode-se contar com os amigos de Áries, que permanecem fiéis, mesmo que não entrem em contato com você com frequência. Uma ligação ou visitas duas ou três vezes por ano irão provar que você ainda está na cabeça e no coração do seu amigo de Áries. Normalmente, a agenda deles é cheia, quase sempre indicando que possuem pouco tempo para passar com os amigos. No entanto, como o melhor ou mais antigo amigo de um ariano, você acabará sendo incluído nas festas de família, pois ele fará questão de afirmar que o considera no mínimo tão próximo quanto um irmão ou uma irmã. Se tiverem amigos em comum, com certeza precisarão contar as últimas novidades ou fofocas um para o outro, quase sempre pelo telefone.

Como pedir ajuda ao amigo de Áries

O primeiro problema é conseguir falar com os amigos de Áries, visto que sempre estão pra lá e pra cá a todo vapor. Se você mandar uma mensagem para um amigo de Áries, não espere que ele responda na mesma semana. Até lá, seu problema já pode ter sido resolvido. Quando se dão conta de que alguém realmente precisa deles, os amigos de Áries ajudam, mas dentro das possibilidades de sua agenda apertada. Muitas vezes, os arianos preferirão dar conselhos valiosos ou fazer recomendações em vez de aparecer pessoalmente. É melhor não lhes pedir ajuda com frequência.

Como se comunicar com o amigo de Áries e manter contato com ele

Os amigos de Áries não são especialistas nem em comunicação nem em manter contato. Como sua interação provavelmente será escassa, o melhor a fazer é enviar mensagens de texto ou e-mails em vez de esperar o luxo de uma ligação ou conversa virtual instantânea. Deixar mensagens curtas vai manter os arianos atualizados sobre sua vida e dar-lhes oportunidade de responder ocasionalmente enquanto se deslocam ou em uma pausa curta durante o dia. No entanto, não espere uma resposta rápida. O estilo de vida eufórico dos arianos dá o seguinte recado: agarre-me se puder!

PONTOS FORTES
Constante
Zeloso
Atencioso

PONTOS FRACOS
Disperso
Fofoqueiro
Distraído

ESTILO INTERATIVO
Ocupado
Conversador
Próximo

Como pedir um empréstimo ao amigo de Áries

Isso será difícil, pois eles estão sempre duros. Usar o limite dos cartões de crédito e secar as contas bancárias são especialidades dos arianos, o que não deixa sobrar muito dinheiro para emprestar aos amigos. Dito isso, eles ajudam quando podem, e costumam ser bem generosos. Sua atitude em relação a dinheiro não é muito séria, pois são idealistas, normalmente mais preocupados com assuntos de maior importância do que com retorno financeiro ou remuneração. Tal despreocupação reflete-se em um modo de agir peculiar que se traduz no seguinte pensamento: "Se eu tenho dinheiro, eu dou. Se o receber de volta, então foi um empréstimo".

Como pedir conselhos ao amigo de Áries

Os amigos arianos sempre estão prontos para dar conselhos, queira você ou não. Vão se oferecer para ser peças-chave em seu problema, seja como seu representante ou, nos bastidores, como seu conselheiro. Receber pedidos de conselhos faz com que se sintam requisitados e importantes, e sua determinação em tomar as rédeas em qualquer empreitada é notória. Talvez você se arrependa de ter pedido a ajuda deles, pois, após um tempo, sua participação pode ter se tornado dominante, o que indica que agora eles veem seu problema como responsabilidade deles (talvez insinuando sua incapacidade de lidar com o fato ou sua total incompetência). Portanto, tome cuidado antes de pedir-lhes conselhos, ou peça-os de maneira casual.

Como visitar o amigo de Áries

Os amigos arianos não costumam ficar disponíveis em casa, uma vez que ou estão fora ou, se estão lá, é exatamente para se esconder do mundo. Preferem encontrá-lo entre alguns de seus compromissos, talvez para um almoço ou drinque. Uma hora é tudo o que sua vida frenética permite. Durante esse tempo, eles lhe darão atenção completa. Não se esqueça de sugerir que desliguem o telefone, senão pode haver interrupções. Vá preparado para pagar ou não, pois provavelmente ou irão tomar a conta da sua mão ou sair sem pagar, deixando a tarefa para você.

Comemorações/entretenimento com o amigo de Áries

Os amigos de Áries adoram comemorar aniversários, especialmente o deles. Pode enjoar ir à mesma festa, ano após ano, com as mesmas pessoas e as mesmas conversas, mas é do que o ariano mais gosta. O presente deve ser escolhido com cautela, visto que o amigo de Áries sempre dá ótimos presentes e espera algo bem selecionado em troca. Quando um ariano dá uma festa para amigos e familiares, costuma fazê-lo com estilo. Eles se esforçam tanto para isso que fica difícil recusar o convite. Se não puder comparecer, prepare uma desculpa muito boa. Lembre-se de sua última desculpa e não esqueça que determinado parente só morre uma vez!

O colega de quarto de Áries

Os colegas de quarto de Áries apresentam dificuldades em se dar bem com pessoas de seu convívio diário – e vice-versa. Bastante idealistas e não exatamente nascidos para executar tarefas mundanas, eles acabam tropeçando em suas próprias coisas enquanto pensam em outras mais importantes. Além disso, seus pensamentos, ideias e sentimentos interessantes devem ser percebidos e discutidos – jamais ignorados – por aqueles com quem vivem. Seu nível de frustração possui um limite baixo, e eles tendem a expressar sua mágoa com um silêncio inquietante e ameaçador, que ou se interrompe com um ataque de raiva ou termina em depressões periódicas. É fácil entender tudo apenas observando suas expressões. Mantenha-os felizes.

Como dividir responsabilidades financeiras com o colega de quarto de Áries

Colegas de quarto de Áries cumprem com suas obrigações financeiras, contanto que recebam as devidas instruções – não apenas sobre a quantia que devem, mas sobre quando e como devem pagá-la. Esquecer-se de coisas importantes é uma especialidade dos arianos, por isso talvez você seja incumbido de lembrar-lhes, de maneira diplomática, no final do mês, que o aluguel está para vencer. No geral, deve-se evitar discussões sobre dinheiro, em especial sobre o deles. É provável que seja necessário um plano reserva para o caso de seu colega de quarto ariano não conseguir dividir as despesas de comida, aluguel ou serviços em dia.

A limpeza e o colega de quarto de Áries

Embora os colegas de quarto arianos tenham energia para limpar, quase sempre carecem de motivação e propensão para isso. Eis uma abordagem estruturada e neutra que funciona bem. Faça uma lista das tarefas semanais, com itens específicos para cada dia, assim eles saberão o que se espera deles. Brigas podem surgir quando eles ignorarem tal lista e derem a mesma desculpa de que farão as tarefas depois. Ou pior, podem simplesmente desaparecer por alguns dias. Limpar apenas seu próprio espaço e deixar a bagunça deles não irá funcionar, pois costumam ignorar suas próprias coisas de qualquer modo. Dar regalias em troca de sua organização ajuda, bem como um sistema de pequenas recompensas e sinais de apreço.

Convidados e o colega de quarto de Áries

Se os amigos forem mútuos, todos se divertirão. No entanto, se forem amigos só seus e o colega de quarto ariano achá-los irritantes ou incômodos, cuidado! Arianos possuem pavio curto, e sua honestidade e frequente falta de autocontrole representam conflito na certa. Ao serem confrontados depois, é provável que neguem tudo, alegando que foi seu amigo que começou tudo. É melhor convidar amigos novos ou antigos incompatíveis com arianos quando seu colega de quarto estiver fora de casa.

Festas e o colega de quarto de Áries

Os colegas de quarto de Áries são divertidos quando a festa é em seu hábitat. Confirmarão sua generosidade contribuindo com dinheiro e tempo, bem como inventando maneiras de agradar os convidados. (Tal festa também pode servir de incentivo para

---

PONTOS FORTES

Interessante

Idealista

Generoso

PONTOS FRACOS

Avoado

Irritado

Deprimido

ESTILO INTERATIVO

Envolvido

Objetivo

Energético

AMIGOS E FAMÍLIA

que arrumem a casa, pelo menos na preparação.) Se precisar levar seu colega de quarto ariano com você a alguma festa em outra parte da cidade, não espere que ele fique sentado quieto ou se solte gradualmente. O jeito de ser do ariano o faz mergulhar de cabeça, dividindo assim os convidados em dois times – os que gostam do show ariano e os que não gostam. De qualquer forma, seu colega de quarto de Áries foi feito para virar o centro das atenções, cedo ou tarde.

Privacidade e o colega de quarto de Áries

Por incrível que pareça, os colegas de quarto de Áries são pessoas resguardadas; eles precisam ficar no seu próprio canto. Nunca entre de supetão, sempre bata na porta e esteja preparado com algo a dizer. É melhor deixá-los sozinhos quando estão nervosos ou deprimidos; senão você correrá o risco de enfrentar uma reação furiosa e desagradável. Deixe claro que você também espera que respeitem sua privacidade, pois eles costumam ser informais quanto a isso, em especial pegando coisas emprestadas na sua ausência. Se cada um tiver seu próprio quarto, as coisas funcionarão melhor. Se um de vocês ou outro morador da casa dorme no sofá da sala, problemas podem acontecer.

Como conversar sobre problemas com o colega de quarto de Áries

Conversar sobre seus problemas com seu colega de quarto de Áries é sempre possível, mas falar sobre os deles não. O ariano não consegue expressar seus sentimentos com facilidade, nem explicar por que certas coisas o incomodam. Por outro lado, são abertos para ouvi-lo falar de si mesmo e muitas vezes oferecem sugestões surpreendentemente úteis. No entanto, sua inclinação para dar conselhos não solicitados também é grande, por isso costumam se meter, sendo ou não chamados a opinar. Caso os problemas envolvam a negligência deles para tarefas domésticas, pagamento do aluguel ou despesas com comida, ou o esquecimento na hora de transmitir recados telefônicos, prepare-se para um climão. Sempre escolha o momento ideal para debater tais questões.

Os pais de Áries

O pai e a mãe de Áries são envolvidos com sua prole – às vezes em demasiado. Não importa quão longe estejam, sempre tentam manter os filhos na rédea curta. Possuem crenças éticas fortes e não toleram transgressões a suas ideias de certo e errado. Punição e recompensa marcam presença em seu estilo de criação. No geral, concordam com as normas da sociedade na qual vivem, mas querem que seus filhos sejam indivíduos de personalidade, com jeito próprio de lidar com as coisas. Contudo, precisam se lembrar de se afastar e deixar os filhos errarem e tomarem decisões sozinhos.

O estilo de disciplina dos pais de Áries

Os pais de Áries geralmente acreditam na disciplina, a qual não hesitam em impor a seus filhos, certos de que isso irá ajudá-los no futuro. Consideram que disciplina constrói caráter e fornece estrutura para enfrentar situações caóticas. Partir para a agressão física não é seu estilo, embora de vez em quando sua ira possa transbordar como lava de vulcão, mas isso passa rápido. É mais comum que imponham limites estritos a seus filhos e os coloquem de castigo caso saiam da linha. Embora tendam a ser rígidos e inflexíveis, possuem um coração surpreendentemente mole, e perdoam erros com frequência, em particular aqueles cometidos sem querer. Os filhos devem evitar desafiar sua autoridade de modo direto.

Nível de afeto e os pais de Áries
O pai e a mãe de Áries são bastante afetuosos com seus filhos na maior parte do tempo. Sua conduta, em geral dura e proibitiva, esconde um coração mole. Os pais arianos adoram se divertir com seus filhos, sempre pensando em diversas possibilidades de entretenimento para agradar a todos. Ao observá-los brincando com seus filhos, pode-se ficar em dúvida sobre quem é a criança! Não é tão incomum que tratem seus filhos mais como irmãos, tão calorosos que entram na caixa de areia com eles. Porém, quando as crianças os enfrentam ou desafiam suas crenças e vontades, o afeto sai de cena de imediato.

Questões financeiras e os pais de Áries
A maior parte dos pais de Áries dá a seus filhos uma mesada, mas também fica de olho em como o dinheiro é gasto. Caso o filho precise de dinheiro para um evento ou projeto especial, deve abordar os pais de Áries diretamente e ser bem claro. As chances de a despesa ser aprovada são grandes. Em muitos casos, os pais de Áries não pedirão o dinheiro de volta, em especial se o investimento for em algo que traga autodesenvolvimento ao filho. Quando os pais de Áries pegam dinheiro emprestado, eles pagam, mas o filho deve ser bem claro quanto ao prazo e a forma de devolução do dinheiro.

Crises e os pais de Áries
Tanto o pai quanto a mãe de Áries acordam com facilidade. Quando o alarme toca, já entram em ação imediata. Porém, isso não funciona de forma positiva em todos os casos, visto que, ao se apressarem, acabam se movendo de maneira brusca na direção errada. No entanto, também sabem frear, parar na hora e mudar de direção. De modo geral, seus instintos são bons e seu envolvimento é total, portanto podem ser verdadeiros salvadores. Eles gostam do papel de herói, por isso é provável que aproveitem a experiência, não importa quão alarmante ela seja. Não os preocupe sem necessidade.

Feriados/reuniões de família e os pais de Áries
Muito apegados à tradição, os pais de Áries gostam das reuniões de família e de tirar férias regulares. Amantes em particular dos cenários naturais, costumam curtir piqueniques, churrascos e acampamentos. Tenha em mente que eles são na verdade crianças grandes querendo reviver a infância. Não se esqueça de incluí-los em todas as atividades, sem presumir que ser adulto significa não gostar de brincadeira de criança e diversão. Pode-se contar com eles para comprar os equipamentos necessários ou pagar pelas despesas de viagem e alojamento de bom grado. Os pais de Áries adoram gastar dinheiro com as coisas, pessoas e atividades de que gostam. Só vão se preocupar com as contas depois.

(Os pais de Áries)

PONTOS FORTES
Incentivadores
Envolvidos
Positivos

PONTOS FRACOS
Controladores
Moralistas
Julgadores

ESTILO INTERATIVO
Dinâmicos
Punidores
Recompensadores

AMIGOS E FAMÍLIA

Como cuidar dos pais de Áries idosos

É difícil lidar com o pai e a mãe de Áries já idosos. Eles nem sempre gostam de ser ajudados, especialmente com atividades que acreditam ser capazes de realizar sozinhos, mesmo que estejam enganados. A percepção da realidade dos idosos de Áries nem sempre é certa, e, como resultado, não irão aceitar suas inabilidades de cuidar das coisas sozinhos. Os pais de Áries são muito independentes, por isso, quando aceitam a mínima ajuda, revelam um lado desconhecido até então. Regredir à infância quase sempre é seu destino, portanto não hesite em assumir o controle com paciência. Seja o adulto da relação, tenha tudo planejado de maneira meticulosa, elimine as incertezas e as substitua por firmeza.

Os irmãos de Áries

PONTOS FORTES
Responsáveis
Fortes
Preocupados

PONTOS FRACOS
Grosseiros
Mandões
Tiranos

ESTILO INTERATIVO
Pioneiros
Líderes
Disciplinados

Os irmãos de Áries gostam de ser líderes entre seus irmãos e irmãs, em particular se forem os mais velhos. Um irmão mais novo ou do meio de Áries, por outro lado, pode esperar ser protegido, sempre se acomodando na paz e segurança do seio familiar. No caso de famílias instáveis, os irmãos de Áries acabam sendo o pilar ou sustentáculo em situações caóticas, até mesmo substituindo os pais e ajudando a criar os irmãos. Um irmão mais velho de Áries também é, às vezes, um tanto ditatorial, assumindo o papel de um general cujas ordens devem ser obedecidas sem questionamentos. Tal tirania, no entanto, mostra-se reconfortante para os mais novos, visto que a disciplina rígida dos arianos traz consigo uma sensação de estabilidade.

Rivalidade/proximidade com os irmãos de Áries

Do ponto de vista dos irmãos de Áries, a rivalidade não é um problema, já que são os líderes absolutos. Embora arianos consigam demonstrar afeto pelos irmãos, e até tomem conta deles na ausência dos pais, na maioria das situações não toleram desafios à sua autoridade. Outros irmãos que tentam contestar ou aniquilar essa autoridade em arianos mais novos terão problemas. Os irmãos de Áries até demonstram afeto pelos outros e parecem próximos de vez em quando, mas, no geral, sua atitude rígida não se esconde por muito tempo.

Problemas passados e os irmãos de Áries

Os irmãos de Áries não perdoam nem esquecem as coisas com facilidade. Qualquer insulto, perseguição ou outros confrontos se prolongarão até a vida adulta, bem como seu padrão de dominação sobre os outros. Por isso sua necessidade de reviver papéis e transportar problemas da infância para a maioridade acaba atrapalhando o estabelecimento de relações normais com seus irmãos e irmãs. Não é bem uma recusa a deixar pra lá tais problemas, mas, sim, uma genuína incapacidade de fazê-lo. É preciso paciência e compreensão por parte dos outros na hora de consertar as coisas, para promover a aceitação.

Como lidar com os irmãos de Áries afastados

É muito difícil trazer o irmão afastado de Áries de volta para a família. Uma vez que um ariano rompeu laços, seja por se sentir rejeitado ou incompreendido, seja apenas por ter perdido o interesse, ele ou ela vai rejeitar por teimosia a tentativa dos outros de entrar em contato. Em geral, o jeito mais eficaz de reaproximação é por meio de um irmão ou de um dos pais que foi mais próximo deles na infância. Enquanto isso, os outros devem ficar longe, pois quaisquer tentativas por parte deles só tornará as coisas mais difíceis. Também é possível efetuar reconciliações por meio do cônjuge ou de algum amigo em comum do irmão afastado.

Problemas financeiros (empréstimos, testamentos etc.) e os irmãos de Áries

Os irmãos de Áries normalmente são generosos com o que têm. No entanto, quando o assunto é testamentos e heranças, costumam bater o pé e se recusar a ceder. Em geral, o problema não é o dinheiro ou a propriedade em si, mas o que simbolizam: amor, afeto ou consideração expressados pelos pais falecidos. Portanto, ficar de fora de um testamento ou ser lembrado de maneira inadequada será visto como total rejeição, ou seja, uma expressão do sentimento de que o filho ariano era na verdade insignificante para os pais em vida.

Feriados/comemorações/reuniões e os irmãos de Áries

No geral, os irmãos de Áries contribuem de modo significativo com as reuniões de família e outras celebrações. Contudo, talvez prefiram fazê-lo monetariamente, já que sua agenda cheia não permite que doem seu tempo. Com sorte, eles aparecerão, mas isso não é garantido. Se o fizerem, é provável que partam de modo tão rápido e inesperado quanto chegaram. É bom evitar assuntos sensíveis, pois os ânimos podem ser exaltados com facilidade se o ariano for provocado ou cutucado. É muito fácil irritá-los, e isso deve ser evitado.

Como tirar férias com os irmãos de Áries

A menos que o irmão ou irmã de Áries tenha permissão para liderar ou que sua autoridade seja aceita na maioria das questões, será difícil curtir férias agradáveis com eles. O problema surge quase sempre devido ao desinteresse dos arianos em organizar questões práticas. Assim que o outro irmão descobre isso e tenta consertar a questão para evitar um desastre, o irmão ariano talvez leve isso como crítica ao modo como ele lidou (ou esqueceu de lidar) com itens importantes. Além disso, os irmãos de Áries verão tais esforços como desafios a sua autoridade. Uma vez que as férias estão ocorrendo com sucesso, os irmãos de Áries contribuem com energia positiva, dinamismo e espírito pioneiro na maior parte das atividades.

Os filhos de Áries

Como Áries é o signo da criança, simbolizando o início do grande ciclo da vida, o filho e a filha de Áries sentem-se à vontade em casa desde muito pequenos. Por isso é especialmente triste encontrar um que tenha tido uma infância infeliz. De certo modo, as crianças de Áries demandam mais desse período de vida que aquelas nascidas em

AMIGOS E FAMÍLIA

(Os filhos de Áries)

PONTOS FORTES

Brincalhões
Naturais
Felizes

PONTOS FRACOS

Inibidos
Criticados
Tristes

ESTILO INTERATIVO

Abertos
Divertidos
Energéticos

outros signos. Tudo o que as crianças de Áries precisam é serem deixadas sozinhas em um espaço seguro para se expressarem de modo completo e sem censura, punição ou restrições indevidas. O maior erro que os pais podem cometer é depositar responsabilidades pesadas, em especial de adolescentes e de adultos, em uma criança de Áries. Livres para brincar, aprender e crescer, as crianças arianas aproveitam a juventude mais do que a maioria das outras.

O desenvolvimento da personalidade e os filhos de Áries

Em vez de tentar moldar os filhos de Áries, deve-se permitir que sua personalidade aflore de modo natural. Desaprovações constantes irão dificultar seu crescimento, enfraquecendo a autoconfiança natural. As crianças de Áries adoram brincar (às vezes de um jeito bem exuberante), mas reprimir demais sua energia não é a resposta. Guie-os gentilmente para que vejam as coisas de outros ângulos e aprendam que aquilo que têm prazer em fazer nem sempre agrada aos coleguinhas. Sempre há o problema do que fazer com o excesso de energia dos filhos de Áries. Tarefas divertidas, porém construtivas, canalizarão tal energia e serão recompensadoras no desenvolvimento deles.

Hobbies/interesses/planos de carreira para os filhos de Áries

O filho e a filha de Áries são mais voltados para a ação do que para os estudos. Embora gostem de ler, preferem colocar suas ideias em prática em vez de apenas pensar nelas. Se um filho de Áries está convencido de que cavar um buraco fundo o suficiente o levará ao outro lado do mundo, é provável que um belo dia você se depare com uma enorme escavação no seu quintal. Os filhos desse signo adoram hobbies e atividades de lazer, muitas vezes inventadas por eles próprios. Qualquer coisa que descubram se torna de sua propriedade na hora. Vivem em um grande mundo interior povoado por seus personagens fictícios favoritos. Na hora de escolher uma carreira, os adultos de Áries mais bem-sucedidos são aqueles que conseguem incorporar tal elemento lúdico e inovador a suas profissões.

A disciplina e os filhos de Áries

Os filhos de Áries precisam de disciplina, que pode prover a estrutura necessária para canalizar sua energia extraordinária, mas as regras devem fazer sentido para eles e nunca parecerem desnecessárias, quase soando como críticas. Tal negatividade acaba extinguindo sua chama essencial ou reduzindo-a a um brilho fraco. Por isso deve-se encontrar um equilíbrio entre os extremos igualmente indesejáveis: de um lado seu comportamento caótico e frenético e do outro as condições repressivas excessivas e limitadoras dos pais. Quase sempre, os pais sensatos encontrarão o jeito certo de tratar os filhos de Áries, equilibrando permissividade e orientações firmes com inteligência.

Nível de afeto e os filhos de Áries

Os filhos de Áries buscam desesperadamente por afeto, mas na vida adulta podem ter dificuldade de expressá-lo. Embora, às vezes, abraços sejam bem-vindos, é um sorriso, uma palavra gentil ou um gesto amoroso que tocam seu coração. Para o filho de Áries,

ÁRIES

o afeto é apenas gentileza expressa de modo mais suave. As crianças de Áries são as mais desconfiadas de grandes gestos por parte dos adultos, pois possuem um instinto infalível para distinguir o real do falso em termos de sentimentos. Elas buscam ler o afeto nas vozes e nos olhos das pessoas, e são difíceis de enganar.

Como lidar com as interações dos filhos de Áries com os irmãos

Como os filhos de Áries tendem a interpretar papéis dominantes em relação a seus irmãos, os pais muitas vezes têm de reprimi-los. Tal comportamento, em especial diante de outras crianças, deve ser evitado. É melhor chamar a criança de Áries de canto e explicar com calma por que seu comportamento foi inaceitável. Se o ariano for o mais velho e propenso aos ciúmes devido ao nascimento de um irmão, sua vontade de negligenciar e machucar a outra criança deve ser redirecionada para o lado construtivo, incentivando-o a proteger e brincar com delicadeza com o novo irmão. Isso é facilmente conquistado se os pais forem pacientes e sensíveis às necessidades de ambas as crianças.

Como interagir com os filhos adultos de Áries

Se os filhos de Áries sentirem que foram privados de uma verdadeira infância, será difícil para os pais ganhar sua aprovação e confiança. Com frequência, tais filhos arianos são muito sérios e evitam a todo custo, ou até negam, sua própria natureza infantil. Os pais costumam reestabelecer com sucesso laços com seus filhos de Áries encontrando atividades das quais ambos gostem, em vez de tentar desabafar ou analisá-los. Os adultos de Áries geralmente fogem de abordagens psicológicas por parte dos pais, porém, apesar da resistência inicial à terapia, muitas vezes acabam buscando-a quando vão morar sozinhos.

Touro

NASCIDOS DE 21 DE ABRIL A 20 DE MAIO

No ciclo zodiacal, Touro representa terra firme, enfatizando a teimosia e a sensualidade inerentes aos nascidos sob esse signo. Os taurinos, tendo Vênus como planeta regente, são completamente ligados à beleza e a todo tipo de expressão física, do esporte à moda e ao design. Ainda que se mostrem bastante ativos quando se dispõem a fazer alguma coisa, eles gostam tanto de relaxar e levar tudo numa boa que tendem a procrastinar, preferindo ficar confortavelmente onde estão em vez de seguir adiante.

Trabalho

TOURO
21 DE ABRIL A 20 DE MAIO

O chefe de Touro

Muitos descrevem a personalidade de Touro como mandona. Sem dúvida, os chefes taurinos sentem-se bem à vontade nesse papel, mas preferem ficar nos bastidores e deixar as coisas seguirem de forma tranquila no próprio ritmo. Isso, é claro, considerando que os funcionários tenham sido bem orientados e saibam o que esperar de um chefe desse signo. Tais premissas nem sempre se justificam, embora eles em geral procurem dedicar tempo e esforço para explicar tintim por tintim como desejam que os funcionários atuem. Pelos menos no que se refere aos chefes de Touro, as regras e os regulamentos costumam ser mantidos num nível mínimo, ainda que talhados em pedra.

Como pedir aumento ao chefe de Touro

É preciso preparar-se com esmero quando for pedir um aumento de salário ao chefe taurino. Agende um encontro com, pelo menos, uma semana de antecedência, para que você tenha tempo suficiente para expor seus motivos por escrito, enfatizando suas realizações passadas e, assim, fazer uma apresentação contundente. Leve esse documento para a reunião e deixe-o com o chefe taurino ao sair. Durante o encontro, é importante não se apressar nem fazer qualquer tipo de pressão. Deixe que os fatos falem por si mesmos, mas, ao mesmo tempo, expresse com firmeza seu pedido. A menos que de fato pretenda fazê-lo, jamais ameace deixar a empresa caso não seja atendido. O chefe de Touro não levará você a sério de novo, a não ser que cumpra de verdade o que pretende fazer. Não o ameace à toa.

Como dar más notícias ao chefe de Touro

Recomenda-se amortecer o choque, providenciando, de antemão, um clima favorável. É de extrema importância que você prepare o chefe taurino propiciando uma atmosfera tranquila e relaxada. Evite contar a notícia depois de um silêncio desconfortável; em vez disso, transmita-a acompanhada de materiais informativos que expliquem as razões para o erro ou o fracasso. Assumir a responsabilidade é algo que impressiona o chefe regido por Touro. Em hipótese alguma tente culpar seu gerente, empresa ou colega de trabalho. Conceba com antecedência um cenário para responder à inevitável indagação do chefe sobre como você vai lidar com os danos e que outra direção deverá ser tomada.

PONTOS FORTES
Estável
Atento
Cuidadoso

PONTOS FRACOS
Mandão
Inflexível
Insensível

ESTILO INTERATIVO
Interessado
Esclarecedor
Explícito

Como providenciar viagens e/ou entretenimento para o chefe de Touro

Grandes amantes das coisas boas da vida, os chefes de Touro apreciam o conforto e o prazer. Assim, você deve atentar para os detalhes que garantam a eles uma saída noturna agradável ou um bom pernoite na estrada. Para muitos, os benefícios indiretos de seus cargos são quase tão importantes quanto um bom salário, e isso inclui alimentação, bebida, divertimento e os luxos inerentes a uma viagem na classe executiva. Entretanto, não seja esbanjador com o dinheiro da empresa, pois o chefe de Touro tem consciência plena do custo dessas coisas. São bem-vindas as negociações que não comprometam a qualidade, e você ganhará pontos por suas astuciosas investigações.

A tomada de decisões e o chefe de Touro

Ao avaliar as decisões que você toma, os chefes de Touro serão especialmente observadores e críticos. Poucas ocasiões proporcionam a eles uma maior percepção quanto à sua natureza e capacidades. Em se tratando de prazos, eles querem saber se podem contar com seu discernimento. Portanto, não tome decisões impulsivas ou em cima da hora. Dê-se o tempo necessário para pensar bem e implementar seus planos por completo. Seu chefe de Touro pode até criar (sem que você saiba) uma situação que na verdade é um teste em que você está sendo avaliado para um cargo administrativo.

Como impressionar e/ou motivar o chefe de Touro

A dedicação e o trabalho empenhado impressionam sobremaneira os chefes de Touro. A confiabilidade também conta muito. O que mais pesa para eles não são toques de brilhantismo ou um sucesso fulgurante, mas sim o funcionamento tranquilo no dia a dia do seu departamento. Evite ficar conhecido como criador de casos ou até mesmo como alguém que faz pressão e perturba o andamento das coisas. Melhor ser um diplomata ou pacificador – o funcionário reservado, competente e eficaz. Pragmático ao extremo, ao avaliar seu trabalho o chefe de Touro vai querer ver realizações concretas dentro de determinado espaço de tempo. Acima de qualquer coisa, é isso que o motivará a oferecer-lhe um aumento ou uma promoção.

Como fazer propostas e/ou apresentações para o chefe de Touro

Recorra a métodos testados e comprovados. Num contexto de grupo, certifique-se de ter cópias de material bem redigido e preparado para cada um dos presentes. Mantenha a simplicidade nas apresentações e não apele para uma comunicação empolada. Desenhos e recursos visuais de computador exibidos numa única tela serão simples e ainda assim eficientes, sem dispersar a atenção. O holofote deve estar voltado para as suas palavras, ditas e escritas, e não para a mídia usada na apresentação. Deixe que o conteúdo produzido fale por você. Seu chefe de Touro ficará impressionadíssimo com seus dados, suas ideias bem elaboradas e seu raciocínio prático. Evite o idealismo exacerbado ou previsões irrealistas.

O funcionário de Touro

Decididamente, os funcionários de Touro prezam o trabalho. Entretanto, eles têm um jeito próprio de fazer as coisas, em geral de forma bem relaxada. Isso quer dizer que por considerarem o conforto pessoal algo muito importante, sua tendência é agir de maneira lenta e segura. Ademais, já que jamais farão hoje aquilo que podem deixar para amanhã, é possível que tenham problemas no cumprimento de prazos. Procrastinadores inveterados, os funcionários regidos por Touro muitas vezes adiam coisas que não estão muito a fim de fazer, apenas em nome do prazer pessoal. Chefes e colegas conseguem deles resultados melhores com bajulação e toques sutis em vez de ordens expressas.

Como entrevistar e/ou contratar um funcionário de Touro

De modo geral, os taurinos estão interessados na segurança oferecida pelo emprego. Embora almejem um salário decente, são mais cativados pelos benefícios oferecidos, como plano de saúde, plano de aposentadoria, férias, participação nos lucros ou bônus. Os taurinos querem saber onde estão se metendo antes de assinar na linha pontilhada. Você deve ser exaustivo ao explicar a filosofia e os objetivos da empresa, enfatizando especialmente o papel deles na organização. Surpresas desagradáveis são mortais para qualquer taurino, portanto não omita nada ao descrever as atribuições que ele terá.

Como dar más notícias ao funcionário de Touro ou demiti-lo

Os taurinos sabem lidar com comportamentos incisivos, assim é melhor ser direto e falar com eles sem rodeios. Os funcionários desse signo são, em geral, apegados ao posto, portanto é muito improvável que o poupem do problema de demiti-los pedindo as contas. Uma vez que a tendência deles é ficar até o último suspiro, caberá a você dar o golpe de misericórdia caso decida se livrar de um taurino. Exponha com clareza as razões de sua decisão, embora seja provável que os taurinos discordem teimosamente das acusações ou alegações feitas contra eles.

Como viajar com o funcionário de Touro e entretê-lo

Declarados amantes dos prazeres da vida, os taurinos gostam de apreciar de forma integral os confortos físicos de qualquer que seja a atividade em que estiverem envolvidos. Talvez você tenha de atribuir a eles um orçamento fechado para evitar que exagerem nos gastos, já que seu fraco por comida e acomodações confortáveis pode colocar as finanças à prova. Eles não gostam de dividir um quarto ou de comer parte de uma refeição; o que cabe a eles só a eles pertence, e deve ser desfrutado unicamente por eles. Ainda que sejam capazes de compartilhar, em geral não gostam de fazê-lo de fato, à exceção, claro, dos aspectos sociais envolvidos em eventos como um show, um baile ou uma conferência.

Como confiar tarefas ao funcionário de Touro

Contanto que uma tarefa seja bem definida e que eles se julguem capazes de desempenhá-la, os funcionários de Touro apresentarão resultados bons ou mesmo excelentes. No entanto, caso eles não compreendam sua apresentação (por ela deixar a desejar)

PONTOS FORTES

Dedicado

Focado no trabalho

Lento e seguro

PONTOS FRACOS

Procrastinador

Tranquilo demais

Hedonista

ESTILO INTERATIVO

Constante

Confiante

Discreto

TRABALHO

ou tenham sérias dúvidas que você decide ignorar, espere pelo pior. O segredo para obter um bom trabalho dos funcionários de Touro está em garantir que eles estejam no caminho certo desde o começo. É improvável que façam uma contramarcha ou uma meia-volta repentina no meio de um projeto. Tenha em mente a abordagem pragmática deles e não espere nem exija brilhantismos ou mesmo resultados além da imaginação.

Como motivar ou impressionar o funcionário de Touro

Os taurinos gostam muito de recompensas, portanto a abordagem da cenoura e do chicote costuma funcionar. O chicote pode ser usado sem a cenoura, mas apenas se for para estimular suavemente e não para açoitar. Os funcionários de Touro ficarão impressionados por sua sabedoria e conhecimento do mundo, mas também pelo comando que você tem dos fatos. Eles vão notar seu charme e persuasão, mas isso não significa que vão sucumbir a eles. Embora o que você tem a dizer em geral seja mais importante do que a forma como diz, vale notar que o funcionário taurino comum reage bem a uma voz suave e a uma abordagem humana e acolhedora.

Como gerenciar, dirigir ou criticar o funcionário de Touro

Os taurinos são capazes de lidar com a crítica construtiva de bom grado. Na verdade, preferem de longe uma avaliação honesta de seu trabalho (em particular aquela de que possam se beneficiar, ainda que negativa) em vez de elogios ou cumprimentos falsos. Os funcionários de Touro desejam produzir os melhores resultados possíveis e, se sua crítica e orientação puderem contribuir para isso, melhor ainda. Eles podem trabalhar por conta própria, mas em uma ou outra ocasião vão querer uma opinião ou aprovação sua para terem certeza de que estão na direção certa. De vez em quando, dê uma olhadela no trabalho que estão realizando.

O colega de trabalho de Touro

Os colegas de trabalho do signo de Touro podem se tornar os maiores esteios e os chamados "pau para toda obra" de um departamento. Embora sejam do tipo a que você pode confiar as tarefas e descansar, não é bom que sejam explorados ou pressionados além do razoável, porque até eles têm um limite. De modo algum, isso significa uma falta de inteligência da parte deles. Em geral, pode-se contar com os colegas de trabalho de Touro, a menos que sejam diametralmente contrários à direção que as coisas estão tomando. Nesse caso, pode ser que só lhes restem duas alternativas: diminuir os esforços chegando a um tipo de desobediência passiva, ou decidir ir embora ou solicitar uma transferência imediata.

Como pedir conselhos ao colega de trabalho de Touro

Se você estiver agitado ou preocupado, alguns minutos com um conselheiro taurino o acalmarão. Muitas vezes possuidores de sabedoria de vida, em caso de necessidade os colegas desse signo dedicarão tempo e esforço para prestar ajuda verdadeira. Embora possam muito bem lhe oferecer conselhos sem que você os solicite, as coisas costumam correr melhor quando eles são abordados pelos outros. É possível que peçam um tempo para refletir sobre o assunto para poder, então, apresentar uma solução viável para o problema. Caso sua situação exija uma confrontação, eles a encorajarão, mas, sempre que possível, vão preferir não se envolver deliberadamente, deixando que as coisas se resolvam por si.

Como pedir ajuda ao colega de trabalho de Touro

É possível que os colegas de trabalho de Touro rejeitem um envolvimento direto pessoal para ajudar ou protestar, preferindo não mexer no que está quieto. (No entanto, em caso de provocação extrema, ou se sentirem que você está sendo tratado de maneira injusta, eles correrão para acudi-lo.) Os taurinos são particularmente sensíveis quanto a maus-tratos em relação a gente bem mais jovem ou bem mais velha do que eles, sendo rápidos em defender essas pessoas se sentirem que elas estão sendo exploradas. Ajudarão em termos financeiros quando possível, mas em geral o farão até certo ponto, já que se mostram conservadores nesses assuntos. Os taurinos também podem compartilhar com você o espaço, o transporte e até as roupas deles em situações de emergência, sem pensar em cobrar algum tipo de pagamento ou retorno quando eles estiverem passando necessidades.

Como viajar com o colega de trabalho de Touro e entretê-lo

Basicamente, os colegas de trabalho de Touro preferem ficar em casa. Isto posto, gostam de viajar uma ou duas vezes por ano para lugares distantes. São muito bons em fazer reservas de viagem e em planejar para si e para os outros. Entretenimento é uma especialidade de Touro, embora a tendência é que eles prefiram assumir o planejamento de festas ou comemorações da empresa. Em tais situações, tente administrar o traço dominante desse signo atribuindo ao seu colega de trabalho uma tarefa específica e estimulando-o a ater-se a ela. No entanto, surgindo uma lacuna de última hora, eles sempre podem ser convocados.

Como o colega de trabalho de Touro coopera com os outros

É fácil para os colegas de trabalho de Touro cooperarem com os outros, contanto que os projetos estejam caminhando tranquilamente. Entretanto, surgindo algum problema, eles podem se tornar muito eloquentes ao manifestar sua insatisfação e muitas vezes insistir em colocar sobre os próprios (e largos) ombros a maior parte das responsabilidades. Poderá haver problema quando os outros os perceberem como muito dominadores, mandões ou teimosos. Os profissionais de Touro são muito exigentes e, acima de tudo, detestam trabalho malfeito ou de qualidade inferior, assim como não toleram a incompetência. Os que não compreendem que um trabalho está sendo feito com má qualidade podem se ressentir com a urgência do taurino em corrigir as coisas.

Como impressionar e motivar o colega de trabalho de Touro

O que mais motiva os taurinos é a recompensa, embora eles raramente peçam por ela. Sua motivação interna costuma ser apenas o desejo de ver um trabalho bem concluído, sendo os benefícios estendidos a todos. Sua recompensa pessoal pode, então, ser apenas

(O colega de trabalho de Touro)

PONTOS FORTES

Dedicado

Trabalhador

Confiável

PONTOS FRACOS

Resistente

Teimoso

Obstinado

ESTILO INTERATIVO

Bem orientado

Prestativo

Estável

TRABALHO

a satisfação, mas a concessão de bônus, férias ou um aumento será aceita de bom grado por eles e os estimulará a trabalhar com empenho ainda maior. Os colegas de trabalho de Touro sempre se impressionam com a gratidão e o reconhecimento dos outros, embora estes não sejam necessários. Sensibilizado pelo prestígio, o colega de Touro aceita com alegria os agradecimentos ou reconhecimentos dirigidos pessoalmente a ele por níveis mais altos da organização.

Como persuadir e/ou criticar o colega de trabalho de Touro

Por serem teimosos de carteirinha, os colegas nativos de Touro são, a princípio, difíceis de convencer e, uma vez decididos, é muitas vezes impossível fazê-los mudar de ideia. Em geral, a crítica não costuma ser um problema para os taurinos e eles podem até ficar agradecidos por ela, contanto que se mostre útil e seja oferecida da forma correta. Eles devem ser abordados com calma e sozinhos, pois se ressentem ao serem corrigidos ou serem colocados em situações constrangedoras na frente do grupo. Num ambiente tranquilo e neutro, eles geralmente gostam de se expressar e de ouvir. Entretanto, depois de ouvir o que você tem a dizer, eles não vão querer ouvi-lo uma segunda ou terceira vez.

O cliente de Touro

PONTOS FORTES

Sereno

Forte

Sagaz

PONTOS FRACOS

Inflexível

Desinteressante

Sem imaginação

ESTILO INTERATIVO

Determinado

Focado

Estável

TOURO

Aparentemente fáceis de lidar, os clientes de Touro colocam seus desejos e exigências de forma inequívoca. Não é uma boa ideia mudar de assunto enquanto estiverem falando, propor alternativas ou, de alguma forma, desviar a atenção da tarefa em questão. Além disso, em princípio, ao planejar e implementar um programa que satisfará suas vontades, é melhor manter-se nos trilhos, focado nos desejos e objetivos mais relevantes deles. No entanto, todos os taurinos adoram riqueza e abastança, portanto ficarão maravilhados com qualquer tipo de agrado e extras que você agregar ao produto ou serviço. Ficam mais satisfeitos ainda quando seus compradores reagem positivamente a esse tipo de atrativo.

Como impressionar o cliente de Touro

Em geral, os clientes de Touro se impressionam apenas com aqueles capazes de manter o olho na bola. Críticos e irritadiços em relação aos que borboleteiam de um assunto para o outro, esses clientes empedernidos são difíceis de seduzir e de convencer. Eles serão igualmente críticos se você repetir algo que já disseram ou der indicações de que não os está ouvindo com atenção. Mais ainda, eles o lembrarão desses lapsos e estarão prontos para reprová-lo por tal comportamento, mesmo num primeiro encontro. Deixe-os falar na maior parte do tempo, mas responda de modo inteligente e sucinto ao ser questionado.

Como vender para o cliente de Touro

Muitas vezes, num primeiro encontro, o cliente de Touro vai chegar a um ponto em que ele ou ela se recostará confortavelmente, dirigindo-lhe um olhar que diz, simplesmente: "Convença-me". Nesse momento, você deve estar totalmente preparado para deflagrar cada grama de artilharia pesada de que dispuser, incluindo fatos, painéis, gráficos ou qualquer outro material visual adequado, já que esse cliente é muito fixado em apelos visuais. Aprovado nesse teste, quando quer que ele seja aplicado, você já terá percorrido boa parte do caminho na direção da venda. Com frequência, embora nem sempre, você será capaz de ler o seu sucesso ou fracasso na expressão facial de seu cliente de Touro, apesar de que muitos deles tratarão de esconder cuidadosamente qualquer tipo de reação até que tenham tido tempo, mais tarde, para considerar e reconsiderar sua apresentação.

Sua aparência e o cliente de Touro

Arrume-se bem. Não tenha medo de usar um corte moderno, de trajar tecidos e cores vivas e de exibir seu melhor visual, para demonstrar a qualidade da empresa que você representa. Lembre-se de que, para um cliente de Touro, todos os aspectos materiais de sua apresentação, inclusive todo o material escrito e audiovisual, devem esbanjar classe. Em contrapartida, qualquer erro que cometer será visto como um reflexo da qualidade duvidosa do serviço ou produto de sua empresa. Assim, antes de uma primeira reunião, certifique-se de estar totalmente preparado para a análise mais exigente.

Como manter o interesse do cliente de Touro

Mesmo sendo sérios, os clientes de Touro também amam ser agradados e entretidos. Podem "pegar pesado" nas exigências, mas se você tiver os fatos – impecavelmente preparados – na ponta da língua, vai poder usar seu charme aqui e acolá. É comum ficarem fascinados por um toque de leveza de sua parte, e recomenda-se um pouco de humor num tom de brincadeira (em vez de uma piada que poderia pegar mal). Caso perceba que estão perdendo o interesse em algum momento, sugira um café ou um intervalo, mude de assunto ou peça-lhes diretamente para perguntar o que quiserem saber. Evite silêncios longos e constrangedores. Mantenha um ritmo calmo, porém constante, na sua apresentação.

Como dar más notícias ao cliente de Touro

Se a má notícia for bem transmitida, os clientes de Touro poderão surpreendê-lo, recebendo-a com naturalidade. O que não significa, necessariamente, que a apreciem ou mesmo que a aceitem, mas, em vez de dizê-lo a você, os taurinos se mostrarão mais inclinados a dirigir-se ao seu chefe. Ao apresentar a má notícia, não tente disfarçá-la. Trate-a de modo objetivo, porém preocupado. Pelo menos, nesse caso, você não será acusado de deturpar os fatos ou de mentir. Caso se sinta excepcionalmente mal ou responsável pelo acontecido, será inteligente expressar seus sentimentos de maneira sucinta.

Como entreter o cliente de Touro

Regidos por Vênus, os clientes de Touro são apreciadores da beleza, da satisfação física, do entretenimento, de comida, bebida e contextos prazerosos. Assim, por exemplo, ao sair com eles para jantar, vai perceber que o ambiente, o serviço e a apresentação dos pratos serão tão importantes quanto o sabor em si. Prepare-se para a expectativa deles por um restaurante de alto nível e para a escolha de opções caras, pois são conhecidos pelos gostos dispendiosos. Tão logo perceba que estão desfrutando a ocasião de verdade, solte um suspiro de alívio, ciente de que são boas as chances de sucesso nas negociações. Mantenha a conversa divertida e não levante questões de negócios, permitindo que seu cliente de Touro seja o primeiro a puxar o assunto.

O sócio de Touro

PONTOS FORTES

Protetor

Tenaz

Empenhado

PONTOS FRACOS

Mandão

Desatento

Teimoso

ESTILO INTERATIVO

Convincente

Imutável

Temível

De modo geral, os sócios regidos por Touro sentem que têm uma compreensão melhor do que a sua acerca do que está acontecendo. Teimosos ao extremo e mandões incorrigíveis, preocupam-se menos em liderar e mais com a tomada das decisões finais. Na verdade, isso é o que mais interessa a esse indivíduo tenaz e empenhado. Entretanto, mesmo nos casos em que você acha que o sócio de Touro está completamente errado, com o tempo vai acabar compreendendo seu ponto de vista e até concordando com ele. O sócio de Touro pode também servir como um bom anteparo contra aspectos mais desagradáveis do negócio, proporcionando segurança a você, à empresa e a todos os que trabalham com você e para você.

Como montar um negócio com um taurino

Em vez de deixar a organização da sociedade por conta dos sócios taurinos, é preferível que você submeta seus planos a eles e permita que comentem, editem e façam algum acréscimo. Em geral, chega-se a um bom acordo com esse método simples. No entanto, talvez não dê certo você permitir que um taurino lhe apresente o primeiro esboço ou trabalhe junto com você na redação do acordo, já que sócios de Touro se tornarão desestimulados se sentirem constantemente que sua participação é solicitada e em seguida rejeitada ou, pior, ignorada. Certifique-se de expressar com muita clareza na proposta original o papel deles na sociedade, procurando atribuir a eles uma boa dose de responsabilidade no dia a dia dos trabalhos.

Como dividir tarefas com o sócio de Touro

É um erro achar que esse indivíduo vigoroso e pragmático deve desempenhar apenas tarefas de ordem prática. Os sócios de Touro também são pessoas com ideias, que compreendem os aspectos teóricos da produção, do marketing, das vendas e em especial das relações públicas. Podem ser um pouco irresponsáveis com despesas, tendendo a gastar livremente quando sentem que determinado item é essencial ao seu trabalho, embora compensem isso geralmente buscando os melhores preços. Garanta que é preciso o seu aval quanto a despesas acima de certa quantia. Por terem uma presença física marcante, os taurinos são bons representantes para a empresa.

Como viajar com o sócio de Touro e entretê-lo

Os sócios de Touro podem gastar muito ao cuidar de viagens e do entretenimento. Eles têm uma veia perdulária inquestionável, motivada pelo gosto do luxo e do conforto. Por estranho que possa parecer, no caso das festas da empresa e na organização de

TOURO

viagens ou entretenimento para os outros, conta-se muitas vezes com esse indivíduo para providenciar tudo com economia, e ainda assim ser capaz de agradar a todos os envolvidos. Os sócios de Touro terão de ser protegidos contra seu ponto fraco, em se tratando das despesas em seu nome. Para contornar a situação, você ou seu gerente financeiro podem apresentar-lhes de antemão um orçamento restrito.

Como gerenciar e dirigir o sócio de Touro

Ainda que quase todos os sócios de Touro queiram ser o chefe na maioria das situações, é possível gerenciá-los e dirigi-los, contanto que você apele para o lado prático deles e reconheça sua habilidade para fazer garantir os melhores resultados. Uma vez que concordem com sua ideia básica, deixe a implementação a cargo deles, se a logística permitir. Em confrontações abertas, eles podem alternar entre a passividade e a agressividade – na defesa, parecendo um objeto irremovível, e no ataque, como uma força irresistível. Portanto, o melhor é evitar colisões frontais. Se você for sensível a seus sentimentos ou demonstrar que confia neles, os sócios taurinos se mostrarão bastante abertos a considerar suas sugestões. Evite dar ordens a eles.

Como se relacionar com o sócio de Touro a longo prazo

Os sócios de Touro são, em geral, leais e comprometidos com suas relações de negócios, sendo do tipo que suporta condições adversas persistentes. Isso não implica, porém, que sejam de trato fácil, pois aceitam as coisas silenciosamente apenas até certo ponto, então externam seus verdadeiros sentimentos, em geral de maneira brusca e contundente. Portanto, é útil fazer reuniões regulares em que você pode estimulá-los a verbalizar suas queixas, em vez de reprimir os ressentimentos. Logo que perceberem que está preparado para aceitar o que têm a dizer e para agir de acordo com isso, ou mesmo que você se mostre aberto a ouvi-los, será muito mais fácil trabalhar com eles.

Como romper com o sócio de Touro

Os sócios do signo de Touro são extremamente possessivos e, em geral, verão o seu negócio como sendo deles. Assim, é muito difícil para eles abrir mão da empresa, em particular em relação àquela que sentem ter alimentado, dirigido e desenvolvido. O melhor cenário será aquele em que um árbitro escolhido de comum acordo possa ajudar. No entanto, taurinos teimosos poderão buscar um representante legal próprio ou querer eles próprios representar seus interesses. Esteja preparado para discutir as finanças, o patrimônio, as responsabilidades, os seguros e até mesmo objetos a que tenham se apegado. É comum se interessarem por comprar a sua parte do negócio e dar prosseguimento a ele por conta própria.

O concorrente de Touro

Tenazes e determinados, os concorrentes de Touro não são do tipo que se pode varrer do caminho com facilidade, sobretudo se tiverem uma longa história no ramo, pois resistirão a qualquer tentativa de retirá-los de seu posto, ainda mais se tiverem sido

(O concorrente de Touro)

PONTOS FORTES

Tenaz
Determinado
Resistente

PONTOS FRACOS

Ultraconservador
Sem imaginação
Paradão

ESTILO INTERATIVO

Orgulhosos
Dominadores
Resolutos

o número um. Cada percentual da energia deles e de sua empresa será destinado a resistir, minar e meticulosamente atacar o seu produto. Por considerá-los um tanto antiquados ou lentos, talvez você ache que é capaz de superá-los ou enganá-los, mas eles podem ser muito espertos e cautelosos em serem fisgados pela isca. Talvez o melhor que se tem a esperar é que cada uma das empresas, a sua e a dele, se solidifiquem em suas posições e prosperem lado a lado, sem causar danos mútuos indevidos.

Como enfrentar o concorrente de Touro

Procure desenvolver uma fatia do mercado da qual possa se apropriar. Evite atacar de frente os concorrentes de Touro, procurando contorná-los por outro caminho. Assim que descobrirem que você não constitui ameaça à parte principal de seus domínios, a tendência será de afrouxarem um pouco a vigilância e se mostrarem mais receptivos aos seus esforços. Convença-os também de que há espaço para dois excelentes produtos. A busca de negociações pacíficas, a aceitação do status quo (ao menos por enquanto) e a disposição para fazer concessões abrandarão seu instinto selvagem de proteção. Acima de tudo, sempre trate-os com respeito, sem o mínimo indício de ridículo.

Como superar o concorrente de Touro em planejamento

Se é o caso de guerra declarada ou concorrência acirrada, você vai precisar trabalhar com afinco para superar seus adversários taurinos. Eles são excelentes na defesa, e é extremamente difícil provocá-los para que reajam, de forma que você possa encontrar uma brecha em sua armadura. Será melhor analisá-los, descobrindo, por meios não convencionais, seus planos e como pretendem atacá-lo, se o fizerem. Não se antecipe a eles nesse esforço, mas aja lentamente e com segurança, realizando a pesquisa necessária. Logo que estiver certo do intento deles, trace um plano pessoal de batalha, que começará, talvez, com um ataque fulgurante ou um assalto-relâmpago ao ponto fraco do concorrente.

Como impressionar pessoalmente o concorrente de Touro

Mantenha-se sereno, calmo e reservado. Os concorrentes de Touro só se impressionam de verdade com os assuntos discutidos se você tiver feito uma pesquisa exaustiva e estiver com todos os fatos à mão. Seu traje, estilo e maneiras devem ser um pouco conservadoras para que eles o levem a sério. Mostre que os acata como um opositor de respeito e que os papéis de vocês, um em relação ao outro, podem ser mais de aceitação e menos de inimizade. Embora os concorrentes regidos por Touro tenham muito oxigênio e dominem a conversa, você não deve procurar interromper o fluxo de sua fala, e sim minar a posição deles gradualmente, com observações curtas e bem escolhidas.

Como enfraquecer e superar o concorrente de Touro

Se ambos estiverem visando o mesmo cliente ou buscando promover o mesmo produto ou um semelhante, você será forçado a adotar uma abordagem agressiva. Isso necessariamente envolverá não apenas melhorar a aparência de seu produto ou serviço como também fazer com que o deles pareça ruim. É bem provável que seja preciso criar falhas ou exagerar as já existentes, tendo em vista ser possível que existam desvantagens

TOURO

reais na abordagem da empresa deles, bem conhecidas por todos do ramo. Apegue-se a esses pontos fracos e ataque-os sem pena. Em seguida, mostre como sua empresa pode ser bem-sucedida naquelas mesmas áreas e oferecer mais vantagens tanto para consumidores quanto para profissionais.

Guerras de relações públicas com o concorrente de Touro

É possível que a abordagem de relações públicas do taurino tente ser chique e cheia de estilo, mas também ligeiramente ultrapassada. Procure montar uma campanha reluzente, ofuscante em seu apelo novelesco, de forma a desequilibrar seus adversários. Você saberá se teve êxito não apenas pelos índices de vendas em ascensão e a correspondente queda nos números dos oponentes, como também pelo silêncio no campo inimigo, o reconhecimento mais seguro de seu sucesso que conseguem fazer. Concentre-se em obter o interesse da mídia pelo seu trabalho, de modo que você se torne notícia em vez de apenas recorrer à publicidade paga. Use seus encantos para obter cobertura impressa e filmada, particularmente em entrevistas de lançamento de produtos.

O concorrente de Touro e a abordagem pessoal

Ao lidar de forma direta com adversários taurinos, é melhor evitar a abordagem pessoal e adotar com eles uma atitude estritamente profissional. É algo que os motivará, em algum momento do diálogo ou em futuras interações, a ultrapassar a linha e tentar ser um pouco mais informais ou amistosos; e, aqui, você decidirá se aceita tal abertura ou não. De qualquer maneira, você estará ocupando o assento do motorista. Caso ambos estejam se dirigindo a um mesmo grupo ou presentes numa reunião de conselho de um cliente, garanta que seu oponente taurino fale primeiro. Preste especial atenção à sua abordagem e esteja preparado para se referir aos erros dele na sua apresentação, mantendo o tom leve e amistoso.

TOURO

21 DE ABRIL A 20 DE MAIO

PONTOS FORTES

Autoconfiante
Reflexivo
Bem-apessoado

PONTOS FRACOS

Procrastinador
Insensível
Contido

ESTILO INTERATIVO

Equilibrado
Confiante
Físico

Amor

O primeiro encontro com alguém de Touro

Nos primeiros encontros, em geral, os taurinos costumam ir devagar. Eles querem ter uma primeira impressão sua e, no seu tempo, decidir se desejam ver você novamente ou definir o tipo de relacionamento que vão ter. Os taurinos têm uma boa noção daquilo que os atrai – e também do contrário –, mas não se dispõem a demonstrar isso num primeiro encontro; são muito cautelosos em expressar o que pensam ou sentem. Por apelarem muito para a aparência física, vão causar uma impressão marcante com o visual, mas também com o tom de voz, que pode ser sedutor e bem modulado.

Como paquerar alguém de Touro e como marcar um encontro

Muito amistosos, os taurinos em geral se mostram abertos a investidas iniciais. Porém, esperam que você não vá com muita sede ao pote, uma vez que precisam de tempo para se decidir. Sugira uma caminhada, ou, se já estiverem caminhando, continue nela. Se o encontro for repentino, ou se acontecer num evento social, será melhor, nos primeiros momentos, ficar quieto e ouvir o que a outra parte tem a dizer, dando-lhe também oportunidade de ter uma boa impressão visual de você. Se puder despertar a curiosidade de alguém de Touro com seu silêncio, melhor ainda.

Atividades sugeridas para o primeiro encontro com alguém de Touro

Regidos por Vênus, os taurinos adoram atividades de natureza estética e sensorial. Ao escolher um ponto de encontro para um café ou um drinque, um restaurante, um filme ou um show, lembre-se de que qualidade é muito importante para eles. Sair para caminhar num lugar bonito é sempre uma boa ideia para o taurino amante da natureza, contanto que o tempo esteja agradável. Caminhar na chuva ou no tempo frio definitivamente não é um bom programa para as pessoas de Touro. Em geral, os primeiros encontros dos taurinos são permeados de calor, conforto e segurança.

Estímulos e desestímulos no primeiro encontro com alguém de Touro

Os primeiros encontros de um nativo de Touro são, em geral, marcados de forma negativa ou encerrados imediatamente pela verborragia. Em contrapartida, eles se caracterizam pela modéstia e pela autoconfiança. Acima de tudo, desejam descobrir algo intrigante que lhes permita conhecê-lo melhor. Nunca tente apressá-los nem pressioná-los, e deixe que sigam no próprio ritmo. Observando esse ritmo, você terá condições de dar o próximo passo, sem ter de reconsiderar o seu empenho. A expressão facial e a linguagem corporal adotada por eles vão dizer como você está se saindo.

O "primeiro passo" no primeiro encontro com alguém de Touro

Uma situação típica dos primeiros encontros de Touro: você faz um gesto casual de passar o braço em volta dos seus ombros, de tocar ou pegar na mão e tem de volta um olhar incisivo que parece gritar "Não faça isso", para depois acrescentar com maior suavidade: "Eu te digo quando". Lembre-se sempre de que os taurinos, regidos por Vênus, consideram o amor como sua especialidade, ressentindo-se de toda e qualquer intrusão nos seus domínios. Permita que escolham e seja receptivo sempre que possível, sem que eles tenham de dizê-lo. Demonstre, discretamente, que ambos estão na mesma sintonia.

Como impressionar alguém de Touro no primeiro encontro

Nos primeiros encontros, os nativos do signo de Touro ficam menos impressionados por atitudes intensas, fluência verbal ou boa aparência do que por uma personalidade interessante e pela capacidade de compreendê-los, assim como seus desejos. Portanto, a melhor forma de impressioná-los é estabelecendo uma atmosfera afável em que se sintam livres para corresponder ou não. Permita que as coisas aconteçam de modo natural; orientar o encontro para uma direção positiva (a sua) será provavelmente a melhor forma de proceder. Impressione-os sempre com sua persistência e aceitação constantes em vez de recorrer a exibicionismos. Elogie a roupa, o penteado e a aparência geral se tiverem se dado ao trabalho de se arrumar.

Como dispensar alguém de Touro no primeiro encontro

De modo geral, é o taurino que dispensa, o que pode ser feito com rapidez e de forma bem agressiva. No entanto, não é tão fácil assim dispensar taurinos porque, se gostarem de você, seus esforços serão bastante determinados e persistentes. Entretanto, o orgulho e a autoimagem deles não tolerarão a franca rejeição. Portanto, se quiser livrar-se deles, apenas deixe bem claro seu desinteresse ou que as coisas não estão funcionando. Se você não enviar mensagens ambíguas, livrar-se deles não será um problema. Nos casos mais difíceis, reserve um tempo para explicar.

O par romântico de Touro

Os taurinos tendem a ser muito possessivos em assuntos amorosos. Eles irão ver você como pertencente a eles, assim como a casa, o carro ou as roupas, considerando que isso deve ser entendido como uma grande honra. Os problemas surgem, claro, se você não concordar inteiramente com eles, insistindo em fazer valer sua personalidade e em ter a liberdade para agir conforme a própria vontade. Podem até mesmo parecer concordar com você, pois fazê-lo apenas reforça a crença deles em seu senso de justiça e

(O par romântico de Touro)

PONTOS FORTES

Amoroso

Zeloso

Envolvido

PONTOS FRACOS

Possessivo ao extremo

Controlador

Manipulativo

ESTILO INTERATIVO

Direto

Franco

Generoso

demonstra como o amor deles por você é autêntico. Mas, na verdade, jamais admitirão desistir de você quando seus sentimentos forem muito profundos.

Como conversar com o par romântico de Touro

Ouvintes pacientes, os taurinos mostram-se, contudo, cheios de opinião e propensos a fazer julgamentos. Em geral, seus valores, antes de serem morais, refletem sua natureza pragmática, mais atenta para o resultado de algo (se vai funcionar ou não) do que para se é certo ou errado. Portanto, conseguem ser bastante objetivos nas conversas, pois estão prontos para escutar e raramente condenarão você em termos éticos. Você fará bem em ouvir seus conselhos porque o raciocínio deles costuma ser sensato, mas cuidado com a tendência a serem dogmáticos e fixados em certas ideias.

Como discutir com o par romântico de Touro

Pessoas de Touro vão, teimosamente, se agarrar à sua posição, muito bem fundamentada na maioria dos assuntos. Portanto, discutir com elas tende a ser contraproducente porque quanto mais você tenta atacá-las ou convencê-las, mais obstinadas ficam. Muitas vezes frios, calmos e serenos, os taurinos demonstram paciência e chegam a suportar um insulto ou outro. Mas, alcançado certo limite, é como sacudir a capa vermelha na frente do touro. Seu ataque pode ser explosivo e o melhor é não os provocar a qualquer preço. Com frequência, a melhor solução é evitar discutir com eles.

Como viajar com o par romântico de Touro

Ainda que se mostrem bons viajantes e aproveitem a empreitada de verdade, eles também costumam se sentir mais felizes em casa. Há dois problemas em viajar com taurinos: o gosto pelo luxo e a tendência que têm a levar, ou a fazer você levar, metade de seus pertences. Ou pior: já que adoram comprar, suas bolsas, mochilas e malas ficam pesadíssimas no momento em que se aprontam para voltar para casa. É claro que, conforme o peso da bagagem aumenta, o da carteira diminui, porque poucos signos astrológicos gostam tanto de comprar presentes – e de gastar em geral – quanto este.

O sexo com o par romântico de Touro

Os pares românticos de Touro tendem a ser realistas e francos em matéria de sexo. Não são nada tímidos para falar no assunto ou, no caso, para iniciá-lo. Muitas vezes, seu interesse é mesmo pelo sexo carnal em si, mais ou menos para satisfazer o apetite, assim como fariam com comida ou sono. Em consequência, suas expectativas serão bastante frustradas com a falta de mistério e de sutileza na abordagem deles do assunto. E o ato em si pode ser curiosamente impessoal, levando você a imaginar se eles de fato sabem, ou mesmo se importam em saber, quem é você.

Afeição e o par romântico de Touro

Os pares românticos nativos de Touro, por serem regidos por Vênus, podem ser muito afetuosos. Não se esqueça, porém, que, para eles, afeto é afeto, sexo é sexo, amor é amor, sendo que nenhum desses itens substitui de forma satisfatória o outro. Suas demonstrações de afeto podem ser decididamente físicas, incluindo um abraço, um

TOURO

carinho, um toque animador ou um olhar enternecido, mas sem se limitarem a eles. De alguma forma, porém, eles conseguem transmitir a noção de propriedade com quaisquer dessas expressões, o que pode de fato causar a você um constrangimento, em particular na frente de amigos próximos. Por outro lado, a pior coisa que você pode fazer é rejeitar os gestos afetuosos de um taurino. Apenas sorria e os aceite.

O senso de humor e o par romântico de Touro

Os taurinos costumam levar as coisas ao pé da letra e, portanto, a maioria das piadas, trocadilhos e jogos de palavras, em geral, não os impressiona muito. Detestam que riam deles, mas, vez por outra, riem junto se não se sentirem indevidamente ameaçados. Os comediantes que eles apreciam são, em geral, grandes atores que desempenham seus papéis com tamanha perfeição que a admiração, a apreciação e o consequente riso do taurino são plenamente estimulados. Sempre pronto para se distrair e aproveitar o momento, o taurino costuma preferir o humor leve, na forma de filmes, de peças ou de literatura popular mais recente. Para evitar problemas, mantenha-os de bom humor tanto quanto possível.

O cônjuge de Touro

Os cônjuges do signo de Touro são extremamente dedicados, estáveis, confiáveis e zelosos. Em geral, assumem um papel dominante no contexto doméstico e familiar, desejosos de tomar as decisões mais importantes ou, no mínimo, desempenhar um papel de destaque na sua implementação. Embora capazes de procrastinar nesses assuntos por meses e até anos, uma vez que decidem e começam a agir, os nativos de Touro, em geral, não podem ser interrompidos. Fã dos prazeres da cama e da mesa, o cônjuge do signo de Touro vai querer que sua casa seja um lugar confortável e seguro, onde os filhos, os amigos e a família se sintam à vontade.

A cerimônia de casamento e a lua de mel com o cônjuge de Touro

Embora práticos e bons de barganha, os taurinos, em geral, não desejam poupar despesas na organização de uma cerimônia marcante e uma recepção luxuosa no seu casamento. De forma semelhante, vão querer passar a lua de mel num lugar especialmente bonito, seja em termos de natureza ou de luxo, ou ambos. O entorno também servirá para colocá-los à vontade, para que desfrutem a lua de mel ao máximo. Os recém-casados de Touro não estão interessados em cenas embaraçosas, em preocupações ou em qualquer forma de negatividade que os impeça de aproveitar a melhor experiência de sua vida.

O cotidiano doméstico e a vida de casado com alguém de Touro

Por serem pessoas sem incerteza de planos, os recém-casados de Touro têm uma ideia muito boa do tipo de casa que desejam ter. Eles a querem confortável e bonita, com cores harmoniosas, tecidos requintados, linhas agradáveis com recantos e iluminação marcantes. Uma vez arrumada a casa, a tendência dos cônjuges de Touro é de não

PONTOS FORTES
Confiável
Estável
Afetuoso

PONTOS FRACOS
Procrastinador
Dominador
Hedonista

ESTILO INTERATIVO
Calmo
Forte
Acolhedor

AMOR

querer mudar as coisas e de resistir de forma veemente aos seus desejos de fazê-lo. Além do mais, eles estão convictos de que seu gosto é impecável, portanto suas objeções apenas demonstram a falta dele. Assim, é bom deixar a decoração a cargo deles sempre que possível.

As finanças e o cônjuge de Touro

Nem sempre os taurinos são as pessoas mais animadas do mundo, mas estão entre as mais caras. Seu gosto tende para a ostentação, e não conseguem conter os gastos, em especial quando se trata de uma pechincha ou de uma promoção. As arengas sobre dinheiro e sobre como ele deve ser gasto são questões permanentes, portanto, sempre que possível, eles devem gastar seu próprio dinheiro se trabalharem, ou poder opinar dentro dos limites de um orçamento restrito e justo. Deixar que tomem decisões financeiras independentes ajuda a diminuir as discussões.

A infidelidade e o cônjuge de Touro

Por conta de sua postura geralmente amoral em relação ao sexo, as pessoas do signo de Touro não verão nada de errado em compartilhar intimidades com outros, contanto que esses "casos" possam ser descartados e não ameacem o casamento. Entretanto, se forem de fato felizes no casamento, raramente, talvez nunca, enganarão seus companheiros. Os representantes desse signo, porém, são atraídos pela beleza física assim como as mariposas o são pela luz, daí se forem muito (ou mesmo um pouco) infelizes ou insatisfeitos, terão dificuldade em resistir a um convite para passar uma tarde ou uma noite qualquer nos braços de um amante.

Os filhos e o cônjuge de Touro

De modo geral, os taurinos são pais maravilhosos. Verdadeiros provedores, encontram enorme satisfação em se doar e cuidar dos outros. Além disso, têm grande aversão a toda forma de maus-tratos em relação a crianças e pequenos animais, e assim sua casa é muitas vezes repleta de ambos. As pessoas desse signo esperam realmente que os amigos de seus filhos e os respectivos bichinhos de estimação sejam considerados parte da família, e, assim, estão presentes boa parte do tempo. Na verdade, o filho único de um pai ou mãe de Touro pode se sentir sufocado pela atenção despejada sobre ele, portanto é melhor ter ao menos um irmão ou uma irmã.

O divórcio e o cônjuge de Touro

Esteja preparado para ser "depenado". Os taurinos não abrem mão de dinheiro ou de bens com muita facilidade. O real consolo deles por perder você pode ser obter bastante dinheiro e a maior parte do mobiliário da casa. Por não se sentirem envergonhados nem serem insinceros nessas questões, os cônjuges do signo de Touro expressarão suas

TOURO

exigências com clareza cristalina por intermédio de um advogado. Sem ser vingativos, eles simplesmente desejam ser compensados pelo que consideram anos de serviço abnegado. Vão se sentir felizes em discutir as coisas nos mínimos detalhes, sem ambiguidades e sem emoções e em ser justos em relação a você o melhor que puderem.

O amante de Touro

Não se surpreenda quando os amantes desse signo esperarem que você volte para o seu cônjuge ou par romântico depois de um primeiro e agradável encontro. Eles podem ser tão prosaicos em relação a seus desejos que, muitas vezes, deixarão claro que seus sentimentos não implicam ter uma vida juntos, compartilhar afeto ou mesmo passar a noite um na companhia do outro depois que a principal razão para se encontrarem tiver passado. Entretanto, uma vez que sentirem que conquistaram você, vão se apegar e provavelmente se tornar seu par romântico regular – o que inclui até um casamento. Assim como em outras áreas, as pessoas de Touro se apegam e, com o tempo, ficam muito possessivas.

Como conhecer o amante de Touro

É bem possível que você seja apresentado a amantes do signo de Touro por um amigo comum. De fato, a amizade é, muitas vezes, o que, a princípio, predomina nesse tipo de relacionamento, em vez da paixão animalesca ou mesmo da atração física. Você se sentirá à vontade com eles, em condições de falar sobre si, inclusive a respeito de sua vida amorosa. Tão logo percebam que esse último item é menos do que satisfatório ou nulo, começarão a se considerar como candidatos preferenciais ao posto de amante. Lembre-se, os nativos de Touro são provedores e, de modo instintivo, reagem quando alguém é machucado ou tratado injustamente.

Onde se encontrar com o amante de Touro

Taurinos sentem-se mais à vontade em seu próprio território, preferindo promover o encontro ali mesmo, sempre que possível. Ainda que estejam vivendo com alguém, conseguem se liberar por determinados períodos. Parte de seu charme sedutor está no desejo de que você veja suas demonstrações pessoais de valor ou de bom gosto, sobre o que vão ter muito a comentar, às vezes de forma exaustiva. Não sendo afeitos a malabarismo sexuais no chão, de pé ou contra uma parede, a cama será provavelmente muito confortável e bem arrumada para o sexo. Prepare-se para uma agradável experiência.

O sexo e o amante de Touro

De modo geral, há dois tipos de pessoa no que se refere a sexo: as ardentes e as sensoriais. Os amantes taurinos pertencem à segunda categoria. Sem ser do tipo que expressa os sentimentos de forma repentina ou em espasmos explosivos, sua tendência é de aproveitar de verdade as interações físicas, enquanto exploram cada domínio dos sentidos: o paladar, o toque, o olfato, a visão e a audição. Também esperam ser agradados em todas essas áreas por períodos longos e ininterruptos.

PONTOS FORTES

Sexual

Expressivo

Honesto

PONTOS FRACOS

Insensível

Indiferente

Excessivamente

possessivo

ESTILO INTERATIVO

Franco

Transparente

Direto

Os amantes taurinos aproveitam todas as sensações carnais que o sexo oferece, de preferência sem pressa e sem restrições. Satisfazer você significa satisfazê-los, e eles esperam que você retribua à altura.

Como segurar o amante de Touro

Isso costuma ser desnecessário e, frequentemente, impossível, pois são os taurinos que, muitas vezes, gostam de preservar o que têm – isto é, se estiverem interessados. A tendência é que, com o passar do tempo, eles se interessem mais, em vez de menos, se houver de fato uma sintonia. Os nativos de Touro simplesmente não conseguem exaurir seus objetos de amor e, assim como a cornucópia (o famoso vaso em forma de chifre, símbolo de opulência), jamais lhes faltam novos prazeres para apresentar a você. A capacidade de se doar dos amantes desse signo é, de fato, incrível, e é irrelevante se você decide compartilhar ou não da mesma forma com eles, contanto que estejam obtendo o que desejam do relacionamento.

Como entreter o amante de Touro

Os amantes de Touro preferem comida acima de qualquer outra forma de entretenimento. Portanto, jantar fora e saborear refeições deliciosas são bem mais do que mero divertimento para eles. Embora estejam dispostos a partilhar a experiência com você, ficará claro, quase de imediato, que com ou sem você eles dariam plena vazão ao seu apetite. Portanto, estar ali, junto com você, é agradável, porém não essencial. Espera-se que você seja do tipo empático, capaz de apreciar o deleite deles indiretamente. Se conseguir saborear o seu prato da mesma forma (e pagar por ele), será uma vantagem adicional.

Como romper com o amante de Touro

Os amantes de Touro lhe dirão quando está tudo acabado. Ainda assim, são capazes de continuar envolvidos por longos períodos, muitas vezes absorvendo um bocado de punição no processo. É possível que essa pessoa suporte estar com você muito mais do que os nativos de qualquer outro signo do zodíaco, contanto que seja uma escolha dela. Lembre-se de que Touro é um signo tenaz; portanto, assim como relutam em deixar sua casa, pode ser difícil para os taurinos deixarem você, já que teriam de começar a procurar outro amante. Taurinos se acomodam em seus relacionamentos e não desistem deles com facilidade.

O ex-cônjuge de Touro

Os ex-maridos e ex-esposas de Touro tendem a empurrar as responsabilidades deles para você, em particular havendo filhos envolvidos. Mesmo ao passar por períodos difíceis em termos financeiros e emocionais, eles são confiáveis; no caso de não poderem saldar um pagamento no vencimento, certamente informarão você com antecedência. Se a separação ou divórcio foi ideia de um taurino, você não deve esperar muito mais do que é exigido por lei.

Como fazer amizade com o ex-cônjuge de Touro

É aconselhável fazer amizade com os ex-cônjuge de Touro, mas atente para a tendência deles de querer controlar a família depois da separação. Lembre-se de que o taurino típico não só é provedor como também possessivo, e depois que o casamento tiver terminado não é fácil para eles interromperem certos padrões e atitudes já bem estabelecidos. Em geral, serão eles os definidores dos termos da amizade, e caberá a você avaliar se é possível concordar com esses termos. Seu ex-cônjuge de Touro vai preferir manter a harmonia entre vocês sempre que possível.

Problemas para reatar com o ex-cônjuge de Touro

Mesmo que você considere a possibilidade de uma reconciliação, o ex-cônjuge de Touro raramente compartilha essa visão. Para a maioria deles, quando essa porta se fecha, ela deve permanecer assim após a separação. No entanto, é bem possível moldar um novo relacionamento com essa pessoa, que, em certos aspectos, pode ter mais sucesso e ser mais compensador do que o anterior. As rochas que afundaram o relacionamento podem deixar de ser obstáculos, permitindo que águas bravias se acalmem. Será melhor para você desenvolver esse novo relacionamento do que tentar retomar um relacionamento que tenha fracassado – e que poderá fracassar de novo justamente pelas mesmas razões.

Como conversar sobre questões do passado com o ex-cônjuge de Touro

É possível conversar sobre o passado com um ex-companheiro ou ex-companheira de Touro, mas é improvável que surta resultados significativos. Os taurinos sabem muito bem por que o relacionamento acabou, e não esperam obter de você nenhuma informação nova sobre ele. Além disso, raramente estão interessados em listar velhos problemas para examiná-los ou esmiuçá-los. Entretanto, eles têm uma inclinação para a sentimentalidade, portanto pode ser agradável, de vez em quando, sentarem juntos e olharem fotos ou vídeos e rememorarem, de modo casual. Atente para não deixar isso ir além.

Como expressar afeto pelo ex-cônjuge de Touro

O afeto e a sensualidade são tão naturais para os taurinos que é difícil eliminá-los de qualquer relação com um ex-companheiro ou ex-companheira desse signo. É claro que os taurinos se magoam quando o afeto é negado, e a não ser que odeiem você profundamente, ficarão agradecidos por uma ou outra palavra delicada ou manifestação calorosa de sentimentos. No entanto, passado o período de "rescaldo" de dois anos, será raro eles desejarem que você lhes forneça algo mais. E o afeto que permitem que você expresse para eles, e que eles expressam a você, será de um tipo diferente e num nível diferente do anterior – mais objetivo e convencional e menos cordial ou emocional.

Como definir o atual relacionamento com o ex-cônjuge de Touro

Você saberá exatamente o que o ex-cônjuge de Touro sente em relação à sua atual relação com ele, sem defini-la nem conversar sobre ela. O tom de voz empregado e seus

(O ex-cônjuge de Touro)

PONTOS FORTES

Responsável
Ético
Confiável

PONTOS FRACOS

Controlador
Possessivo
Recolhido

ESTILO INTERATIVO

Franco
Envolvente
Honesto

AMOR

padrões de comportamento, em geral, costumam "entregar" os sentimentos deles em relação a você. Jamais afirme nem sequer insinue que eles não sabem o que pensam a respeito ou que não estão conscientes do verdadeiro amor que sentem por você e que são incapazes de expressar. Os taurinos sabem o que sabem a seu respeito, e o que não souberem não lhes interessa. Com certeza, negação e conflito resultarão de qualquer tentativa sua de convencê-los do contrário.

Como compartilhar a guarda com o ex-cônjuge de Touro

Se aos olhos de alguém desse signo de quem você tenha se separado você não for um pai ou mãe responsável, a tendência é que ele não queira, de forma alguma, deixar os filhos sob seus cuidados, lutando, para reter o total controle e a guarda. Entretanto, eles são suficientemente sensíveis e justos para saber que é comum os filhos precisarem e desejarem estar com ambos os pais. Assim, em geral, concordarão que você os veja nos finais de semana ou em algum momento durante as férias. Caso você obtenha a guarda, espere que seu ex-cônjuge de Touro queira ver os filhos com frequência. Permita-lhe esse privilégio sempre que possível.

Amigos e família

TOURO

21 DE ABRIL A 20 DE MAIO

O amigo de Touro

Amigos taurinos largarão o que estiverem fazendo por você, marcando presença no momento em que necessitar. O amigo taurino, leal e dedicado à sua amizade, se envolve de verdade para ajudar, sempre que possível. No entanto, devido a suas ideias fixas, os regidos por Touro podem aconselhar algo errado, convencidos de estarem absolutamente certos, e sentindo que seu conselho deveria ser seguido sem questionamento. Eles parecem ver tudo com muita clareza, preto no branco, mas o que veem é com muita frequência aquilo que querem ver. Geralmente engraçados no convívio, os amigos taurinos vão gostar de se divertir, ir ao shopping e fazer viagens curtas de um dia. Eles também vão querer que você os respeite não se aproveitando de sua natureza generosa.

Como pedir ajuda ao amigo de Touro

O melhor é pedir a ajuda do seu amigo ou amiga de Touro apenas quando de fato estiver precisando, por duas razões. Primeira, você pode não querer que lhe digam o que fazer, que lhe encham de conselhos ou que lhe ofereçam um auxílio inflexível que você não deseja receber. Os amigos taurinos podem muito bem perceber a sua recusa em aceitar essa oferta ou a seguir seus conselhos como uma rejeição pessoal a eles e às suas crenças. Segunda, se você ficar pedindo ajuda constantemente, como o menino que pedia socorro a toda hora sem necessidade, eles deixarão de levar você a sério. Portanto, pedir ajuda a um amigo de Touro pode não compensar eventuais aborrecimentos.

Como se comunicar com o amigo de Touro e manter contato com ele

Os amigos de Touro gostam de rotina e são criaturas chegadas a hábitos. O contato é diário, por e-mail, mensagens, SMS e ligações telefônicas, vale tudo. Seus momentos favoritos para entrar em contato com você são de manhã cedo e tarde da noite. Os amigos taurinos até são conhecidos por deixarem seus celulares ligados ao lado da cama, caso você precise da ajuda deles no meio da noite ou apenas queira conversar. Não se aproveite desse fato; tente contatá-los apenas durante horas do dia convenientes e esteja atento para o tempo que eles disponibilizam para você.

PONTOS FORTES

Generoso
Solícito
Convincente

PONTOS FRACOS

Dominador
Controlador
Onipotente

ESTILO INTERATIVO

Autoritário
Autoconfiante
Generoso

AMIGOS E FAMÍLIA

59

Como pedir um empréstimo ao amigo de Touro

Assuntos de dinheiro são muito importantes para os taurinos e não devem ser tratados superficialmente. Para eles, dinheiro significa segurança e, portanto, uma quantia alta ou que não possa ser quitada num futuro próximo pode causar-lhes ansiedade e preocupação. Por essa razão, embora eles possam lhe emprestar o dinheiro, muitas vezes é melhor pedir a um amigo que não seja desse signo, dada a grande responsabilidade envolvida em relação a um taurino. Um empréstimo eventual de uma quantia pequena, a ser quitado em alguns dias, em geral não é problema para o amigo taurino. Logo que você se mostrar confiável nesse quesito, poderá até pensar em tomar emprestado a mesma pequena soma antes do fim de semana e devolvê-la na segunda-feira.

Como pedir conselhos ao amigo de Touro

Os amigos de Touro adoram dar conselhos, muitas vezes não solicitados, por isso você pode evitar o trabalho de pedi-los a eles. Sua natureza autoritária e cheia de opinião lhes permite dar palpites sobre quase qualquer assunto. Além de esperar que você os ouça, sua expectativa é também de que acredite que o que dizem é verdadeiro e que o aceitem sem questionar. A verdade em qualquer situação é tão óbvia para eles que é comum se sentirem desconcertados com os que discordam. Os conselhos a eles dirigidos são apreciados, mas nem sempre seguidos. Os taurinos são lentos e difíceis de lidar. Além disso, dar conselhos já é recompensa suficiente, e eles não esperam que você retribua.

Como visitar o amigo de Touro

Os amigos de Touro apreciam visitas ocasionais, mas não gostam que você considere o espaço deles permanentemente como um ponto de encontro. Eles necessitam de privacidade para trabalhar e têm um limite quando se trata de socialização. É melhor você programar visitas com antecedência em vez de aparecer de surpresa. Eles não se sentiriam nem um pouco constrangidos de ver você à porta e responder "sim" à sua pergunta: "Estou chegando numa hora ruim?". Uma vez captada a ideia, não há necessidade que a situação se repita. Os encontros agendados com os amigos de Touro são religiosamente mantidos e eles costumam ser pontuais – ou pelo menos não se atrasam, em geral, por mais de 15 minutos, o que para eles é a mesma coisa.

Comemorações/entretenimento com o amigo de Touro

Os amigos de Touro costumam estar prontos para um festejo contanto que tenha gente para ajudar. O problema muitas vezes está em precisarem fazer tudo sozinhos, desde o preparo das comidas até todas as providências, inclusive, fazer compras e enviar os convites. Mais tarde, eles acabam se mostrando exaustos e um pouquinho ressentidos. Portanto, é bom que você lhes peça ajuda para organizar as coisas apenas se eles concordarem de antemão em dividir as responsabilidades com os outros. Mesmo se concordarem, você deve ficar de olho neles, já que sempre acham que podem fazer tudo melhor e tendem a tomar o lugar dos outros antes mesmo que eles se deem conta.

TOURO

O colega de quarto de Touro

Por serem tão possessivos em relação ao seu espaço e ao mobiliário, é possível que os taurinos encontrem dificuldade em compartilhá-los com quem convivem. Mais à vontade vivendo sozinhos ou com um companheiro ou companheira, os taurinos passam por dificuldades ao ter de compartilhar o espaço com outros cujas vidas, profissional ou particular, independem da sua. Será preferível se todas as partes envolvidas se sentarem e listarem as linhas mestras e as regras específicas quanto ao que é e o que não é permitido na situação de convivência diária, de modo a evitar problemas mais tarde. Os taurinos podem ser ótimos no que se refere à limpeza do ambiente, mas também, ocasionalmente, despreocupados em deixar seus pertences espalhados. Em geral, eles teimam em fazer as coisas à sua maneira.

Como dividir responsabilidades financeiras com o colega de quarto de Touro

De modo geral, os colegas de quarto de Touro são financeiramente responsáveis, com duas exceções. Primeira, é provável que tenham dificuldade em juntar o dinheiro para o aluguel no final de mês e, segunda, com frequência estão "no vermelho". Ambas as características podem ser problema na hora de assumirem suas responsabilidades financeiras em relação à moradia. Basicamente, os taurinos vivem à mercê de suas próprias necessidades e, é óbvio, gastam demais. Alimentam uma fé enorme de que o dinheiro vai surgir do nada, o que costuma acontecer com eles, e não se importam em ter de trabalhar duro para obtê-lo, se necessário, mas acabam se estressando, de tempos em tempos.

A limpeza e o colega de quarto de Touro

Os colegas de quarto de Touro são bons de limpeza, se estiverem motivados. No entanto, são do tipo relaxado, capaz de suportar a desordem, a deles em particular, na maior parte dos casos. O que os aborrece de verdade é a bagunça que você faz, a qual eles provavelmente limparão, com impaciência, antes de fazerem a própria ou de permitirem que você o faça. Os colegas de quarto do signo de Touro são capazes de se submeter a uma programação em se tratando de limpeza; assim, será bom você afixá-la de forma bem visível. Espere da parte deles o adiamento dessas responsabilidades, já que tendem a negligenciá-las por um tempo e depois darem conta delas de uma vez. É comum a faxina deixá-los de mau humor.

Convidados e o colega de quarto de Touro

Os colegas de quarto de Touro têm um pavio muito curto quando outras pessoas usam suas coisas. Também ficam irritadiços quando rostos desconhecidos aparecem com certa regularidade e ainda mais irritados quando rostos familiares aparecem constantemente. Em resumo, os taurinos vão fazer o máximo para aturar você, mas não todo um séquito de amigos. Espere que sejam grosseiros e taxativamente mal-educados, esforçando-se para fazer com que seus convidados se sintam indesejados o suficiente para ir embora. A melhor forma de lidar com essa questão é ambos concordarem que, se os convidados do taurino forem bem-vindos, então os seus também serão, e que agir pelo menos de uma forma agradável facilita as coisas para todos os envolvidos.

PONTOS FORTES

Conscencioso
Trabalhador
Responsável

PONTOS FRACOS

Difícil
Possessivo
Desleixado

ESTILO INTERATIVO

Insistente
Exigente
Direto

AMIGOS E FAMÍLIA

Festas e o colega de quarto de Touro

Se a festa for uma ideia do taurino, é de esperar que eles se encarreguem de tudo o que for necessário: compras, preparo das comidas e limpeza, ou, no mínimo, que cuidem de uma grande parte do trabalho. Caso a ideia for sua, o colega de quarto de Touro pode aparecer ou não, dependendo de seu estado de humor. Às vezes, os taurinos têm problemas em compartilhar amigos comuns, portanto, se você faz o planejamento e os convites, eles podem "dar um sumiço" naquela noite ou simular uma doença e se entocar no quarto. Dito isso, eles têm um fraco por comida e atenção, portanto muitas vezes sentem-se atraídos para fora de seu retiro se você lhes oferecer comes e bebes gostosos e um bate-papo divertido.

Privacidade e o colega de quarto de Touro

Os colegas de quarto de Touro sabem como se relacionar com os outros quando o decidem. Embora bastante adaptáveis socialmente, podem se retirar por completo de tempos em tempos e recusarem-se a ver seja quem for, inclusive você. Os taurinos incapazes de manter sua total privacidade quando precisam dela tornam-se muito infelizes. Por outro lado, quando alguma suspeita ronda suas ideias ou surge uma necessidade repentina, é bem provável que eles se dirijam diretamente a você e chamem sua atenção. Eles não costumam ver nada de errado nesse duplo padrão de procedimento, argumentando que você apenas se beneficiará, a longo (ou curto) prazo, da intervenção oportuna, porém desprovida de tato.

Como conversar sobre problemas com o colega de quarto de Touro

Os taurinos estão prontos para falar sobre problemas, em especial os seus. Além disso, não vão se sentir nem um pouco acanhados em lhe dar conselhos sobre a vida em geral e sobre seus problemas pessoais em particular, ainda que você não os solicite. Não tente retribuir o favor, porque, em geral, ele não é apreciado. Quando perceber que um colega de quarto de Touro precisa manifestar descontentamentos e dificuldades, mas está com dificuldade para fazer isso, você pode, pacientemente, estimulá-lo a falar por algum tempo. Eles jamais lhe agradecerão por isso, mas com certeza vão apreciar sua capacidade de abrir canais de comunicação e permitir que se expressem.

Os pais de Touro

Como provedores, os taurinos estão em seu papel ideal como pai ou mãe. Além disso, eles têm o mesmo a oferecer a três ou quatro filhos ou a um apenas, e adoram famílias grandes. Entretanto, é difícil para eles doar incondicionalmente. As condições a serem obedecidas estão, em geral, alinhadas com suas fortes crenças e, caso não sejam observadas, os pais de Touro são bem capazes de não cumprir uma promessa ou até mesmo de tomar algo que deram. Não é surpresa alguma, portanto, que os filhos desconfiem quando os pais desse signo estão num "clima" generoso.

O estilo de disciplina dos pais de Touro

A disciplina exercida pelos pais de Touro não costuma ser de natureza física, a não ser que fiquem extremamente irados e percam a compostura. Na maior parte do tempo, preferem diminuir ou retirar privilégios. São especialistas em insinuar que os filhos ficarão de castigo, e tal advertência, em geral, cumpre seu propósito coercitivo. O pai e a mãe de Touro, porém, sabem que ameaças diretas contínuas logo perdem a força e que só devem ser feitas se houver uma intenção de cumpri-las. A maior probabilidade é que um olhar, associado a um toque restritivo ou um gesto de mão, seja suficiente para passar a mensagem. Quando os pais de Touro ficam de repente em silêncio, é melhor deixá-los sozinhos.

Nível de afeto e os pais de Touro

Os pais de Touro adoram paparicar. Extremamente físicos, eles são arrebatados pela visão, pelo toque e pelo cheiro de seus rebentos (em especial a pele e o couro cabeludo). Trazer para sua cama, à noite, um filho contrariado que precisa ser acalmado, ou no mínimo levá-lo até a cama e entoar uma canção favorita, é um comportamento típico deles. Embora os taurinos sejam muitas vezes criticados por deixar que a prole assuma o controle, é necessário lembrar que esses pais precisam de muito sono, e, portanto, tenderão a persuadir o filho a voltar a dormir da melhor forma possível. Quando os pequenos entram na infância, os pais taurinos estão sempre prontos para abraçar ou dizer uma palavra amorosa, muitas vezes sem ser solicitados.

Questões financeiras e os pais de Touro

É importante para os taurinos ensinar seus filhos a lidar com dinheiro. Em geral, eles os estimulam a poupar sempre que possível, colocando moedas num cofrinho ou, mais tarde, abrindo uma conta bancária para eles. Muitas vezes, agirão como um banco, mantendo registros precisos e liberando quantias quando necessário. Entretanto, é comum os taurinos darem conselhos sérios sobre como o dinheiro dos filhos deve ser gasto. Ao perceber o dinheiro distribuído como uma oportunidade para investir, eles estimulam seus filhos a colocar seu dinheiro em áreas compensadoras que possam dar algum retorno, se não financeiro, mas educacional, em vez de desperdiçá-lo com balas ou besteiras.

Crises e os pais de Touro

Embora os pais nativos de Touro estejam, em geral, junto dos filhos em tempos de crise, pela experiência seus filhos podem vir a aprender a lidar com problemas sozinhos sem ter de envolver os pais de modo algum. Isso porque os pais de Touro muitas vezes reagem exageradamente, assumem o controle da situação e, com o passar do tempo, adotam uma atitude de superproteção ou de acusação. O cumprimento do castigo também é uma reação que favorece a reserva nesses casos. Muitas vezes, os pais taurinos chegam a precipitar uma crise com o próprio comportamento. Em muitos casos, se tivessem conseguido se afastar, a crise jamais teria surgido.

Feriados/reuniões de família e os pais de Touro

Quando se trata de férias ou de reuniões de família, os pais de Touro têm tudo já imaginado. Infelizmente, para os filhos, isso inclui orientações diretas quanto ao comporta-

---

(Os pais de Touro)

PONTOS FORTES

Generosos
Provedores
Dedicados

PONTOS FRACOS

Autocráticos
Ameaçadores
Não confiáveis

ESTILO INTERATIVO

Amorosos
Protetores
Controladores

AMIGOS E FAMÍLIA

mento esperado deles, inclusive detalhes sobre as tarefas a cumprir. Tentar se safar de expectativas tão rígidas não funciona, pois os pais de Touro verão qualquer desculpa, até mesmo uma doença real, como indício de fingimento ou de rebeldia escrachada. Em tais situações, é melhor obedecer, em vez de contrariá-los, porque o dissabor resultante não costuma valer a luta e o esforço. Apelar de forma sutil para suas emoções pode funcionar, se eles perceberem que seus desejos ou aversões são suficientemente fortes.

Como cuidar dos pais de Touro idosos

Mesmo que os pais taurinos prefiram cuidar deles mesmos, se sentirão gratos e, de modo geral, receptivos se os filhos se oferecerem para ajudar. Em termos bem pragmáticos, eles percebem o auxílio dos filhos como um retorno do cuidado a eles dispensado pelos pais no passado. Os pais nativos de Touro, porém, conservam um orgulho próprio, portanto seu envolvimento será melhor se limitado às coisas essenciais, em vez de ficar "em cima" deles o tempo todo. É muito comum que o filho queira dar ao pai ou à mãe de Touro o que ele considera melhor e não aquilo de que o pai ou a mãe realmente gostaria. No final das contas, os pais taurinos gostam de paparicar a si próprios sem a ajuda dos filhos.

Os irmãos de Touro

PONTOS FORTES

Vigorosos
Éticos
Respeitados

PONTOS FRACOS

Agressivos
Temperamentais
Incisivos

ESTILO INTERATIVO

Confrontadores
Resguardados
Atentos

TOURO

64

É comum os irmãos do signo de Touro lutarem para manter sua posição na família. Se o filho mais velho for um taurino, seu lado dominante costuma sobressair. O filho do meio ou o caçula taurino vai se ressentir ao ser mimado ou paparicado, desejoso de ser levado a sério e respeitado por sua força e qualidade moral. Os regidos por Touro se relacionam bem com seus irmãos até certo ponto, mas, no final, preocupam-se mais em serem deixados sozinhos para cuidar dos próprios interesses. Além disso, seus amigos, seus pertences e suas atividades são o que mais importa para eles, portanto os irmãos terão de se lembrar disso de modo a não transgredir nessas áreas.

Rivalidade/proximidade com os irmãos de Touro

Os irmãos regidos por Touro muitas vezes constroem rivalidades com apenas um de seus irmãos ou irmãs, em geral aquele de idade mais próxima. Essa luta pode durar anos, sem que nenhum deles, afinal, saia vencedor. Se o irmão taurino for o mais velho, vai lutar para conservar a posição de "rei do pedaço"; se for o mais novo, poderá adotar uma atitude espinhenta ou irritadiça que demonstra uma prontidão para derrotar o filho mais velho. Tais confrontações enlouquecem os pais, mas como duas facas amoladas uma na outra, os irmãos taurinos e os não taurinos vão afiar suas habilidades de confronto e de argumentação. Numa briga, o irmão nativo de Touro raramente, ou nunca, desiste por vontade própria ou decide ir embora.

Problemas passados e os irmãos de Touro

Os taurinos guardam lembranças de longa data. Não é fácil para eles (talvez impossível, na maioria dos casos) perdoar ou esquecer questões perturbadoras do passado, envolvendo irmãos. Ofensas e insultos podem ser relembrados por toda uma vida e ser trazidas à baila no auge de uma discussão, na vida adulta. É muito comum esse tipo de fixação limitar o desenvolvimento dos regidos por Touro. Assim, fazer as pazes em relação a essas questões pode se tornar um marco importante. Bons pais perceberão o fato e estimularão a conversa franca sobre assuntos que claramente afetam seus filhos taurinos, talvez até incluindo outros irmãos na discussão.

Como lidar com os irmãos de Touro afastados

Irmãos do signo de Touro postos de lado se recusam, teimosamente, a retomar o contato ou a aceitar a propostas de amizade. Não costuma ocorrer que eles só se afastem naturalmente, mas sim que exista uma questão específica que os vem corroendo por muito tempo. Às vezes, provocá-los, mesmo de propósito, até perderem a cabeça, pode ser a carga de dinamite necessária para desalojá-los de seu "beco sem saída" emocional. Uma vez baixada a poeira, abre-se a possibilidade de uma conversa franca e até uma reconciliação, talvez com limitações.

Problemas financeiros (empréstimos, testamentos etc.) e os irmãos de Touro

Os irmãos do signo de Touro querem o que por direito lhes pertence e lutarão para defendê-lo. Em especial aficionados por objetos com valor sentimental, eles vão querer conservar esses objetos da casa de seus pais ou de outros parentes, como recordações eternas dos falecidos e das lembranças de infância. Os taurinos são bons em emprestar dinheiro para os irmãos, mas insistem em ser reembolsados num período razoável, muitas vezes por precisarem do dinheiro para eles. Ocasionalmente, poderão até esquecer de pedir a quantia de volta, mas ficarão satisfeitos se o devedor se lembrar de reembolsá-los.

Feriados/comemorações/reuniões e os irmãos de Touro

Se os irmãos do signo de Touro estiverem bem com a família, vão querer desempenhar um papel importante na organização de encontros. Felizes em serem úteis de alguma forma, eles não querem se omitir em tomar decisões importantes (isto é, fazer as coisas acontecerem do jeito que gostam que sejam feitas) ou de participar das festividades. Se excluídos de tal planejamento, a tendência é que fiquem ressentidos e se recusem a ir ao evento ou o façam de forma relutante. Deve-se permitir a eles total responsabilidade pelas áreas de alimentação e arrumação, em que seu talento é forte. É possível contar com o trabalho árduo e empenhado dos irmãos taurinos nessas atividades.

Como tirar férias com os irmãos de Touro

O irmão ou a irmã do signo de Touro tira férias por uma única razão – para se divertir. Portanto, qualquer coisa que interfira nessa meta encon-

AMIGOS E FAMÍLIA

trará forte resistência. A ideia que os taurinos têm de ótimas férias é boa comida, um lugar confortável para pernoitar (inclusive acampando), deslocamentos interessantes nas proximidades, atividades desafiadoras, ambiente natural e boa companhia. Para garantir a última, é comum o nativo de Touro querer levar junto um amigo (ou amigos) dele, o que também serve para compensar o habitual tédio familiar. Em geral, quando irmãos taurinos estão se divertindo, todos os demais se divertem também. Se isso não acontecer, abra o olho.

Os filhos de Touro

PONTOS FORTES
Entusiasmados
Moderados
Insistentes

PONTOS FRACOS
Imprevisíveis
Rabugentos
Egoístas

ESTILO INTERATIVO
Sérios
Empenhados
Exigentes

Os filhos do signo de Touro são bastante sérios. Por levarem tudo ao pé da letra, esperam que você cumpra o que promete, e, se não o fizer, é comum armarem a maior confusão. Essa seriedade permeia até mesmo a hora da brincadeira, pois não há nada de casual no seu envolvimento em jogos e esportes. É difícil prever o comportamento e o humor dos filhos nascidos sob o signo de Touro: uma combinação engraçada de atividade com preguiça, entusiasmo com retraimento, falatório com silêncio. É evidente que eles insistem em ter os próprios brinquedos e jogos e um espaço seguro e tranquilo em casa onde possam atuar, e ficarão muito infelizes se lhe tirarem essas coisas. Os filhos de Touro se dispõem a compartilhar com outras crianças até certo ponto e apenas nos seus próprios termos.

O desenvolvimento da personalidade e os filhos de Touro

Alguns filhos regidos por Touro parecem nunca mudar. Muito seguros de si nos primeiros anos de vida, eles aprendem com suas experiências, mas, de alguma forma, mantêm sempre o núcleo essencial de sua personalidade. A passagem pelos estágios da infância pode ser difícil para esses indivíduos estáveis que se sentem sempre mais à vontade ficando onde estão, em vez de avançar para o nível seguinte. Não se deve tentar fazer nada para demovê-los ou mesmo encorajá-los a se superar. As dificuldades de ordem emocional surgem na vida de qualquer criança, mas o filho e a filha nativos de Touro são mais propensos à rebeldia e à infelicidade se forem mal interpretados pelos pais. Atravesse seus tempos de tormenta com paciência e compreensão.

Hobbies/interesses/planos de carreira para os filhos de Touro

As crianças taurinas são criaturas práticas, que adoram trabalhar com as mãos. Possuem uma capacidade especial para observar os outros e seguir o exemplo em seguida, por meio de uma combinação interessante de imitação com originalidade. Elas comprovam o velho ditado: "O que os olhos veem, as mãos fazem". Assim, é útil apresentá-los a uma vasta gama de passatempos e artesanatos (inclusive música e dança, duas das especialidades de Touro), já que se entediam facilmente e podem se mostrar preguiçosos e irritadiços se não tiverem desafios pela frente. Os filhos regidos por Touro se orgulham de suas realizações, mas precisam de estímulos especiais dos pais ao longo do caminho para encorajá-los ainda mais.

TOURO

A disciplina e os filhos de Touro

Por mais durões que os filhos de Touro possam parecer, eles são emocionalmente vulneráveis quando se trata de culpas, críticas e disciplina, em especial quando essa última é imposta de forma injusta. Na maior parte do tempo, a tendência deles é regular o próprio comportamento porque, surpreendentemente, eles costumam desenvolver um senso moral e ético cedo na vida e são capazes de conservá-lo. O julgamento que têm de si mesmos é em geral bem mais severo do que aquele passado pelos pais, professores ou irmãos. Como pai/mãe, seria bom evitar fazer julgamentos negativos quando possível e conscientizar-se da forma como os filhos taurinos avaliam as próprias ações.

Nível de afeto e os filhos de Touro

Pode parecer estranho, mas, embora muitos filhos desse signo sejam afetuosos, eles podem encontrar dificuldade em manifestar ou aceitar demonstrações de afeto, particularmente se vierem de adultos efusivos demais. Em vez de exagerar nisso – coisa que só causa desconforto aos filhos taurinos – experimente oferecer-lhes uma porção diária de pequenos abraços, sorrisos e de doces tons de voz, que eles conseguem aceitar mais facilmente. Ao não serem sobrecarregados por você, eles se sentem estimulados a demonstrar afeto mediante o reconhecimento por sua parte de seus toques ou olhares. Assim como flores, os filhos nativos de Touro vão florescer com esse tratamento. Os filhos de Touro que forem tomados pela emoção ou privados dela podem desenvolver um bloqueio psicológico e se tornarem difíceis de alcançar emocionalmente.

Como lidar com as interações dos filhos de Touro com os irmãos

Em muitos aspectos, é melhor deixar os filhos do signo de Touro sozinhos. Eles vão decidir por si como desejam ser tratados, enviando sinais evidentes para pais e irmãos quanto a isso. Os filhos taurinos estão preparados para fazer apenas o suficiente ou ir apenas até determinado limite: as tentativas de pressioná-los além disso despertarão sua teimosia e, no final das contas, sua ira. Os pais jamais devem forçá-los a brincar com irmãos ou amigos. Os filhos nativos de Touro deixarão absolutamente claro que tais decisões cabem a eles e só a eles pertencem. Os outros acabarão por respeitá-los por sua honestidade emocional e sua recusa em simulá-la.

Como interagir com os filhos adultos de Touro

É bem provável que os adultos do signo de Touro se assemelhem à criança taurina em muitos aspectos, parecendo constantes e imutáveis. Além do mais, em geral, suas boas qualidades aumentam e as más se tornam apenas um pouco mais contidas. Como resultado, tanto pais quanto irmãos terão poucas dúvidas sobre o que esperar deles, tendo acompanhado suas reações tantas vezes no passado. Um taurino que tenha vivido uma infância infeliz se torna um adulto que não pode e não vai cooperar, incapaz de se desapegar de alguma mágoa ou ressentimento. Um nativo de Touro que tenha tido uma infância feliz será, em geral, cooperador e até mesmo ansioso por ajudar.

AMIGOS E FAMÍLIA

Gêmeos

NASCIDOS DE 21 DE MAIO A 20 DE JUNHO

Os geminianos são de um signo de ar mutável, o que indica sua necessidade de mudança e sua tendência de trocar de atividade ou de relacionamento como quem troca de roupa. Regidos por Mercúrio, são comunicadores e orientados para as questões mentais, incluindo quebra-cabeças, jogos, computadores e dedução. A maioria dos geminianos está em rápido e constante movimento, com sua mente se movendo na velocidade da luz e seu corpo lutando para acompanhá-la. Fazer com que indivíduos tão esquivos se prendam a compromissos pode ser uma tarefa difícil.

Trabalho

GÊMEOS
21 DE MAIO A 20 DE JUNHO

O chefe de Gêmeos

Poucos geminianos sentem-se confortáveis ao dar ordens ou comandar uma organização no dia a dia. Em vez disso, gostam mais de fazer parte de uma equipe e compartilhar experiências em nível de igualdade. Desse modo, embora sejam capazes de assumir responsabilidades de chefe, não são líderes natos e prefeririam abster-se e deixar as coisas acontecerem sozinhas. Os chefes de Gêmeos são bons em delegar autoridade e confiam em alguns funcionários competentes para supervisionar as atividades da empresa. Tais indivíduos são em geral bem recompensados e assumem muitas responsabilidades. No entanto, o chefe de Gêmeos gosta de dar a palavra final em todos os assuntos importantes.

Como pedir aumento ao chefe de Gêmeos

Embora os chefes geminianos em geral sejam diretos ao expressarem o que acham de você, é aconselhável se preparar e agir com cautela antes de abordá-los. Pegá-los de bom humor é vital, melhor ainda com uma abordagem casual; em vez de marcar um horário, surpreenda-os no corredor em um momento apropriado e pergunte-lhes se eles têm um minuto livre para vocês conversarem. (Um geminiano esperto provavelmente já terá entendido o que você tem em mente.) Para acalmar um chefe geminiano, primeiro fale de outro assunto, talvez mais de um, antes de fazer seu pedido. Declare suas razões para merecer um aumento de maneira sucinta e clara. Esteja pronto para negociar.

Como dar más notícias ao chefe de Gêmeos

É melhor não fazer rodeios antes de dar notícias ruins. Antes de lançar a bomba, tenha um plano para conter os danos nas mangas. Trace a implementação de tal plano. Prepare-se para ver o chefe geminiano fazer todo tipo de objeção, incluindo a negação de que as coisas estejam tão ruins como você disse. Assista à tentativa do chefe geminiano de se esquivar sugerindo que você talvez tenha interpretado mal os dados. Os chefes geminianos são especialistas em distorcer os fatos a seu favor e até em convencê-lo de que têm razão durante o processo. Fique firme, insista em ser ouvido e descreva por que ações imediatas precisam ser tomadas para evitar um desastre.

PONTOS FORTES
Vivaz
Comunicativo
Interessante

PONTOS FRACOS
Distraído
Superficial
Nervoso

ESTILO INTERATIVO
Progressista
Adaptável
Lógico

Como planejar viagens ou entretenimento para o chefe de Gêmeos

Viagens curtas, voos domésticos e diversão no geral são o ar que o geminiano respira. Sendo assim, com razão, os chefes geminianos vão apoiar planos de viagens que possam beneficiar a imagem da empresa e gerar abertura de novos mercados. Escolha hotéis inusitados, com surpresas e detalhes extras. Os chefes geminianos gostam de viajar, mas, se não for possível, enviarão seus subordinados e curtirão bastante a viagem por meio de suas histórias. Eles adoram festas da empresa, nas quais gostam de ser o centro das atenções e de contar casos engraçados. Nunca se esqueça de seus aniversários; uma festa surpresa costuma ser bem-vinda. Planejar entretenimento é sempre uma boa ideia. Quando o clima esquentar, coloque uma música bem dançante e aumente o som.

A tomada de decisões e o chefe de Gêmeos

Os chefes de Gêmeos gostam de compartilhar o poder, e, portanto, permitem que outros tomem decisões. Promovem independência nos outros, contanto que os mantenham informados sobre o que está acontecendo. Não apreciam, em particular, reuniões extensas e formais, preferindo traçar seus planos de um modo objetivo e agradável, e esperam que os outros façam o mesmo. Tenha em mente a impaciência dos geminianos, evitando apresentações complicadas e longas. Eles sempre insistirão que decisões importantes devem ser tomadas com base em fatos. Desse modo, resultados passados, em vez de imaginação, causarão a melhor impressão neles. Mas é claro que todas as decisões dos geminianos estão sujeitas a mudanças e sempre são modificadas pelo menos uma vez.

Como impressionar e/ou motivar o chefe de Gêmeos

O melhor jeito de impressionar os chefes de Gêmeos, ou motivá-los a seguir suas sugestões, é deixá-los curiosos. Mostre-lhes apenas uma parte do que você tem em mente e espere eles manifestarem interesse. Esconda bem seu jogo e só mostre suas cartas se eles estiverem dispostos a aumentar a aposta. Cuidado: o chefe de Gêmeos muitas vezes irá roubar os créditos de suas ideias. (Uma situação típica: o funcionário apresenta suas ideias. O chefe de Gêmeos diz: "Nossa, que bom que pensei nisso!") O modo mais inteligente de convencer o chefe de Gêmeos a seguir uma ideia sua é plantá-la de forma sutil na mente dele, mencionando-a de modo casual, e vê-lo "descobrindo-a" um tempo depois como se fosse dele.

Como fazer propostas e/ou apresentações para o chefe de Gêmeos

Para um chefe de Gêmeos, o modo como algo é apresentado pode ser tão importante quanto o conteúdo. Os geminianos adoram qualquer coisa de alta tecnologia, bem como itens de hardware e software que possam conferir um toque de requinte e glamour à apresentação. Mantenha o ritmo acelerado e fique à vontade para mudar de tópicos constantemente. Evite o tédio e procure a todo custo não parecer travado. Faça apenas algumas observações importantes e dedique o resto do seu tempo a enfeitá-las com fatos interessantes e a aumentar de modo geral o nível de interesse em todos os presentes. Não se esqueça de deixar o chefe de Gêmeos intervir com comentários de tempos em tempos, e dê a esses comentários um enfoque positivo quando responder a eles.

O funcionário de Gêmeos

Verdadeiros multitarefas, os funcionários de Gêmeos adoram estar ocupados. São especialistas em fazer muitas coisas ao mesmo tempo para seus chefes e ter diversas ideias novas ou repensar projetos antigos. Sua habilidade de gerir o tempo de trabalho e sua versatilidade os tornam excelentes "tapa-buracos", capazes de substituir outros colaboradores na última hora. Isso significa também que costumam se movimentar pelo escritório, visto que, de todos os signos, os representantes de Gêmeos são os menos propensos a ficar presos a uma mesa. O lado ruim disso é que eles ficam entediados com facilidade e talvez não tenham energia nem constância para executar funções repetidas ou similares dia após dia. São especialmente habilidosos com as mãos.

Como entrevistar e/ou contratar um funcionário de Gêmeos

Os potenciais funcionários de Gêmeos buscam um emprego no qual suas tarefas sejam interessantes o suficiente, porém tenham liberdade para conhecer outras pessoas e investigar possibilidades futuras. Esse signo sociável não gosta de ficar preso a uma única posição dentro da firma. Se forem ancorados de modo permanente a uma mesa, esses nativos serão simplesmente infelizes – inclusive correndo risco de sofrer uma crise de nervos. Dito isso, o entrevistado de Gêmeos ficará feliz em ouvir, pelo menos no início de sua trajetória, que suas tarefas são fáceis e bem definidas (contanto que haja a garantia de uma ampla oferta de possibilidades no futuro). O salário, em geral, não é tão importante quanto o ambiente de trabalho e os benefícios.

Como dar más notícias ao funcionário de Gêmeos ou demiti-lo

Os funcionários de Gêmeos até gostam de ser demitidos, pois isso significa partir para algo novo e diferente. No entanto, não respondem bem a críticas ou discussões sobre a qualidade ruim de seu trabalho. Dar-lhes sugestões concretas de onde procurar um novo emprego, uma carta de referências adequada e talvez uma boa indenização vai acalmar seus ânimos. Dar-lhes más notícias não parece ser um grande problema, visto que eles de qualquer forma tendem a extrair algo positivo do resultado de seu trabalho.

Como viajar com o funcionário de Gêmeos e entretê-lo

Os geminianos adoram viajar e festejar, portanto ficam à vontade nessas situações. Leve e pertencente ao elemento ar, sua personalidade amante da diversão gosta mais do que tudo de uma mudança de cenário ou de uma festa de escritório alegre. Nesses casos, sua necessidade de conversar e de entreter vêm à tona. Se um funcionário de Gêmeos for enviado a uma convenção ou reunião do conselho como representante da empresa, verifique se ele está bem orientado sobre a imagem da companhia que você quer passar. Atores supremos, os geminianos são capazes de interpretar quase qualquer papel requisitado sob a tutela de um bom diretor. As roupas devem manter um estilo conservador, para se evitar looks espalhafatosos ou chocantes.

Como confiar tarefas ao funcionário de Gêmeos

Os geminianos nasceram para resolver problemas. No entanto, os funcionários de Gêmeos lidam melhor com tarefas que os permitam pensar fora da caixa. É o louco, o

PONTOS FORTES

Versátil

Adaptável

Ativo

PONTOS FRACOS

Inconstante

Sarcástico

Argumentativo

ESTILO INTERATIVO

Engraçado

Rápido

Irônico

TRABALHO

diferente ou o inesperado que intriga essas pessoas, portanto cuidado para não tornar as novas tarefas deles muito repetitivas ou entediantes. Dar-lhes liberdade é aceitável, desde que você não os deixe esquecer – como se estivesse lidando com um adolescente – que com a independência vem a responsabilidade por seu comportamento e performance. Certifique-se de que os funcionários geminianos estarão em contato com um superior, não apenas no começo de um projeto, mas ao longo dele também. Eles podem sair de controle bem rápido, por isso fique de olho neles, de preferência sem que saibam, para evitar limitar seu estilo.

Como motivar ou impressionar o funcionário de Gêmeos

Os funcionários de Gêmeos ficam mais impressionados e motivados por coisas que os façam pensar. Se você conseguir explicar-lhes em termos lógicos e diretos qual é o problema e como pode ser gerenciado ou corrigido, eles seguirão na direção correta com entusiasmo. Lembre-se, no entanto, de que sua necessidade de explicação muitas vezes leva à discussão; se não tomar cuidado, eles irão debater cada ponto com você até a eternidade. Os funcionários de Gêmeos são motivados com facilidade por recompensas e pelo seu interesse e confiança em suas habilidades. Portanto, é fácil convencê-los de que um novo projeto não será um fardo, mas uma oportunidade empolgante que podem aproveitar para evoluir.

Como gerenciar, dirigir ou criticar o funcionário de Gêmeos

Mais do que os representantes de qualquer outro signo, os geminianos gostam de criticar os outros, mas são sensíveis quanto a receber críticas. Se você conseguir chefiá-los sem criticar seu trabalho, eles serão maleáveis e cooperativos. Mantenha o tom de suas observações animado e positivo. Saiba que, bem como cabelo rebelde, um geminiano que saiu do controle não é agradável de se ver. Esse signo deve ser mantido sob rédeas curtas o máximo possível, mas ainda assim com liberdade o suficiente para fazer as coisas do seu jeito. Contanto que esse equilíbrio precário seja mantido, os funcionários de Gêmeos continuarão fornecendo contribuições valiosas.

O colega de trabalho de Gêmeos

Colegas de trabalho de Gêmeos acrescentam um pouco de tempero a qualquer grupo do qual façam parte, contanto que não haja muitos deles. Quando uma grande quantidade de geminianos se junta, só sai bagunça. No entanto, os funcionários de Gêmeos podem ser chamados para substituir um colega ausente de última hora, e isso aumenta bastante seu valor, fazendo com que deixem de ser meros animadores de festas. Espirituosos e loquazes, esses cidadãos falam mais que a boca, o que pode atrapalhar o andamento do serviço.

Como pedir conselhos ao colega de trabalho de Gêmeos

Geminianos ficam felizes em dar conselhos, pois adoram resolver problemas. Na maioria das vezes, eles irão fazê-lo voluntariamente. O tempo todo. Por causa disso, não é necessário pedir. A abordagem analítica e animada deles no mínimo vai divertir você, mesmo se suas sugestões não forem tão brilhantes. Quase sempre eles vão levantar questões e métodos nos quais talvez você não tenha pensado, então pode ser útil ouvi-los mesmo que você não concorde nem com suas premissas nem com suas conclusões. Nada irá magoá-los mais do que sua recusa em escutá-los, já que serem cortados de maneira abrupta é o pior insulto para eles.

Como pedir ajuda ao colega de trabalho de Gêmeos

Os colegas de trabalho de Gêmeos em geral se disponibilizam para ajudar e são fortes em duas áreas em especial: lidar com questões de linguagem e realizar tarefas manuais. O único problema é que quase sempre precisam fazer as coisas do jeito deles. O resultado acaba sendo algo que só eles entendem, e seu jeito de obter tal resultado pode tornar seus métodos incompreensíveis. Portanto, consertar ou reverter suas ações pode ser difícil ou impossível. No entanto, se forem bem orientados e conseguirem trabalhar no seu ritmo, são capazes de produzir resultados excelentes e corretos. Pensar rápido é sua especialidade, com consequências boas ou ruins.

Como viajar com o colega de trabalho de Gêmeos e entretê-lo

Na hora de organizar o entretenimento para uma festa no escritório ou uma *happy hour*, os geminianos preferem ser eles próprios a atração. Difíceis de controlar nessa área, eles precisam ser lembrados de que seu trabalho é comandar ou organizar, em vez de ser o centro das atenções. São capazes de dar respostas lógicas e analíticas a problemas e desafios de organização, tanto ao contratar entretenimento quanto ao planejar viagens. São detalhistas, excelentes para investigar e explorar as melhores ofertas em voos, hotéis e no que se refere à alimentação. Além disso, costumam ser hábeis em montar as agendas de trabalho. Eles amam viajar.

Como o colega de trabalho de Gêmeos coopera com os outros

Os colegas de trabalho de Gêmeos geralmente atuam bem em grupo. São seres sociais por natureza. Fazer com que as pessoas se sintam e pareçam melhores é seu forte. Em primeiro lugar, vem sua necessidade de serem apreciados pelo que fazem. Não espere que essas pessoas que trabalhem nos bastidores. Seu estilo confrontador exige que sejam reconhecidos como peças importantes, até essenciais, da engrenagem. Não sendo aqueles que dominam ou controlam, costumam ficar felizes em fazer parte do time e tornar a jornada divertida para todos os envolvidos. Sua necessidade de papear irrita alguns e alegra outros, mas suas sacadas e brincadeiras manterão todos acordados.

Como impressionar e motivar o colega de trabalho de Gêmeos

Essas almas falantes se impressionam mais com habilidades verbais e de pensamento rápido do que com outras. É claro que se entediam com tipos fortes, silenciosos ou lentos. Tendem a se impressionar com personalidades chamativas como a deles, e quase sempre são motivados por batalhas verbais com tais indivíduos. Lutam para superar os outros em velocidade, eficiência, lógica e esperteza, o que pode ser uma

(O colega de trabalho de Gêmeos)

PONTOS FORTES

Agradável

Habilidoso

Inventivo

PONTOS FRACOS

Chateado

Tagarela

Desinformado

ESTILO INTERATIVO

Acelerado

Animado

Interessante

TRABALHO

maneira de incentivá-los a fazer o melhor. Muito competitivos, fazem de tudo para obter as melhores avaliações de seu trabalho. No entanto, cuidado para não deixar que sua energia seja desperdiçada em esforços desnecessários e brigas.

Como persuadir e/ou criticar o colega de trabalho de Gêmeos

Sempre apele para a razão dos colegas de trabalho de Gêmeos. Se você puder persuadi-los por meio da lógica de seus argumentos, eles vão ouvi-lo. Paradoxalmente, eles se exaltam com assuntos da mente e podem gritar caso alguém não os entenda. Deixe os ataques passarem que em pouco tempo eles se acalmam. Críticas em pequenas doses até são toleradas, mas pegar no pé deles o tempo todo os deixa furiosos. Lembre-se de que seu humor muda como o tempo, portanto, se não estiver conseguindo convencê-los, volte mais tarde; você estará diante de uma pessoa ou situação bem diferente. Embora tenham uma memória excelente para ofensas, não tendem a guardar muito rancor.

O cliente de Gêmeos

PONTOS FORTES
Realista
Minucioso
Claro

PONTOS FRACOS
Briguento
Seletivo
Repetitivo

ESTILO INTERATIVO
Direto
Exigente
Crítico

Os clientes de Gêmeos costumam ser tão interessados pelos detalhes quanto pelo planejamento geral. Facilmente irritáveis e muito críticos, alguns são bastante exigentes e difíceis de lidar. Eles esperam se manter informados após o lançamento de um projeto, sempre buscando resultados comprovados e retorno para seu investimento. Os resultados concretos são de importância particular para eles, já que não ficam satisfeitos com promessas de ganhos futuros ou argumentos tortuosos para explicar o desempenho fraco. Se você lhes prestar um serviço, eles vão ficar especialmente atentos à linguagem escrita e à lógica inerente a ele; se você estiver fabricando ou vendendo algum de seus produtos, eles o examinarão com calma para buscar defeitos. Os geminianos são clientes difíceis de enganar.

Como impressionar o cliente de Gêmeos

Os potenciais clientes de Gêmeos só ficarão impressionados de verdade com o desempenho anterior. Preparar listas e tabelas detalhadas semanais, mensais e anuais de vendas é essencial, mesmo se eles apenas derem uma olhadinha superficial nelas na sua presença. Eles fazem isso somente para confirmar que as informações necessárias estão ali. Depois, é provável que analisem tais dados com um pente fino. Todos os fatos irrelevantes serão apontados, cálculos errôneos serão expostos sem misericórdia, e os resultados pífios esfregados na sua cara. Portanto, esteja preparado para uma enxurrada de fatos negativos no segundo encontro.

Como vender para o cliente de Gêmeos

Após atrair o interesse dos clientes de Gêmeos, você deve convencê-los de sua habilidade de fechar negócios rapidamente e de satisfazer a maioria de suas demandas. É melhor ser rápido na hora de preparar e assinar contratos, em vez de passar semanas resolvendo questões legais complexas e problemas de implementação (o mesmo vale ao preparar o produto ou serviço para o público consumir). Tenha em mente que a velocidade é a essência dos

GÊMEOS

clientes de Gêmeos; para eles, é uma indicação de sua habilidade de produzir. Venda-lhes seus planos de maneira lógica e direta. Contar com o charme nem sempre ajuda.

Sua aparência e o cliente de Gêmeos

Tome o cuidado de usar roupas discretas, evitando cores berrantes que distraiam ou aborreçam. Do mesmo modo, é melhor evitar perfumes, colônias ou loções pós-barba fortes. No entanto, os clientes de Gêmeos estão sempre bem antenados na última moda, por isso não é recomendável de jeito nenhum que você exiba um ar muito conservador ou antiquado, o que poderia dar-lhes a impressão de que seu produto ou serviço está desatualizado. É nos detalhes ou toques que seus olhos focarão – um broche, uma pulseira, um relógio ou outro acessório moderno, além do corte estiloso das roupas e, em especial, do seu cabelo. O cabelo do geminiano tende a ser mais selvagem, por isso esses clientes reconhecerão qualquer tentativa de sua parte de manter o seu sob controle.

Como manter o interesse do cliente de Gêmeos

Um comportamento de flerte ou de sedução pode manter um cliente de Gêmeos interessado pelos próximos meses. Geminianos são péssimos paqueradores, por isso apreciam tal habilidade nos outros. Embora um contato de verdade com esse cliente não seja aconselhável, cada reunião, telefonema ou e-mail pode ser apimentado com uma insinuação sutil, da mesma forma que um jantar poderia ser incrementado com temperos discretos. Jogar jogos é o forte dos geminianos, e, diferentemente do que acontece com os outros signos, não é a vitória em especial que os motiva, mas a pura diversão do jogo em si. Eles reconhecem de imediato um oponente que valha a pena enfrentar, e tal respeito tem direta relação com sua intenção de manter uma relação de negócios viva.

Como dar más notícias ao cliente de Gêmeos

Os clientes de Gêmeos são inclinados a aceitar notícias ruins de maneira surpreendentemente fria. Eles até compreendem quando você diz que fez tudo para garantir o sucesso (visto que reconheceram o tempo todo que você e sua empresa fizeram o melhor possível). Contanto que as perdas de ambas as partes sejam gerenciáveis, os clientes de Gêmeos são bons em controlar os danos e em amortizar as perdas. Talvez até sugiram um trabalho futuro juntos, mas com mudanças nos planos. É recomendável em geral associar-se com tal cliente. Cooperação mútua calorosa e habilidade de aprender com erros passados podem levar ao sucesso no futuro.

Como entreter o cliente de Gêmeos

Clientes de Gêmeos adoram ser mimados. É melhor encontrá-los, após a primeira ou segunda reunião no escritório, em um bar ou restaurante, para um drinque ou uma refeição. O ambiente deve ser casual, porém requintado. Escolha um lugar com que você esteja familiarizado e que pareça combinar com a personalidade deles. Para isso, conhecer de antemão e da melhor forma possível aquilo de que eles gostam (ou de que não gostam) é crucial. É óbvio que levar um vegetariano a uma churrascaria ou um alcoólatra a uma cervejaria, além de inapropriado, será contraprodutivo. Pegue a conta de maneira sutil e mostre que você deixou uma gorjeta generosa, mas só se o serviço a merecer.

O sócio de Gêmeos

PONTOS FORTES

Perceptivo
Ativo
Analítico

PONTOS FRACOS

Falante
Descuidado
Negligente

ESTILO INTERATIVO

Compartilhador
Aberto
Impressionante

Alguns os veem como imprudentes. Embora as habilidades analíticas brilhantes dos geminianos sejam valorizadas, suas ações precipitadas e sua tagarelice são vistas com desconfiança. Os sócios de Gêmeos precisam ser mantidos sob controle nesse quesito e ensinados a manter segredo. Nem sempre percebem quem pode estragar sua sociedade, e, portanto, sua natureza aberta e confiante (ou apenas despreocupada com quem sabe o quê) deixa tanto o outro sócio quanto a empresa ou o grupo que comandam vulneráveis e em risco. Sendo de Gêmeos, os nascidos sob esse signo tendem a tratar seus sócios como irmãos, esperando compartilhar as coisas com eles, mas também contando com lealdade e apoio inquestionáveis.

Como montar um negócio com um geminiano

Com um geminiano, é melhor assinar um contrato antes de iniciar qualquer sociedade. Esses nativos podem ser clientes incertos e também volúveis ao extremo. É difícil prendê-los com acordos verbais. O contrato escrito deve cobrir não só a estrutura e o funcionamento da organização (incluindo porcentagens e deveres), mas também uma descrição detalhada do que acontecerá se as coisas derem errado. A estrutura do contrato deverá descrever as atividades diárias da sociedade, dando aos sócios de Gêmeos orientações estritas quanto a seu comportamento.

Como dividir tarefas com o sócio de Gêmeos

Falando de modo geral, os sócios de Gêmeos funcionam melhor quando são comandados do que quando precisam comandar. Suas atribuições na sociedade devem ser cuidadosamente definidas pelo outro sócio, com o aval deles, é claro. Em alguns aspectos, os geminianos são como revólveres ou mangueiras d'água: apenas aponte-os para o objeto e puxe o gatilho. Implementação é seu forte, e, embora suas habilidades de planejamento também possam ser apuradas, é bem possível, da mesma forma, que sejam distorcidas e levem ao caos. Sócios que dividem um negócio com geminianos obtêm mais sucesso quando são conservadores e cuidadosos, embora não tenham medo de apostar em algumas ocasiões com base em seus cálculos astutos. Sociedades Gêmeos-Gêmeos não são recomendadas porque muitas vezes acabam em brigas e discussões intermináveis.

Como viajar com o sócio de Gêmeos e entretê-lo

O sócio não geminiano pode até ser quem planeja as viagens para a empresa ou quem reserva restaurantes e hotéis, mas normalmente é o sócio de Gêmeos quem se sai melhor participando das viagens e representando a empresa. Uma situação comum é o sócio não geminiano ficar cuidando da sede enquanto o de Gêmeos sai mundo afora, ou pelo menos pela cidade, estado ou país angariando novos negócios ou prospectando potenciais clientes e oportunidades. De volta à sede, toda essa informação é então passada ao sócio não geminiano, que, com cuidado e de modo imparcial, determina o valor de cada contato individual. Esse *modus operandi* pode ser bem-sucedido.

Como gerenciar e dirigir o sócio de Gêmeos

O melhor jeito de gerenciar ou dirigir sócios de Gêmeos é permitir que se sintam livres ao mesmo tempo colocando certos limites que não reprimam seu estilo. Geminianos infelizes não funcionam em sua capacidade máxima, ou, em casos extremos, nem sequer funcionam. Elogiá-los por seu trabalho e encorajar suas mentes ativas – basicamente demonstrando apreço pelo que fazem –, incluindo pequenas recompensas, irá mantê-los felizes. Nesse sentido, o geminiano pode ser tratado como uma criança ou adolescente e incentivado a agradar a você e a beneficiar a empresa. Como vive em função de suas tarefas, um geminiano ocupado é um geminiano feliz.

Como se relacionar com o sócio de Gêmeos a longo prazo

É possível contar com esses parceiros mutáveis contanto que eles se sintam valorizados. Eles continuam trabalhando durante épocas de vacas magras, até mesmo dedicando meses a projetos que não rendem retorno financeiro, desde que achem o trabalho interessante e estimulante. Por outro lado, quando se sentem desvalorizados e desprezados, tendem a sair pulando como coelhos. Tal como esses bichinhos, eles gostam de se sentir seguros e até receber afagos (no sentido figurado, é claro). Poucos sócios são tão divertidos de se trabalhar junto ou de se ter por perto nos bons momentos. Durante os períodos difíceis, é preciso assegurar-lhes que tudo ainda está bem, apesar dos resultados negativos, e que há esperanças para o futuro.

Como romper com o sócio de Gêmeos

Devido à resiliência do sócio geminiano e a sua tendência a continuar de pé, desfazer a sociedade não será algo difícil ou visto com negatividade. Na verdade, quase sempre é o sócio de Gêmeos quem inicia o processo, em busca de mudança. Isso não implica, no entanto, que o rompimento será descomplicado. Lembre-se do amor dos geminianos pelos detalhes; embora tais seres possam concordar rapidamente com a sua oferta e aceitar suas demandas contratuais, eles costumam revisar as primeiras versões de tais acordos com prudência e fazer observações verbais (algumas polêmicas) sobre eles. Discussões legais e semilegais podem ser prolongadas por essa razão. É melhor ceder ao geminiano em tais detalhes e guardar sua energia e atenção para assuntos mais importantes.

O concorrente de Gêmeos

Geminianos são muito competitivos. É o desafio e a emoção de sair na frente que os move. Mas não são sádicos em seu prazer de ganhar, não se sentindo compelidos a humilhar ou a derrubar seu oponente. No entanto, com sua perspicácia, senso de ironia, sarcasmo, mentes rápidas e línguas afiadas, são capazes de fazê-lo, se necessário. Com um pouco de preparação ou premeditação, o geminiano já fica pronto

(O concorrente de Gêmeos)

PONTOS FORTES
Irônico
Esperto
Espirituoso

PONTOS FRACOS
Incisivo
Incitador de
ressentimento
Hostil

ESTILO INTERATIVO
Combativo
Desafiador
Preciso

para entrar na briga. É melhor para qualquer empresa manter tais instintos sob estrito controle, já que o tiro pode sair pela culatra se seu representante de Gêmeos começar a fazer objeções e a nutrir discórdias. Afinal, no mundo louco dos negócios, o parceiro de hoje pode tornar-se o inimigo de amanhã.

Como enfrentar o concorrente de Gêmeos

Em vez de tomar a iniciativa em um confronto individual contra um oponente geminiano, é melhor observar e aguardar. Bem como faria um boxeador bom de contragolpe, deixe os concorrentes de Gêmeos atacarem e mostrarem suas armas antes de responder. Os adversários desse signo ficam mais vulneráveis quando estão em grande movimento. Afaste-se e, com calma, pegue-o de surpresa. Marque pontos com golpes sucintos e concisos. Isso vai enfurecer seu competidor, abrindo uma brecha para você vencer por nocaute. Tenha em mente que é raro haver algo pessoal envolvido na atitude dos geminianos, exceto o prazer do combate.

Como superar o concorrente de Gêmeos em planejamento

Como são bons planejadores, os geminianos costumam realizar pesquisas extensivas sobre seu produto ou serviço em comparação com o deles, estudando relações públicas e publicidade, examinando as vendas em cada categoria e, em geral, analisando cada um de seus pontos fortes e fracos. Portanto, você deve estar muito bem preparado nessas áreas para dominá-las e ter chances de vencer. Preveja as táticas do concorrente de Gêmeos. Em especial, examine os pontos fracos da sua empresa e tente eliminá-los. Uma deficiência dos concorrentes de Gêmeos é que eles apenas enxergam com clareza desenvolvimentos no presente ou no passado recente. Por isso, quase sempre é possível derrotá-los com a ajuda de uma visão do todo, fazendo planos para o longo prazo e não desistindo.

Como impressionar pessoalmente o concorrente de Gêmeos

Ao encontrar-se com concorrentes de Gêmeos, seja cara a cara ou em grupo, é melhor enfrentar o estilo casual deles adotando um tom mais conservador. Use roupas sofisticadas em cores sóbrias. De modo geral, cause uma impressão de tranquilidade e segurança – cabelo bem alinhado, roupas impecavelmente passadas e acessórios caros (relógio, pulseira, broche). Ao contrário dos clientes geminianos, que se acalmariam diante de tal aparência, seus concorrentes de Gêmeos poderão ficar furiosos com isso. Faça-os morrer de raiva de seu comportamento e visual finos, em seguida finalize com um sorriso confiante.

Como enfraquecer e superar o concorrente de Gêmeos

Em geral, os adversários de Gêmeos buscam oferecer a um cliente ou ao público geral maior valor agregado e mais itens inclusos do que você. Sempre tentam impressionar pela variedade e quantidade de tais vantagens. Você, por seu lado, deve tomar um rumo diferente e não entrar no jogo deles. Concentre-se em baixar seu preço e aumentar o volume de vendas, o mercado etc. Em uma disputa por direitos de venda ou de produção, deixe esses adversários mostrarem suas cartas, e fique frio até que se cansem e desistam ou sejam forçados a cobrir sua oferta. Lembre-se de que a energia do geminiano, embora prodigiosa, é mais bem combatida com oposição teimosa.

GÊMEOS

Guerras de relações públicas com o concorrente de Gêmeos

Os concorrentes de Gêmeos usam todo brilho, glamour e *glitter* para chamar a atenção do público. Antenados ao extremo e sempre de olho no desejo insaciável do público por inovação, costumam abrir bem as vendas e em seguida desistir, tendo já lucrado bastante. Sua abordagem deve se concentrar em confiabilidade comprovada, vendas estáveis, baixa margem de lucro inicial e, acima de tudo, um plano para construir uma clientela ao longo dos anos que confie em seus produtos por sua qualidade e segurança. A garantia é importante, bem como a aprovação de celebridades e pessoas comuns. Em suas propagandas, desminta as promessas malucas de seu concorrente e demonstre que elas não são lastreadas em fatos confiáveis.

O concorrente de Gêmeos e a abordagem pessoal

Os concorrentes de Gêmeos talvez sejam deficientes nesse quesito. Embora falantes e inclinados a prometer mundos e fundos, é provável que não consigam convencer totalmente seus clientes e consumidores. Sempre há algo de suspeito neles. Para combater suas diversas ofertas, utilize uma abordagem calorosa, amigável e casual para ter seu público-alvo nas mãos. Fale devagar e apresente todos os seus argumentos para contrastar com a apresentação enérgica e acelerada deles. Procure conquistar a confiança do cliente, despertando a crença no seu produto ou serviço. Talvez também seja útil oferecer garantia estendida.

GÊMEOS

21 DE MAIO A 20 DE JUNHO

Amor

PONTOS FORTES

Excitante
Interessante
Aventureiro

PONTOS FRACOS

Desligado
Egoísta
Egocêntrico

ESTILO INTERATIVO

Agitado
Falante
Persuasivo

O primeiro encontro com alguém de Gêmeos

Pessoas de Gêmeos gostam de experimentar de tudo no primeiro encontro. Como não se assustam com facilidade, esses pares mutáveis se interessam muito pelo que você gosta de fazer. É bom assumir o comando com eles até certo ponto (o ponto no qual param de se divertir). Geminianos absorvem a diversão dos outros, em particular quando estão proporcionando – ou pensam que estão proporcionando – prazer. Portanto, seu divertimento é um grande afago no ego deles. Empolgação é seu forte – é o estado no qual ficam mais felizes. O tédio é seu pior inimigo.

Como paquerar alguém de Gêmeos e como marcar um encontro

Os geminianos não são de todo avessos a serem paquerados, apesar do fato de que sua natureza extrovertida costuma levá-los a tomar a iniciativa. Seu olhar atento vai escolher você no meio de uma multidão, e, antes que se dê conta, você estará participando de uma conversa interessante. "Como pode uma pessoa tão fascinante estar disponível?", pensa você. A resposta é simples. Os geminianos estão sempre disponíveis, mesmo se forem casados! Se você estiver em busca de um relacionamento casual ou apenas uma noite de prazer, essa pode ser a pessoa certa para você.

Atividades sugeridas para o primeiro encontro com alguém de Gêmeos

Os geminianos adoram entreter e ser entretidos. Às vezes gostam de fazer as duas coisas ao mesmo tempo, portanto, se vocês estiverem relaxados assistindo a um filme à noite, não se surpreenda se os comentários rápidos de seu par – ou ao menos observações astutas e risadas – acompanharem o filme. Sair para dançar, entrar e sair de balada em balada ou ir ao cinema pode ser divertido. Eles adoram situações sociais e a adrenalina de novas atividades. Mais para frente, haverá tempo de sobra para contatos mais íntimos, se você preferir.

Estímulos e desestímulos no primeiro encontro com alguém de Gêmeos

Geminianos precisam se sentir apreciados. Nada os estimula mais do que um brilho especial nos seus olhos quando contam uma piada ou quando percebem que você admira a aparência deles. Se eles estiverem usando um penteado moderno, roupas descoladas ou um par de sapatos estilosos, vão querer que você repare em tais itens e os aprove. Por outro lado, nada os desanima mais do que serem ignorados. Tenha em mente que não é necessário bajulá-los ou cobri-los de elogios, pois eles desconfiam de tal comportamento de qualquer forma.

O "primeiro passo" no primeiro encontro com alguém de Gêmeos

Naquele momento crucial da noite, no qual você se pergunta se deve chegar mais perto ou avançar o sinal com sua companhia de Gêmeos, ela já estará no seu colo. Os geminianos possuem um sexto sentido para essas coisas e são mestres não só na comunicação verbal, mas também na não verbal. Portanto saiba que quando um pensamento chega à sua caixa de entrada, é comum que uma cópia seja imediatamente encaminhada à deles. O primeiro contato é quase sempre prazeroso e chega até a ser apaixonante. Não se deve interpretar reações de desaceleração como sinais de desinteresse ou rejeição; eles queriam apenas dar uma primeira amostra grátis.

Como impressionar alguém de Gêmeos no primeiro encontro

Os geminianos se impressionam mais com conhecimento e fatos. Não se esqueça de estudar sua profissão, seus hobbies ou interesses especiais, os quais você deve conhecer antes do encontro. Fazer perguntas inteligentes para as quais eles possam desenvolver a resposta é uma forma de despertar seu interesse. Melhor ainda é pedir para que levem você a um de seus refúgios favoritos. Embora gostem, eles ficam inseguros em novos ambientes, mas em seu próprio território (o qual esperam que você não conheça) podem assumir um de seus papéis favoritos – o do guia turístico tagarela. Prepare-se e finja escutar, mas só será necessário assimilar o suficiente para formular sua próxima pergunta.

Como dispensar alguém de Gêmeos no primeiro encontro

A menos que estejam totalmente apaixonados por você, o jeito mais fácil de se livrar dos paqueras geminianos é ignorá-los até ferir seu ego, não rir de suas observações astutas, resmungar, falar de si, dizer que não está se sentindo bem ou revelar na lata que não está se divertindo. Muitas das vezes, o encontro não é tão importante para eles de qualquer forma. Eles podem até estar de olho em alguém da mesa ao lado ou na fileira de trás no cinema de quem gostaram mais, e, quando você se der conta, terão sumido! No entanto, se ficarem obcecados por você, grudam mais que chiclete.

O par romântico de Gêmeos

Ter pares românticos de Gêmeos seguramente apimentará sua vida, bem como trará uma boa dose de incerteza, visto que é difícil, senão impossível, prever seu comportamento. Mudanças de humor garantem poucos momentos de tédio, mas também atrapalham os planos ou minam a estrutura do relacionamento. Marcar programas é um problema, pois, embora sempre cheguem na hora (quando aparecem de verdade), o maior perigo é que cancelem do nada um compromisso ao qual nem pretendiam comparecer de qualquer forma. Exasperantes, porém fascinantes, essas criaturas efêmeras conduzirão você a uma aventura feliz.

AMOR

(O par romântico de Gêmeos)

PONTOS FORTES

Fascinante

Apimentado

Efervescente

PONTOS FRACOS

Imprevisível

Abrupto

Enganador

ESTILO INTERATIVO

Cauteloso nas
palavras

Persuasivo

Paquerador

Como conversar com o par romântico de Gêmeos

Os geminianos não são avessos a conversar, mas nem sempre levam o que você está dizendo a sério. Embora possam concordar balançando a cabeça ou com um "ahã", isso não é um indicativo de que estavam prestando atenção. Se você escolher um assunto que não lhes interesse ou que toque em suas feridas, eles desviarão a conversa para algo que considerem mais interessante. Se insistir, eles lhe lançarão um olhar fuzilante e sairão de cena, ou taticamente encontrarão um objeto ou pessoa nas imediações que requeira sua atenção instantânea.

Como discutir com o par romântico de Gêmeos

Com pessoas de Gêmeos sempre há o perigo de que a conversa se torne contenciosa e vire uma discussão. Esses indivíduos são tão habilidosos com as palavras e tão determinados a vencer nas disputas verbais que os assuntos examinados podem se perder na bagunça. Deixe-os terminar de falar e em seguida traga-os de volta ao tema principal com cuidado. Faça comentários curtos e gentis, visando ao efeito máximo. Quando começarem a resmungar admitindo que você tem razão em algum momento (o que pode levar de dez minutos a meia hora), é um sinal positivo de que eles escutaram você e que as coisas estão no caminho certo.

Como viajar com o par romântico de Gêmeos

Os geminianos gostam de viajar com pouca bagagem e em alta velocidade. Portanto, qualquer mala extra que você trouxer consigo será motivo certo de crítica e ira. Prepare-se para carregar suas próprias malas, já que eles simplesmente vão se recusar a ajudar, argumentando que você devia ter deixado a maioria delas em casa. Uma vez a caminho – seja de carro, avião, ônibus ou trem –, essas almas falantes farão de tudo para entreter você durante quase toda a viagem, sob a condição de que você aprecie sua esperteza e brilho, e escute sua pirotecnia verbal e papo furado, conforme discorrem sobre diversos assuntos. Pegar no sono ou bocejar estão proibidos, já que são sinais claros de tédio.

O sexo com o par romântico de Gêmeos

Geminianos gostam de variedade. Qualidade geralmente é mais importante que quantidade, por isso eles esperam que você esteja sempre em sua melhor forma. Também esperam que você saiba quando querem sexo e que os presenteie com uma variedade interessante de experiências, ou que pelo menos tenha a mente aberta para a necessidade deles de tentar coisas novas. No geral, são estimulados com facilidade e, portanto, fáceis de satisfazer, pelo menos em comparação com outros signos. Retribuição posterior pelo prazer não é um de seus pontos fortes, pois sua inteligência emocional tende a ser baixa. Sua tendência de falar antes, depois e durante o sexo pode enlouquecer você, mas será preciso lidar com isso se estiver com alguém desse signo.

Afeição e o par romântico de Gêmeos

Geminianos não são afetuosos demais nem gostam de ficar abraçados. Costumam expressar a afeição de uma maneira particularmente não emocional, de modo até

GÊMEOS

ligeiro, portanto é preciso ser rápido para captar essas demonstrações. Podem ocorrer sob a forma de um sorriso apressado, de um olhar profundo, de um tapinha nas costas ou até de um comentário irônico ou sarcástico, embora não o façam por mal. Em todo caso, a expressão de afeição deles nem sempre leva em conta suas expectativas. Os geminianos possuem seu próprio jeito estranho de fazer as coisas, em especial na esfera emocional, na qual quase sempre se sentem estranhos quando se expressam.

O senso de humor e o par romântico de Gêmeos

Os pares românticos de Gêmeos adoram rir. Infelizmente, o alvo constante de seu humor pode ser você, o que talvez se torne insuportável após um tempo. Qualquer objeção será rebatida com o argumento de que você não tem senso de humor. O humor deles não é apenas verbal, pode se estender a todos os tipos de pegadinha, que acabam beirando o sadismo. Ver o desconforto e causar vergonha nos outros é o deleite deles. Os geminianos também adoram provocar os outros. São rápidos em admitir que estavam brincando e por isso tiram sarro de você por ter acreditado que estavam falando sério, em especial se você reagiu mal a isso.

O cônjuge de Gêmeos

Os companheiros de Gêmeos podem ameaçar a estabilidade e a duração de seu casamento por causa de sua individualidade e necessidade de liberdade. Além disso, esses nativos adotam dois pesos e duas medidas com frequência, para justificar que eles podem sair sozinhos e você não. Por causa de suas atitudes imorais, quase nunca, ou nunca, veem algo de errado em seu comportamento. De algum modo, você sempre acabará em casa esperando pelo retorno deles. O melhor jeito de lidar com tais atitudes é manter seu próprio direito de ser independente e recusar-se a limpar a sujeira deles, em sentido literal e figurado.

A cerimônia de casamento e a lua de mel com o cônjuge de Gêmeos

Como os geminianos são muito sociáveis, normalmente é divertido casar-se com eles. Eles se divertem e se esforçam muito para o casamento ser um grande sucesso. Já a lua de mel pode acabar se revelando decepcionante, tendo em vista que a interação pessoal a dois não é o forte deles. Embora o sexo possa ser excitante e bem variado, é possível ficar com a impressão desde cedo de que eles não se abrem muito com você. Podem fazê-lo com o passar do tempo, portanto é melhor não pressioná-los logo de cara. Além disso, ficar insistindo sobre as responsabilidades do casamento durante essa fase inicial não é uma boa ideia.

O cotidiano doméstico e a vida de casado com alguém de Gêmeos

A continuidade não é o ponto forte dos geminianos, por isso eles talvez encarem as tarefas domésticas normais como uma chatice sem propósito. (Adivinhe quem acaba fazendo o trabalho?) No entanto, são pragmáticos o suficiente para perceber que limpar, jogar coisas fora e, em geral, organizar o espaço doméstico são atividades

PONTOS FORTES

Independente

Amante da liberdade

Empolgante

PONTOS FRACOS

Não confiável

Indisponível

Imoral

ESTILO INTERATIVO

Rápido

Espirituoso

Informal

necessárias. É melhor fazer listas e delimitar as responsabilidades deles, insistindo para que as guardem consigo e cumpram suas obrigações. Porém, será necessário mantê-los na linha e ficar de olho para ver se eles estão colocando suas boas intenções em prática.

As finanças e o cônjuge de Gêmeos

Os geminianos não costumam gastar muito e, na verdade, revelam-se até mesquinhos na hora de liberar dinheiro para a manutenção da casa. Eles não aceitam nem entendem que o orçamento doméstico deve incluir coisas interessantes e outras desinteressantes, como material de limpeza, conserto de itens, isolamento, impermeabilização, encanamento etc. O segredo é fazer com que se interessem e se envolvam pessoalmente, já que são habilidosos e ficam felizes com o seu apreço pelo trabalho deles. Embora consigam manter os gastos sob controle, você terá trabalho nesse quesito, pois o impulso deles de comprar coisas inesperadas, e que muitas vezes não são práticas, é forte. Artigos de viagem, entretenimento, informática e automóveis são o ponto fraco deles.

A infidelidade e o cônjuge de Gêmeos

Como esse é um dos signos mais associados com a traição, é melhor deixar os geminianos satisfazerem suas necessidades de flertar, às vezes até de maneira descarada. Se pegar pesado com eles e proibir tal comportamento, correrá o risco de levá-los à rebeldia e a ter um caso de verdade. É melhor mantê-los em uma coleira invisível para que se sintam livres e, ao mesmo tempo, sabendo até onde ir para não enfurecer você. Os geminianos conseguem se safar do que quiserem sem serem pegos, mas seu medo e culpa também aumenta com facilidade, e, por isso, acabam colocando limites em seu ímpeto de sair por aí.

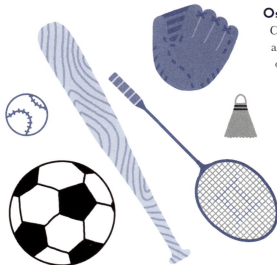

Os filhos e o cônjuge de Gêmeos

Como são crianças crescidas, os geminianos costumam surpreender ao serem bons pais – dedicados, envolvidos e divertidos durante o crescimento dos filhos. São em especial fãs de esportes, jogos, acampamentos e da maior parte das atividades recreativas. Embora muitos só deem conta de um ou dois filhos no máximo, alguns apreciam a companhia e a adoração de mais crianças, com frequência tratando-os quase como amigos ou até irmãos. O prazer de ver seus filhos crescerem e experimentarem coisas novas e inesperadas os mantém interessados a longo prazo. No entanto, quando os filhos crescem, o geminiano tende a não se apegar, dando um empurrão para que saiam do ninho e implorando para que voem sozinhos.

O divórcio e o cônjuge de Gêmeos

Se você precisar terminar com um companheiro de Gêmeos, talvez após perdoar suas transgressões pela enésima vez, perceberá que são pragmáticos, razoáveis e, para sua surpresa, fáceis de lidar quanto a questões patrimoniais, financeiras e legais. Por outro lado, os geminianos saem do controle bem rápido na esfera emocional – área na qual não se sentem à vontade. Movidos por ciúme, raiva ou ódio temporário, as pessoas desse signo, quando fora de controle, são como um furacão. Entretanto, seus sentimentos se acalmam com certa rapidez, e, quando o turbilhão de emoções passa, costumam estar prontos para uma discussão franca e construtiva.

O amante de Gêmeos

Ao ter um caso de amor secreto com alguém desse signo, espere um envolvimento fugaz, embora intenso. Isso pode ser bom ou ruim, dependendo da sua vontade de continuar ou não a relação. O amante de Gêmeos é menos inclinado que a maioria dos outros signos a ser muito dependente ou permanecer presente por muito tempo. Além disso, como os geminianos precisam falar sobre as coisas que acontecem com eles, não costumam querer manter as coisas em segredo – e quase nunca o conseguem. Não se surpreenda se algum detalhe íntimo constrangedor chegar aos ouvidos de alguém e virar fofoca quente, espalhando-se como poeira pelo seu círculo social.

PONTOS FORTES

Livre

Disponível

Intenso

PONTOS FRACOS

Não confiável

Indiscreto

Falante demais

ESTILO INTERATIVO

Direto

Reativo

Franco

Como conhecer o amante de Gêmeos

Pode-se conhecer ou paquerar amantes de Gêmeos nos lugares mais inusitados. O contato inicial costuma ser bem curto e consiste em apenas uma palavra ou olhar. Em geral, entram em contato com você em seguida ou mandam recado por meio de um conhecido ou amigo em comum sinalizando que estão abertos aos seus avanços. O ego deles adora elogios, por isso o fato de achá-los atraentes, interessantes ou intrigantes conta muitos pontos. Ambientes mais comuns, como bares de paquera, baladas, ou sites e aplicativos de relacionamentos, contêm uma porcentagem muito alta de geminianos, portanto suas chances de encontrar um por acaso são muito grandes. É fácil reconhecer os geminianos por sua personalidade vivaz, comunicação habilidosa e necessidade de impressionar.

Onde se encontrar com o amante de Gêmeos

Os geminianos não gostam de locais íntimos e, em geral, estão mais dispostos que os representantes dos outros signos a entrar em ação em qualquer lugar. Isso inclui até locais públicos. Sua personalidade extrovertida e seu lado mais audacioso lhes permite andar de mãos dadas e beijar, e até ir além disso sem ficarem com vergonha. Uma tarde ou noite juntos na casa de alguém desse signo pode ser bem divertida, não por causa das ações envolvidas, mas também porque você poderá ver suas coleções fascinantes, que podem incluir objetos, livros, CDs e DVDs e seu mais recente software de computador. Na sua casa, essas almas curiosas gostam de explorar seus pertences, incluindo roupas, chapéus e sapatos para saber mais sobre você.

O sexo e o amante de Gêmeos

Os amantes de Gêmeos se excitam e se satisfazem com facilidade. Interessam-se por todos os tipos de perversão, adoram experimentar coisas novas e têm fascínio por um

AMOR

85

amplo leque de atividades sexuais, do Kama Sutra ao sadomasoquismo. Alguns veem os amantes de Gêmeos como crianças em uma loja de doces ou macacos em uma bananeira. O que tudo isso significa para eles é difícil determinar, mas sempre tudo é feito com humor e desapego, em vez de envolvimento profundo. De certo modo, você se sentirá como parte da plateia convidada para assistir ao show deles.

Como segurar o amante de Gêmeos

Bem como os coelhos, os geminianos só ficam por perto enquanto são apreciados, caso contrário saem pulando por aí. Quando finalmente você se acostuma com eles e com todos os seus hábitos estranhos, nervosismos e exigências... eles se vão. Os geminianos escorrem da sua mão como água, e não há uma maneira segura de mantê-los com você. No entanto, se conseguir encontrar um bom equilíbrio entre importar-se muito pouco e se importar demais, talvez eles fiquem por perto, em especial se não houver nenhum outro lugar no momento aonde gostariam de ir. A fidelidade dos geminianos, ou a falta dela, costuma ser determinada pelo seu humor recente e por planos, que podem não incluir você.

Como entreter o amante de Gêmeos

Os amantes de Gêmeos adoram aparecer em público na sua companhia, em primeiro lugar para exibir você. Esperam que você esteja apresentável, fale bem, comporte-se bem e, no geral, faça com que eles pareçam bem. Fãs de filmes, baladas, restaurantes, shows e quase todo tipo de atividade divertida, eles adoram ação e quase nunca desejam uma noite tranquila em casa. Por outro lado, quando estão em casa, aproveitam as mídias mais atualizadas, em especial programas de computador e uma ampla gama de músicas e filmes. Brincalhões ao extremo, também adoram quebra-cabeças e jogos de tabuleiro. É bom deixá-los ganhar de vez em quando, senão podem ficar de mau humor.

Como romper com o amante de Gêmeos

Isso não costuma ser um problema, a menos que os amantes de Gêmeos estejam viciados em você e no seu tipo de sexo e romance (nesse caso, eles podem se recusar a partir). Quando você tiver terminado de refletir e ponderar e chegado à decisão de dispensá-los, é provável que já tenham sumido. Eles costumam possuir um radar para rejeição e preferem ser aqueles que rejeitam em vez de serem rejeitados. No entanto, acham tais cenas muito desagradáveis, e, para evitar conflitos, provavelmente vão fugir em silêncio antes que você se dê conta. Fazem de tudo para evitar dificuldades, em especial as emocionais, preferindo ver você feliz ou, então, simplesmente desistir.

O ex-cônjuge de Gêmeos

Apesar de serem almas independentes e muito espirituais, os ex-cônjuges de Gêmeos surpreendentemente se mostram leais, fiéis e até confiáveis quando não estão mais envolvidos em um romance ou casamento. É estranho vê-los se importando com você mais como uma pessoa amiga do que como amante, mas isso costuma ocorrer, para o espanto de todos. As coisas funcionam melhor se você não os pressionar após o término e, em vez disso, aguardar para ver se a boa vontade deles aparece sem ser requisitada ou exigida.

Como fazer amizade com o ex-cônjuge de Gêmeos

O jeito mais fácil de recriar a amizade com os ex-cônjuges de Gêmeos é comparecer a eventos ou atividades – tanto profissionais como sociais – nos quais estejam presentes. Só o fato de vocês se verem dará ao ex-cônjuge de Gêmeos a oportunidade de continuar presente sem chegar perto demais de você. Portanto o contato não será ameaçador, do jeito que o geminiano médio gosta. Se quiser estabelecer uma amizade completa, é melhor ir com calma. Procure não enviar sinais que possam gerar confusão, e, em geral, aja com franqueza e evite contados físicos, se possível.

Problemas para reatar com o ex-cônjuge de Gêmeos

Reatar com seu ex-cônjuge de Gêmeos, pelo menos como teste e por pouco tempo, é sempre uma possibilidade, mas quase nunca funciona no longo prazo. É possível até que seu ex-cônjuge de Gêmeos bata à sua porta um ano após o término, insistindo que está voltando para você e que é ridículo manter uma separação artificial quando todos sabem que vocês foram feitos um para o outro. Você deve permanecer firme na sua recusa, bem como em outras situações nas quais eles se mostrem claramente fora da realidade e desrespeitem seus sentimentos.

Como discutir problemas do passado com o ex-cônjuge de Gêmeos

Você pode discutir o passado de modo objetivo com um ex-cônjuge desse signo em um clima legal, calmo e controlado. No entanto, se ele ficar reativo ou alterado, é melhor mudar de assunto antes que revidem com culpa e recriminação. Se isso acontecer, contudo, a situação passará rápido como uma chuva de verão, e a conversa poderá ser retomada outro dia. Afinal, os geminianos são investigadores, e se interessam em chegar ao cerne das questões, como montar um quebra-cabeça. Encontrar um local público agradável para sua conversa vai aliviar a tensão.

Como expressar afeto pelo ex-cônjuge de Gêmeos

Cuidado para não causar uma impressão errada. Abstenha-se de afeto por alguns meses após o término oficial. Os geminianos partem para outra rápido e possuem personalidade reativa – ao mesmo tempo irritadiços e nervosos –, portanto mantenha a situação o mais casual possível. O afeto pode ser menos físico e mais bem expresso por meio de um tom de voz suave ou um sorriso gentil em vez de um abraço ou até de toques das mãos. Presentes devem ser evitados, pois implicam uma obrigação do geminiano de lhe oferecer algo em troca, dando a impressão de que você está tentando comprar os sentimentos dele.

Como definir o atual relacionamento com o ex-cônjuge de Gêmeos

Estabelecer diretrizes mútuas com seu ex-cônjuge de Gêmeos é uma ideia excelente. Os "certos" e "errados" devem ser discutidos abertamente e decisões devem ser tomadas. Encontrem-se em duas ou três sessões tranquilas para que os assuntos sejam cobertos

(O ex-cônjuge de Gêmeos)

PONTOS FORTES

Amigável

Preocupado

Generoso

PONTOS FRACOS

Obstinado

Conflituoso

Rebelde

ESTILO INTERATIVO

Engajado

Envolvido

Responsivo

AMOR

em sua totalidade, sem a pressão de decidir tudo de uma vez. Sempre dê aos geminianos a chance de repensar as coisas, visto que são especialistas em mudar de ideia. Isso pode funcionar bem se eles, de início, se opuserem às suas ideias, mas em seguida tiverem tempo de refletir sobre elas e perceber a sabedoria dos seus argumentos. É bom manter os amigos e a família informados sobre suas decisões em conjunto.

Como compartilhar a guarda com o ex-cônjuge de Gêmeos

Devido à dor que sentiram, os ex-cônjuges de Gêmeos às vezes adotam uma atitude indiferente em relação a compartilhar a custódia dos filhos, colocando seu ego ferido à frente da necessidade das crianças de conviver com a outra metade do casal. Mais adiante, é provável que embarquem rápido em um novo e excitante relacionamento com uma pessoa solteira que não quer ficar presa a crianças. Tenha paciência, visto que os ex-cônjuges de Gêmeos começam a agir com mais responsabilidade conforme a criança cresce e toca o coração deles. Os nativos desse signo acabam descobrindo que os relacionamentos vêm e vão, mas os filhos ficam.

Amigos e família

GÊMEOS
21 DE MAIO A 20 DE JUNHO

O amigo de Gêmeos

Embora sejam amigos para todas as horas, os geminianos são mais divertidos de se ter por perto quando as coisas estão indo bem. Tendem a se mostrar inconstantes, nervosos e preocupados quando diante de emergências ou de problemas de longa duração, portanto sua utilidade é minimizada nessas situações. Gêmeos é um dos signos mais brincalhões do zodíaco, o que torna seu amigo ou amiga de Gêmeos alguém com quem você quer conversar quando está se divertindo. Quase sempre adotando uma atitude leve e não séria, os geminianos conseguem trazer alegria a quase todas as atividades. A conversa rápida deles vai sinalizar que estão se divertindo também.

Como pedir ajuda ao amigo de Gêmeos

Os amigos de Gêmeos costumam ficar perplexos quando recebem um pedido de ajuda. De costume estão dispostos a prestar assistência, mas talvez não saibam por onde começar ou disparem correndo do nada com você na garupa. Empatia também não é a especialidade deles, e preferem bolar soluções lógicas para os problemas em vez de fornecer apoio emocional. Apesar de não serem frios, por assim dizer, acabam aparentando sê-lo por causa dessa orientação mental. Além disso, podem não permanecer muito tempo, já que podem ser atraídos com facilidade para outro pedido de socorro ou para uma diversão que surja.

Como se comunicar com o amigo de Gêmeos e manter contato com ele

A comunicação é o forte dos geminianos. Se esses amigos estiverem interessados em você, comunicar-se com eles não será problema, presumindo que você consiga acompanhar suas mentes rápidas e falantes. Eles tendem a não escutar nada enquanto estão tagarelando, por isso é bom de tempos em tempos pedir para que diminuam a velocidade do monólogo, assim podem ouvir e entender o que você está tentando transmitir. Nem sempre bons em manter contato, os amigos de Gêmeos presumem que você compreenderá se ficarem ocupados com outras atividades por longos períodos. Quando retomam o contato, agem como se nada tivesse acontecido, seguindo normalmente.

PONTOS FORTES
Divertido
Brincalhão
Descontraído

PONTOS FRACOS
Nervoso
Não confiável
Preocupado

ESTILO INTERATIVO
Falante
Demonstrativo
Leve

Como pedir um empréstimo ao amigo de Gêmeos

Geminianos são ótimos para emprestar dinheiro e também em relação a dar tempo para você devolver a quantia emprestada. Porém, a quantia disponível não será muito impressionante, pois eles raramente possuem muito dinheiro nas mãos. Até eles se lembrarem de ir ao banco, ou de ao menos checar a conta bancária, você já terá encontrado alguém mais confiável. Pedir-lhes um empréstimo com certeza não os ofende nem abala a amizade, visto que não se importam em receber solicitações.

Como pedir conselhos ao amigo de Gêmeos

Os conselhos dados por amigos de Gêmeos não costumam ser úteis, já que raramente têm senso comum. Eles podem aparecer com todo tipo de sugestão mágica que parece fascinante, mas que nunca funciona. Quanto mais eles pensam no assunto, mais longe vão, até que por fim acreditam de verdade em seus próprios delírios e convencem você a fazer o mesmo. Por isso, tome cuidado ao pedir conselhos a amigos de Gêmeos – na maioria das vezes não vale a pena.

Como visitar o amigo de Gêmeos

Os amigos de Gêmeos ficam felizes ao vê-lo, mas também podem (por coincidência) estar de saída. Não é fácil planejar uma visita, pois você acaba batendo à porta ou tocando a campainha enquanto eles estão fora, se divertindo em algum lugar, sem se lembrar do compromisso que haviam estabelecido. É bom ligar antes de sair de casa para confirmar se eles estarão lá quando você chegar. No entanto, não os deixe esperando por muito tempo, pois há o risco de já estarem ausentes ou de você ser recebido com um silêncio frio.

Comemorações/entretenimento com o amigo de Gêmeos

Os geminianos adoram comemorações e entretenimento. Porém, eles não devem organizar as coisas, já que são esquecidos e não confiáveis, embora se esforcem para superar seu nervosismo e ansiedade naturais. É melhor convidá-los para o evento do que encarregá-los do planejamento. Pode-se sempre contar com eles para entreter os convidados com seu humor físico e verbal, pois se alimentam do apreço, como fogo por combustível. Conte com sua energia para iluminar até a reunião mais sem graça.

O colega de quarto de Gêmeos

Gosta de Carnaval? É melhor se acostumar com isso, pois os colegas de quarto de Gêmeos tendem a transformar seu lar em um a qualquer momento. Não só são capazes de encenar tudo sozinhos para seu deleite (e o de amigos ou de outros colegas de quarto) como também podem ter muito bem convidado um elenco completo de coadjuvantes para ajudá-los. Se a situação está parecendo um filme de Fellini, você está começando a entendê-la. Colegas de quarto de Gêmeos são divertidos contanto que você não tenha muita coisa para fazer, principalmente tarefas que exijam concentração.

Como dividir responsabilidades financeiras com o colega de quarto de Gêmeos

Responsabilidade não é uma palavra que aparece no dicionário do colega de quarto de Gêmeos. Arcar com responsabilidades – em especial as domésticas – não é sua ideia de diversão, e para eles esta vem em primeiro lugar. O dinheiro entra e sai rápido, portanto, se o tiverem, é melhor você ser rápido e arrecadar fundos para aluguel, compras e contas de serviço antes que o gastem com sua mais recente paixão. Na verdade, fazê-los pagar adiantado é o único jeito de evitar ficar na mão com as contas no final do mês. Não que todos os geminianos sejam ladrões ou golpistas como muitos astrólogos insistem, mas podem se esquecer de pagar as contas se você não fizer nada.

A limpeza e o colega de quarto de Gêmeos

Geminianos são capazes de fazer limpeza minuciosa se focarem nisso. Porém, sua mente está sempre ocupada em outro lugar. Amantes dos detalhes, eles com certeza não farão vista grossa para o que precisa ser limpo, mas, de algum modo, registrar tal fato e ignorá-lo logo em seguida são ações que andam de mãos dadas. Sua incapacidade de enxergar a própria bagunça é fenomenal. Se você os confrontar, eles alegarão que o jeito como mantêm seu próprio quarto é problema deles. Além disso, se insistir para que limpem os cômodos compartilhados, é provável que declarem que quase nunca ficam em casa (o que pode conter uma parcela de verdade) e que foi você quem fez a bagunça. Adivinhe quem irá acabar fazendo a tarefa?

Convidados e o colega de quarto de Gêmeos

O problema não costuma ser os seus convidados, mas os deles. Propensos a convidar uma quantidade assustadora de pessoas novas, também são bons em construir um grupo de frequentadores fiéis com quem se pode contar sempre. A vida é um cabaré contínuo para os geminianos, por isso tenha bastante comida, bebida e música disponível o tempo todo. Eles também não se importam se você receber em casa caras novas ou velhas, pois elas aumentam a plateia para suas performances. Sim, você nunca sentirá solidão morando com um colega de quarto de Gêmeos, que não se cansa de seus companheiros humanos.

Festas e o colega de quarto de Gêmeos

Como a vida é um cabaré para os geminianos, as implicações de se dar uma festa acabam escondidas nos bastidores. Os problemas podem surgir quando é preciso pagar por toda a comida e bebida, mas os nativos desse signo não se importam em gastar dinheiro quando o possuem; se não for o caso, peça para os convidados trazerem a própria bebida e comida. Normalmente, a comida não é tão importante para eles de qualquer forma, já que sua boca é mais usada para falar do que para comer. Como os geminianos não precisam dormir muito, prepare-se para festas que duram até altas horas.

Privacidade e o colega de quarto de Gêmeos

Os colegas de quarto de Gêmeos em geral veem a sua necessidade de privacidade com suspeitas. Talvez eles também não entendam o seu respeito pela privacidade deles;

(O colega de quarto de Gêmeos)

PONTOS FORTES

Animador

Divertido

Inventivo

PONTOS FRACOS

Distraído

Carente de atenção

Irritante

ESTILO INTERATIVO

Volúvel

Eclético

Energético

AMIGOS E FAMÍLIA

afinal, o que eles têm a esconder? A maioria das pessoas esconde pensamentos privados e sentimentos por meio de silêncio ou segredos. Em outras palavras, elas escondem as coisas ocultando-as. De modo surpreendente, os geminianos usam uma técnica diferente de esconder as coisas; eles escondem-nas mostrando tudo, e, graças a inúmeras distrações e trocas de assunto, você nunca saberá ao certo seus mais profundos e obscuros segredos. Afinal, eles contaram tudo para você um dia desses, não é mesmo?

Como conversar sobre problemas com o colega de quarto de Gêmeos

Conversar é algo de que os geminianos gostam, mas é difícil mantê-los no mesmo assunto por muito tempo. Sua atenção é curta e a vida é tão interessante que eles sempre pulam de um assunto para o outro em uma velocidade grande. Sua habilidade analítica é forte; eles adoram resolver charadas, quebra-cabeças e enigmas; e se esforçam ao máximo para destrinchar seus problemas, se você conseguir mantê-los com os pés no chão. É melhor não fazer deles o assunto da conversa se tiver um problema com eles; em vez disso, discuta a questão de modo abstrato e deixe-a no ar para que façam a conexão depois.

Os pais de Gêmeos

PONTOS FORTES
Interessados
Variados
Entusiasmados

PONTOS FRACOS
Preocupados
Estressados
Ausentes

ESTILO INTERATIVO
Positivos
Engajados
Energéticos

De modo geral, as pessoas desse signo são bons pais e mães, pelo menos nos momentos em que estão interessados de verdade em seus filhos. Tanto sua gama de interesses como a de emoções são variadas, e eles curtem seu papel de líder na família. Porém, sua mente está quase sempre preocupada com outros assuntos que não incluem as crianças. Nesses momentos, estas precisam ser capazes de se cuidarem sozinhas, já que os pais de Gêmeos não estarão disponíveis. As responsabilidades de apoio financeiro, manutenção e educação pesam muito na cabeça desses nativos, que é muito vulnerável a preocupações e estresse.

O estilo de disciplina dos pais de Gêmeos

Os pais de Gêmeos não gostam de disciplinar os próprios filhos. A consequência disso é que ou são negligentes ao fazê-lo ou rejeitam a noção por completo. Os filhos de pais ou mães geminianos costumam ficar soltos por bastante tempo, a menos que seus parceiros assumam o controle, o que costuma ser o caso. Isso acaba criando a situação na qual as crianças procuram os pais de Gêmeos quando querem um ombro amigo e moleza, colocando os outros responsáveis em uma posição desconfortável e impopular. Os pais geminianos tendem a permitir, e até encorajar, a liberdade caso tenham sido disciplinados com severidade quando eram crianças.

Nível de afeto e os pais de Gêmeos

Embora os geminianos não sejam pessoas emocionais além da conta e se mostrem tranquilos na interação com sua prole, eles curtem mesmo os filhos, incluindo os dos amigos. Expressar afeto no dia a dia é possível para eles, mas não são muito efusivos. Sua empatia sempre tem um ar desapegado, como se analisassem a situação racional-

GÊMEOS

92

mente em vez de apenas reagir a ela, em especial se a criança está ferida ou em perigo. Crianças que precisam de total empatia de seus pais em tais situações talvez se sintam decepcionadas e frustradas com a reação dos pais de Gêmeos.

Questões financeiras e os pais de Gêmeos

Como ganhar dinheiro quase nunca é seu principal interesse, a maioria dos pais de Gêmeos enfrenta problemas financeiros uma vez ou outra ou, em alguns casos, o tempo todo. Eles costumam insistir para que seus filhos não gastem dinheiro, parecendo avarentos perante seus conhecidos. A geladeira dificilmente estará cheia, e não espere encontrar itens que eles veem como bens de luxo. Quase sempre os pais de Gêmeos gastam por impulso o dinheiro que a família vinha guardando com cuidado, torrando-o em um item ou projeto fora de sua realidade.

Crises e os pais de Gêmeos

Quando envolvidos em uma verdadeira crise, os pais de Gêmeos tendem a surtar. Perder a linha em público acaba sendo muito constrangedor para seus companheiros e filhos. Seu sistema nervoso instável e suas mãos rápidas lhes permitem muitas vezes salvar o dia, mas desastres também se materializam rápido quando estão na direção errada, geralmente em alta velocidade. Quando conseguem sentar-se e discutir ou pensar sobre uma resposta apropriada, agem da melhor forma, enxergando o assunto de todos os ângulos. Porém, sua falta de preocupação emocional profunda pode ser perturbadora.

Feriados/reuniões de família e os pais de Gêmeos

Quando tentam fazer todos os preparativos sozinhos, os pais de Gêmeos inevitavelmente ficam sobrecarregados. Por isso, é melhor evitar tais situações, seja convencendo-os a sair da confusão de uma vez ou restringindo bastante seu envolvimento, o que eles sempre aceitam com alívio. Embora entusiasmados com sua família mais próxima, as reuniões com parentes mais distantes não são do seu agrado, fazendo com que sempre tentem escapar delas. Poucos aproveitam os feriados e folgas como os geminianos, porém são muito peculiares em seus gostos e desgostos em relação às datas. Não planeje surpresas esperando que os geminianos as entendam do jeito certo.

Como cuidar dos pais de Gêmeos idosos

Geminianos tendem a ficar menos práticos conforme envelhecem, e, portanto, mais utópicos quanto a suas habilidades. Eles normalmente querem se divertir, em especial em interações sociais com pessoas de todas as idades que estejam dispostas a ouvir seu fluxo constante de ideias. Estar pronto para ouvi-los pode tornar-se o principal requisito para ser amigo ou o filho favorito deles. Arrumar uma grande variedade de livros, jogos, quebra-cabeças e atividades de internet ajuda bastante a mantê-los felizes. Portanto, a via de mão dupla das interações humanas não é tão importante para o pai e a mãe de Gêmeos já idosos.

AMIGOS E FAMÍLIA

Os irmãos de Gêmeos

PONTOS FORTES

Curiosos

Energéticos

Criativos

PONTOS FRACOS

Isolados

Utópicos

Retraídos

ESTILO INTERATIVO

Sociáveis

Colaborativos

Verbais

Poucas coisas são tão tristes quanto um geminiano filho único. As crianças de Gêmeos adoram ter irmãos e irmãs ao seu redor, e, caso lhes seja negada essa prerrogativa, acabam preenchendo tal vazio com amigos e pequenos animais, que se tornam seus irmãos postiços. (Se forem ainda mais isoladas, não terão escolha a não ser viver em um mundo de fantasias povoado por seus bichinhos de pelúcia e amigos imaginários.) Como parte da unidade familiar, pode-se contar com os irmãos de Gêmeos para trazer energia e uma necessidade de explorar o grupo familiar. Isso se inicia por meio de seu uso criativo da linguagem, o que acaba contagiando os outros.

Rivalidade/proximidade com os irmãos de Gêmeos

Embora os geminianos sejam um tanto competitivos, o desafio de vencer o jogo por meio de uma realização pessoal normalmente é mais importante para eles do que derrotar seus adversários. Isso é demonstrado pelo entusiasmo com que jogam sozinhos no computador para testar suas habilidades e inteligência. Portanto, tendem a ser mais aliados do que rivais de seus irmãos, e apreciam em particular esportes de equipe nos quais podem jogar no mesmo time de um de seus irmãos. Aqui seu verdadeiro espírito de rivalidade aflora, expressado de modo completo contra seus adversários tradicionais. O auge da realização para um geminiano seria fazer o ponto, cesta ou gol da vitória em tal disputa.

Problemas passados e os irmãos de Gêmeos

Os irmãos de Gêmeos perdoam e esquecem as coisas com facilidade. Há grandes chances de que aquilo que estava incomodando você, não importa o que fosse, nem fosse tão importante para eles de qualquer forma. Os irmãos de Gêmeos se irritam facilmente, mas sua tristeza passa rápido. Isso pode ser a raiz do problema, em especial se você é quem não consegue esquecer um episódio infeliz. Pode ser muito desagradável lembrar que seu irmão de Gêmeos não dá a mínima para aquilo e nunca deu. Tente entender que é apenas o acontecimento, e não você, que não significa nada para eles.

Como lidar com os irmãos de Gêmeos afastados

Os irmãos de Gêmeos normalmente se afastam daqueles dos quais nunca foram muito próximos, mantendo laços intactos com seus preferidos. Se forem forçados a romper uma ligação próxima, deve-se lembrar que esse é o signo dos irmãos gêmeos, e seu desejo de restabelecer a relação próxima que já tiveram com um irmão ou irmã pode ser tão poderoso quanto uma necessidade biológica. Por causa disso, cedo ou tarde estarão abertos a restaurar a relação. No caso de irmãos distantes, o melhor que se pode esperar é cordialidade e e-mails, ligações e eventuais reuniões de família.

Problemas financeiros (empréstimos, testamentos etc.) e os irmãos de Gêmeos

Em sua maioria, os irmãos de Gêmeos não se importam com o dinheiro deixado por um dos pais falecidos. Eles certamente se ofendem se você insinuar que eles tentaram pôr as mãos nos bens enquanto um dos pais ainda estava vivo. Pedir dinheiro emprestado aos irmãos de Gêmeos não costuma ser um problema, já que eles gostam de dividir o que têm

GÊMEOS

com membros da família. Para a maioria dos geminianos, o dinheiro não é algo para se acumular, mas para circular. Problemas surgem quando os irmãos de Gêmeos parecem estar sendo sugados em termos de finanças por um irmão ou irmã muito necessitado, pois na verdade o geminiano ou geminiana talvez não enxergue a situação dessa maneira.

Feriados/comemorações/reuniões e os irmãos de Gêmeos

Os geminianos adoram comemorar ocasiões festivas, contanto que todos os seus irmãos e irmãs estejam presentes. É comum um ou mais primos favoritos assumirem o lugar dos irmãos como comparsas em tais reuniões. A pior situação é quando um geminiano é forçado a enfrentar a celebração sozinho. Nesse caso, eles tendem a se retirar do mundo dos adultos e tentam escapar do jeito que puderem. É muito comum que se isolem em suas próprias conchas de infelicidade, recusando-se a vir à tona. Se não houver uma companhia certeira para eles, melhor nem convidá-los.

Como tirar férias com os irmãos de Gêmeos

Presos ao seio da família, os irmãos de Gêmeos quase sempre se divertem nas férias curtidas junto com os parentes. Poucas vezes líderes em tais empreitadas, ficam bem contentes em se deliciar no calor da companhia e fazer parte das aventuras, explorações, torneios e da alegria geral. Diversão contínua é o alimento dos geminianos. Sua necessidade de dormir nessas excursões é mínima, por isso acabam mantendo os pais e irmãos acordados durante metade da noite com suas besteiras. Faça com que gastem bastante energia durante o dia para garantir uma boa noite de sono a todos.

Os filhos de Gêmeos

Os filhos de Gêmeos precisam de muito esforço dos pais. Como são interessados em tudo o que os cerca, deve-se apresentar muitas atividades a eles. Eles podem ser agradáveis ou terríveis, dependendo do humor deles e do seu. Nada pode ser mais enlouquecedor do que suas contínuas interrupções quando você está tentando se concentrar em algo. Você sente um grande alívio quando finalmente vê seu filho de Gêmeos concentrado em uma atividade sozinho – ou dormindo.

O desenvolvimento da personalidade e os filhos de Gêmeos

Sendo carentes, os filhos de Gêmeos sofrem se não recebem ofertas de diversas experiências e oportunidades, além do grande esforço correspondente necessário para a implementação delas. Orientações habilidosas também são necessárias, bem como bom senso caso o filho de Gêmeos venha a se desenvolver. Tais filhos precisam de liberdade, mas, ao mesmo tempo, é necessário exigir que cumpram suas obrigações – as justas, é claro. Entre elas está a necessidade de completarem certas tarefas do dia a dia, incluindo faxina e arrumação do quarto. Mimá-los pode ser um erro tão grande quanto negligenciá-los.

Hobbies/interesses/planos de carreira para os filhos de Gêmeos

Os filhos de Gêmeos costumam ter grande interesse e talento para línguas. Isso significa

AMIGOS E FAMÍLIA

(Os filhos de Gêmeos)

PONTOS FORTES

Vivazes

Divertidos

Fascinados

PONTOS FRACOS

Irritantes

Carentes

Terríveis

ESTILO INTERATIVO

Exigentes

Brilhantes

Concentrados

desenvolver habilidades escritas e orais em sua língua materna e também em línguas estrangeiras. Tal desenvolvimento pode levar diretamente a uma carreira de redação criativa, jornalismo, edição, editoração, sistemas de internet ou desenvolvimento de software. Além disso, eles têm talento para a música. Sendo especialmente habilidosos com as mãos e dedos, conseguem se destacar em diversos instrumentos musicais. Carreiras em performance musical, ensino, difusão, gerenciamento ou composição e arranjo são possibilidades. É comum o hobby de uma criança de Gêmeos virar sua profissão.

A disciplina e os filhos de Gêmeos

Sobretudo para os filhos de Gêmeos, a disciplina deve denotar orientação e estrutura em vez de punição. Esses nativos têm especial necessidade de uma disciplina advinda de pais compreensivos, senão acabam desperdiçando suas energias em múltiplas atividades conduzidas em um nível superficial. Aprender autodisciplina é o mais importante para os geminianos, para que direcionem sua energia do modo mais produtivo, de preferência sem ter um pai ou professor ao seu lado o tempo todo. Muitos geminianos são autodidatas, usando em especial as habilidades da autodisciplina que adquiriram em seus anos de formação para aprender as coisas sozinhos.

Nível de afeto e os filhos de Gêmeos

Os filhos de Gêmeos não precisam de recompensas nem de demonstrações de afeto constantes. Geralmente, basta saberem que você admira ou aprova o que estão fazendo. Censuras constantes tendem a prejudicar o estado emocional deles, portanto pegue leve na negatividade. Um aceno com a cabeça, um sorriso ou algumas palavras gentis costumam ser suficientes para eles. Importante para o desenvolvimento dos filhos de Gêmeos é sua necessidade de expressar afeto, não só pelos irmãos e pais como por seus animais de estimação. De muitas maneiras, sua necessidade de expressar afeto é mais marcante do que sua necessidade de recebê-lo.

Como lidar com as interações dos filhos de Gêmeos com os irmãos

Deve-se deixar os filhos de Gêmeos sozinhos para lidarem com os problemas com seus irmãos do seu jeito. É melhor se os pais não se envolverem, e, em especial, não os forçarem a sentir o que não sentem ou agir de maneira proibida. Os filhos caçulas de Gêmeos sempre são muito criticados ou até abafados por irmãos mais velhos dominantes, embora em certos casos possam ser valorizados como uma joia talentosa na família. Os irmãos mais velhos de Gêmeos não costumam se interessar em dominar os mais novos, e podem ser bem compreensivos e construtivos ao contribuir para o seu desenvolvimento.

Como interagir com os filhos adultos de Gêmeos

Os filhos adultos de Gêmeos têm uma ideia bem definida sobre o sucesso ou fracasso de sua própria criação e também sobre o comportamento de seus pais. Bem críticos, são rápidos em apontar as lacunas parentais bem como as falhas que possam ter ocorrido na relação familiar. Sempre abertos a debates, a qualquer momento se dispõem a expressar sua opinião, sempre se oferecendo para participar das discussões em grupo. Sua abordagem é mais analítica e desapegada do que emocional, embora precisem desabafar no início.

GÊMEOS

Câncer

NASCIDOS DE **21 DE JUNHO A 21 DE JULHO**

Regidos pela Lua, os signos de água são altamente sensíveis aos sentimentos dos outros e sentem as decepções "pra valer". Devido à influência da Lua sobre as marés e a natureza reclusa do caranguejo, os cancerianos são tidos como pessoas emotivas que muitas vezes sentem necessidade de se esconder do mundo. Ainda assim, como o caranguejo, os cancerianos podem se tornar agressivos quando perturbados e mostram-se também decididos a conseguir o que querem, especialmente quando se trata do lugar onde vivem, de comida e das pessoas que amam.

Trabalho

CÂNCER
21 DE JUNHO A 21 DE JULHO

PONTOS FORTES
Brando
Afável
Harmonioso

PONTOS FRACOS
Exigente demais
Ansioso
Detalhista

ESTILO INTERATIVO
Persuasivo
Sensível
Empático

O chefe de Câncer

Pode ser um erro negar ou subestimar as qualidades dominantes do chefe canceriano. Extremamente detalhistas quanto ao modo como as coisas são feitas, os chefes de Câncer são muito exigentes, embora de um jeito brando. Esperam que seus funcionários compreendam seus desejos e até mesmo que os adivinhem. Não são as regras e as ordens o que mais conta para os chefes nascidos sob Câncer, mas sim que, na verdade, todos estejam na mesma onda emocional. Não muito chegados a conflitos, os chefes de Câncer querem que as coisas corram com tranquilidade. Esse fato, mais do que um abuso de poder em si, esconde sua necessidade de que seu domínio não seja questionado.

Como pedir aumento ao chefe de Câncer

É extremamente difícil falar com um nativo de Câncer sobre aumento de salário. Os chefes cancerianos costumam saber bem se você merece ou não o aumento, embora no passado tenham dado poucas indicações do que achavam sobre o assunto. É mais comum que esse tema do aumento levantado com eles tenha sido previsto, e que você fique com o sentimento de que eles estavam aguardando que o mencionasse. Caso escolha o momento certo para abordá-los – em particular numa ocasião em que a sua estrela estiver em ascensão no departamento –, eles lhe concederão o aumento com inesperada facilidade, até mesmo descrevendo, em certo detalhe, o novo salário, os benefícios e o cargo.

Como dar más notícias ao chefe de Câncer

Os chefes do signo de Câncer tendem a ser instáveis em termos emocionais e, aqui, é de suma importância que você não os procure, seja num dia de mau humor, seja num dia descontraído demais. Fique de olho na agenda deles e mantenha um contato permanente com seu assistente. Escolha uma hora em que estejam mais relaxados e emocionalmente neutros. Faça um preâmbulo de suas observações com uma descrição do histórico do assunto. Estimule os chefes de Câncer a fazer perguntas, em especial no que se refere ao que pode ser feito naquele momento para limitar o prejuízo causado e, talvez, transformando a aparente desvantagem em vantagem para a empresa.

Como providenciar viagens e/ou entretenimento para o chefe de Câncer

Os chefes nativos de Câncer são tão detalhistas que é melhor você ter uma conversa particular com um assistente dele para apurar exatamente suas preferências. Uma vez conhecidas, elas podem ser úteis no futuro, pois os cancerianos são criaturas chegadas a hábitos. Os chefes nativos de Câncer, em geral, não reivindicam grandes desembolsos de dinheiro para se manterem felizes e confortáveis ao longo do caminho. Eles pensam mais em termos econômicos do que extravagantes, contanto que o nível do desconforto não seja alto, especialmente em se tratando de suas acomodações e de sua cama. Uma boa comida faz maravilhas pela disposição deles.

A tomada de decisões e o chefe de Câncer

É nessa área que desponta o lado dominante do chefe de Câncer. Essas pessoas são tomadoras de decisão que não permitirão o questionamento de sua autoridade. Entretanto, é comum investirem tempo e esforço antes de tomarem decisões finais, consultando seus funcionários e muitas vezes dedicando toda uma reunião importante para discutir o tema em questão. Nesse aspecto, eles consideram sua decisão como uma soma do sentimento do grupo e de um consenso da opinião geral. Mostram-se muito cautelosos em tomar decisões impopulares que possam pôr em risco sua posição de supremacia no futuro.

Como impressionar e/ou motivar o chefe de Câncer

Os chefes do signo de Câncer são, às vezes, recalcitrantes, lentos e indiferentes. É melhor tentar motivá-los sem precisar impressioná-los indevidamente. Você deve se concentrar em persuadi-los de que há certo perigo em esperar demais para implementar uma estratégia já acordada por todos. Uma vez que as emoções do chefe de Câncer sejam despertadas e mobilizadas, eles vão se dar conta da importância dos seus planos e começar a progredir com objetividade.

Como fazer propostas e/ou apresentações para o chefe de Câncer

Ao se lembrar sempre da sensibilidade e da possível irritabilidade dos chefes de Câncer, você deve ser extremamente cuidadoso para não os instigar da forma errada. A maneira como você coloca sua proposta ou faz uma apresentação é, portanto, em cada pormenor, tão importante (e, em alguns casos, mais importante ainda) quanto o conteúdo ou o ponto de vista que você deseja transmitir. Se começar a perceber que empregou a abordagem errada, tenha à mão um plano B ou prepare-se para improvisar um ajuste para reduzir a irritação desses chefes. Tão logo sinta que eles estão se envolvendo, prossiga, sem medo, com sua apresentação.

O funcionário de Câncer

Os funcionários nativos de Câncer são particularmente bons em tarefas burocráticas, em que têm tempo de trabalhar com textos. Ainda melhores se não forem interrompidos, são capazes de dar conta de grandes blocos de papelada ao longo do tempo, de forma consistente e com alta qualidade. Parecem ser dedicados às suas tarefas e ter uma

(O funcionário de Câncer)

PONTOS FORTES

Observador

Dedicado

Concentrado

PONTOS FRACOS

Desconcertante

Ambíguo

Calado

ESTILO INTERATIVO

Indiferente

Reservado

Solitário

lealdade inquestionável à empresa. Na verdade, possuem ideias próprias em relação ao andamento das coisas, mas, em geral, observam e ouvem com paciência, mantendo o que pensam para si. Se estimulados a se expressar, eles o farão, mas somente depois de serem solicitados de forma suave e repetida. Em geral, vale a pena prestar atenção às suas observações.

Como entrevistar e/ou contratar um funcionário de Câncer

Os entrevistados nativos de Câncer raramente anunciam seus feitos ou qualidades. Entendem que seu histórico fala por si e que, portanto, não precisam impressioná-lo. Pouco propensos em geral a falar demais, esperam que você lhes faça perguntas específicas em vez de oferecer-lhes informações por conta própria ou tentar dirigir a entrevista. Eles podem dar a impressão de serem nebulosos, de não colocarem as coisas com precisão, e de, por vezes, não estarem ali inteiramente, mas, na verdade, estão absorvendo tudo o que está se passando. Não permitem que você penetre no mundo deles com facilidade.

Como dar más notícias ao funcionário de Câncer ou demiti-lo

Os funcionários de Câncer são extremamente sensíveis a más notícias e, provavelmente, vão levá-las para o lado pessoal. Inclinados a se sentirem culpados, é possível que admitam imediatamente que, se as coisas estão indo na direção errada, é, ao menos em parte, por culpa deles. Suas antenas emocionais são tão sensíveis que eles, em geral, saberão de imediato se você está prestes a dar uma má notícia ou a demiti-los. Portanto, não gaste saliva com introduções prolongadas ou outros preâmbulos verbais. De início, eles podem até demonstrar alguma compreensão em relação ao ponto de vista da empresa, mas com muita frequência alimentarão ressentimentos profundos e duradouros.

Como viajar com o funcionário de Câncer e entretê-lo

Os cancerianos se sentem mais à vontade atuando no escritório. Embora possam desfrutar de uma ou outra viagem ou de uma festa, sentem-se melhor se deixados em sua mesa de trabalho para realizar suas tarefas. A imaginação dos nascidos sob esse signo é tão prodigiosa que eles conseguem vivenciar um mundo de experiências sem ir fisicamente a parte alguma. São mais úteis no planejamento ou na elaboração de projetos do que em sua implementação. Possuem um talento especial para escolher a pessoa certa para realizar determinado trabalho. Assim, você pode confiar no discernimento deles na maioria das situações.

Como confiar tarefas ao funcionário de Câncer

Sempre dedicados, os funcionários do signo de Câncer darão o melhor de si nas tarefas que lhes forem confiadas. No entanto, eles também se conhecem muito bem, sabem de suas qualificações e de seus interesses. Sempre que verbalizarem dúvidas em relação a sua capacidade para cumprir determinada tarefa, é melhor ouvi-los do que descartar suas objeções ou tentar convencê-los do contrário. Mesmo que você consiga que concordem em fazer algo a contragosto, as restrições iniciais deles se mostrarão em geral corretas com o passar do tempo.

CÂNCER

Como motivar ou impressionar o funcionário de Câncer

Verdadeiros representantes de um signo de água, os cancerianos não se deixam pressionar com facilidade. É difícil saber como abordá-los e onde exatamente fazer pressão sem encontrar resistência ou, até pior, sem resistência alguma. Não interprete sua ausência de objeção como aceitação. Levará um tempo para que seus esforços vinguem e, mesmo então, poderão não ter êxito. Uma vez convencidos de que um tipo de atitude deve ser corrigido, são capazes de adotá-lo pela vida toda.

Como gerenciar, dirigir ou criticar o funcionário de Câncer

Em geral, é preciso lidar com os funcionários de Câncer com muito mais cuidado do que a maioria ao se tentar dar uma ordem a eles ou criticar seu desempenho. Seus sentimentos são facilmente feridos, portanto é preciso uma atenção especial para a reação emocional que suas colocações possam causar a eles. Procure falar de forma calma e suave e evitar assuntos pessoais que possam ser mal interpretados. Se você for capaz de transmitir o que deseja sem ferir seus ânimos, terá começado bem. Se, para início de conversa, eles estiverem num mau dia, recue e tente de novo noutra ocasião.

O colega de trabalho de Câncer

Aborde colegas de trabalho cancerianos com muito cuidado. Propensos a viver no mundo deles, estão, muitas vezes, mergulhados em sua imaginação, quando não imersos por completo no trabalho. Logo que um clima de camaradagem ou, ao menos, de atenção mútua educada for alcançado, você poderá prosseguir com sua pergunta, observação ou pedido. Surpreender os colegas de Câncer tende a desequilibrá-los e causar um retraimento de sua parte. Quando comprometidos com qualquer projeto no trabalho, seja de natureza profissional ou não profissional, é possível contar com eles para irradiar uma boa atmosfera entre todos os que estão à sua volta.

Como pedir conselhos ao colega de trabalho de Câncer

Em termos gerais, os colegas de trabalho nativos de Câncer não oferecem conselhos, a não ser que você os solicite. Ainda assim, podem se mostrar reticentes, até mesmo tímidos, quanto a expressar opiniões que possam influenciar seu comportamento. A modéstia deles alcança quase todas as áreas do trabalho, portanto não parecem ser levados por questões de ego. Desprovidos de arrogância ou ousadia, frequentemente tomam a direção contrária, parecendo que lhes falta autoconfiança. Na verdade, eles oferecerão um conselho solicitado se de fato acreditarem que podem ajudar. Isso costuma acontecer em áreas em que se sentem especialmente qualificados e à vontade.

Como pedir ajuda ao colega de trabalho de Câncer

Embora não reajam de pronto quando solicitados, é possível contar com os colegas de trabalho cancerianos, em projetos de pequena ou larga escala em que sejam necessários. É melhor abordá-los um pouco antes do momento em que forem realmente necessários, para que seu pedido amadureça, e para dar a eles tempo para se prepararem e ofere-

PONTOS FORTES

Compreensivo

Imaginativo

Modesto

PONTOS FRACOS

Distante

Desequilibrado

Retraído

ESTILO INTERATIVO

Comedido

Instável

De fala macia

TRABALHO

cerem ajuda da melhor maneira possível. Fortes defensores das causas em que acreditam, eles farão de tudo e irão além por você na implementação e execução de tais projetos. Não são do tipo que abandona o barco quando as coisas ficam difíceis.

Como viajar com o colega de trabalho de Câncer e entretê-lo

Não é fácil viajar com colegas de trabalho do signo de Câncer por serem extremamente detalhistas em relação ao que comem, onde dormem e como fazem as coisas em geral. Em outras palavras, eles têm exigências e requisitos que precisam ser atendidos não só em viagens, como também quando se trata de seu entretenimento ou de organizar comemorações no escritório. Os colegas de trabalho cancerianos não são nada festeiros, mas, por terem uma tendência ao retraimento, se divertem bastante quando conseguem esquecer sua introversão e se descontraem ao participar de eventos sociais. Infelizmente, suas reações não podem ser previstas com antecedência.

Como o colega de trabalho de Câncer coopera com os outros

Por serem pessoas tão reservadas, os colegas de trabalho regidos por Câncer nem sempre se dão bem com grupos. Mas, numa situação profissional, fazem a parte deles, contribuindo discretamente e sendo úteis de forma silenciosa. A capacidade deles de cooperar com os outros depende de haver um sentimento favorável e boa vontade, assim como uma atitude positiva em relação ao grupo. Por mais difícil que seja a tarefa, os cancerianos não fogem à responsabilidade, contanto que suas necessidades emocionais sejam atendidas. Em situações mais tranquilas, eles podem até assumir um papel de liderança, inspirando grande lealdade nos seguidores.

Como impressionar e motivar o colega de trabalho de Câncer

Como foi dito, os colegas de trabalho de Câncer não são facilmente mobilizados quando se trata de exigir algo além de sua habitual dedicação às tarefas do dia a dia. Uma vez tocados emocionalmente, porém, eles podem ser motivados e impressionados. Não é de estranhar que tenham uma grande compreensão em relação aos sentimentos dos outros, em especial aqueles que precisam deles de verdade. Assim, ficarão impressionados e motivados quando um colega estiver no fundo do poço ou passando por tempos difíceis. É comum vê-los ficar do lado dos desajustados ou excluídos do escritório, cujos problemas podem ser alvo de sua compreensão.

Como persuadir e/ou criticar o colega de trabalho de Câncer

Os colegas de trabalho do signo de Câncer reagem com mágoa e retraimento ao se sentirem objeto de críticas agressivas ou contundentes. Quando feridos por tais ataques verbais ou ofensas inesperadas, vão se tornar recalcitrantes em relação a você no futuro, muitas vezes recusando-se a serem persuadidos, mesmo diante da solidez dos seus argumentos. Lembre-se de que em qualquer conflito entre cabeça (lógica, pensamento, razão) e coração (sentimentos, simpatias, emoções), é o segundo que prevalece em se tratando de colegas de trabalho nativos de Câncer. Até quando eles próprios apelam para a lógica e a razão, é possível sentir esse forte viés emocional em sua abordagem. Por outro lado, eles podem ser incisivamente críticos em relação aos outros e se recusarem a abrir mão de suas exigências.

CÂNCER

O cliente de Câncer

Os clientes nativos de Câncer são difíceis de agradar, não por serem dominadores ou exigentes, mas por serem muito exigentes. Há certos dias em que nada do que você apresenta a eles está certo, ainda que demonstre lucros e crescimento. Não espere conquistá-los apoiando-se em fatos e números. Em vez disso, tente ler seu estado emocional para perceber sua inclinação. Em outras palavras, esteja preparado para abandonar sua apresentação esmerada de imediato sempre que necessário. Se você agir rápido e for receptivo aos sentimentos deles, terá melhores chances de sucesso.

Como impressionar o cliente de Câncer

A melhor forma de alcançar os clientes do signo de Câncer é ouvindo atentamente o que têm a dizer e sendo compreensivo quanto às suas queixas. Apenas quando você estiver sintonizado com eles, a verdadeira comunicação será possível. Eles se impressionam menos com a atitude fria e lógica calcada em objetividade e mais com uma atitude aberta a cooperação e ao acordo. Você também pode recorrer à imaginação deles, apresentando propostas que atraiam seu poder de fantasia, muitas vezes por meio de efeitos visuais expressivos, coloridos e ousados.

Como vender para o cliente de Câncer

Depois de apresentar uma proposta fora do comum – do tipo que merece ser comemorada com uma pizza –, deixe um espaço para a imaginação fértil do cliente nativo de Câncer. Outra dica é plantar a semente de uma ideia na cabeça deles e, numa reunião posterior, permitir que reivindiquem o crédito por ela, muitas vezes sob a forma de uma nova proposta, baseada na sua sugestão original. É muito importante perceber o cliente de Câncer sob o ponto de vista emocional para saber como ele ou ela está se sentindo. É essencial incorporar tal compreensão à sua venda, além de entender como ele pensa em várias situações. O raciocínio de Câncer pode não ser inteiramente lógico, mas, pela observação, torna-se previsível.

Sua aparência e o cliente de Câncer

Os clientes do signo de Câncer têm um lado extravagante e excêntrico que pode levá-los a ter estilos bem incomuns. Para construir um laço de empatia, você deve evitar trajar-se de modo conservador ou frio demais, e arriscar um penteado diferente, sapatos chamativos ou um visual de cores vivas. Você ganhará pontos por apostar na sua aparência, em vez de agir com cautela e prudência. É aconselhável que esteja limpo e bem-arrumado, e qualquer tipo de perfume ou fragrância deve ser discreto, embora diferenciado. Ao falar e se movimentar, tente ajustar-se ao ritmo deles em vez de atropelá-los ou ignorá-los.

Como manter o interesse do cliente de Câncer

Os clientes cancerianos adoram ouvir histórias sobre as mais variadas incursões pessoais, tanto relativas ao trabalho quanto à vida pessoal.

PONTOS FORTES
Amigável
Agradecido
Imaginativo

PONTOS FRACOS
Excêntrico
Estranho
Ilógico

ESTILO INTERATIVO
Meticuloso
Detalhista
Difícil

TRABALHO

Portanto, entretenimento de todo tipo será bem-vindo, desde contar piadas até um flerte simples e direto. Se você for capaz de fascinar os clientes de Câncer, metade da batalha estará ganha. Levados por seu jeito convincente ou por seu discurso sedutor, estarão mais abertos a quaisquer fatos que você deseje comunicar. É bem possível que isso possa ser conseguido no escritório deles ou no seu, sem precisar levá-los para um jantar regado a vinho. Deixe-os ansiosos pelo próximo encontro prazeroso.

Como dar más notícias ao cliente de Câncer

Lembre-se de que os cancerianos não são avessos a negatividade, dor e desconforto. Não que o desejem, mas você não tem de pedir desculpas ou perdão a eles por expressar resultados negativos. As complexidades de um problema serão de seu interesse, agradando aos meandros sutis de sua personalidade. Ao solicitar-lhes que se juntem a você para ajudar a resolver um problema, seja do tamanho que for, você formará um vínculo capaz de uni-los na travessia dos tempos difíceis, como uma unidade. Jamais proponha uma solução que você levará a cabo inteiramente sozinho, nem despeje a coisa toda no colo deles. Cooperar é essencial.

Como entreter o cliente de Câncer

Por estranho que pareça, os clientes de Câncer podem se sentir mais felizes ao fazerem algo por você – e para você – do que o contrário. Mesmo se você estiver financiando, deixe certas áreas em aberto para as contribuições deles ou até permita que, ocasionalmente, assumam a liderança. Perceber que agradaram você, e não o oposto, é o seu maior estímulo. Na melhor das hipóteses, vocês vão descobrir preferências compartilhadas no decorrer de uma noite, levando a uma atmosfera amigável, com um bem-estar discreto de ambas as partes.

O sócio de Câncer

Os cancerianos são excelentes sócios, contanto que você esteja certo de estarem ambos no mesmo barco, na maior parte do tempo. Propensos a voos de imaginação, eles são capazes de perder sua abordagem mais prática quando algo imaginoso os atrai. Positivamente, isso pode significar que a capacidade deles de pensar fora da caixa impulsiona seu grupo de modo espetacular; sob o aspecto negativo, ela pode levar ao desastre de forma igualmente contundente. A dica é avaliar com cuidado cada novo projeto que eles apresentam a você. Excelentes em resguardar o "quartel-general", os sócios de Câncer se dão bem com trabalho interno como planejamento, pesquisa, análise e desenvolvimento enquanto você está ocupado, trabalhando para vender e implementar seu produto ou serviço do lado de fora.

Como montar um negócio com um canceriano

Em termos do contrato, os cancerianos serão favoráveis a provisões que garantam os direitos de ambos e assegurem uma participação igual quanto a riscos e lucros. O melhor é constituir o negócio cuidadosamente do ponto de vista jurídico, prevendo quaisquer dificuldades que possam surgir. Aconselha-se manter um contrato conservador, portanto pode ser preciso abrandar quaisquer ideias extravagantes ou incomuns que seu futuro sócio canceriano venha a propor. Por outro lado, você deve ser sensível às suas preferências e receptivo às suas necessidades. Em geral, pode-se confiar na palavra dos parceiros nativos de Câncer.

Como dividir tarefas com o sócio de Câncer

Ouça as ideias deles sobre divisão de tarefas e, em seguida, faça suas próprias avaliações sobre os pontos fortes e fracos deles. Nem sempre os cancerianos são objetivos quanto a suas capacidades, embora tenham uma boa ideia do que gostam e do que não gostam. Certifique-se de que não seja atribuído a eles um papel de destaque numa área de que gostam, mas para a qual não foram talhados. É uma tarefa que envolverá não pisar nos calos deles nem os insultar, mas que poupará confusões em longo prazo. O importante é que você dedique algum tempo para explicar. Seja paciente e garanta que eles compreendam integralmente o que você está dizendo e que concordem plenamente.

Como viajar com o sócio de Câncer e entretê-lo

Enquanto você corresponder às necessidades e preferências dos sócios do signo de Câncer, eles estarão tranquilos. Experimente não os colocar sob uma programação intensa e restrita, e garanta um tempo para intervalos e descanso, pois eles se cansam facilmente quando submetidos a estresse. A diminuição do ritmo dos negócios garantirá que eles participem ao máximo. Os cancerianos adoram se divertir em contextos intimistas e calmos. É muito importante que você não suma e se afaste deles por muito tempo. Oferecer-lhes a sua total atenção de tempos em tempos será altamente reconfortante, dando a eles o sentimento de segurança de que necessitam.

Como gerenciar e dirigir o sócio de Câncer

Uma vez cientes do que devem fazer, os sócios nativos de Câncer podem ser deixados por conta própria, especialmente com tarefas realizadas internamente, num contexto que lhes é familiar. Dê aos sócios cancerianos o máximo de liberdade para constituir o local onde o negócio vai funcionar, transformando-o, em certos aspectos, num verdadeiro paraíso doméstico. Eles preservarão seus direitos nesse aspecto, portanto tente não interferir nas abordagens deles, o que poderia ser, no mínimo, incomum. Apenas se você achar que os métodos dele são financeiramente ineficientes é que deve intervir e procurar reestruturá-los. Nesse caso, recomenda-se a modificação das ideias deles em vez da sumária eliminação.

Como se relacionar com o sócio de Câncer a longo prazo

Os sócios de Câncer, em geral, estão ali pensando mesmo a longo prazo. Mesmo que sua colaboração possa ser maçante e sem graça, é possível contar com eles de forma constante, ano após ano. Sem grandes gostos por mudanças, os cancerianos são em especial eficientes em desempenhar as mesmas tarefas, de modo extremamente confiável. Quando surgirem dificuldades e irritações, recomenda-se uma abordagem compreensiva, solidária e tranquilizadora. Por vezes, os sócios nativos de Câncer vão

(O sócio de Câncer)

PONTOS FORTES

Imaginoso

Original

Protetor

PONTOS FRACOS

Irrealista

Ilógico

Propenso a desastres

ESTILO INTERATIVO

Zeloso

Dedicado

Prestimoso

irritá-lo, colocando sua paciência à prova. Em geral, deixá-los por um tempo e fazer uma viagem de negócios ou trabalhar num projeto externo soluciona o problema.

Como romper com o sócio de Câncer

Contanto que isso possa ser feito num bom clima, ou pelo menos sem fortes sentimentos negativos, você está agindo bem. O problema é que, em geral, os sócios cancerianos levam tudo para o lado pessoal, de tal forma que tendem a se sentir magoados, perplexos, rejeitados e, em última análise, enraivecidos e deprimidos. Para evitar isso, não rompa com eles de modo repentino, preparando-os para a sua partida cuidadosamente ao longo do tempo, uma vez que você se dê conta de que é inevitável. Mantenha a maior objetividade possível em relação a tudo, mas trate com respeito o estado emocional deles, sendo receptivo e compreensivo quanto aos sentimentos deles sempre que puder.

O concorrente de Câncer

Mestres da arte do subterfúgio, os concorrentes de Câncer podem ser de difícil interpretação. Por se mostrarem muito reservados e contidos e lançarem pistas falsas, eles conseguem camuflar suas verdadeiras intenções. Dissimulados talvez seja uma palavra dura para descrevê-los, mas não se sabe quão escorregadio um concorrente de Câncer pode ser. Eles têm ainda uma qualidade sedutora e persuasiva capaz de fascinar seus oponentes e, pelo menos temporariamente, paralisar sua vontade de resistir. Embora possam parecer relaxados, e até passivos, os concorrentes do signo de Câncer podem, de forma agressiva, partir para o ataque ao serem desafiados de forma direta.

Como enfrentar o concorrente de Câncer

Você deve induzir os concorrentes cancerianos a se expressarem livremente em vez de confrontá-los de imediato. Permita que "mostrem a cara" o máximo possível, por mais enganadores e cheios de falsas pistas que sejam. Desse modo, você terá pelo menos uma boa oportunidade de estudar seus métodos enganadores. Não leve ao pé da letra, é óbvio, o que dizem, mas olhe por trás do discurso para descobrir a verdade escondida nas sombras. Além disso, a linguagem corporal deles, a expressão facial e o tom de voz muitas vezes informam mais do que os fatos que estão tentando comunicar. Reserve tempo para planejar seus contra-ataques eficazmente.

Como superar o concorrente de Câncer em planejamento

Convença os concorrentes cancerianos de que acredita no que lhe disseram. Dê-lhes até mesmo a impressão de que baseará suas reações nesse fato. Nesse ínterim, você conseguirá superá-los sendo tão reticente e capcioso quanto eles. Por trás de um fundo falso de inatividade e indecisão, você deve estar planejando ativamente a sua campanha. Quando os golpear, ataque pesadamente os pontos mais vulneráveis. Continue batendo até que eles acabem sendo forçados a capitular ou desistir. Tão logo você tenha aberto uma boa brecha em sua defesa, eles começarão a agir de uma forma mais razoável e verdadeira.

PONTOS FORTES

Convincente

Sedutor

Fascinante

PONTOS FRACOS

Dissimulado

Enganador

Negativo

ESTILO INTERATIVO

Desafiador

Controlador

Paralisante

Como impressionar pessoalmente o concorrente de Câncer

Mantenha suas respostas curtas e objetivas. Devido à sagacidade psicológica deles, os concorrentes de Câncer querem que você fale o máximo possível, para que possam usar suas palavras contra você no futuro. Ao negar-lhes tal oportunidade, você pode tirar partido da confusão deles quando se recusar a reagir. Caso eles acionem o charme, você pode retribuir o favor, fazendo o jogo sedutor deles e tomando cuidado para não cair em suas armadilhas capciosas. Ao fazer o papel de forte e calado, você os impressionará com sua capacidade de resistir.

Como enfraquecer e superar o concorrente de Câncer

Sob o charme e a aparente segurança dos concorrentes do signo de Câncer há uma camada espessa de insegurança e dúvida. A melhor forma de driblar esses adversários é despertando essa insegurança, fazendo-os duvidar dos próprios métodos, levando-os a ficar especialmente frustrados pela falta de efeito desses métodos sobre você. Recorrendo à ironia, à sagacidade e ao sarcasmo sutil, você despertará as dúvidas que eles têm em relação a si mesmos, a seus produtos ou serviços. Realizada essa tarefa, você pode continuar provocando-os à vontade e, como o bom jogador de pôquer, dar a volta por cima, blefando e fazendo lances.

Guerras de relações públicas com o concorrente de Câncer

A melhor forma de combater as campanhas de relações públicas imaginosas dos concorrentes do signo de Câncer é concentrar-se em abrir buracos em suas grandes tramas. Em vez de elaborar contra-argumentos em favor da superioridade do seu produto em relação ao deles, continue a demonstrar a falta de pensamento prático, por parte deles, na qualidade de seus produtos. Ao expor suas falsas alegações e desacreditar seus produtos, você fará com que se sintam impotentes. Só então é que deve começar a elaborar as chamadas de seus próprios produtos, algo que impactará tanto o público quanto a clientela com notável efeito.

O concorrente de Câncer e a abordagem pessoal

Os concorrentes do signo de Câncer são mestres na abordagem pessoal. Portanto, é melhor deixar essa parte com eles e concentrar-se no que for empírico e objetivo. Remova de suas colocações qualquer tom excessivamente emocional, apoiando-se o máximo possível em dados e estatísticas. Permita que os fatos falem por si, em vez de tentar enfeitá-los. Estimule as reações emocionais de seus concorrentes de Câncer e deixe-os se exaurirem na tentativa de combater o emaranhado de sentimentos que eles constroem em torno de si próprios. Mostre-se confiante, eliminando todas as dúvidas de sua apresentação.

CÂNCER

21 DE JUNHO A 21 DE JULHO

Amor

PONTOS FORTES

Expansivo
Sensível
Amoroso

PONTOS FRACOS

Possessivo
Pegajoso
Dissimulado

ESTILO INTERATIVO

Sutil
Observador
Avaliador

O primeiro encontro com alguém de Câncer

Como criaturas de sentimentos profundos, os nativos de Câncer não levam relacionamentos e assuntos emocionais na brincadeira. Isso posto, os cancerianos são capazes de fingir que estão se divertindo e de experimentar vários relacionamentos sem sentir nada profundamente. No entanto, quando se apaixonam, é para valer. Se no primeiro encontro com uma pessoa de Câncer ela manifestar um sentimento por você, aceite isso como um elogio a ser guardado como um tesouro e jamais desdenhado. Esse primeiro encontro deixará pouca dúvida quanto ao desejo por parte da pessoa de ver você de novo. Se de fato alguém de Câncer gostar de você, é possível que tenha dificuldade para se livrar dessa pessoa.

Como paquerar alguém de Câncer e como marcar um encontro

Os nativos de Câncer adoram ser procurados, especialmente se gostarem de você. É raro tomarem a iniciativa, deixando a seu cargo pegá-los ou convidá-los para uma saída. O problema é que eles são tão peculiares em suas preferências que fica difícil para você perceber como está se saindo em determinado momento. Muitas vezes sentem-se inseguros sobre seus sentimentos no princípio do relacionamento e precisam de tempo para entender você e deixar as coisas amadurecerem. Vulneráveis a decepções e confusos com facilidade, nos primeiros encontros os nativos de Câncer não estão tão seguros de si, embora sejam guiados por gostos e preferências marcantes.

Atividades sugeridas para o primeiro encontro com alguém de Câncer

Se conseguir achar, de antemão, algum show, clube, restaurante ou outro evento que seja do gosto do canceriano, então adote essa opção, em vez de escolher algo de que você goste. Caso resolva, de qualquer forma, levá-lo a um de seus lugares favoritos, prepare-se para a possibilidade de esse nativo não gostar de jeito nenhum e a noite ser um fracasso total. Onde quer que vá, não fique o tempo todo falando sobre as maravilhas de determinada coisa, porque é impossível convencê-lo se simplesmente ele não gostar dela. Na dúvida, convide-o para vir à sua casa e prepare um jantar delicioso, seguido de uma noite tranquila juntos.

Estímulos e desestímulos no primeiro encontro com alguém de Câncer

Os primeiros encontros com cancerianos variam em termos daquilo de que eles gostam e de que não gostam, mas em todos os casos o sentimento é forte em relação a ambos. Relacionar-se nos primeiros encontros com cancerianos é simples: descubra o que eles gostam e ofereça isso a eles. Se perceber coisas de que eles não gostam, ou se lhe disserem que coisas são essas, fuja dessas atividades, lugares ou interesses a todo custo. Não converse com eles sobre esses assuntos nem tente mudar sua cabeça. Uma vez que comecem a confiar em você e saibam que respeita a opinião deles, você pode pensar em passar para o próximo nível com eles.

O "primeiro passo" no primeiro encontro com alguém de Câncer

Na maioria dos casos, é melhor evitar fazer o primeiro movimento. Esse pessoal está mergulhado nas nuances sutis dos sentimentos. Eles estão antenados nas suas intenções e, muitas vezes, sabem o que você está a fim de fazer antes de você. Podem ainda influenciar seus sentimentos poderosamente sem que você se dê conta disso. Observe-os e ouça-os com cuidado para saber como está se saindo. Em geral, lá pelo segundo ou terceiro encontro, você saberá até que ponto pode ir com eles.

Como impressionar alguém de Câncer no primeiro encontro

Os nativos de Câncer ficarão muito impressionados pela sua empatia com eles e pela sua sensibilidade em relação aos seus desejos. Se você tentar se exibir com conhecimento, aparência, personalidade ou relacionamentos sociais, poderá estar cavando a própria cova. Os cancerianos gostam de descobrir coisas sobre você por eles mesmos, sem serem informados. Tendem também a dar opiniões não solicitadas sobre certos assuntos caso você se engane quanto às intenções deles ou vá longe demais. Considerando-se que nos primeiros encontros com pessoas de Câncer eles serão altamente críticos de suas ações, falhas graves não serão recompensadas com uma segunda chance.

Como dispensar alguém de Câncer no primeiro encontro

A não ser que o canceriano esteja muito a fim de você, o primeiro encontro pode ser facilmente encerrado por um olhar atravessado, uma observação mais dura ou um tratamento grosseiro, de tão sensível que ele é aos sentimentos dos outros. Se gostar de você, será difícil ou impossível livrar-se desse nativo de uma hora para outra. Ele ignorará todos os sinais amarelos ou mesmo interpretará de forma positiva suas ações negativas. Uma vez que vocês saírem juntos e ele puser os olhos em você, as suaves armadilhas e as teias que tece para segurar você serão infinitamente variadas e podem se tornar bastante prazerosas.

O par romântico de Câncer

Os cancerianos gostam de relacionamentos estáveis. Muito chegados a hábitos, eles se acostumam a ter os parceiros à sua disposição. Como resultado, contarão com eles para tudo, da ajuda financeira ao sexo. Como gostam que as coisas andem bem, esses nativos são afetuosos e afáveis enquanto prevalecer a vontade deles. Ao terem seus

(O par romântico
de Câncer)

PONTOS FORTES

Amoroso

Afável

Generoso

PONTOS FRACOS

Irritável

Egoísta

Retraído

ESTILO INTERATIVO

Autoprotetor

Receptivo

Dependente

desejos negados, tornam-se muito raivosos e irritáveis, muitas vezes se recolhendo em sua concha e atacando com raiva e ressentimento. Assim como seu símbolo, o caranguejo, eles são muito autoprotetores, mas também sabem lidar com a dor.

Como conversar com o par romântico de Câncer

Os nativos de Câncer não se importam em falar sobre seus sentimentos, mas são melhores para expressá-los do que para analisá-los. Já que inevitavelmente surgem problemas emocionais com os pares românticos de Câncer, em geral é melhor discutir essas situações, embora muitas vezes eles escondam esses problemas, guardando-os para si próprios. Caberá a você encontrar o momento e o lugar certos para conversas significativas, pois as pessoas nascidas sob o signo de Câncer não costumam tomar a dianteira nesse assunto. Será difícil, mas tente tratar as coisas de forma objetiva ou elas podem escapar ao controle.

Como discutir com o par romântico de Câncer

As discussões com os cancerianos tendem a render. Mesmo havendo uma trégua temporária ou um acordo, não espere ter visto o fim de uma contenda. Assim como o cachorro que não larga o osso, seu par romântico de Câncer não é capaz de se desapegar facilmente. As discussões tendem a assumir a forma de bate-bocas intermináveis e confrontação comedida, vez por outra chegando a um grande clímax. Esse ruído de fundo pode exaurir você e exercer pressão constante sobre a relação. É melhor evitar o "olho por olho" deixando que eles tenham a última palavra.

Como viajar com o par romântico de Câncer

Viajar com cancerianos pode ser divertido, mas não muito. Cedo ou tarde, eles vão querer voltar para o aconchego e a segurança do ninho doméstico. Eles se cansam facilmente depois de alguns dias de viagem, tendendo a se sentir exaustos e infelizes. Entretanto, são capazes de suportar um bocado, e, nas emergências, você pode confiar neles para ficar do seu lado. Esse perfil de dedicação pode ajudá-los a atravessar tempos difíceis juntos ao longo da viagem. Tente planejar a jornada de modo a incluir paradas confortáveis para repouso, onde eles possam recarregar as baterias.

O sexo com o par romântico de Câncer

O sexo pode ser prazeroso com o par romântico do signo de Câncer. Enquanto obtiverem aquilo de que de fato gostam, estarão, em geral, dispostos a satisfazer e corresponder às suas necessidades. Nessa área, eles têm uma inclinação à abnegação, mas atente para que isso não acabe se transformando em autocomiseração e ressentimento, porque acabará tendo um efeito bumerangue. Em casos extremos, os cancerianos podem se tornar muito infelizes e nem sempre estar totalmente conscientes da situação, em especial quando idealizam seu parceiro ou a relação logo de início.

Afeição e o par romântico de Câncer

Em termos gerais, ao se lidar com alguém de Câncer, demonstrações de afeto acontecem mais facilmente do que o sexo. Eles exercem um efeito bastante calmante sobre

CÂNCER

110

a relação, com frequência procurando evitar crises. Essa qualidade de querer ignorar problemas e evitar confusão pode, às vezes, levá-los a ser quase afetuosos e atentos por medo, em especial se temerem uma enxurrada de críticas ou fúria da parte de seu par. Assim, a expressão do afeto pode se tornar uma ferramenta manipulativa ou um sinal inequívoco de querer negar ou evitar a verdade sobre uma relação.

O senso de humor e o par romântico de Câncer

Os cancerianos gostam de uma boa risada, em especial a deles, embora nem sempre isso seja sinal de que estão se divertindo. Muitas vezes, é um riso nervoso, uma tentativa da parte deles de extravasar algo próximo que os esteja perturbando. Um tipo de humor que de fato apreciam é a troca de ditos espirituosos, piadinhas, caretas e outras reações compartilhadas apenas pelos dois. Esse humor particular é bem reconfortante para eles, mas com frequência irrita amigos e membros da família que estejam em sua companhia.

O cônjuge de Câncer

Os cônjuges do signo de Câncer são focados em construir fundações domésticas sólidas. Em geral, por se interessarem por quase tudo o que se refere ao lugar onde moram, vão se esforçar para ter as coisas exatamente do jeito que desejam. Já sabendo que vão ficar em casa o máximo de tempo possível, eles sabiamente procuram, desde o princípio, planejar a casa em termos de eficiência e prazer, até os mínimos detalhes. Quando se defrontam com restrições definitivas de espaço ou localização, ficam muito frustrados por não poder modificá-las. Os cônjuges cancerianos precisam ter liberdade para gastar em melhorias permanentes e também na manutenção da casa.

A cerimônia de casamento e a lua de mel com o cônjuge de Câncer

Os cônjuges do signo de Câncer precisam se sentir em casa, e é improvável que simpatizem com uma lua de mel em lugares que lhes sejam estranhos. Portanto, costuma ser uma boa ideia planejar a viagem para um lugar familiar a eles, onde talvez tenham estado de tempos em tempos ao longo dos anos. Na maioria dos casos, o romantismo não é tão importante para eles quanto o contexto da ação. Provavelmente, eles já formaram uma ideia acerca do espaço em que vão morar e para o qual estarão voltando, e têm planos para arrumá-lo e deixá-lo bem do jeito que desejam.

O cotidiano doméstico e a vida de casado com alguém de Câncer

Uma vez instalados em seu ninho, os cônjuges do signo de Câncer sentem-se bastante satisfeitos e felizes. Tal felicidade estará diretamente refletida em sua atitude em relação ao parceiro conjugal, mas, em contrapartida, o mesmo acontecerá com qualquer infelicidade que sentirem. Assim como a Lua, seu astro regente, essas criaturas refletem seus sentimentos nos outros, portanto o melhor é mantê-las de bom humor. Garanta que uma parte significativa do orçamento – fora o aluguel ou a prestação da casa e as contas mensais – esteja disponível para eles semanalmente para novas aquisições. Cancerianos adoram comida e são excelentes cozinheiros, portanto você vai se beneficiar disso.

PONTOS FORTES

Planejador
Eficiente
Caseiro

PONTOS FRACOS

Frustrado
Limitado
Controlador

ESTILO INTERATIVO

Protetor
Mantenedor
Confiante

AMOR

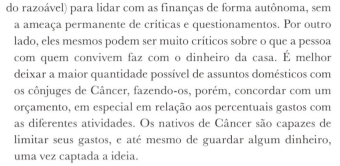

As finanças e o cônjuge de Câncer

Nada felizes por ter de dar conta de cada centavo que gastam ou de pedir permissão a você para fazê-lo, os cônjuges nativos de Câncer precisam estar livres (no limite do razoável) para lidar com as finanças de forma autônoma, sem a ameaça permanente de críticas e questionamentos. Por outro lado, eles mesmos podem ser muito críticos sobre o que a pessoa com quem convivem faz com o dinheiro da casa. É melhor deixar a maior quantidade possível de assuntos domésticos com os cônjuges de Câncer, fazendo-os, porém, concordar com um orçamento, em especial em relação aos percentuais gastos com as diferentes atividades. Os nativos de Câncer são capazes de limitar seus gastos, e até mesmo de guardar algum dinheiro, uma vez captada a ideia.

A infidelidade e o cônjuge de Câncer

Na maior parte do tempo, os cancerianos tendem a estar do seu lado, mas se tiverem de dar uma saída sozinhos não querem ser questionados. Caso de fato traiam você, é provável que isso permaneça em segredo, talvez até mergulhado em mistério por anos e anos. "Houve a traição ou não houve?", será a grande pergunta para a qual provavelmente você jamais terá uma resposta. Caso os confronte por qualquer leviandade ou inequívoca infidelidade, a tendência dos cônjuges cancerianos é que se neguem a responder e até ameacem abandonar você caso haja dúvida ou desconfiança.

Os filhos e o cônjuge de Câncer

Os nativos de Câncer são excelentes pais em áreas como o cuidado, a dedicação e a empatia. Eles podem também sufocar os filhos, não lhes permitindo a liberdade que tão desesperadamente desejam. Mantendo os filhos presos a eles com correntes de ferro, para tê-los bem junto a si, muitas vezes impedem que cresçam e virem verdadeiros adultos. Não é tanto uma questão de controle, mas de recusa e, em alguns casos, de uma incapacidade de se desapegar. É bastante frequente que os pais cancerianos sintam que devem tomar todas as decisões importantes para os filhos, sem questionamento.

O divórcio e o cônjuge de Câncer

O processo de rompimento com cônjuges de Câncer pode ser extremamente doloroso. Por sentirem de forma tão profunda e criarem fortes laços emocionais com os parceiros, é comum os cancerianos precisarem manter uma relação com o cônjuge após o divórcio. Em termos gerais, eles vão brigar por qualquer objeto da casa – e, é claro, por ela própria, inclusive – que se sintam no direito de reivindicar. Por já terem investido, de qualquer forma, tanto do seu tempo e energia nos assuntos domésticos, estão dispostos a pedir o máximo que puderem. Se possível, é melhor deixar a casa e os filhos com eles e tentar mudar de ares.

O amante de Câncer

Os cancerianos são bons na arte de dissimular e são atraídos por relacionamentos secretos. Muito capazes de cumprir sua parte num acordo, muitas vezes os amantes de Câncer tornam um relacionamento desses possível e gratificante por causa da sua discrição. Em termos gerais, eles não veem nada de errado em estar com a pessoa com quem estão tendo um caso e, depois, voltar para o par ou cônjuge com a consciência tranquila. É comum que a expressão emocional que alcança o amante influencie positivamente seu relacionamento principal, melhorando sua qualidade em longo prazo. Os casos amorosos cancerianos podem se estender por semanas e até anos.

Como conhecer o amante de Câncer

É melhor dispor de um lugar especial onde você possa ter encontros regulares com seu amante canceriano – imperturbável e extremamente reservado. Os nativos de Câncer precisam de conforto sem nada de barato ou desmazelado. A sofisticação é algo natural para a maioria deles e, com ela, uma exigência quanto à qualidade. Além disso, eles gostam de um tempo aprazível a sós com você e não de serem apressados ou encaixados em determinado intervalo de tempo. Para eles, não é apenas o sexo que importa, mas a expressão sincera da emoção. A expressão e o crescimento lentos do afeto são mais importantes do que um surto repentino de paixão fogosa.

Onde se encontrar com o amante de Câncer

Em termos gerais, os cancerianos não se sentirão à vontade no lugar onde moram nem na sua casa. Extremamente meticulosos quanto onde e como expressar seu amor, costumam preferir os encontros num ambiente neutro desprovido de fortes associações passadas. Tal lugar pode não se tornar exatamente uma nova casa para eles, mas um refúgio onde conseguem relaxar e se afastar do mundo conturbado à sua volta. As coisas funcionarão melhor se você providenciar esse local, para que eles não fiquem aborrecidos com esse assunto.

O sexo e o amante de Câncer

Os cancerianos são criaturas extremamente físicas num envolvimento amoroso, e podem desenvolver sua emoção e paixão. No entanto, seu forte é a sensualidade e não a sexualidade. Para eles, o ato de tocar o corpo do outro é o máximo do prazer sensual, e permitir que o outro o toque é uma expressão de confiança e de profunda intimidade. São especialistas em beijos e abraços prolongados, e em desenvolver rotinas complexas e envolventes ao longo do tempo. Dão preferência às expressões recíprocas – em oposição às unilaterais. Gostam de conhecer a pessoa amada o mais detalhadamente possível, buscando intimidades de modo sutil, meticuloso e completo.

Como segurar o amante de Câncer

Se os amantes cancerianos estiverem verdadeiramente apaixonados pela pessoa com quem estão envolvidos, não será preciso segurá-los, pois eles mesmos farão tudo para manter o relacionamento. Com sua capacidade de se colocar no lugar do outro, conseguem detectar de forma instantânea quando você está agindo de forma autêntica ou quando

---

PONTOS FORTES

Discreto

Diplomático

Claro

PONTOS FRACOS

Enganador

Dissimulado

Evasivo

ESTILO INTERATIVO

Seguro de si

Inequívoco

Sensível

AMOR

está fingindo ou se distanciando deles emocionalmente. Caso sintam que estão perdendo você, vão apertar as amarras, muitas vezes dificultando ou mesmo impossibilitando que você escape. Os cancerianos não têm limites no que se refere a segurar aqueles que amam. Sem nenhum acanhamento, são muito francos na hora de expressar o que sentem.

Como entreter o amante de Câncer

Na maior parte dos casos, não é preciso entretenimento algum. Os amantes do signo de Câncer querem enredar você em seu feitiço mágico, encantar e seduzir completamente. Os demais assuntos são secundários, pois o amor é seu ideal maior. Tudo o que se espera de você é que corresponda a eles e se entregue inteiramente ao envolvimento amoroso. Em geral, bate-papos e conversas em geral devem estar subordinados a olhares doces e carícias, murmúrios afetuosos e suspiros de prazer. Apreciá-los no aqui e agora é o principal requisito. O contato visual constante os estimula de modo especial.

Como romper com o amante de Câncer

Os amantes nativos de Câncer precisam estar absolutamente convencidos de que seu relacionamento amoroso acabou de verdade antes de desistir dele. Se ainda estiverem apaixonados por você, será muito difícil para você romper o relacionamento de modo unilateral. Se, em contrapartida, a sua paixão por alguém de Câncer ainda for forte e a química já não existir para o outro lado, o abandono pode ser feito de maneira implacável. Assim, o momento e a maneira de romper costumam ficar mais nas mãos dos amantes cancerianos do que nas de seus parceiros.

O ex-cônjuge de Câncer

É importante saber quem dispensou quem ou se o rompimento foi de comum acordo, sem animosidade. Se for o segundo caso, não existe, de fato, um problema. Se os ex-cônjuges cancerianos forem os autores da dispensa, talvez se mostrem surpreendentemente fáceis no trato, por não se sentirem rejeitados e até mesmo fortalecidos pela experiência. Se, porém, forem os dispensados, todas as tendências agressivas, negativas e prejudiciais poderão vir à tona. É provável que o ressentimento exerça um papel de destaque aqui, sobretudo se se sentirem rejeitados sem ser por culpa deles. Seus sentimentos por terem sido injustiçados podem criar bloqueios duradouros.

Como fazer amizade com o ex-cônjuge de Câncer

É provável que pelo menos um ou dois anos se passem após o rompimento até que o ex do signo de Câncer esteja pronto para ser seu amigo. Quando um ex-cônjuge desse signo fecha a porta para um relacionamento, ela permanece fechada e um acesso inteiramente novo terá de ser construído. Comedidos ao extremo pela segunda vez, os cancerianos se mostrarão mais cuidadosos ainda em relação a partilhar quase qualquer coisa de novo com a mesma pessoa. É claro que as amizades serão facilitadas se um ex-companheiro de Câncer tiver sido devidamente recompensado pela terrível dor que sentiu. É melhor você reconhecer seus erros e responsabilidades diante deles.

Problemas para reatar com o ex-cônjuge de Câncer

Trata-se de algo extremamente difícil, a não ser que você seja a parte prejudicada e ele tenha ressurgido quase sem culpa e intacto em termos emocionais. Nesse último caso, comece, de forma gradual, a deixar a raiva e o ressentimento de lado (ou de forma discreta expressando-os apenas aqui e acolá), depois construindo uma amizade e prosseguindo a partir daí. Se seu ex-amor de Câncer ainda estiver apaixonado por você, há chance de reconciliação, contanto que você não se aproveite de seus sentimentos. Recomenda-se manter um comedimento geral, e até casual. Em vez de comentar ou falar sobre o que está acontecendo, permitir que o encanto da nova situação envolva ambos. Deixe que tudo aconteça naturalmente – não pressione.

Como conversar sobre questões do passado com o ex-cônjuge de Câncer

É melhor não levantar questões do passado com ex-companheiros desse signo. O passado é uma área muito delicada e sensível para os cancerianos; eles não esquecem nem perdoam com facilidade. É muito bom sinal se ex-companheiros de Câncer começarem a relembrar ou aumentarem a nostalgia sobre os velhos tempos, mas não atropele as coisas. Mostre que o sentimento é mútuo com um olhar terno ou um sorriso. Será um estímulo suficiente para eles. Quando eles levantarem questões do passado, permita que se expressem por completo, em vez de esfriar ou mudar de assunto. Quando lhe questionarem sobre o assunto, responda o mais calma e genuinamente possível.

Como expressar afeto pelo ex-cônjuge de Câncer

Só seja o primeiro ou a primeira a expressar afeto se puder fazê-lo com extremo tato e sutileza. Do contrário, deixe que eles façam o primeiro movimento. Os cancerianos são tão afinados com os sentimentos que percebem o menor sinal de suavidade ou acolhimento de sua parte, portanto não é preciso exagerar na dose – o que muito provavelmente provocaria uma reação negativa imediata. Simplesmente ouvi-los e compreender seus sentimentos será algo visto como uma expressão de afeto. Preste bastante atenção para não perder o primeiro gesto afetuoso que vier deles. Perdê-lo seria uma mancada grave.

Como definir o atual relacionamento com o ex-cônjuge de Câncer

Para a maior parte dos ex-companheiros nascidos sob o signo de Câncer, não são possíveis definições categóricas. Por pertencerem a um signo da água, encontram-se muitas vezes nadando num mar de sentimentos que resiste a ser chamado à razão, de forma lógica. Tomar decisões e perseverar nelas pode ser bem difícil para eles, mesmo se tiverem as melhores intenções. A melhor forma de lidar com essa situação é agir na base do improviso, dando um passo de cada vez na atual relação. Sem planejar muito, e vivendo um dia de cada vez, provará a eles, com seus sentimentos e estado de espírito, que podem confiar em você.

Como compartilhar a guarda com o ex-cônjuge de Câncer

Se o ex-companheiro de Câncer estiver convicto de que você é uma boa pessoa, que tem o maior interesse nos filhos, serão poucos os problemas. No entanto, se tiver

---

(O ex-cônjuge de Câncer)

PONTOS FORTES

Seguro de si
Fortalecido
Generoso

PONTOS FRACOS

Ressentido
Rejeitado
Negativo

ESTILO INTERATIVO

Comedido
Tranquilo
Cuidadoso

AMOR

dúvidas sobre seu caráter, com base em comportamento passado, será de trato bem difícil nesse assunto. Desenvolva lentamente a confiança, demonstrando coerência positiva e deixe que as feridas do passado se curem, enquanto um novo laço se forma. Caso os filhos estejam morando com o ex-companheiro, acate as regras estabelecidas legalmente ou as exigências que o canceriano fizer. Se os filhos estiverem com você, permita que a outra parte tenha um papel significativo na vida deles, mas fique atento a comportamentos manipulativos e controladores.

Amigos e família

CÂNCER
21 DE JUNHO A 21 DE JULHO

O amigo de Câncer

Embora os cancerianos possam ser excelentes amigos, tendem a querer você inteiramente para eles, sem pensar em dividir com nenhum amigo em comum. O amigo canceriano precisa saber que não apenas é um bom amigo seu, mas que é o melhor. Enquanto você estiver dando suas voltas, estarão pacientemente esperando seu retorno para eles. Um longo relatório seu ao telefone será suficiente, mas eles preferem a atmosfera acolhedora do espaço onde moram para ouvi-lo despejar tudo sobre suas recentes peripécias. Não espere que eles compartilhem suas próprias experiências tão facilmente, pois tendem a manter assuntos pessoais para si. Entretanto, em caso de extrema necessidade, tornam-se bastante dependentes do seu apoio.

Como pedir ajuda ao amigo de Câncer

Os cancerianos sentem que existem para ajudar os outros. E estão entre os amigos mais receptivos e empáticos, generosos em dedicar tempo e atenção às suas necessidades. No entanto, quando se trata de entrar em ação, eles costumam se retrair e ter cautela. Portanto, o apoio deles tende a ser mais emocional do que funcional. Eles são especialmente bons em oferecer um espaço privativo onde você possa se esconder e chorar suas mágoas. Por serem protetores, farão o que puderem numa situação dessas para evitar que lhe façam mal. Em geral, é possível contar com sua compreensão e solidariedade.

Como se comunicar com o amigo de Câncer e manter contato com ele

Devido à orientação passiva frequente do canceriano, em geral caberá a você tomar as medidas necessárias para garantir a comunicação e o contato regulares com os amigos desse signo. Eles se sentirão agradecidos por saber de você, mesmo que muito tempo tenha se passado desde a última vez que se falaram. Do ponto de vista deles, a comunicação não é essencial, já que carregar você em seu coração parece suficiente para eles, e muitas vezes eles carecem de uma necessidade intensa de expressar seus sentimentos a você. Enviar-lhes uma mensagem de texto ou e-mail ocasional será muito apreciado. Da mesma forma, numa viagem, mandar um cartão postal com palavras cordiais também seria visto com bons olhos por um amigo canceriano.

PONTOS FORTES
Interessado
Paciente
Dedicado

PONTOS FRACOS
Abelhudo
Carente
Dissimulado

ESTILO INTERATIVO
Receptivo
Pessoal
Curioso

Como pedir um empréstimo ao amigo de Câncer

Os amigos nativos de Câncer são muito generosos ao emprestar dinheiro. Porém, eles se sentem constrangidos na hora de pedi-lo de volta, assim, procure pagá-los corretamente para evitar ferir seus sentimentos ou sua carteira. Se você não devolver a quantia, a tendência deles será de mergulhar numa depressão silenciosa, sem deixar dúvidas para você sobre o que está errado. Tais ocasiões podem levar a um estranhamento e até mesmo ao fim da relação, não tanto por causa do dinheiro, mas porque você os ofendeu. Lembre-se: a insensibilidade é um pecado grave para a maioria dos cancerianos, em especial em relação a amigos próximos.

Como pedir conselhos ao amigo de Câncer

Os amigos do signo de Câncer se sentem felizes em dar conselhos e, muitas vezes, o fazem sem ser solicitados. Ao verem você agindo inadequadamente ou de uma forma que o prejudique, eles se apressarão em aconselhá-lo a mudar de rumo. Além disso, eles não consideram tais conselhos como casuais ou do tipo "pegar ou largar". Vão persistir até que você, por fim, siga o conselho dado ou o rejeite, caso em que não serão tão rápidos em ajudar você de novo nessa área. Em termos gerais, o conselho deles é útil, mas é preciso ter cuidado para que não estejam falando deles mesmos em vez de serem objetivos.

Como visitar o amigo de Câncer

Para os amigos do signo de Câncer, visitar é muito importante, em especial quando o local do encontro é na casa deles. Apenas em seu próprio espaço é que conseguem expressar seu lado mais acolhedor e receptivo. A segurança é muito importante para os amigos cancerianos, e compartilhar esse sentimento com outros pode ser gratificante para todos os envolvidos. Sem dúvida, eles vão adorar saber e divulgar todas as últimas notícias e fofocas. Em termos gerais, você deixará os amigos de Câncer se sentindo melhor do que quando chegou, a não ser que tenha a intenção de desagradá-los. Nesse caso, no geral, poupe-se o trabalho de fazer a visita.

Comemorações/entretenimento com o amigo de Câncer

Quando amigos cancerianos decidem sair, eles realmente querem se divertir. Não tente, porém, arrastá-los para comemorações que eles sabem que não vão curtir. Ou eles o confrontarão com uma recusa de última hora (sem dúvida do tipo "passando mal") ou irão ao evento com uma cara inequívoca de estar vivendo um mau momento. Os nativos de Câncer adoram organizar comemorações e dar festas, mas tendem a querer cuidar de toda a comida e arrumação sozinhos. São bem capazes de fazer tudo isso, mas de também sofrer uma estafa pós-festa e acabarem tendo de ficar de molho por alguns dias.

O colega de quarto de Câncer

Devido ao seu apego à casa e a tudo que é doméstico, a tendência é que eles tenham um ávido interesse pelo espaço de moradia comum e procurem fazer dele um refúgio contra o mundo. Seu lado voltado para o conforto e a paixão por comida dará prioridade especial às camas, às roupas de cama e colchas, aos sofás, ao jantar, às refeições, ao aquecimento e à água quente. O lar do canceriano é um ninho, um refúgio, um santuário particular, portanto ter você como colega de quarto é uma das maiores deferências que nativos desse signo podem expressar. Invadir a privacidade deles (precisam apenas do próprio quarto, mas podem compartilhar um espaço comum) é algo que não toleram, mas, com sorte, eles estenderão a você a mesma privacidade.

Como dividir responsabilidades financeiras com o colega de quarto de Câncer

Os cancerianos lidam bastante bem com dinheiro. Atribuir-lhes a responsabilidade de pagar o aluguel e as contas mensais domésticas depois de recolher a sua parte é um reconhecimento de sua capacidade e em geral funciona bem com eles. Por outro lado, talvez você tenha de estabelecer um orçamento restrito para alimentação e outras despesas da casa, pois seu gosto elaborado pode facilmente sair do controle. Apenas diga a eles quanto você pode pagar por mês ou até tenha um recipiente onde você coloca a sua parte, deixando-os gastar o quanto quiserem além do seu compromisso.

A limpeza e o colega de quarto de Câncer

Uma vez que tenham iniciado uma limpeza, os colegas de quarto de Câncer são excelentes faxineiros. O único problema está em motivá-los a começar, pois, nesse assunto, eles adoram deixar para depois. São muito capazes de viver em meio à desordem, beirando o caos, e ignorá-la. Muitas vezes, a programação de uma festa ou visita os desperta para a necessidade de fazer a limpeza. Em geral, o trabalho deles é eficiente, e eles têm disposição e concentração para dar cabo das coisas assim que se decidem a fazê-las. Outra maneira de prepará-los para o dia da faxina é demonstrar interesse nos materiais de limpeza necessários e garantir que estejam incluídos na lista de compras. Depois, deixe os materiais num lugar bem à vista, onde eles possam percebê-los.

Convidados e o colega de quarto de Câncer

Os colegas de quarto cancerianos se irritam se sua paz e privacidade forem constantemente perturbadas. Sua tensão em relação ao assunto pode melindrá-los de tal forma que fica difícil morar com eles. Você terá de prestar atenção especial à frequência das visitas e ao efeito dos visitantes sobre seu colega de quarto de Câncer. Se mantidas num nível razoável, essas visitas podem ser prazerosas para todos os envolvidos, já que os colegas de quarto cancerianos também se sentem orgulhosos em mostrar o espaço onde moram e de tê-lo apreciado pelos outros. Os cancerianos adoram convivência, portanto ter de vez em quando convidados para jantar, beber, e ter uma noite relaxante pode ser muito agradável.

Festas e o colega de quarto de Câncer

Os colegas de quarto de Câncer se envolvem para valer em festas e comemorações. É aqui que afloram seus dotes culinários e de organização. As compras, a decoração, a limpeza, o envio de convites e a cozinha assumem uma aura totalmente nova para os eventos especiais. Não tente negar a eles quaisquer das responsabilidades, pois se sentirão decepcionados e até mesmo ignorados se você fizer muita coisa. A socialização

(O colega de quarto de Câncer)

PONTOS FORTES

Caseiro

Participante

Apoiador

PONTOS FRACOS

Retraído

Amedrontado

Isolado

ESTILO INTERATIVO

Protetor

Provedor

Solícito

AMIGOS E FAMÍLIA

nem sempre é fácil para os cancerianos, e dar uma festa pode ser uma boa oportunidade para favorecer seu lado social. Se tudo correr bem, vão falar sobre o evento durante dias e se prontificar para outro no futuro.

Privacidade e o colega de quarto de Câncer

Extremamente reservados, os cancerianos não podem nem devem ser invadidos. Uma vez dentro de sua caverna, é muito difícil que os caranguejos botem a cabeça para fora. Haverá períodos de horas, dias e vez por outra até uma semana em que os colegas de quarto de Câncer devem ser deixados sozinhos, sem serem perturbados por você ou por quem quer que seja. Uma vez que você demonstre compreensão quanto às necessidades deles, reagirão de maneira calorosa e serão solícitos quando você estiver precisando deles. Não se oponha ao hábito deles de fechar a porta e compreenda que, às vezes, o simples ato de bater à porta pode ser visto como uma grande intromissão.

Como conversar sobre problemas com o colega de quarto de Câncer

Por serem do signo da água, muitas vezes é difícil fazer os cancerianos pararem para conversar sobre questões específicas. Depois de algumas tentativas iniciais de, aleatoriamente, levantar problemas a serem discutidos, você pode sentir necessidade de marcar uma reunião abrangente para tratar exclusivamente do assunto. Embora, de última hora, eles possam amarelar nessas reuniões, mantenha-se irredutível até que eles, por fim, se sentem para conversar com você. Será produtivo providenciar uma lista dos assuntos a serem discutidos e até mesmo tomar notas durante o encontro. Isso também servirá para contrabalançar um pouco as divagações e a falta de foco dos cancerianos. Tão logo eles reconheçam a necessidade de agir para resolver certos problemas, você pode confiar que eles cumprirão com sua parte no trabalho necessário.

Os pais de Câncer

O pai e a mãe cancerianos estão entre os mais amorosos e cuidadosos. Afetuosos e protetores, eles satisfazem facilmente as necessidades de alimento e de proteção dos filhos. No entanto, podem ser superprotetores e, assim, frustrar ou impedir as necessidades dos filhos de se apresentarem como indivíduos autônomos. Os pais de Câncer precisam aprender a difícil lição do desapego, permitindo que os filhos tenham a liberdade que é deles por direito. O apoio amoroso desses pais é uma armadilha tão suave que é muito comum os filhos sucumbirem a ela e se tornarem dependentes dos pais cancerianos.

O estilo de disciplina dos pais de Câncer

Em termos ideais, devido à imensa empatia com os filhos, os pais cancerianos não conseguem ou nem mesmo precisam impor muita disciplina. Normalmente, eles têm uma conversa franca com as crianças em relação a alguma indiscrição ou regra desobedecida e as coisas podem se resolver de forma pacífica. No entanto, quando pressionados, podem ser bastante severos punindo os filhos, em geral colocando-os de castigo. Os pais de Câncer preferem pensar que suas regras são bem conhecidas e que só serão quebradas de forma intencional, o que deve ser um acontecimento raro. Estão abertos a ouvir explicações e a aceitar desculpas, pelo menos na primeira vez que uma regra for quebrada.

Nível de afeto e os pais de Câncer

Os pais nativos de Câncer, são, em regra, afetuosíssimos. Para eles, é muito natural e fácil expressar o carinho pelos filhos. Logo cedo, as crianças aprendem que, quando o afeto dos pais não está sendo demonstrado, há algo de errado, e, como costuma acontecer com os filhos, eles se sentem culpados. Talvez o pai ou a mãe de Câncer tenha de explicar aos filhos que sua distância e falta de expressão emocional nada têm a ver com eles, e sim com outra área de sua vida. Os pais cancerianos expressam afeto e o recebem sob a forma de abraços, beijos e sorrisos.

Questões financeiras e os pais de Câncer

Habitualmente, os pais cancerianos dão aos filhos uma mesada, insistindo para que se limitem a ela e não fiquem sempre pedindo dinheiro a mais. No entanto, eles corresponderão às necessidades de um filho quanto a determinada peça de roupa, taxas para clubes ou algum tipo especial de diversão, contanto que tenham condições financeiras para arcar com ela. Os pais do signo de Câncer são tão compreensivos e generosos que é comum oferecerem uma quantia extra antes que os filhos os procurem para pedir.

Crises e os pais de Câncer

Os pais do signo de Câncer fazem tudo o que podem para impedir que as crises aconteçam. Colocando-se no lugar dos filhos, eles tendem a saber quando algo está errado e agirão para solucionar o problema ou, no mínimo, fazer o controle dos danos. Embora sejam tranquilos e propensos a consolar os filhos, os cancerianos podem agir com bastante presteza numa emergência, sendo confiáveis num aperto. Entretanto, por força das atitudes de superproteção, também podem ficar nervosos e acabar reagindo desproporcionalmente, no afã de socorrer seus filhos. Eles precisam aprender a manter a calma numa crise.

Feriados/reuniões de família e os pais de Câncer

Os pais nativos de Câncer não percebem a vida como um feriado familiar interminável. Há tarefas domésticas a fazer, dever de casa a terminar e a aparência pessoal a ser cuidada. Dito isso, a abordagem séria da criação dos filhos se descontrai quando se trata de feriados e reuniões de família, em que podem realmente relaxar e deixar que eles se divirtam bastante. Isso, porém, não significa permitir que façam o que bem entenderem, pois seu instinto protetor está ali para manter as crianças longe do perigo. Nadar num mar de sentimentos aprazíveis num feriado ou comemoração em família é cura certa para uma irritação ou depressão canceriana.

Como cuidar dos pais de Câncer idosos

O cuidar dos filhos ocupa uma parte tão importante na vida dos jovens pais cancerianos, que eles valorizam a necessidade de serem bem cuidados na velhice. Entretanto, por saberem da enorme demanda de tempo e energia requerida, não é comum pedirem aos

(Os pais de Câncer)

PONTOS FORTES

Provedores

Amorosos

Zelosos

PONTOS FRACOS

Superprotetores

Controladores

Sufocantes

ESTILO INTERATIVO

Apoiadores

Colaboradores

Interessados

AMIGOS E FAMÍLIA

filhos que cuidem deles. Em geral, tentarão dar conta de sua vida sozinhos, certamente na própria casa, ou, se forem persuadidos a mudar para um apartamento menor, perto de familiares. É raro que pais idosos cancerianos reajam bem à sugestão de mudar para um lar de idosos. Quanto mais envelhecem, mais difícil é para os cancerianos compartilhar um espaço com outras pessoas.

Os irmãos de Câncer

PONTOS FORTES
Sensíveis
Afetuosos
Meigos

PONTOS FRACOS
Dependentes
Carentes
Apegados

ESTILO INTERATIVO
Afetuosos
Distantes
Ensimesmados

A não ser que sejam os filhos mais velhos, caso em que seu lado dominante e agressivo tende a emergir, é comum os cancerianos se encaixarem facilmente numa família de muitos irmãos. Sujeitos a serem mimados por irmãos e irmãs mais ativos, os cancerianos, em geral, se contentam em desempenhar um papel secundário, cuidando de suas coisas sozinhos e discretamente. Eles tendem a ter um irmão favorito a quem se apegam, tornando-se quase sua sombra. Muitas vezes, irmãos cancerianos se destacam dos outros filhos devido à forte necessidade que têm dos pais, em especial se forem portadores de alguma doença física, mental ou emocional.

Rivalidade/proximidade com os irmãos de Câncer

Como regra, os cancerianos não se especializam em competir com os irmãos, contentando-se com o que têm e o que são. Se pressionados, competem e, muitas vezes, acabam vencendo, mas a agressão aberta não costuma ser seu estilo, a menos que sejam seriamente provocados. Os cancerianos tendem a ficar próximos dos irmãos que compartilham os mesmos sentimentos, seja de alegria ou de sofrimento. Se os irmãos de Câncer forem os mais velhos, exercitarão sua ascendência sem alimentar competição e serão extremamente protetores em relação aos irmãos e irmãs mais novos, sobretudo quanto a provocações e ameaças injustas de colegas de escola mais velhos.

Problemas passados e os irmãos de Câncer

Os irmãos nativos de Câncer guardam muitas lembranças, em especial quando se trata de apego a ressentimentos sobre problemas passados. Habitualmente, o tempo pouco faz para apagar essas lembranças desagradáveis, portanto, se os outros irmãos desejarem esclarecer esses assuntos, terão de tomar a iniciativa de trazê-los à discussão. É muito comum os irmãos cancerianos complicarem as coisas, evitando tais tentativas, recusando-se abertamente a responder ou negando que essas coisas importam para eles. Ainda assim, na vida de quase todo canceriano existem questões do passado que precisam ser discutidas ou tratadas para evitar bloqueios na vida adulta.

Como lidar com os irmãos de Câncer afastados

Essa é difícil. Quando irmãos cancerianos são afastados, como caranguejos de verdade, eles tendem a se recolher e ficar dentro de sua concha. Ao adotarem essa postura defensiva, fica extremamente difícil atraí-los para fora. Apenas pelo reestabelecimento da confiança com eles por um longo tempo é que seus irmãos podem alcançá-lo e trazê-lo de volta ao seio da família. Para complicar as coisas, muitas vezes não há só uma causa para esse comportamento, mas, sim, uma rede complexa de distúrbios emocionais crônicos. Aja com persistência, paciência e compreensão para superar as dificuldades, uma a uma.

Problemas financeiros (empréstimos, testamentos etc.) e os irmãos de Câncer

Irmãos cancerianos, em geral, só exigirão o que for deles por direito – nada além – quando se tratar de heranças. Se eram emocionalmente ligados ao falecido, o dinheiro poderá até ser gasto de acordo com os desejos supostos ou determinados pela pessoa que faleceu. Quando precisam pedir dinheiro a um canceriano, seus irmãos e irmãs talvez o achem um tanto sovina e resistente a ceder com facilidade um dinheiro ganho com sacrifício. Numa emergência ou no caso de uma despesa dos pais que precise ser compartilhada, pode-se contar com a parte dos irmãos de Câncer, embora seja preciso cobrar isso deles, em vez de esperar que ofereçam de forma espontânea.

Feriados/comemorações/reuniões e os irmãos de Câncer

Se os irmãos cancerianos estiverem bem com os demais familiares, eles vão ajudar nos festejos, em especial se estiverem num pique de comemoração. Caso estejam mal-humorados ou retraídos, terão de ser estimulados. No entanto, um desentendimento recente ou de longa data com um dos irmãos pode impedir totalmente os cancerianos de comparecer à festa ou de participar dela. Será melhor abordar essa questão com antecedência e não deixar que piore até o grande dia chegar. Quando os cancerianos conseguem deixar esse conflito para trás, são capazes de contribuir com o máximo de suas energias positivas.

Como tirar férias com os irmãos de Câncer

As coisas correrão muito bem, enquanto você se mostrar sensível para as necessidades dos irmãos cancerianos, em especial quanto ao que gostam e não gostam. Os nativos de Câncer apreciam as férias em família, mas quando precisam se retirar para o seu canto (que deve estar disponível) é bom deixar que façam isso. Particularmente fãs de natação ou banhos de qualquer tipo, esse signo de água é conhecido por sua predileção por férias perto do mar, de lagos ou rios. Os cancerianos desfrutam o sol como qualquer um, mas também gostam de se estirar sobre a relva fresca à sombra de uma árvore.

Os filhos de Câncer

Filhos cancerianos podem se tornar muito dependentes dos pais. Devido à sua intensa necessidade de segurança, o filho e a filha desse signo precisam muito do apoio, da orientação e da proteção dos pais. É comum se sentirem à mercê de um mundo hostil que não os compreende ou não respeita seus sentimentos. Os pais compreensivos desses filhos precisam introduzi-los no mundo e ensinar-lhes as habilidades sociais necessárias para fazer frente a ele. O maior desafio de um filho do signo de Câncer é desenvolver sua verdadeira independência. Assim, é fundamental o empenho dos pais em minimizar a dependência e maximizar a liberdade responsável.

AMIGOS E FAMÍLIA

(Os filhos de Câncer)

PONTOS FORTES

Abertos aos desafios

Envolvidos

Voltados para a liberdade

PONTOS FRACOS

Superprotegidos

Carentes

Antissociais

ESTILO INTERATIVO

Dependentes

Originais

Sonhadores

CÂNCER

O desenvolvimento da personalidade e os filhos de Câncer

Os filhos nativos de Câncer são incomuns e têm capacidade para se desenvolver como pessoa, não fosse pela séria dependência que costumam manifestar em relação a pais, irmãos ou outros familiares. No seio da família, os filhos cancerianos vivenciarão poucos problemas. Para que sua personalidade se desenvolva, todas as atividades sociais, como escola, clubes, esporte cultura e contatos virtuais, devem ser enfatizadas. Isso vai ao encontro de sua tendência natural de ficar sozinho e refreia uma vida fantasiosa desgovernada, que prospera no isolamento do mundo.

Hobbies/interesses/planos de carreira para os filhos de Câncer

Aqueles hobbies que colocam os cancerianos em contato com seus amigos devem obviamente ser estimulados, em vez daqueles que os isolam do mundo. Seus interesses pessoais devem ser levados em conta e aproveitados. Por exemplo, se gostam de música e têm talento, em vez de iniciá-los em um instrumento solo, como piano, será melhor experimentar algum instrumento de corda, metal ou sopro que possam tocar numa orquestra com outras crianças, assim como aqueles de percussão ou guitarra elétrica que lhes permitam integrar uma banda de rock. Os cancerianos são excelentes editores e é comum empreenderem uma carreira gratificante na área de publicações. Também apreciam desafios físicos e precisam de aventura para contrabalançar seu pendor para a fantasia.

A disciplina e os filhos de Câncer

Em vez de um sistema de permissões e proibições, pontuado por premiações e castigos, a disciplina com os filhos cancerianos deve incluir o estabelecimento de estruturas e orientações dentro das quais eles possam agir. Propensas a sonhos e devaneios, as crianças cancerianas reagem positivamente quando suas energias são estimuladas e canalizadas numa direção positiva. Ao criar padrões e requisitos a serem atendidos, os pais de filhos desse signo podem conduzi-los (jamais forçá-los) na direção de atividades produtivas em que os resultados do trabalho deles fiquem ali, à vista de todos. O orgulho pela realização pode vir a ser uma força motivadora poderosa no futuro.

Nível de afeto e os filhos de Câncer

A necessidade de afeto dos filhos cancerianos é alta. Todavia, eles são tão especiais no trato físico e emocional que só os adultos mais sensíveis e observadores serão capazes de compreendê-los de verdade. Nada chateia mais um filho de Câncer do que falarem com ele ou o tocarem de forma errada. Os pais de fato afinados com os filhos cancerianos sabem disso e são capazes de agir sempre da maneira correta. Assim, saber como expressar o afeto para os filhos do signo de Câncer é tão importante quanto o afeto propriamente dito.

Como lidar com as interações dos filhos de Câncer com os irmãos

Jamais se deve falar com um filho canceriano de forma rude ou criticá-lo junto a irmãos ou amigos. Os adultos precisam ter a sensibilidade de chamá-los num canto, dirigindo-se a eles, com gentileza, de forma direta e pessoal. Embora os pais devam ficar de olho nas interações dos filhos cancerianos com outras crianças, em especial os irmãos, não devem ficar interferindo a todo momento para consertar uma situação. Em vez disso, precisam aprender a se distanciar e permitir que seus filhos desse signo cuidem de seus problemas tanto quanto possível. Tal atitude alimenta a confiança entre os pais e seus filhos cancerianos.

Como interagir com os filhos adultos de Câncer

Os nativos do signo de Câncer tendem a viver muito no passado e, portanto, muitas vezes carregam cicatrizes mal curadas de traumas de infância em seu psiquismo. Se a interação for entre um familiar e os filhos cancerianos adultos, basta a presença desse pai, mãe, irmão ou outro membro da família para provocar o ressurgimento de velhas histórias e sentimentos. Por essa razão, às vezes, é melhor que o contato com os filhos adultos desse signo seja feito por e-mail ou telefone para minimizar os estímulos negativos. Conforme as feridas forem sendo curadas pelo crescimento da confiança e do amor, mais tempo poderá ser dedicado à interação pessoal com eles.

Leão

NASCIDOS DE 22 DE JULHO A 22 DE AGOSTO

Leão, signo fixo de fogo, simbolizado pelo sol ardente e radiante, espalha seu calor criativo sobre todos os que estão sob sua influência. Os leoninos se orgulham de manter seu fogo sob controle e de tomar decisões que beneficiam os outros, baseadas no próprio discernimento. Extremados em termos emocionais, os nascidos sob esse signo não terão um desejo negado e estão prontos para lutar por ele, se necessário. Os leoninos exigem o respeito dos outros e se mostrarão confiáveis, honrando seus compromissos.

Trabalho

LEÃO
22 DE JULHO A 22 DE AGOSTO

O chefe de Leão

Líderes natos, os leoninos ficam muito felizes em assumir os cargos mais altos de qualquer empresa. Entretanto, ser proprietários não é o mais importante para eles – enquanto forem CEOs ou diretores, serão empregados felizes. Os chefes do signo de Leão tentam se mostrar justos e imparciais, e são bem-sucedidos enquanto sua autoridade não é questionada ou o emprego, ameaçado. Na sua visão, não passam de representantes dos que estão abaixo, tentando obter para eles o melhor possível em termos de salários, condições de trabalho, oportunidades de ascensão e benefícios. Os nativos de Leão se orgulham muito do seu trabalho. Assim, quando a empresa é parabenizada por acionistas, por conselhos diretores e por proprietários, eles se sentem felizes por aceitar o cumprimento em nome de todos.

Como pedir aumento ao chefe de Leão

Segundo o chefe do signo de Leão, ou você está pronto para ter um aumento ou não está. Os chefes leoninos se oporão ao seu pedido de aumento com um estudo detalhado do seu desempenho passado. Caso seja merecido, eles farão o máximo possível para garanti-lo a você, dentro das limitações orçamentárias e do planejamento. Na maioria das vezes, se não puderem conceder o aumento de imediato, eles lhe darão ao menos uma ideia sobre se e quando este será possível e o que você terá de fazer para obtê-lo. Se você comentar que um de seus colegas menos merecedores conseguiu um aumento, eles serão meticulosos e objetivos em lhe explicar por quê.

Como dar más notícias ao chefe de Leão

Se for o tipo de notícia que os chefes leoninos não levarão para o lado pessoal, como reflexo do trabalho deles ou de sua liderança, apresente-a de forma bem objetiva e deixe que cuidem dela. No entanto, caso os chefes desse signo se sintam pessoalmente decepcionados com um funcionário responsável pela má situação ou se chamarem a si a responsabilidade pelo erro, será melhor "esfriar as coisas" levando-os para tomar um drinque ou comer algo num ambiente confortável e bem iluminado. Num contexto desses, um chefe leonino poderá até surpreendê-lo, rindo da situação ou confessando estar intimamente feliz pelo desastre ter acontecido ou pelo projeto ter sido concluído.

PONTOS FORTES
Justo
Orgulhoso
Diretivo

PONTOS FRACOS
Narcisista
Sedento de poder
Autocentrado

ESTILO INTERATIVO
Amistoso
Aberto
Generoso

Como providenciar viagens e/ou entretenimento para o chefe de Leão

Os leoninos se sentem envergonhados e constrangidos em ambientes baratos ou vulgares. Sua natureza majestosa exige algo mais sofisticado, digno de sua nobreza. Assentos na primeira classe e acomodações em hotéis quatro estrelas são imprescindíveis. Portanto, é melhor programar menos viagens com pernoites e jantares elegantes do que mais viagens com despesas limitadas. Em outras palavras, quando os leoninos fazem algo, eles gostam de fazê-lo direito. Em geral, eles complementam essas viagens especiais gastando do próprio bolso com novos visuais, incluindo sapatos, chapéus e ternos.

A tomada de decisões e o chefe de Leão

Os chefes nascidos nesse signo tomam as decisões mais importantes sozinhos, embora, com inteligência, façam com que você pense que também participou. Enquanto ambos concordarem, não haverá problema – eles se sentem felizes em compartilhar a decisão com você. Entretanto, se você apresentar a sugestão essencial ou o argumento final, esteja preparado para ouvir deles: "Ei, fico feliz porque isso me ocorreu". Afinal de contas, por que eles não mereceriam o crédito, já que, no final, eles representam você e todos os demais funcionários de qualquer forma? O "nós" da realeza (quando, por exemplo, o rei ou a rainha diz: "Nós não estamos satisfeitos") deve ter sido inventado por um leonino.

Como impressionar e/ou motivar o chefe de Leão

É melhor motivar os chefes do signo de Leão de forma indireta. Em vez de chegar logo com uma sugestão ou insistir com eles repetidamente ao longo do tempo, vale mais plantar uma ideia na cabeça deles, como por acaso, de passagem, e deixar que ela germine ali por um tempo. Ao fazer isso sempre, você os impressiona, além de oferecer-lhes o bônus de assumirem o crédito por desenvolver a ideia e, em alguns casos, de tê-la descoberto pessoalmente. Os chefes leoninos tornam-se dependentes desses pequenos palpites de sua parte e sentem necessidade de tê-lo por perto ao se prepararem para uma reunião importante.

Como fazer propostas e/ou apresentações para o chefe de Leão

Ao fazer uma proposta formal ou uma apresentação importante para chefes leoninos, tente não poupar recursos e crie algo grandioso. Não basta dar o recado. Recorra a estilo, verve, pompa e, espera-se, convicção a fim de persuadi-los de sua causa. Lembre-se de que eles julgarão a qualidade de tudo o que apresentar. Se você aparecer com materiais cheios de erros, feitos com negligência, suas ideias não importarão, por mais convincentes ou cativantes que forem. Sejam erros de ortografia ou telas confusas, tudo diminui sua credibilidade aos olhos dos chefes do signo de Leão.

O funcionário de Leão

Confiáveis ao extremo, pode-se contar com funcionários de Leão para investir muito tempo e energia no trabalho e para serem leais ao grupo ou empresa a que pertencem. Eles são bem capazes de se apegar a uma tarefa ou a um emprego, e muitas vezes conservam uma mesma profissão pela vida inteira. Trata-se não só de uma questão de lealdade, como também de um sinal de sua resistência à mudança e de seu costume de serem reconhecidos por sua competência e sua capacidade de produzir resultados concretos. É comum serem instigados pela ambição a buscar recompensas, tanto financeiras como na forma de promoções. Em termos profissionais, para a maioria dos leoninos, a única direção possível é para cima.

Como entrevistar e/ou contratar um funcionário de Leão

Os entrevistados do signo de Leão costumam apresentar-se em sua melhor forma e procuram destacar sua experiência e realizações. Embora possam parecer comedidos, o poder por trás de suas palavras brandas ficará evidente. Vez ou outra, eles também são capazes de rompantes dramáticos que revelam um pouco de sua energia vulcânica latente. É importante informar-lhes das desvantagens ou pontos negativos a serem considerados em seu novo cargo. Ainda que venham a ignorá-los, jamais poderão dizer que não foram alertados de antemão.

Como dar más notícias ao funcionário de Leão ou demiti-lo

Os leoninos tendem a se identificar muito com sua profissão e com o grupo de trabalho, portanto ser despedido ou receber más notícias é para eles um golpe e tanto. Os funcionários desse signo tendem a ter uma atitude positiva, tanto que bloqueiam qualquer coisa que considerem negativa. Assim, o anúncio, de tempos em tempos, de um iminente golpe sobre suas aspirações profissionais é algo que poderá ser simplesmente ignorado por eles. Tal comunicação exige, em geral, uma fala mais contundente por parte do chefe – pode ser cruel, mas, ao menos, o leonino irá entender.

Como viajar com o funcionário de Leão e entretê-lo

Em termos gerais, os funcionários do signo de Leão gostam de viagens, mas logo ficam esgotados se elas forem excessivas. Eles não precisam de muito entretenimento, pois são exploradores por natureza e gostam de encontrar o próprio caminho. Não se surpreenda se saírem sozinhos e deixarem você à vontade. Ainda haverá oportunidades de eles se divertirem com você ou com o grupo, contanto que tenham liberdade para fazer o que preferirem. Não os atrapalhe com um excesso de exigências que limitem a escolha deles.

Como confiar tarefas ao funcionário de Leão

Bons cumpridores de tarefas, os leoninos costumam se sentir ajudados, e não atrapalhados, por instruções claras sobre os métodos a serem empregados e sobre o que se espera deles em geral. Deixar as coisas meio indefinidas faz com que eles se tornem agressivos ou individualistas demais em sua abordagem ou ainda incertos e inseguros em relação a si mesmos. Nenhuma dessas alternativas fará um leonino feliz nas suas mãos. Depois que eles tiverem sido devidamente instruídos, você não terá de verificar o trabalho deles a todo o momento, pois pode confiar que entregarão o resultado desejado.

(O funcionário de Leão)

PONTOS FORTES
Ambicioso
Fiel
Dedicado

PONTOS FRACOS
Insensível
Impositivo
Inflexível

ESTILO INTERATIVO
Franco
Dinâmico
Positivo

TRABALHO

Como motivar ou impressionar o funcionário de Leão

A maioria dos funcionários desse signo não precisa de motivação. Sua energia e entusiasmo os sustentarão nas empreitadas mais extenuantes. E não procure impressioná-los, pois os leoninos costumam já estar totalmente impressionados com os próprios esforços e sucessos. Tanto motivar quanto impressionar um nativo de Leão é algo que contradiz a lei básica do leonino de ser o dominante e estar no topo sempre. Caso saiba de funcionários leoninos que admirem o que você faz, tome isso como um raro e grande elogio. Contudo, é provável que a partir disso eles vejam seus esforços hercúleos como algo já esperado. Por outro lado, os funcionários do signo de Leão precisam que você se impressione com eles.

Como gerenciar, dirigir ou criticar o funcionário de Leão

Não é aconselhável ficar o tempo todo gerenciando ou dirigindo os esforços dos funcionários leoninos. Se você estiver sempre diante deles com explicações e sugestões "úteis", eles podem tomá-las como um grave insulto, um sinal de que foram muito tolos para compreender de primeira. Da mesma forma, uma palavra de crítica costuma ser suficiente. Longas preleções podem levá-los a fazer ouvidos de mercador ou a ficar de cara feia por se sentirem humilhados, além de provocar sua ira, que pode ser assustadora. Recomenda-se enviar um e-mail curto em vez de confrontá-los pessoalmente. Os funcionários do signo de Leão se orgulham por conseguir compreender os desejos de seus superiores sem que precisem ser lembrados deles.

O colega de trabalho de Leão

Embora não sejam muito sociáveis, os leoninos funcionam como peça importante em qualquer organização ativa, sobretudo como elo mais elevado na cadeia de comando. Em geral insatisfeitos ao ficarem por muito tempo em cargos de nível inferior, eles procurarão subir na organização e talvez, por isso, provoquem o ressentimento dos colegas. Se lhes for negada a possibilidade de progredir, poderão mais adiante despertar inveja, buscando outra empresa que demonstre mais reconhecimento por suas qualificações. Assim, em geral, sua ambição os impedirá de corresponder ao estereótipo de funcionário dedicado e colega de trabalho próximo.

Como pedir conselhos ao colega de trabalho de Leão

Os colegas de trabalho leoninos podem surpreender com sua compreensão e muitas vezes farão o melhor possível para oferecer conselhos úteis. Contudo, costumam impor um limite rígido de tempo, por temerem ser desviados do trabalho. A melhor forma de aproximar-se deles é marcando um almoço, num lugar com relativa privacidade, longe de ouvidos curiosos. Ali você pode abrir seu coração e, se necessário, agendar um segundo encontro para conversar mais sobre as ideias providenciais deles, depois que tiverem tido tempo para formulá-las.

LEÃO

Como pedir ajuda ao colega de trabalho de Leão

Quando se trata de abordar colegas de trabalho leoninos em busca de ajuda, eles talvez se mostrem cautelosos em se envolver se isso, de alguma forma, afetar sua posição no grupo de trabalho; do contrário, eles estarão prontos a cooperar. No entanto, lembre-se de que os colegas de trabalho leoninos jamais se envolverão em ações que possam diminuir seu status ou prejudicar suas chances de progresso no futuro. Em geral, por não serem falsos nem traiçoeiros, é raro eles sabotarem seus esforços oferecendo conselhos prejudiciais. Eles podem também deixar claro, com franqueza e logo de saída, que não são os mais indicados para ajudar você e sugerir que procure outro colega de trabalho.

Como viajar com o colega de trabalho de Leão e entretê-lo

Lembre-se de que os leoninos são bastante dominadores e têm dificuldade de ficar no banco de trás por muito tempo, mais ainda se for com um colega de trabalho. Reconhecer a necessidade deles de se colocarem em primeiro lugar facilita um pouquinho as coisas em termos de viagem ou entretenimento com eles. Caso, de saída, você se sinta incapaz de lidar com essas grandes personalidades, talvez deva evitar esse tipo de situação com colegas de trabalho de Leão. Dito isso, eles sempre dão conta da parte deles no trabalho de planejar as viagens ou de organizar uma festa, mas fazem as coisas à sua moda, pressupondo que você também vai curtir os resultados.

Como o colega de trabalho de Leão coopera com os outros

Num grupo de trabalho, os colegas de trabalho leoninos não são aqueles que mais cooperam, a não ser que recebam ordens específicas de seu chefe para tomar um caminho bem definido. Competitivos ao extremo, é comum eles procurarem despontar em qualquer grupo como a estrela brilhante, responsável pelo seu sucesso. Caso o projeto fracasse, raramente assumem a responsabilidade, queixando-se por terem seus esforços minados pela incompetência dos outros. Ligados em recompensas, eles podem ser incorporados aos membros da equipe se o reconhecimento ou outro tipo de bônus for oferecido como recompensa em potencial. Se bem direcionada, sua energia prodigiosa costuma ser valiosa para o grupo.

Como impressionar e motivar o colega de trabalho de Leão

Atraídos por desafios, os colegas de trabalho de Leão ficam mais motivados quando sua capacidade é posta à prova. A colocação, de antemão, das dificuldades ou até mesmo das impossibilidades do projeto servirá para despertar seus espíritos guerreiros. Deixar claro que não se espera que alguém passe no teste é algo que por si os motiva a fazer o máximo para realizá-lo. Da mesma forma, os leoninos se impressionam muito com as grandes realizações por parte dos outros e se sentem desafiados a igualar ou superar esses esforços no futuro. É comum eles serem ainda mais instigados quando comparados negativamente com um colega de trabalho.

Como persuadir e/ou criticar o colega de trabalho de Leão

A crítica e a persuasão são mais eficazes junto aos colegas de trabalho leoninos se você puder oferecer a eles algo de que gostem em troca. Eles são bastante suscetíveis a ofertas

---

(O colega de trabalho de Leão)

PONTOS FORTES

Seguro de si
Capaz
Ambicioso

PONTOS FRACOS

Ressentido
Rejeitado
Excluído

ESTILO INTERATIVO

Vigoroso
Ativo
Polarizador das atenções

TRABALHO

de aumento ou de um posto mais elevado na empresa – ou mesmo à sugestão de que uma melhoria desse tipo possa estar a caminho. Dessa forma, fica fácil convencê-los a aceitar a crítica ou a seguir determinado curso de ação que alcançaria aquela finalidade. Pode ser bem difícil para eles adotar essa postura, mas a estratégia da cenoura e do chicote, com a promessa de maior status ou prestígio, pode motivá-los a dar o melhor de si.

O cliente de Leão

PONTOS FORTES
Confiante
Insistente
Focado em resultados

PONTOS FRACOS
Amoral
Egoísta
Convencido

ESTILO INTERATIVO
Convincente
Oportunista
Resoluto

Os clientes nativos de Leão sabem exatamente o que querem, portanto é preferível estar disposto a escutar e, se possível, seguir a orientação deles. Como pessoas diretas, eles costumam perguntar abertamente se é possível garantir os resultados que desejam e, em caso positivo, como podem ter certeza de que você vai entregar o produto. Os clientes leoninos são muito focados em resultados e, muitas vezes, não importa tanto para eles como você os alcança, contanto que os métodos usados não os prejudiquem. Avessos a arriscar, a não ser em último caso, é provável que já tenham feito alguma pesquisa sobre você ou não encomendariam seu trabalho.

Como impressionar o cliente de Leão

Os leoninos se impressionam com a capacidade que você tem de ouvi-los e sua agilidade de pensamento. Se você conseguir improvisar um método prático para implementar suas exigências e atender às necessidades deles, é provável que obtenha o sinal verde para seguir em frente. Além disso, se confiarem bastante nas suas capacidades, eles colocarão à sua disposição um orçamento robusto para realizar seus planos por completo. Os leoninos costumam tomar decisões na hora, portanto, se disserem que precisam de tempo para pensar, é possível que você tenha falhado na venda do seu serviço, produto ou habilidades.

Como vender para o cliente de Leão

Os clientes leoninos admiram a boa capacidade de vendas, pensando, muitas vezes, que, se você consegue vender para eles, também será capaz de vender para os consumidores. Prontos para agir como advogados do diabo, farão objeções só para ver como você lida com elas, o que, com frequência, produz ideias e abordagens novas e valiosas. Eles não terão nenhum escrúpulo em usar as suas sugestões e até mesmo em assumir o crédito por elas no futuro, quer se decidam por fazer negócios com você, quer não. É comum os clientes leoninos esperarem que você seja igualmente oportunista, direcionando energia e ideias dos outros para uma conclusão positiva, quando você os representar.

Sua aparência e o cliente de Leão

É melhor não ofuscar os clientes leoninos, portanto mantenha sua aparência discreta. Eles receberão com tranquilidade seus elogios em relação a roupas e acessórios ou os olhares de admiração e uma atitude respeitosa. Se se tornarem agressivos, é melhor se calar, mudar de assunto ou dar um passo atrás em vez de elevar o nível da confrontação. No

LEÃO

entanto, caso insistam, chegando mesmo ao ponto de se mostrarem ofensivos e abusivos, você deve estabelecer drasticamente um limite e avisá-los para não prosseguirem.

Como manter o interesse do cliente de Leão

Os clientes do signo de Leão costumam ficar fascinados com seu *timing* e capacidade verbal. É melhor usar poucas palavras, escolhidas a dedo, do que fazer longas preleções. Acrescentar pitadas de ironia, humor ou sarcasmo, acompanhadas de um ou outro comentário enigmático que pede para ser questionado, também servirá para manter seu interesse. Caso cheguem a pedir uma explicação sobre alguma dessas colocações, você saberá que os fisgou. A repetição dessa tática não diminuirá sua eficácia. Como o bom artista diante da plateia, faça os clientes leoninos pedirem bis.

Como dar más notícias ao cliente de Leão

Por mais insignificantes que sejam, informe as boas notícias primeiro aos clientes de Leão. Deixe as más notícias de lado, e apresente-as ponto por ponto, em vez de começar logo com uma declaração negativa. Atribua um tom positivo a cada ponto, sem tentar encobrir os fatos nem mentir abertamente. Esse aprofundamento nos detalhes serve para despertar novas ideias criativas desses clientes em relação ao controle de danos. Se eles confiarem em você e acreditarem nos seus métodos, é possível que lhe deem outra oportunidade para corrigir o que não funcionou da primeira vez.

Como entreter o cliente de Leão

Os clientes do signo de Leão adoram ser mimados, portanto agrade-os com companhia, refeições ou mesmo presentes, de modo ostensivo. Eles gostam de ser paparicados, mas esteja pronto para recuar ao primeiro sinal de irritação. Em todos os espetáculos ou exibições, prefira os assentos nas primeiras fileiras, ou qualquer outro lugar onde eles possam ser vistos e admirados. É preciso que você lhes dedique toda a atenção. Isso inclui rir de suas piadas (acrescentando, talvez, um comentário em uma delas para mostrar que você a entendeu), fazer bastante contato visual e prever seus movimentos com gestos bem-educados. Compartilhar comentários ofensivos a respeito de terceiros costuma dar margem a réplicas interessantes.

O sócio de Leão

Os leoninos estão entre os sócios mais confiáveis. Entretanto, de tempos em tempos, eles tendem a tomar uma direção própria, pensando estar agindo em nome de ambos, quando, na verdade, estão desatentos aos seus desejos. Eles podem até, ao voltar dessas investidas, apresentar os resultados alcançados, certos de que você ficará contente. Momentos como esses expõem uma sociedade com leoninos a graves riscos. Quando não são desviados por esses "ataques", mostram-se capazes de realizar suas tarefas diárias com competência e vigor. Às vezes, os sócios do signo de Leão têm dificuldade de ouvir, assim, garanta que compreendam o que deseja transmitir – seja por escrito ou pedindo a eles para resumi-lo para você.

TRABALHO

(O sócio de Leão)

PONTOS FORTES

Confiável

Seguro

Leal

PONTOS FRACOS

Aéreo

Distraído

Desatento

ESTILO INTERATIVO

Individualista

Cooperador

Vigoroso

Como montar um negócio com um leonino

Muitas vezes, os leoninos precisam ser convencidos da vantagem dessa aliança. Seguros de sua capacidade de agir de modo independente, demoram a perceber a necessidade de uma sociedade. No entanto, uma vez comprometidos, serão cooperadores, embora exigentes, na criação da estrutura da organização. Recomendam-se condições e restrições legais rígidas devido à inclinação dos sócios leoninos a agirem de forma independente. Os primeiros dois anos da sociedade serão os mais difíceis, porque, qual um cavalo impetuoso, os leoninos precisam se acostumar a conduzir a carruagem da empresa na direção certa.

Como dividir tarefas com o sócio de Leão

Nas sociedades, deixe que os sócios de Leão tenham a maior liberdade possível para escolher as próprias tarefas. Permita que ajam de maneira independente o máximo possível. É de esperar que devolvam o favor e lhe concedam a mesma liberdade, mas os leoninos também são muito exigentes e controladores. Assim, é possível que se crie uma situação de dois pesos e duas medidas — benéfica para eles e prejudicial para você. A parte mais difícil de dividir tarefas é fazer reuniões diárias ou semanais, já que os leoninos não se sentem à vontade quando têm de explicar ou justificar suas ações a toda hora.

Como viajar com o sócio de Leão e entretê-lo

Os sócios do signo de Leão são companheiros de viagem muito divertidos. Em geral, seu entusiasmo, seu bom humor e seus sentimentos positivos impulsionam muitas iniciativas de negócios. No entanto, eles não lidam bem com a negatividade e, se as coisas não correm adequadamente, tendem a ficar aborrecidos e deprimidos. É difícil, ou mesmo impossível, tirá-los de um humor desses. Portanto, quando tudo estiver bem é melhor deixá-los sozinhos e mais ainda quando as coisas piorarem. Os nativos de Leão, em geral, não precisam de entretenimento. Você terá de ser compreensivo quando eles precisarem sair por conta própria e fazer o que preferirem.

Como gerenciar e dirigir o sócio de Leão

Na maioria das vezes, é quase impossível gerenciar e dirigir os sócios desse signo. Eles podem passar a impressão de concordar com suas propostas em relação ao trabalho deles e, em seguida, avançar pelo caminho oposto. Mais tarde, se confrontados por suas ações, afirmarão não ter entendido bem o que você disse ou ter achado necessário mudar de direção pelo bem da empresa. Portanto, restrinja a gerência de leoninos a acordos relativos à divisão do trabalho e à busca de áreas amplas como vendas, relações públicas, marketing etc., aceitando que eles vão recorrer a métodos próprios no cumprimento de suas obrigações.

Como se relacionar com o sócio de Leão a longo prazo

Se você for capaz de aceitar a necessidade de independência dos leoninos, sua sociedade com eles se estenderá por anos. Entretanto, se desde o começo os atritos forem constantes, você terá sorte se sobreviver a um ou, no máximo, dois anos numa sociedade com eles.

LEÃO

Caso as coisas caminhem bem e a empresa prospere, seu único problema será o hábito irritante que eles têm de assumir o crédito pelos sucessos e de ignorar suas contribuições, e até mesmo sua presença, ao lidar com clientes e também com funcionários. Contra sua vontade, você talvez seja tachado como o sócio ou a sócia que permanecem calados e, de fato, provavelmente terá de aceitar esse papel para evitar conflitos.

Como romper com o sócio de Leão

O rompimento com sócios do signo de Leão pode trazer um grande alívio, sobretudo se sua natureza prepotente e sua recusa a ser dirigidos tiverem criado dificuldades de grande magnitude ao longo dos anos. Prepare-se para que eles demonstrem pouca ou nenhuma preocupação com seu bem-estar futuro. No entanto, poderá surpreender a facilidade na divisão dos lucros e da infraestrutura estabelecida da empresa, devido à pressa deles em assumir o novo trabalho, que talvez já esteja bem encaminhado. Assim, as atitudes aparentemente solidárias deles não podem ser atribuídas à sua generosidade ou a uma necessidade de justiça, mas à impaciência para seguir adiante.

O concorrente de Leão

Os concorrentes de Leão são adversários terríveis. Familiarizados com vitórias, esses guerreiros estão acostumados a alcançar os resultados que desejam. A vontade de se sair bem só se compara a seu vigor e energia para continuar vencendo, esgotando os opositores custe o que custar. Portanto, você deve se sentir orgulhoso se for capaz de se esquivar de seus ataques insistentes e manter o seu contra eles. Para triunfar, terá de ser altamente criativo e realizar esforços tão persistentes quanto os deles. Os concorrentes leoninos querem ganhos financeiros, claro, mas sua motivação primeira é sair vitoriosos numa briga. Mais do que qualquer outra coisa, o que vale para eles é o orgulho e o espírito lutador.

Como enfrentar o concorrente de Leão

Uma forma de você abordar essa situação é colocando-se como um objeto imóvel para se opor à força irresistível dos leoninos. Entretanto, confrontações diretas desse tipo podem desgastá-lo e a persistência deles vai exaurir suas defesas ao longo do tempo. Muitas vezes, o melhor é buscar meios mais sutis de combater seus ataques persistentes. Estude a abordagem deles, aprenda seus métodos (que tendem a ser repetitivos) e tente diferentes técnicas de contra-ataque até descobrir aquelas que funcionam para diminuir a velocidade deles. Assim que estiverem lentos o suficiente para, finalmente, você poder atingi-los, reúna tudo o que puder numa última investida – na esperança de que seja o golpe de misericórdia vencedor.

Como superar o concorrente de Leão em planejamento

Quando os concorrentes de Leão se mostram aborrecidos ou irritados, é possível manipulá-los com sucesso, fazendo-os atirar para todo lado e baixar a guarda. Consegue-se, muitas vezes, descobrir seus pontos fracos com provocações constantes. Enquanto estiverem ocupados em lidar com as suas investidas, você pode se empenhar em ganhar vantagem sobre eles, de preferência de maneira oculta. É melhor manter discrição nessas

---

PONTOS FORTES

Controlado
Persistente
Realista

PONTOS FRACOS

Autoconfiante demais
Sem noção
Repetitivo

ESTILO INTERATIVO

Combativo
Desafiante
Belicoso

TRABALHO

incursões, já que a capacidade deles de enfrentar seus ataques é, sem dúvida, prodigiosa. A infiltração na organização deles é sempre uma possibilidade, desde que você encontre um funcionário que ceda a seus avanços. A obtenção de alertas prévios sobre os planos do concorrente por meio de espionagem também pode dar bons resultados.

Como impressionar pessoalmente o concorrente de Leão

Muitas vezes, é melhor não impressionar os concorrentes de Leão de jeito nenhum, mas, sim, levá-los a acreditar que você é um adversário menos expressivo – ou ingênuo. Fingindo-se de tolo ou ignorante, convencendo-os da sua incapacidade, você consegue enganá-los, levando-os a pensar que você não vale o sacrifício deles, colaborando assim para que se sintam autoconfiantes demais. No calor da batalha, capitular, com astúcia, em compromissos que não valham a pena para você pode sugerir covardia, encorajando-os ainda mais a subestimar seus poderes no futuro. De sua parte, é melhor manter a discrição nos confrontos pessoais.

Como enfraquecer e superar o concorrente de Leão

Em vez de tentar superar os leoninos em relação a posses, em geral é melhor confundir os concorrentes desse signo, demonstrando grande interesse por aqueles bens que parecem ter menor valor ou não ter valor algum. Enquanto estiverem rindo das suas escolhas, como num passe de mágica você poderá apresentar um produto inteiramente novo, confundindo-os mais ainda. Já que os leoninos detestam admitir o erro de subestimá-lo, é improvável que o cometam duas vezes. Portanto, as atitudes mais eficazes para enfraquecê-los serão as primeiras, de forma que é bom caprichar nelas.

Guerras de relações públicas com o concorrente de Leão

Os leoninos tendem a passar dos limites nos lances ousados referentes a relações públicas. Em vez de combatê-los diretamente com campanhas em grande escala, é melhor exauri--los, estimulando-os a fazer ainda mais gastos extras que esvaziem seus cofres. A melhor maneira de conseguir isso é por meio de insinuações e golpes astutos de relações públicas que minem o produto ou serviço deles e a abordagem para promovê-lo. Ao levantar dúvidas sobre sua verdadeira eficácia, eles se sentirão atingidos e uma onda de negação será despertada, colocando-os claramente na defensiva, lugar onde não se sentem tão fortes. Continue importunando-os, sem parar, para obter os melhores resultados.

O concorrente de Leão e a abordagem pessoal

Os leoninos são muito suscetíveis à bajulação. Adulando-os bastante e observando-os se encherem de orgulho, muitas vezes, você conseguirá romper suas defesas. É possível que eles se vejam gostando de você e que até mesmo considerem a ideia de convencer você a deixar sua empresa ou grupo para trabalhar para eles ou formar uma sociedade. Abordagens abertamente sedutoras funcionam bem com leoninos, já que essas iniciativas tendem a inflar seus já enormes egos. Assim que você os tiver conquistado com suas ideias, aparência e capacidade, os concorrentes leoninos podem ser manipulados com surpreendente facilidade. Contudo, não se coloque intencionalmente nas garras deles, pois sua fúria ao descobrir sua dupla personalidade será implacável e aniquiladora.

Amor

LEÃO
22 DE JULHO A 22 DE AGOSTO

O primeiro encontro com alguém de Leão

Se acender o fogo de um leonino no primeiro encontro, seu único problema depois será tentar apagá-lo. Distanciado por tradição, num primeiro contato esse nativo pode adotar uma atitude pragmática: vamos ver quem é você. Portanto, o primeiro encontro do leonino vira uma espécie de teste para medir e avaliar você. Se houver aprovação, as coisas podem avançar; caso contrário, você está fora. Lembre-se de que, em geral, é o leonino quem rejeita, não você. Caso quebre essa regra, tome cuidado com as consequências que, com certeza, a rejeição a esse nativo vai despertar.

Como paquerar alguém de Leão e como marcar um encontro

Se você está interessado em ser bem-sucedido no primeiro encontro com um nativo de Leão, o certo é dar o melhor de si, tanto ao marcar o encontro quanto ao paquerar. Tenha cuidado também com o que diz e com a forma como o faz. Conversa fiada não levará a nada, embora num primeiro encontro os leoninos talvez a empreguem como tática para sentir quem você é, de forma neutra. Embora os nativos desse signo estejam sempre abertos a cumprimentos e elogios, eles também vão desconfiar de suas tentativas de impressioná-los e se afastarão se acharem que você não fala o que sente. Eles conhecem muito bem as manhas da bajulação e da sedução e são astutos o suficiente para identificá-las.

Atividades sugeridas para o primeiro encontro com alguém de Leão

Num primeiro encontro, os nativos de Leão gostam de sair e se divertir. Uma noite tranquila em casa não é a sua preferência para um contato inicial. Nessa ocasião, os leoninos preferem estar livres para agir e fazer escolhas, e costumam recusar situações em que sejam obrigados a ficar a sós com você. Ir a uma festa é o ideal, já que também terão a chance de ser o centro das atenções. Reprima qualquer demonstração de ciúme, pois ela irá amortecer, na hora, o ânimo deles e para fazê-los se sentir constrangidos e tensos. Quando estiverem "se mostrando", contente-se apenas em ser mais um admirador da plateia.

Estímulos e desestímulos no primeiro encontro com alguém de Leão

A maioria dos leoninos vai querer que você exiba um ótimo visual no primeiro encontro. Eles precisam ter orgulho – nunca vergonha – de quem está com eles. Suas

PONTOS FORTES
Seletivo
Descompromissado
Astuto

PONTOS FRACOS
Julgador
Excludente
Distanciado

ESTILO INTERATIVO
Atento
Paciente
Observador

AMOR

137

roupas, penteado e sapatos não devem aparentar desgaste ou desleixo. Se elogiarem algum dos itens acima, pode ter certeza de que superou o primeiro obstáculo em seu coração. Caso você arranje confusão envolvendo uma terceira pessoa, não espere que, no primeiro encontro, um leonino interceda ou ajude você.

O "primeiro passo" no primeiro encontro com alguém de Leão

Os nativos de Leão, num primeiro encontro, vão sinalizar o suficiente para informar a você o que desejam. A luz verde acenderá por meio de um tom de voz, um olhar especial ou um gesto indicativo de que você pode avançar. Em termos gerais, é melhor não tentar ir longe demais com eles sem esse convite, mas ficar observando. Rejeição é uma palavra que não consta do dicionário da maioria dos leoninos e, assim, eles se afastarão rapidamente se sentirem que você está perdendo o interesse. Se eles mencionarem a intenção de estar com você de novo, espera-se que você tome a iniciativa, seja naquele momento ou no próximo encontro.

Como impressionar alguém de Leão no primeiro encontro

Na maioria dos casos, nos primeiros encontros, os leoninos se impressionam com uma disposição afável, calorosa e aberta. Esses indivíduos não gostam de sofrimento ou dor, por mais que outros achem isso interessante ou intrigante num primeiro encontro. Basicamente, eles querem se divertir e, se você puder acompanhá-los, melhor ainda. Jamais seja uma barreira para seu entusiasmo inesgotável, pois se o fizer terá de volta um silêncio sepulcral. Num primeiro encontro, os nativos de Leão não se importam com desculpas, justificativas ou recusa ante um confronto. Eles querem cem por cento da sua presença e que você dê o máximo de si nas atividades em conjunto.

Como dispensar alguém de Leão no primeiro encontro

Depois de um primeiro encontro agradável para ambos, é comum os leoninos serem pacientes e esperar algumas semanas até que você entre em contato. No entanto, se você não ligar durante nesse período, eles têm duas opções: aceitar o seu silêncio como uma dispensa ou tomarem a iniciativa. Uma vez que aceitarem que você os dispensou, seu orgulho dificilmente permitirá que prossigam. Se eles decidirem procurar você, um leve desinteresse ou uma simples desculpa de sua parte servirão, em geral, para livrar-se deles.

O par romântico de Leão

Os leoninos se envolvem, se comprometem, se entusiasmam e, em geral, são presentes no relacionamento, até certo ponto. Você pode contar com eles não apenas nos finais de semana, mas também, uma vez ou outra, durante a semana, contanto que não interfira em seus planos ambiciosos de carreira. Evite situações em que tenham de escolher entre dedicar tempo a você ou ao trabalho deles, pois se escolherem você talvez seja por se sentirem pressionados. Lembre-se de que embora os leoninos odeiem perder você, sempre confiam na própria capacidade de substituí-lo.

Como conversar com o par romântico de Leão

Os pares românticos leoninos não se importam em conversar sobre os assuntos que aprovarem, no momento e lugar que escolherem. Sem serem faladores habituais, os leoninos preferem dedicar toda a sua energia ao divertimento e à expressão de seus sentimentos românticos. Por estarem, em geral, sempre em rápida e constante movimentação, é difícil fazê-los parar um pouco para conversar sobre aquele assunto importante que está na sua cabeça há algum tempo. Inclinados a serem evasivos, eles evitarão, a todo custo e de diversas formas, assuntos que não querem discutir, mudando de assunto ou até recusando-se totalmente a falar.

Como discutir com o par romântico de Leão

Quando suficientemente provocados, os leoninos discutem, embora prefiram não fazê-lo. Caso você insista com a discussão, é provável que ela vá muito além do esperado com esses indivíduos esquentados. Eficientes com poucas palavras, os leoninos sabem como ferir seus adversários e revidam para valer quando ameaçados. Para eles, essa é uma luta sem limitações. Em geral, consideram brigas abaixo deles, uma indicação de seus sentimentos de superioridade na maioria das situações. Se forçá-los a decidir entre discutir um problema ou brigar com você, prepare-se para que escolham a segunda opção para evitar a primeira.

Como viajar com o par romântico de Leão

Os leoninos só vão de fato gostar de viajar em sua companhia se puderem se orgulhar de você, não só de sua aparência como também de sua gentileza, da atenção em relação a eles e de sua generosidade. Nada é mais constrangedor para eles do que ver você contar seus tostões a toda hora e se recusar a gastar quantias maiores. Qualquer sinal de mesquinhez os afeta, ainda mais em viagens de férias. Eles sentem que estão contribuindo muito e esperam que você faça o mesmo. Não apareça para uma viagem com um visual descuidado, pois eles verão na sua aparência um reflexo da deles.

O sexo com o par romântico de Leão

Essa área pode ser muito gratificante, se você estiver a fim. Os leoninos são focados em sexo e, portanto, sua expectativa, em geral, é que ele seja frequente e de alta qualidade, e que leve em consideração seus desejos e necessidades especiais. Você terá pouca dúvida quanto a estar agradando ou não porque eles, ativamente, estimularão os procedimentos em termos físicos e verbais. Nem um pouco envergonhados em relação a esses assuntos, os leoninos querem suas vontades realizadas na hora em que desejam.

Afeição e o par romântico de Leão

Em geral, os leoninos são tipos ardentes em vez de sensíveis, preferindo expressões francamente sexuais às amorosas. Gostam de manter uma fachada fria em público, evitando abraços, agarramentos, olhares apaixonados ou outros gestos ostensivamente afetivos. Isso também pode acontecer em momentos em que você estiver a sós com seu par de Leão. Para esses nativos, ser afetivo demais não só é desnecessário, como também, na realidade, é totalmente irritante e frustrante. Você terá de informar a

---

(O par romântico de Leão)

PONTOS FORTES

Confiante
Entusiasmado
Solícito

PONTOS FRACOS

Carreirista
Exigente
Insistente

ESTILO INTERATIVO

Orgulhoso
Exigente
Impositivo

AMOR

eles sobre suas necessidades especiais nesse quesito se eles não cooperarem. Prepare-se para encarar um pouco de resistência.

O senso de humor e o par romântico de Leão

Embora gostem de se divertir, os pares românticos do signo de Leão não costumam dispor de um senso de humor favorável. É comum não entenderem piadas, que precisam ser explicadas. Muitas e muitas vezes, levam certos assuntos tão a sério que qualquer tentativa de amenizar a situação esbarra no silêncio absoluto ou até mesmo na ira. Fazer uma brincadeira com eles é, claro, algo impensável, já que os leoninos, em sua maioria, têm dificuldade em rir de si. Isso acaba, de fato, prejudicando sua compreensão em conversas bem-humoradas porque estão prontos para levar as coisas para o lado pessoal.

O cônjuge de Leão

Os cônjuges do signo de Leão tendem a ser leais e assim permanecem por anos. Contudo, leal não significa necessariamente fiel e, ao primeiro sinal de desinteresse por parte de seu par, os dias de fidelidade podem estar contados. Os leoninos precisam ser tratados com regalia e majestade, colocados sobre um pedestal e adorados como um rei ou uma rainha. Atores magistrais, eles podem prosseguir num casamento desses em nome dos filhos, do status social ou de sua carreira, mas com o coração e o pensamento noutro lugar. Trate o cônjuge leonino bem – muito bem – e seus esforços serão recompensados, assim como seus presentes serão retribuídos muitas e muitas vezes.

A cerimônia de casamento e a lua de mel com o cônjuge de Leão

Os cônjuges de Leão tratam a lua de mel como uma experiência única na vida e esperam que você não coloque limites para ela. Será inaceitável qualquer coisa menos do que sua total atenção, participação e compromisso financeiro, ao lado de uma completa dedicação a eles e apenas a eles. Não faça brincadeiras tentando despertar o ciúme deles com flertes, ou verá a cara do leão na sua frente, uma visão, aliás, nada agradável. Os leoninos gostam que as coisas aconteçam de forma suave, sem mancadas nem decepções de sua parte. A festa de casamento deve fluir naturalmente para a lua de mel e dali para a organização da casa.

O cotidiano doméstico e a vida de casado com alguém de Leão

Os leoninos gostam de ter carta branca para escolher onde o casal vai morar, não apenas em relação à cidade e à vizinhança, como também quanto ao tipo de habitação em si. Em geral, ter uma casa é algo que os atrai, mas muitas vezes ficarão num apartamento até terem filhos ou uma situação financeira melhor. Entretanto, é melhor que essas duas condições se concretizem nos primeiros dois ou três anos para mantê-los felizes. Se estiver imaginando onde você se encaixa em tudo isso, deve se sentir honrado por compartilhar as alegrias de todas as exigências leoninas por ter sido escolhido como instrumento de sua satisfação.

As finanças e o cônjuge de Leão

Os leoninos adoram gastar dinheiro, ponto. Se o seu ou o deles, não importa, embora gostem mesmo de ser paparicados por você. Se tiverem contas bancárias comuns, prepare-se para eventuais saques imprevistos e extravagantes. Como indivíduos impulsivos, os leoninos cegos de desejo por determinado objeto ou atividade vão usar qualquer dinheiro que estiver à mão. Isso pode levá-lo a manter uma conta em seu nome apenas para pagar contas e garantir um pouco de dinheiro só para você.

A infidelidade e o cônjuge de Leão

Ainda que tentados demais por um rosto novo, os leoninos, em geral, permanecem fiéis enquanto estiverem felizes. Eles precisam ser perdoados por uma ou outra escapada, que, com certeza, não será anunciada, mas se descobertas irão apenas desconsiderar. Se você conseguir fazer vista grossa para seus arroubos sexuais ocasionais com outras pessoas, melhor. Caso crie muito caso com essas "travessuras" ou ameace deixá-los (ou se permitir algo parecido), prepare-se para a mais intensa fúria leonina. Os nativos de Leão exigem compreensão – que é sinônimo de fazer vista grossa ou, em casos extremos, de perdoá-los por completo.

Os filhos e o cônjuge de Leão

A maioria dos nativos desse signo não considera um lar completo se não houver filhos. É comum aqueles que decidem não ter filhos contarem com alguns sobrinhos ou mesmo animais de estimação a quem possam dedicar seu afeto. Caso optem por ter filhos, os leoninos preferem os próprios, mas, se isso não for possível ou desejável, conseguem ser pais dedicados, seja para filhos adotados, seja para enteados. Eles não toleram que a disciplina ou suas regras sejam postas em xeque, e esperam a sua solidariedade ao lidar com esses assuntos. Em geral, preferem eles próprios mimarem ou punirem os filhos, sem a sua interferência.

O divórcio e o cônjuge de Leão

Pelo fato de em geral não aceitarem uma rejeição, pode ser que os leoninos reajam às suas indiretas sobre infelicidade, falta de comunicação ou mau funcionamento da relação, tomando a iniciativa de pedir o divórcio. Em vez de esperar pela batida do martelo, vão querer empunhá-lo eles mesmos. Portanto, se você quiser segurar um cônjuge leonino, trate de aparentar felicidade e satisfação. É evidente que isso não garante que seu par se sinta da mesma forma, mas, normalmente, os leoninos ficam felizes ao ter suas exigências atendidas (algo que deixarão claríssimo).

(O cônjuge de Leão)

PONTOS FORTES

Leal

Atento

Trabalhador

PONTOS FRACOS

Exigente

Autocentrado

Infiel

ESTILO INTERATIVO

Direto

Empenhado

Generoso

O amante de Leão

PONTOS FORTES

Extrovertido

Exibido

Generoso

PONTOS FRACOS

Enganoso

Crítico

Não perdoa

ESTILO INTERATIVO

Intenso

Reservado

Discreto

Peritos na arte da dissimulação, os amantes desse signo procuram manter o relacionamento longe dos olhares curiosos de terceiros, independentemente de quem sejam. Além disso, serão muito críticos se você espalhar alguma coisa sobre eles, chegando ao ponto de terminar tudo com uma indiscrição dessas. Muito intensos nos assuntos românticos, os leoninos dão tudo o que têm em termos de amor com um tom teatral, querendo impressionar você com a intensidade de seu empenho. É provável que um caso inesquecível com alguém de Leão persiga você pela vida inteira.

Como conhecer o amante de Leão

Os amantes do signo de Leão gostam de arriscar – a empolgação ou o perigo de um caso secreto de amor exerce uma força magnética sobre eles. Mesmo assim, eles serão cautelosos ao combinar encontros com você para evitar o rompimento do relacionamento existente e danos a todos os envolvidos. A atitude deles costuma ser: o que eles fazem é problema deles e de ninguém mais. Possuem valores pessoais bastante próprios, que muitas vezes não correspondem aos da sociedade e, assim, podem ser rotulados pelos outros como imorais. Em geral, optarão por locais de encontro mais reservados e por evitar serem vistos com você em público sempre que possível.

Onde se encontrar com o amante de Leão

Em geral, os leoninos preferem encontrar você na sua casa ou num local neutro, onde não sejam levados a associações intensas. Ainda que seja importante para os leoninos não haver pressão de tempo, aqui e ali eles também vão combinar encontros rápidos, por achar melhor assim do que não ter nada. Embora focados na ação, os leoninos acham importantíssimo se sentirem à vontade o suficiente nesse local para poder conversar com você não só sobre assuntos pessoais como sobre outros tópicos que interessem a eles. E não devem ser pressionados ou obrigados a se concentrarem no aspecto físico porque seguem um ritmo natural próprio.

O sexo e o amante de Leão

Embora sejam entusiasmados em termos de sexo, o romantismo tem a mesma relevância para os amantes de Leão. Seja qual for a ocasião, ainda que o sexo não seja uma exigência, a expressão de sentimentos amorosos é. A posição do leonino é de que sexo é algo natural e será desfrutado quando ambos os parceiros estiverem a fim. É possível que eles fiquem desconcertados com a sua raiva ou ressentimento ao serem rejeitados sexualmente. E são capazes de dar a você o que deseja sem, de fato, se envolver tanto. Segundo os leoninos, isso não é fingimento, mas apenas uma forma de lidar o melhor possível com a realidade e evitar problemas.

Como segurar o amante de Leão

O amante do signo de Leão faz poucas exigências rígidas quanto a assuntos amorosos, e é agradável na maior parte do tempo. Os casos com leoninos podem durar anos, nos quais eles irão sempre se ajustando a novas situações e mudanças em outros relacionamentos existentes. Em geral muito seguros de si no sexo, eles têm pouca necessidade de impressionar, mas, ao mesmo tempo, percebem muito bem se você está ou não

LEÃO

curtindo. Portanto, uma das melhores formas de segurar amantes leoninos é não ter nenhuma dúvida de que os deseja e de que precisa e gosta deles.

Como entreter o amante de Leão

Contanto que os amantes desse signo achem as acomodações confortáveis e livres de qualquer associação com relaxamento e desmazelo, vão precisar de pouco entretenimento além da sua presença. No entanto, a expectativa deles é que você esteja na sua melhor forma, demonstrando uma personalidade vibrante e uma atitude agradável. Ainda que os nativos de Leão tenham uma queda por tipos depressivos e muito complexos, tais relacionamentos os deixam infelizes e eles acabarão rompendo, usando para isso de toda a sua força de vontade. Eles gostam de presentes e de compartilhar atividades divertidas, mas meras risadas podem ser tudo o que os amantes de Leão precisam para se sentirem felizes.

Como romper com o amante de Leão

Os amantes de Leão querem saber quando o relacionamento acabou e preferem que essa decisão seja de comum acordo. Seu orgulho os impede de serem abertamente rejeitados, portanto costumam fazer uma racionalização do fato que os deixará em paz consigo mesmos. Preferem evitar um mal-estar nos rompimentos, mas se forem pressionados demais, saberão, com certeza, reagir à altura. A atitude da maioria dos leoninos em relação a rompimentos surpreende por ser pacífica e não vingativa – considerando-se seu temperamento exaltado – e eles se mostram até gentis ao desejar que fique bem, se você sentir o mesmo em relação a eles.

O ex-cônjuge de Leão

Se o ex-cônjuge de Leão se sentir bem tratado por você, é provável que se mostre generoso e afável. Caso contrário, é capaz de demonstrar um alto grau de frieza e desconsideração em relação à sua posição. Numa situação dessas, embora falte compaixão, é raro os leoninos serem agressivos ou vingativos, a não ser que tenham sido gravemente agredidos. Em geral, é melhor primeiro acalmar um nativo de Leão nervoso com garantias objetivas de suas intenções positivas e depois comportar-se educadamente no nível pessoal, evitando sarcasmos ou insultos. Muitas vezes o ex-cônjuge de Leão vai querer partir logo para o próximo relacionamento, e você não deve permitir que as manifestações de entusiasmo ostensivas dele em relação a essa pessoa tirem você do sério.

Como fazer amizade com o ex-cônjuge de Leão

A não ser que você guarde rancor em relação ao seu ex-cônjuge de Leão, talvez não haja muito problema em fazer uma amizade. A maioria dos leoninos está disposta a seguir adiante, raramente insistindo com questões antigas ou apegando-se a ressentimentos. O mais frequente é adotarem uma atitude do tipo "esperar pra ver", em que observam seu comportamento e se ajustam a ele ou reagem contra. Caso a sua abordagem seja neutra, ele muitas vezes dará o primeiro passo, oferecendo sua amizade, que pode ser muito bem-vinda, depois de um período de agressões. Aceitando logo o cachimbo da paz, você estabelece um clima positivo de boa vontade para o futuro.

(O ex-cônjuge de Leão)

PONTOS FORTES

Generoso

Afável

Interessado

PONTOS FRACOS

Frio

Insensível

Provocador

ESTILO INTERATIVO

Atento

Justo

Educado

Problemas para reatar com o ex-cônjuge de Leão

Para chegar a reconsiderar uma vida juntos, os ex-cônjuges de Leão precisam de garantias claras, talvez até por escrito ou gravadas em vídeo, de que você não voltará a cometer os mesmos erros. Promessas financeiras podem surtir efeito, mas eles se sentirão ofendidos por qualquer tentativa de sua parte de comprar seu amor. Idealistas ao extremo nesses assuntos, os leoninos, em geral, precisam sentir a centelha do romance de novo, em vez de optar pela saída mais fácil, aceitando uma oferta atraente. Se ele se fizer de difícil, a persistência e a compreensão de sua parte poderão quebrar sua resistência e servir para provar a seriedade das suas intenções.

Como conversar sobre questões do passado com o ex-cônjuge de Leão

O melhor é evitar essas conversas com ex-cônjuges de Leão, pois muitas vezes eles estão ansiosos para não ficarem presos a velhos problemas. Uma ou outra referência ao passado será tolerada, mas, se você decidir cavar um pouco mais fundo, em geral encontrará imensa resistência ou provocará um revide imediato. A melhor forma de abordar um assunto que você sente que deveria ser tratado é fazendo-os rir de uma situação passada em que ambos se sentiram meio sem graça ou confusos. Isso poderia servir de aperitivo para um exame posterior do assunto, contanto que não se torne sério demais.

Como expressar afeto pelo ex-cônjuge de Leão

Com certeza, os leoninos têm um lado caloroso e afetuoso que reage bem a um tratamento positivo. É melhor, porém, que você construa alguma confiança antes de qualquer movimento nessa direção. Em geral, são necessários longos períodos para curar as feridas de um leonino, portanto, pelo menos no primeiro ano não tente chegar muito perto deles em termos emocionais. Qualquer sinal de uma expressão de afeto prematura pode resultar num retrocesso e prolongar ainda mais o período de cura. Contudo, sua paciência acabará sendo recompensada se você conseguir se segurar e aguardar.

Como definir o atual relacionamento com o ex-cônjuge de Leão

É melhor não fixar muitas regras e regulamentos, uma vez que a maioria dos nativos desse signo acredita que promessas existem para serem quebradas. Por outro lado, em geral, os leoninos tentarão seriamente manter sua parte do trato e são confiáveis no cumprimento de suas obrigações uma vez que tenham concordado com elas de verdade. Atente para qualquer conversa fiada ou expressões de interesse, já que a generosidade leonina pode ser mais a expressão de uma esperança momentânea do que uma garantia confiável. O brilho dos bons sentimentos de um nativo de Leão pode evaporar quase de um dia para o outro e ser substituído por algo menos palatável.

Como compartilhar a guarda com o ex-cônjuge de Leão

Os leoninos são possessivos e protetores. É comum que lutem pela guarda das crianças e que deixem você vê-las só nos finais de semana. Se os filhos morarem com você, os ex-cônjuges de Leão lutarão para vê-los o máximo possível e não desistirão da meta de compartilhar a guarda ou até de reverter a decisão judicial. Será necessário fazer com que respeitem regras rígidas para manter sob controle sua energia impulsiva e insistente.

LEÃO

Amigos e família

LEÃO
22 DE JULHO A 22 DE AGOSTO

O amigo de Leão

Os leoninos têm fama de serem excelentes amigos. Sua lealdade, dedicação e apoio são notórios e eles são conhecidos por ficarem ao lado dos amigos mais próximos nas horas boas e nas horas ruins. A necessidade que têm de que as pessoas precisem deles não é tão grande, portanto, de bom grado, deixarão você sozinho por períodos longos, se assim preferir, sem que a amizade seja prejudicada. Por outro lado, eles gostam de um alô ou de uma interação diária com os melhores amigos e adoram compartilhar as fofocas e as últimas novidades. Preferem os encontros reais aos virtuais, mas, se sua agenda estiver congestionada, uma ou outra mensagem de texto ou ligação bastará até que possam se encontrar novamente.

Como pedir ajuda ao amigo de Leão

"Ora, é pra isso que servem os amigos" é a resposta típica, explícita ou implícita, de um amigo leonino quando você agradece. Como as linhas de comunicação com os amigos desse signo são abertas, muitas vezes basta você pedir para obter a ajuda deles. Os dinâmicos leoninos estão sempre muito ocupados, portanto é bom procurá-los com a maior antecedência possível. Além do mais, é preciso tomar cuidado para não se aproveitar de sua boa vontade, por diversos motivos. Primeiro, você pode ficar muito dependente deles. Segundo, você deixa de se desenvolver como uma pessoa capaz, com pensamento independente. Nesse aspecto, um amigo do signo de Leão bom demais para você pode estar minando suas competências.

Como se comunicar com o amigo de Leão e manter contato com ele

Os leoninos preferem não se comunicar, a menos que seja de fato um desejo de ambas as partes. Assim, eles não se sentem obrigados a manter contato. Compreendem quando você quer ficar só e esperam a mesma atitude de sua parte. Entretanto, ficarão na expectativa de que você os informe sobre assuntos importantes ou em que eles já tiverem investido tempo ou aconselhamento. Além disso, eles se aborrecem com mensagens ambíguas, quando ficam sabendo a verdade por terceiros ou quando são totalmente excluídos do assunto. Muito objetivos, querem saber os fatos diretamente de você, sem distorções ou elaborações.

PONTOS FORTES
Leal
Dedicado
Apoiador

PONTOS FRACOS
Distraído
Esquecido
Mau julgador

ESTILO INTERATIVO
Disponível
Aberto
Jovial

Como pedir um empréstimo ao amigo de Leão

Generosos por natureza, os nativos de Leão ajudarão sempre e tanto quanto possível. Contudo, esperam o reembolso, e o não pagamento marcará o começo do fim de uma bela amizade. Se o empréstimo for pequeno, não costuma haver problema, embora isso jamais deva se transformar em ajudas diárias. No caso de quantias elevadas, é melhor você assinar um documento ou fazer um acordo formal. Em tempos de necessidade, os amigos de Leão não só oferecem seu dinheiro, como também sua imensa energia.

Como pedir conselhos ao amigo de Leão

Para a maioria dos leoninos, é altamente gratificante serem procurados para um conselho. Contudo, a dificuldade aqui é que o conselho deles nem sempre é o melhor, porque seu entendimento pode, às vezes, ser afetado pelo que desejam que seja verdadeiro e não pelo que é de fato. Além disso, embora tentem ajudar, os resultados podem não refletir suas boas intenções. Nesse caso, os amigos do signo de Leão podem se sentir desprezados se você ignorar seu conselho no futuro ou desistir dele em qualquer outra ocasião. Por essa razão, tenha cautela ao pedir conselhos a um leonino, a não ser que você esteja realmente em condições de segui-los.

Como visitar o amigo de Leão

Não raro, os leoninos preferem visitar você na sua casa ou marcar um encontro para tomarem um café. Isso reflete a necessidade deles de sair de casa ou de fazer uma pausa depois do trabalho, ou o fato de não desejarem expor a você a bagunça doméstica deles. Não se surpreenda se se atrasarem, já que raramente são pontuais. Tente relaxar enquanto espera, pois é bem possível que cheguem meio perturbados por causa da hora e venham a se valer da sua calma como um apoio emocional reconfortante. Você pode muito bem se encontrar com o amigo ou a amiga de Leão várias vezes na semana e isso pode ser gratificante para ambos.

Comemorações/entretenimento com o amigo de Leão

Em geral, os leoninos curtem todos os tipos de festa. No entanto, preferem ir a comemorações com os amigos e conhecer pessoas novas a compromissos familiares tradicionais e entediantes. Nem sempre, porém, é uma boa ideia pedir o auxílio deles para organizar a festa. Mesmo com as melhores intenções, eles não vão oferecer grande ajuda na hora de arrumar as coisas. Quase sempre preocupados, os leoninos podem até só se lembrar na última hora que tinham prometido comparecer e, assim, fazer uma entrada espetaculosa bem no meio do evento. Se você conta realmente com o apoio deles, muitas vezes é melhor pegá-los no caminho e levá-los com você.

O colega de quarto de Leão

É comum a dominação leonina causar problemas. Onde quer que morem – dormitório, apartamento ou casa compartilhada –, os leoninos se veem como o rei ou a rainha do "seu" espaço. Enquanto você compreender essa necessidade deles de acreditar em sua realeza, os problemas serão poucos. Na verdade, eles arregaçarão as mangas e mergulharão em qualquer obrigação, desde uma pilha de louça suja até um monte de roupas para lavar. Não desafie sua autoridade nem entre em competições inúteis, a não ser que queira armar uma confusão. Os nativos de Leão não ficam bem quando cercados de aborrecimentos, portanto tente protegê-los da negatividade sempre que possível e deixe que seu lado solar brilhe livremente.

Como dividir responsabilidades financeiras com o colega de quarto de Leão

A pergunta não é se os colegas de quarto leoninos vão pagar, mas, sim, quando. Infelizmente, quando você for recolher o pagamento, é provável que já tenham gasto o dinheiro do aluguel e das contas de luz, água etc. (Aliás, faça você a cobrança, porque o leonino já terá ignorado ou esquecido disso.) O melhor é cobrar deles assim que receberem o salário, se possível. Com os leoninos, é sempre difícil tocar no assunto de contas não pagas. Ou eles prometem pagar no dia seguinte ou tratam de escapar rapidamente quando esses assuntos indigestos surgem. Descubra um jeito esperto de fazer com que paguem em dia e acostume-os a contribuir com as compras e outras despesas domésticas, de forma regular.

A limpeza e o colega de quarto de Leão

A limpeza não costuma estar em primeiro lugar na lista de prioridades do leonino. Seu colega de quarto desse signo é capaz de fazer bagunças colossais, não por descaso, mas muitas vezes por desligamento. Assim, os nativos de Leão poderiam viver em algo que, visto com objetividade, lembraria uma zona de guerra, e eles nem mesmo se dariam conta disso. O problema é que eles se acostumam a dormir em uma cama revirada e a tropeçar nas toalhas. No entanto, costumam ser cuidadosos o bastante para contornar objetos espalhados pelo chão sem pisar neles, formando caminhos para facilitar o trânsito. Contudo, a tarefa de fazê-los catar as coisas do chão deve ser deixada para uma tarde de sábado livre, em que você, por fim, conseguir acertar o assunto com eles.

Convidados e o colega de quarto de Leão

Os colegas de quarto do signo de Leão costumam ficar ansiosos por mostrar "sua" casa a outros colegas, à família ou a amigos. Talvez seja melhor você se ausentar durante essas visitas guiadas, já que a sua presença seria algo descabido, de qualquer forma. Caso precise estar lá, o melhor é trancar-se no seu quarto, retirando-se por completo da visita guiada. Trate de ignorar os "meu" isso e "meu" aquilo o máximo possível. Os leoninos querem impressionar. Em contrapartida, eles se sentirão extremamente desconfortáveis numa reunião de amigos seus, e é provável que saiam, alegando um compromisso importante.

Festas e o colega de quarto de Leão

É preciso criar uma lista de convidados em que cada um dos colegas de quarto tenha igual número de amigos. Assim, se forem só vocês dois, metade dos convites é para os seus convidados e a outra para os do leonino. Ainda que isso resulte num grupo amontoado num canto e o outro noutra parte, é melhor do que presenciar antagonismos, favoritismo ou conflitos (por mais educados que sejam). Às vezes, é melhor os colegas

(O colega de quarto de Leão)

PONTOS FORTES

Radiante

Solícito

Otimista

PONTOS FRACOS

Propenso a aborrecimentos

Mandão

Argumentador

ESTILO INTERATIVO

Dominador

Majestoso

Opressor

AMIGOS E FAMÍLIA

de quarto de Leão terem uma festa só para os amigos dele e você ter a sua noutro dia com os seus, assim evitando o problema de misturar todo mundo.

Privacidade e o colega de quarto de Leão

Os colegas de quarto de Leão não se importam em ter você por perto, contanto que se comporte bem. Por outro lado, talvez seja melhor ainda se você se restringir ao seu quarto. Infelizmente, a ideia de privacidade do leonino é, de fato, sinônimo de dominar o espaço e fazer dele seu local "privativo". Em certos momentos, você vai começar a se perguntar por que está pagando uma parte igual já que o colega de quarto leonino parece estar usufruindo da maior parte dos benefícios. Mas, ei, você tem sorte de estar morando com uma pessoa tão incrível, não é mesmo?

Como conversar sobre problemas com o colega de quarto de Leão

A maioria dos leoninos não consegue lidar com aquilo que consideram como negatividade dos outros, e, infelizmente, apontar problemas costuma ser visto como causar confusão. Isso pode dificultar demais a conversa sobre algo que deu muitíssimo errado. A capacidade do leonino de ignorar essas questões problemáticas parece, às vezes, ilimitada. Tente lidar com esses assuntos de forma gradual ou falar apenas sobre um pequeno ponto de cada vez, procurando cobrir o problema inteiro ao longo de semanas, ou até meses. Seu maior sucesso nessa área virá a longo prazo, portanto procure não perder a paciência e tentar livrar-se de suas frustrações de uma vez, provocando, com isso, uma briga monumental e muitas vezes continuada.

Os pais de Leão

Assim como leões orgulhosos de seus filhotes, os pais leoninos protegem ferozmente sua prole. Por acharem sempre que sabem mais e melhor, seus filhos são sufocados por sua presença opressiva na vida diária. Embora seja raro o pai e a mãe do signo de Leão deixarem algo por conta da sorte, nem sempre estão disponíveis, pois, para eles, a carreira e as atividades extracurriculares são muito importantes. Isto significa que deixam os filhos sob os cuidados de pré-escolas e escolas ou de babás, ou até mesmo trazem um membro da família para ajudar a tomar conta deles. Nessas situações, os pais desse signo conseguem ser eficazes, supervisionando o bem-estar dos filhos sem passar muito tempo cuidando deles pessoalmente.

O estilo de disciplina dos pais de Leão

É bastante frequente os pais leoninos deixarem os filhos soltos, seja devido à sua ausência ou por acreditarem que as crianças são livres para se expressar. É claro que eles têm regras rígidas que não devem ser transgredidas, em geral ligadas à segurança – desde verificar se portas e janelas estão trancadas até olhar nos dois sentidos da rua antes de atravessar. Tais regras costumam ser estabelecidas como instruções para aqueles contratados para cuidar de seus filhos, mas quase sempre são incutidas na mente deles pelos pais leoninos. Quanto a castigos, os calorosos leoninos podem parecer severos, mas, na verdade, perdoam sempre. Quase nunca recorrendo a castigos físicos, transmitem seu desagrado com um olhar penetrante ou uma leve advertência.

Nível de afeto e os pais de Leão

A maioria dos pais do signo de Leão é muito afetuosa com os filhos. Beijos, abraços e um tom de voz carinhoso costumam ser a regra. É muito raro eles usarem a contenção do afeto como arma, muito por causa da própria necessidade de expressá-lo. Apaixonados por atividades de lazer em companhia dos filhos, os leoninos curtem parques de diversão, acampamentos, e gostam de nadar e explorar os muitos desafios oferecidos pela natureza à sua volta. Eles se deleitam com as demonstrações de afeto dos pequeninos, e, assim, muitas vezes os filhos são vistos agarrados à mão deles ou até se amontoando sobre eles. No caso dos filhos, eles consideram que o pai ou mãe de Leão pertence de verdade a eles.

Questões financeiras e os pais de Leão

Poucos pais são tão generosos com os filhos quanto os leoninos. É possível perceber isso não só em suas atitudes generosas em relação à educação superior e festas de casamento, como na busca pura e simples do prazer. De certa forma, essa atitude não é altruísta como parece, porque o contentamento que vivenciam por sua generosidade é exagerado e compensa bem para eles. Além disso, os retornos que recebem dos vizinhos, dos amigos e da família são altamente gratificantes. É importante para os leoninos que sua generosidade seja reconhecida e não ignorada.

As crises e os pais de Leão

As crises costumam acontecer na ausência dos pais do signo de Leão, por eles estarem fora grande parte do tempo. Quando avisados sobre uma emergência, os pais leoninos largam tudo e correm para amparar o filho atingido. No entanto, se o problema não for grave, eles têm, em geral, presença de espírito para esperar o momento adequado para falar com o cuidador (professor, babá, membro da família) ou com o filho, e às vezes com ambos, um na presença do outro, quando necessário. Por intuição, os pais desse signo sabem que é importante manter a calma e que reações exageradas podem piorar o problema.

Feriados/reuniões de família e os pais de Leão

Uma vez ou outra, pode-se contar com os pais leoninos para ajudar a planejar encontros familiares, mas não com muita frequência. Não é apenas por causa de suas agendas atribuladas, mas também porque eles não gostam de ter um papel menor em atividades de grupo fora de seu controle. A filosofia do leonino costuma ser a de fazer algo do começo ao fim como chefe ou não fazer nada. No entanto, eles se dedicam ao planejamento e à execução das atividades num feriado e se divertem um bocado nessas ocasiões. Poucos pais curtem tanto os feriados com os filhos e os amigos do que os leoninos. Cozinhar ao ar livre, fazer viagens em belos cenários e frequentar destinos com praia e mar estão entre seus passeios favoritos.

(Os pais de Leão)

PONTOS FORTES

Protetores

Envolvidos

Responsáveis

PONTOS FRACOS

Opressores

Oniscientes

Ausentes

ESTILO INTERATIVO

Desafiadores

Dominadores

Autoritários

AMIGOS E FAMÍLIA

Como cuidar dos pais de Leão idosos

Pais leoninos idosos vão gostar de receber cuidados, mas também – ainda que em idade avançada – vão querer cuidar dos netos ou de outros membros da família. De alguma forma, essas atividades conservam sua juventude. Mais do que os outros, os leoninos não gostam de se sentir velhos e inúteis. Eles precisam ser necessários e queridos. Ironicamente, assim, cuidar dos pais leoninos idosos envolve deixá-los cuidar de outros também. O maior problema que costuma acontecer é que os pais leoninos idosos superestimam suas capacidades, passando por estresse e problemas de saúde, e em alguns casos até colocando em perigo aqueles que estão sob seus cuidados. Quase sempre eles negarão esses fatos e lutarão contra qualquer tentativa de retirá-los de suas tarefas.

Os irmãos de Leão

PONTOS FORTES

Diretivos
Premiados
Respeitados

PONTOS FRACOS

Exigentes demais
Estridentes
Egoístas

ESTILO INTERATIVO

Combativos
Confrontadores
Indomáveis

Os irmãos do signo de Leão lutarão para manter, ou melhorar, sua posição na família, muitas vezes brigando com irmãos e irmãs mais velhos. Nem sempre satisfeitos em apenas preservar o que é seu, os irmãos leoninos tendem a assumir um papel de liderança e fazer com que sua presença seja sentida. Querem muito ser reconhecidos por seus pais e ter suas contribuições relevantes à família reconhecidas e recompensadas. Também gostam de ser representantes informais da família, exigindo, assim, o respeito de outras famílias em relação à deles.

Rivalidade/proximidade com os irmãos de Leão

As rivalidades entre irmãos leoninos podem durar anos. Nada chegados a abrir mão de uma briga, os leoninos vão combater de forma insistente seus irmãos. Na visão deles, há só uma torta e eles precisam garantir um bom pedaço dela. Em famílias mais numerosas, quase sempre há dois ou três irmãos mais reservados e nada interessados em chamar a atenção ou obter alguma recompensa. É justamente com esses irmãos inexpressivos que os leoninos tendem a formar laços mais fortes, muitas vezes agindo como seus protetores e defensores.

Problemas passados e os irmãos de Leão

Para a maioria dos irmãos leoninos, é difícil perdoar e esquecer. Eles tendem a ser controlados pela crença antiga de que foram maltratados nos dramas familiares. Um de seus maiores desafios na vida adulta é se livrar desses padrões de pensamento para não tanto esquecer, mas, com certeza, perdoar. É comum suas lembranças se fixarem num único incidente – muitas vezes envolvendo um irmão em particular – que teimam em ficar ruminando. Um evento desses pode se tornar uma desculpa que os leoninos apresentam quando um erro grave precisa de explicação. Quanto a isso, os irmãos leoninos ficam presos ao passado, e, a menos que tratem desses problemas, é possível que tenham dificuldade em prosseguir em seu caminho pela vida.

Como lidar com os irmãos de Leão afastados

Os irmãos leoninos afastados podem ser atraídos de volta ao convívio familiar. Na maior parte dos casos, o melhor método é reconhecer que eles, e só eles, são capazes

LEÃO

de ajudar a família a sair de uma situação difícil. Ao acreditarem que são necessários e que podem oferecer uma ajuda especial, os leoninos quase sempre decidem prestar auxílio. Ao fazê-lo, é inevitável que aflorem antigas desavenças, assim como afinidades, gerando conflitos internos neles. Isso pode resultar no fim de seu afastamento, mas também trazer novos desentendimentos e disputas à família.

Problemas financeiros (empréstimos, testamentos etc.) e os irmãos de Leão

Por serem muito competitivos e belicosos, os leoninos vão exigir aquilo que é deles quando se trata de heranças. Eles podem inclusive tentar assumir as providências e exigir mais pelo seu trabalho de representação dos irmãos. Caso você precise pedir dinheiro emprestado a irmãos leoninos, trate de ser convincente ao apresentar as razões para procurá-los e a sua necessidade. Quase sempre generosos ao extremo, os irmãos leoninos emprestam sem pensar muito em ter o dinheiro de volta, sobretudo se você tiver sido um irmão muito próximo deles na infância. Recomenda-se, porém, que o dinheiro emprestado seja devolvido o mais rápido possível para evitar futuras acusações.

Feriados/comemorações/reuniões e os irmãos de Leão

É comum os irmãos do signo de Leão serem a força motriz das reuniões familiares. Embora não sejam fãs acalorados de organizar ou até de comparecer a festas de aniversário repetitivas e maçantes, eles se empolgam com eventos especiais, mais ainda com festas surpresa para um dos pais ou para um irmão ou irmã. Além do mais, eles adoram ser surpreendidos e exultam quando os outros preparam uma comemoração em segredo e conseguem garantir que eles não fiquem sabendo. Mesmo curtindo ganhar presentes, os leoninos vão considerar a festa um grande presente em si. Os bons sentimentos da ocasião prosseguem iluminando o astral leonino por meses e semanas.

Como tirar férias com os irmãos de Leão

Férias são a especialidade do leonino. Grandes amantes de viagens, os irmãos leoninos anseiam por elas e planejam essas atividades pra valer e com prazer, com bastante antecedência. É possível que tenham problemas em controlar a empolgação, mas pelo receio de parecer estar perdendo a serenidade, eles fingirão tratar as coisas com mais naturalidade. Como são atraídos como um ímã para praias de areias brancas, água do mar cristalina, céu azul e, acima de tudo, clima quente, você saberá desde o início quais são as preferências deles. Caso eles sejam forçados a ir a um lugar ou a se envolver em atividades de que realmente não gostem, prepare-se para lidar com um leão raivoso, porque irmãos leoninos em férias não são lá muito capazes de fazer um sacrifício.

Os filhos de Leão

Os filhos de Leão típicos esperam tudo o que as outras crianças têm – e mais ainda. Cientes de sua energia especial, consideram que pais, professores e outras figuras de autoridade são afortunados por tê-los. Fortes, seguros de si e confiantes, os filhos do

AMIGOS E FAMÍLIA

(Os filhos de Leão)

PONTOS FORTES

Expansivos

Confiantes

Populares

PONTOS FRACOS

Egoístas

Barulhentos

Antipáticos

ESTILO INTERATIVO

Seguros de si

Reconhecíveis

Inconfundíveis

signo de Leão têm por meta se sobressair em qualquer atividade de que participem. Embora não tenham necessariamente um foco acadêmico, suas contribuições no âmbito escolar são consideráveis, não apenas nos esportes como na política estudantil, em que demonstram capacidade de liderança. Eles tendem também a ocupar uma posição de destaque no seu grupo social, em que podem se expressar com plenitude.

O desenvolvimento da personalidade e os filhos de Leão

Mesmo os filhos leoninos submissos chegam a um ponto de seu desenvolvimento em que despontam com a inconfundível energia e petulância do seu signo. Essas crianças sempre terão seu lado reservado como refúgio, mas, uma vez refeitas, voltarão aos holofotes. Com frequência, os leoninos se destacam numa turma de crianças pequenas como aqueles com mais energia e vontade de vencer. Eles não se dão bem sozinhos e precisam em especial da interação social, para conquistar uma personalidade bem equilibrada. A necessidade que têm de liderar, de impressionar e de interagir serve de pedra de amolar para afiarem seus talentos. Mantê-los afastados de outras crianças em ambientes superprotegidos ou em relativo isolamento é um tratamento cruel demais para o filho e a filha de Leão.

Hobbies/interesses/planos de carreira para os filhos de Leão

Como realizadores inveterados, os filhos desse signo se saem bem em desafios, em particular os físicos, mas também os que abrangem outras esferas da vida. Devido à sua inclinação para a liderança, eles se destacam em carreiras e atividades em que podem atuar não apenas liderando, mas também como representantes do grupo. É comum seu deslocamento ascendente causar um movimento semelhante nos grupos liderados por eles. No entanto, por serem vítimas frequentes de orgulho exacerbado, podem também ser responsabilizados pelos fracassos do grupo. Um de seus maiores desafios é compreender e reconhecer suas limitações.

A disciplina e os filhos de Leão

Embora os filhos leoninos odeiem a disciplina mais do que a maioria, e muitas vezes se revoltem quando é aplicada a eles e àqueles que amam, à medida que vão crescendo eles reconhecem a necessidade de estrutura. A irrefreável energia do leonino clama por direção para que não resulte em rebeldia e em atividades inúteis e contraproducentes. É essencial que o jovem leonino possa contar com um dos pais ou professores que o supervisione, orientando-o para comportamentos mais construtivos. O treinamento mental é primordial, porque os filhos leoninos costumam não pensar antes de agir.

Nível de afeto e os filhos de Leão

Ainda que rejeitem pais afetuosos demais e neguem terminantemente sua necessidade desses sentimentos, no íntimo eles anseiam por afeto, mas apenas do jeito que conseguem aceitar. Além de tudo, sua necessidade de dar afeto costuma se expressar nas atitudes em relação a animais de estimação, aos amiguinhos ou irmãos e, em geral, aos indefesos. Bem conhecidos como protetores dos necessitados, os filhos desse signo expressam seu carinho a (mas também recebem) criaturas mais fracas do que eles.

LEÃO

Bastante chegados a formas não físicas de afeto, os filhos leoninos exultam ao receber um sorriso, um leve toque ou um olhar de aprovação.

Como lidar com as interações dos filhos de Leão com os irmãos

É comum os filhos leoninos se tornarem pequenos pais para um ou mais dos irmãos. O melhor é que os verdadeiros pais não interfiram nesse comportamento, enquanto for uma influência positiva, embora devam ficar de olho. Essas experiências de infância são uma oportunidade para os filhos leoninos apurarem suas habilidades parentais, e se tornarem mais tarde, já adultos, bons pais para os próprios filhos. No caso de relações belicosas com os irmãos, a força do leonino talvez tenha de ser mitigada em nome da preservação mútua. Mais cedo ou mais tarde, os filhos leoninos agressivos demais terão de aprender outras formas de lidar com os irmãos sem simplesmente passar por cima deles.

Como interagir com os filhos adultos de Leão

Caso os filhos leoninos se tornem verdadeiros adultos leoninos, as interações serão, no máximo, previsíveis e produtivas. No entanto, se o leonino adulto é uma criança que nunca cresceu, os mesmos problemas que o incomodavam na infância serão projetados nas relações adultas. Dificuldades em fazer amigos e conservá-los se destacam entre os problemas, além de uma veia rebelde que não aceita regras e regulamentos ditados pelos chefes e outras figuras de autoridade. Espera-se que, ao se tornarem adultos, os filhos do signo de Leão adotem uma imagem menos egoísta, autocentrada e egocêntrica que reconheça o valor da aceitação, da empatia e do compartilhamento.

AMIGOS E FAMÍLIA

Virgem

NASCIDOS DE 23 DE AGOSTO A 22 DE SETEMBRO

Assim como o signo de Gêmeos, Virgem é um signo mutável, regido pelo acelerado planeta Mercúrio, embora seu elemento seja a terra. Bem "pés no chão" quando em sua melhor forma, os virginianos têm pensamento prático e são capazes de colocar ordem na vida daqueles à sua volta. No entanto, quando abalados por seus sensíveis sistemas nervoso e digestivo, podem se tornar o pior inimigo de si mesmos. Os virginianos são organizadores maravilhosos, queridos por qualquer grupo a que pertençam, mas sua vida privada é só deles e são bem reservados em relação a ela.

Trabalho

VIRGEM
23 DE AGOSTO A 22 DE SETEMBRO

O chefe de Virgem

Os chefes do signo de Virgem são pragmáticos ao extremo e realistas em termos gerais. Assim, para eles, a intenção ou o propósito por trás de suas ações não importam tanto quanto os resultados. Os fatos e os números exercem um papel significativo no raciocínio deles, portanto certifique-se de tê-los na ponta da língua quando for convocado ao escritório desses chefes. Desculpas só serão consideradas quando amparadas por lógica e comprovação aceitável. Não procure despertar a simpatia ou a compreensão do chefe virginiano, e mantenha a interação desprovida de emoção o máximo possível. Os chefes de Virgem valorizam demais o tempo deles, assim como o seu, portanto tente não o desperdiçar à toa.

Como pedir aumento ao chefe de Virgem

Leve com você a maior quantidade possível de evidências que comprovem sua dedicação ao trabalho e os resultados positivos que alcançou. Não se surpreenda se seu chefe virginiano já dispuser desses dados, pois investigar e verificar são suas especialidades. Além disso, seja capaz de mostrar que terá condições de ser mais eficaz num cargo com melhor remuneração e de ter grande valor para a empresa. Sem dúvida, ele vai lhe fazer algumas perguntas para testar sua determinação. Garanta respostas sucintas e objetivas. Evite digressões ou piadas e não mude de assunto de repente.

Como dar más notícias ao chefe de Virgem

Embora seja raro os virginianos se emocionarem, dar más notícias a eles sem prévio aviso é algo que pode tirá-los do sério e despertar, de imediato, sua ira. A primeira pergunta deles costuma ser "Como isso aconteceu?" e a segunda "Quem foi o responsável?". Identificar culpados é de suma importância para um chefe desse signo, e, uma vez convencidos de que alguém foi responsável, este estará sob sua mira implacável. Vinda de um virginiano normalmente calmo, a crítica pode parecer aos outros um açoitamento maníaco em que as acusações são disparadas numa velocidade atroz. A chance da sobrevivência profissional só será possível se as vítimas conseguirem se desviar de cada uma dessas investidas com a mesma destreza.

PONTOS FORTES
Pragmático
Realista
Prosaico

PONTOS FRACOS
Indiferente
Incompreensivo
Frio

ESTILO INTERATIVO
Preciso
Conciso
Econômico

Como providenciar viagens e/ou entretenimento para o chefe de Virgem

Em matéria de viagem, os virginianos são categóricos em insistir que tudo esteja arranjado com muita ordem. A tentativa de se desculpar por um descuido raramente é aceita. Já que esse tipo de falha só serve mesmo para provocar uma enxurrada de censuras e acusações, o melhor é dizer apenas que sente muito e partir para o plano B da maneira mais suave possível. As necessidades de entretenimento do signo de Virgem em geral são esparsas e fáceis de atender, contanto que você conheça bem as coisas de que ele gosta e aquelas de que ele não gosta. Os virginianos são extremamente seletivos, portanto assegure-se de fazer, com antecedência, uma lista de verificação com as preferências deles e segui-la à risca.

A tomada de decisões e o chefe de Virgem

Os chefes do signo de Virgem ficam felizes de deixá-lo tomar decisões desde que estas tenham um fundamento empírico firme. Eles não querem que você hesite ou aja de forma vaga na hora de expressá-las ou de implementá-las, preferindo que você assuma um acerto ou um erro em vez de tentar embasar todos os seus argumentos. Decisões escritas – em vez de faladas – são as que mais pesam para o chefe virginiano, incluindo a data em que foram tomadas, que funcionários e materiais serão envolvidos, os dados orçamentários e todos os demais detalhes relevantes. Embora na sua presença deem apenas uma olhada rápida no seu plano, esteja certo de que, a portas fechadas, eles se debruçarão sobre ele com uma lente de aumento.

Como impressionar e/ou motivar o chefe de Virgem

Muitos chefes nativos de Virgem se impressionam com fatos e apenas com eles. Adoram listas, planilhas, programações e todos os recursos estruturados que tornam seus fatos mais convincentes e de fácil entendimento. Ao apresentar verbalmente os fatos, mantenha a exposição sucinta e jamais "doure a pílula". Lembre-se de que virginianos apreciam decidir sozinhos sobre as coisas e não precisam que você lhes diga como seus planos são bons. Se conseguir impressionar o chefe desse signo, ele vai se empenhar um pouco mais por você.

Como fazer propostas e/ou apresentações para o chefe de Virgem

Comece com uma introdução que defina a intenção e o alcance de sua proposta na forma de um breve apanhado geral. Daí, prossiga para os pontos mais importantes, sem esquecer de enumerá-los em ordem consecutiva. Depois de cada um dos pontos, esteja preparado para responder a perguntas pontuais, que sem dúvida incluirão detalhes. Para finalizar, faça uma síntese das necessidades orçamentárias, de pessoal e de tempo para a implementação. Os chefes virginianos tendem a ser bastante objetivos nesses quesitos, dando sempre preferência à frugalidade e à economia em detrimento do esbanjamento, portanto espere que eles restrinjam suas necessidades e recursos disponíveis ao mínimo dos mínimos.

O funcionário de Virgem

Os funcionários do signo de Virgem levam o trabalho a sério e, em geral, sua produção é de boa qualidade, com alto nível profissional. São confiáveis, ainda que um pouquinho maçantes. Por serem muito reservados, é comum o trabalho representar para eles um importante canal social. Como resultado, para eles, o trabalho significa não apenas um emprego pelo qual são remunerados, mas uma oportunidade de interagir diariamente com seus semelhantes. É comum seus melhores amigos estarem entre os colegas. As conversas durante o almoço, algumas palavras junto ao bebedouro ou junto à cafeteira e um drinque depois do expediente são oportunidades sociais importantes.

Como entrevistar e/ou contratar um funcionário de Virgem

Em geral, é fácil determinar o que um candidato a funcionário desse signo é capaz ou não de fazer, tendo por base o currículo e as primeiras entrevistas. É raro um virginiano se apresentar como alguém que não é apenas para conseguir o emprego. Realistas, acima de qualquer coisa, os nativos de Virgem sabem que tanto empregador quanto empregado precisam ter uma ideia clara do que os aguarda num possível trabalho juntos. No geral, suas perguntas são bem instigantes, além de extremamente reveladoras de suas prioridades. Acima de tudo, os virginianos precisam se certificar de que a empresa esteja lhes oferecendo um nível adequado de segurança.

Como dar más notícias ao funcionário de Virgem ou demiti-lo

É comum os virginianos terem um complexo de inferioridade encoberto que pode tomar conta deles quando confrontados com o fracasso, sob a forma de más notícias ou da ameaça de serem demitidos. Não é nada incomum que fiquem abalados, chegando mesmo ao ponto de ter um colapso emocional. Portanto, o chefe ou diretor prudente será cauteloso ao dar más notícias a virginianos para evitar qualquer responsabilidade direta. Sua melhor forma de agir é simplesmente lidando com fatos e números que demonstrem a impossibilidade de continuar levando a situação da maneira atual. Se abordados dessa forma, os virginianos são bem capazes de corrigir sua atitude e de passar a servir bem à organização no futuro.

Como viajar com o funcionário de Virgem e entretê-lo

Mesmo sendo seletivos, os funcionários do signo de Virgem têm uma boa noção do que é possível ou não dentro do orçamento da empresa. Naturalmente sovinas, será raro gastarem mais do que devem, ainda que o dinheiro esteja disponível. O entretenimento não costuma estar no topo da lista de prioridades dos funcionários desse signo, que vai se dispor, com facilidade, a ter uma conversa interessante e a tomar um drinque relaxado. Eles são fortes em organização e planejamento, e, assim, são bem capazes de articular a viagem inteira, seja para eles próprios, seja para um grupo. As viagens são muito ansiadas por eles, como recompensa pelo seu trabalho empenhado dentro da empresa.

Como confiar tarefas ao funcionário de Virgem

Se as tarefas forem cuidadosamente estabelecidas e explicadas, os funcionários do signo de Virgem têm plenas condições de executá-las. Muito "pés no chão", seguirão

---

PONTOS FORTES

Sério

Profissional

Confiável

PONTOS FRACOS

Maçante

Carente

Desinteressante

ESTILO INTERATIVO

Responsável

Solícito

Obediente

TRABALHO

as instruções à risca. Como resultado, é melhor não deixar muita coisa por conta de sua imaginação, e fazer um detalhamento completo, que vai funcionar ainda melhor se estiver expresso numa sequência de passos a ser seguida. Eles farão uma ou outra pergunta e devem se sentir livres para consultar os superiores caso surjam problemas. Por serem mais eficientes quando trabalham sozinhos do que em grupos, os virginianos funcionam melhor num trabalho em que seja necessária uma abordagem meticulosa e que requeira atenção e cuidados específicos.

Como motivar ou impressionar o funcionário de Virgem

Em geral, os virginianos são muito mentais. Qualquer assunto referente a inteligência, agilidade de raciocínio, quebra-cabeças e problemas a ser destrinchados e resolvidos tem especial atrativo para eles. Assim, eles serão mais motivados por projetos com alto grau de lógica e por chefes que saibam usar a inteligência deles em benefício da empresa. Os virginianos não suportam trabalhar com indivíduos lentos e tolos, e sempre vão preferir se rodear de pessoas inteligentes. Quanto mais difícil for o problema a ser resolvido, mais motivado o funcionário do signo de Virgem se sentirá para lidar com ele.

Como gerenciar, dirigir ou criticar o funcionário de Virgem

Os funcionários nativos de Virgem aceitam e aproveitam a crítica quando oferecida numa atitude construtiva. Sendo eles mesmos muito críticos, os virginianos sabem o valor de descobrir erros no trabalho alheio e de demonstrar como podem ser corrigidos. Enquanto se mantiverem objetivos no gerenciamento e na direção dos funcionários virginianos, e evitarem expressar raiva ou fazer acusações diretas, os chefes terão nesses funcionários instrumentos dispostos a implementar ordens vindas de cima. Sensíveis a recompensas, os virginianos se satisfazem, em geral, com uma palavrinha de agradecimento ou um elogio por um trabalho bem feito, mas com certeza uma promoção ou bônus é ainda melhor.

O colega de trabalho de Virgem

Em qualquer organização, os virginianos tornam-se muito próximos de seus colegas de trabalho, não só em termos profissionais como também como amigos e conhecidos. Mesmo preferindo trabalhar sozinhos, os nativos desse signo se orgulham de suas realizações alcançadas em equipe. Quase nunca procuram assumir um papel de liderança, contentando-se em exercer um papel de menor destaque. Trabalhadores empenhados, é raro negarem apoio aos colegas ou empurrar para cima deles trabalhos que eles mesmos prefeririam não fazer. Embora educados, cheios de tato e atenciosos, também se mostram insensíveis a nuances emocionais, em sua tentativa de se manterem fiéis a fatos e a levarem as coisas ao pé da letra.

Como pedir conselhos ao colega de trabalho de Virgem

Os colegas de trabalho nascidos sob o signo de Virgem são mais procurados para aconselhamento profissional do que pessoal. Por não serem especialistas em psicologia humana, os virginianos são capazes de interpretar erradamente determinada situação e até oferecer conselhos desastrosos se seguidos à risca. Bastante incisivos em assuntos profissionais que envolvam programações, instruções complexas e detalhes técnicos, é comum os colegas de trabalho de Virgem devotarem tempo para ajudá-lo a destrinchar ordens de difícil compreensão ou implementação. Suas mentes afiadas têm um jeito de desvendar referências nebulosas e de encontrar métodos funcionais que alcancem resultados tangíveis. Caso a fala ou o pensamento deles forem muito rápidos para você, basta pedir-lhes que diminuam o ritmo e dediquem algum tempo para explicar as coisas de maneira mais simples.

Como pedir ajuda ao colega de trabalho de Virgem

Virginianos não costumam reagir de pronto. Eles precisam refletir sobre seu pedido, em especial sobre os possíveis efeitos de tal ação sobre a própria condição profissional. Se acharem que ajudá-lo não os prejudicará, é provável que concordem. A ajuda pode vir de forma lenta, mas eles cumprirão o prometido, na maioria dos casos. No entanto, prepare-se para que eles limitem o alcance ou a duração de seu envolvimento a qualquer instante, porque, às vezes, têm de refrear a ajuda por um sem-número de razões.

Como viajar com o colega de trabalho de Virgem e entretê-lo

Ao viajar com colegas de trabalho desse signo, você verá que desfrutam o prazer de sua companhia tanto quanto qualquer outro entretenimento especial planejado para eles. Se vocês se derem bem, eles vão gostar de compartilhar as atividades normais do cotidiano. Acostumado a assumir um papel secundário, seu colega de trabalho virginiano ficará feliz em lhe ceder a vez na maioria dos assuntos e permitir que assuma a liderança das decisões. Demonstre gentileza e consideração a esses colegas de Virgem e eles o ajudarão além da conta. Caso, de repente, se mostrem retraídos e irritadiços, não os questione, deixando que resolvam a questão por conta própria.

Como o colega de trabalho de Virgem coopera com os outros

Os colegas de trabalho de Virgem cooperam demais com os outros no trabalho, contanto que não sejam ignorados ou tratados sem consideração. Embora sua necessidade de vantagens e recompensas não seja tão alta, eles encontram satisfação nos elogios dirigidos ao grupo a que pertencem. Pouco rebeldes, só se exasperam quando tratados de forma notoriamente injusta e desonesta. Como reclamar é algo necessário à sua saúde mental, tente ignorar suas pequenas frustrações e irritações.

Como impressionar e motivar o colega de trabalho de Virgem

Os virginianos são motivados a dar o melhor de si quando fazem parte de um grupo de trabalho empenhado, no qual cada um tem a própria carga. Irritado com indolentes e parasitas, o colega de trabalho de Virgem se enraivece principalmente com indivíduos sedutores ou superficiais à procura de uma "carona" e que recorrem à manipulação para se esquivar de fazer suas tarefas. Caso surjam esses "espertinhos" num grupo, os colegas de trabalho virginianos são a escolha certa para falar com esses indivíduos em alto e bom som e recolocá-los nos trilhos. Os virginianos são a persistência personificada, e não vão sossegar até que o grupo esteja trabalhando com o máximo de eficiência.

(O colega de trabalho de Virgem)

PONTOS FORTES

Solícito

Honesto

Educado

PONTOS FRACOS

Insensível

Apático

Frios

ESTILO INTERATIVO

Modesto

Despretensioso

Trabalhador

TRABALHO

Como persuadir e/ou criticar o colega de trabalho de Virgem

Os colegas de trabalho nativos de Virgem só se convencem com base no bom senso e na argumentação lógica. Apelar para suas emoções, em geral, mostra-se infrutífero. Caso você deseje fazer alguma crítica a um colega de trabalho virginiano, é melhor chamá-lo num canto e, com muita paciência, criticar seus métodos ponto por ponto, de forma construtiva. Entretanto, a frequência dessas sessões deve ser a mínima possível, pois queixas constantes os deixam nervosos e os desgastam. Para persuadir melhor esses colegas de trabalho acerca de sua abordagem, limite-as a pequenas explicações ao longo do tempo. Nem sempre os virginianos se convencem facilmente na primeira vez e precisam ver seus métodos funcionando antes de estarem prontos para adotá-los.

O cliente de Virgem

PONTOS FORTES

Detalhista
Focado
Minucioso

PONTOS FRACOS

Seletivo
Sem visão geral
Ingrato

ESTILO INTERATIVO

Objetivo
Observador
Analítico

Os clientes do signo de Virgem tendem a ser muito detalhistas e seletivos. Trabalhar com eles exige um bocado de concentração, porque vão querer que suas instruções sejam seguidas até o último detalhe. A expectativa é que tudo esteja dentro dos conformes, pois examinarão seus relatórios com lente de aumento. Cabe a você leva--los, de modo suave, a perceber o panorama geral e a sentir a abordagem ou filosofia que está adotando, porém não espere demais deles neste quesito. É raro eles o elogiarem quanto ao seu trabalho, mas o simples fato de continuarem como seus clientes deve ser encarado como um agradecimento em si.

Como impressionar o cliente de Virgem

Os clientes nativos de Virgem vão exigir que você adote o mesmo tipo de abordagem aprofundada e analítica usado por eles. Assim, pode ser útil obter o esquema de um projeto anterior para ter uma noção da metodologia deles. Tão logo você tiver examinado o esboço e estiver em condições de começar o seu projeto, os virginianos ficarão impressionados com sua dedicação em cobrir cada ponto mencionado por eles em suas instruções. É comum ansiarem por atualizações regulares para ter uma ideia do seu progresso. A qualquer momento, podem apitar e fazer você parar para corrigir e redirecionar seus esforços, portanto, esteja alerta.

Como vender para o cliente de Virgem

Uma vez que tiver mostrado sua capacidade para o cliente virginiano, raramente terá problema em vender-lhe um novo projeto ou produto. Entretanto, construir sua credibilidade junto a esses nativos vem em primeiro lugar. Dessa forma, é importante garantir que o seu primeiro projeto seja um sucesso. Sua abordagem de venda junto a eles deve ser, acima de tudo, lógica e isenta de qualquer tipo de contradição ou incoerência. Seja otimista e positivo, mas, ao mesmo tempo, não subestime nem ignore possíveis dificuldades, como a manutenção de custos baixos e o cumprimento de prazos. Seu histórico com outros clientes é um instrumento de vendas importante, ainda mais se você tiver melhorado o conceito de algum concorrente deles no passado.

Sua aparência e o cliente de Virgem

O melhor é não usar roupas chamativas nem modernas demais, capazes de desviar a concentração dos clientes virginianos do material que você deve apresentar. Perfumes ou colônias fortes, estilos sensuais ou penteados da moda também podem ser contraproducentes. Apresente-se como alguém confiável, pronto para ouvir. Esse último traço pode ser reforçado se você fizer anotações e perguntas inteligentes. É comum os virginianos se aborrecerem com a impaciência de seus ouvintes, sua atenção divagante e, acima de tudo, sua inabilidade para compreender o ponto principal. Eles odeiam ter de se repetir, portanto tente entender de primeira aquilo que dizem.

Como manter o interesse do cliente de Virgem

Os clientes do signo de Virgem são bastante apegados ao próprio modo de fazer as coisas, portanto demonstrar curiosidade nessa área e pedir o conselho deles sobre como lidariam com os assuntos vai manter seu interesse. Evite colorir suas reuniões com anedotas ou piadas e, ainda mais importante, não adote saídas pela tangente nem mude de assunto a todo momento. Atraídos pela complexidade e por quebra-cabeças, os virginianos costumam ser fisgados por desafios mentais. Complexidade é algo que os fascina e a sua agilidade mental para lidar com áreas problemáticas prenderá a atenção deles.

Como dar más notícias ao cliente de Virgem

Os clientes virginianos suportam más notícias desde que você tenha uma lista de razões para explicar, com lógica, o porquê do erro ou do fracasso. Ao apresentar essas razões uma a uma e mostrar como evitá-las (ou, pelo menos, minimizá-las) no futuro, você será capaz de convencer o cliente de Virgem a lhe dar uma segunda oportunidade. Clientes desse signo ficam bastante animados com novas abordagens para um problema antigo, ainda mais se estas forem de baixo custo e implicarem apenas em mexer um pouco com suas próprias abordagens (em vez de reescrevê-las por completo). Portanto, a adoção de ligeiras modificações de direção, ainda conservando a intenção original, funciona melhor com eles.

Como entreter o cliente de Virgem

Os clientes nativos de Virgem conseguem relaxar, ficar bem à vontade e se divertir de verdade, se você conseguir afastá-los do contexto profissional e de assuntos ligados a negócios. Eles querem manter uma separação nítida entre a vida pessoal e a profissional, só que não sabem como fazê-lo. Ao permitir que esqueçam a carreira por um tempo e se entreguem por completo a incursões prazerosas, você estará prestando um grande favor a eles – difícil de ser esquecido. Uma vez engajados no seu estilo de entretenimento, é possível que continuem a fazer negócios com você, sempre na expectativa dos bônus ligados à diversão reservados para eles.

O sócio de Virgem

Em termos gerais, os virginianos são bons parceiros de negócios. Não obstante, o lado mais mutante de Virgem se manifesta nos sócios nascidos sob esse signo. Bastante

(O sócio de Virgem)

PONTOS FORTES

Fiel

Contido

Discreto

PONTOS FRACOS

Impulsivo

Imprevisível

Desconcertante

ESTILO INTERATIVO

Reservado

Comedido

Surpreendente

VIRGEM

imprevisíveis, vez por outra eles confundem seus sócios com uma contramarcha inesperada, resultante não tanto de suas atitudes calculadas, mas da ação impulsiva, que, muitas vezes, chega a surpreender. Assim, costuma ser difícil ter certeza absoluta quanto ao que esperar dos sócios nativos de Virgem. Como, por natureza, os virginianos são reservados e bastante contidos, pode ser difícil saber o que estão pensando.

Como montar um negócio com um virginiano

Virginianos gostam de saber de antemão o que se espera deles. Portanto, em qualquer sociedade com eles, a divisão do trabalho deve ser discutida a fundo, planejada e colocada no papel. Raramente os nativos de Virgem vão aceitar atribuições de que não estejam seguros de que vão poder dar conta. O que eles querem é entregar o produto e, por isso, estão sempre focados nos resultados. Os sócios virginianos tendem também a esperar o mesmo ou até mais daqueles com quem montaram um empreendimento. Paradoxalmente, porém, os melhores parceiros para eles são aqueles de natureza contrária, que trabalham com a teoria, a imaginação e a intuição.

Como dividir tarefas com o sócio de Virgem

Tanto quanto possível, permita que os sócios do signo de Virgem trabalhem sozinhos. Além disso, caso haja necessidade de reunir um corpo de especialistas para ajudá-los e para implementar suas ideias, o melhor é deixar a escolha dos assistentes por conta deles. Em geral, os virginianos têm um bom instinto quanto àqueles com quem podem e com quem não podem trabalhar. Se precisar do auxílio de seu sócio de Virgem num de seus próprios projetos, ele estará pronto para lhe prestar ajuda. No entanto, você deve evitar interrompê-lo no trabalho o máximo possível. Uma vez quebrada sua concentração, eles podem sentir dificuldade em retomar logo o foco.

Como viajar com o sócio de Virgem e entretê-lo

O sentimento de parceria entre você e seu sócio virginiano ganhará corpo nas viagens que fizerem juntos. Daí ser essa uma boa razão para sugerir uma ou duas viagens de negócios por ano em conjunto. Apesar de suas preferências marcantes, a maior parte dos sócios nativos de Virgem deixará a seu cargo a escolha do hotel, dos restaurantes ou dos meios de transporte. Caso você demonstre desinteresse ou indecisão quanto a isso, eles serão capazes de assumir a direção. Para a maioria dos sócios virginianos, não é preciso ter uma programação de lazer toda noite. Quase sempre bastará um único show de destaque ou outro tipo de atração durante a viagem.

Como gerenciar e dirigir o sócio de Virgem

Em alguns aspectos, os sócios do signo de Virgem são intratáveis, mas noutros são de uma afabilidade surpreendente. É evidente que depende muito de seu jeito próprio de ser, mas quando os perceber resistindo a uma direção, você deve recuar imediatamente e recorrer a uma abordagem menos direta e confrontante. Da mesma forma, você não deve se aproveitar da aparente inclinação deles para seguir ordens, pois eles podem guardar ressentimentos que só aflorarão muito mais tarde. Em vez de ser direto, indagando "Será que poderia fazer isso?", você deve tentar perceber a resposta dele sem formular a pergunta. A sua sensibilidade quanto às necessidades e vontades dos virginianos será muitíssimo apreciada e tende a fazer com que fiquem mais calmos.

Como se relacionar com o sócio de Virgem a longo prazo

Os problemas com sócios virginianos costumam vir à tona apenas depois de muito tempo. Por essa razão, você pode se sentir bem com o andar das coisas na sociedade e, então, um belo dia, ser surpreendido por um acesso de raiva do virginiano, especialmente dirigido a você. Para evitar esse tipo de episódio, de tempos em tempos, estimule com suavidade os sócios de Virgem a expressarem seus sentimentos negativos e, então, leve suas colocações a sério. O único problema dessa abordagem é que os virginianos adoram reclamar, e você poderá estar abrindo as comportas ao estimulá-los nesse sentido.

Como romper com o sócio de Virgem

O nativo de Virgem se apega tanto às sociedades quanto aos sócios. Ainda assim, é realista o suficiente para aceitar quando as coisas simplesmente não estão dando certo. Se é você o lado infeliz, e ele o satisfeito, pode tentar sugerir mudanças concretas que funcionariam melhor para você. Caso ele discorde ou seja incapaz de atender a tais demandas, essa pode se tornar uma razão para o rompimento entendida e aceita por ele. Mas se ele for a parte infeliz, é possível que sofra por meses ou anos sem dizer nada, e então um dia anuncie, de forma inesperada, que está saturado.

O concorrente de Virgem

Os concorrentes do signo de Virgem são sagazes ao extremo e tendem a se mostrar adversários terríveis no plano mental. Chegados uma competição intelectual com seus oponentes, vão procurar confundir, desnortear e irritar, lançando mão de quaisquer táticas para plantar as sementes da perturbação. Em geral, isso é feito de modo sutil, enquanto eles se mantêm frios, calmos e serenos do lado de lá da cerca. Logo que suas armas surtem efeito, eles prosseguem com seu plano original em relação ao próprio produto ou serviço, inocentemente, como se nada tivesse acontecido.

Como enfrentar o concorrente de Virgem

A melhor forma de combater as artimanhas sorrateiras dos concorrentes virginianos é pagando-lhes com a mesma moeda. Ao primeiro sinal da intervenção deles em suas campanhas de marketing e relações públicas, você deve, sem alarde, declarar guerra total e partir para o ataque, procurando minar os planos deles da mesma forma como eles desestabilizaram os seus. Ao mesmo tempo, deve criar um controle de danos, combatendo com vigor o comportamento agressivo do adversário, e consertando os possíveis rombos feitos nas suas redes. A rapidez da sua reação os deixará nervosos e vulneráveis.

Como superar o concorrente de Virgem em planejamento

Os maiores talentos dos virginianos despontam no planejamento, portanto é melhor não tentar combatê-los de frente nessa área. O melhor é esperar até que a estrutura

TRABALHO

(O concorrente de Virgem)

PONTOS FORTES

Sagaz

Temível

Sutil

PONTOS FRACOS

Seguro demais

Enganador

Não confiável

ESTILO INTERATIVO

Evasivo

Dissimulado

Sorrateiro

de seus planos esteja clara, e só então buscar formas de se opor a eles diretamente, em cada ponto. Em geral, se você conseguir perfurar a armadura deles em um ou dois lugares, talvez os leve a duvidar da eficácia do próprio plano como um todo. Isso feito, eles com certeza farão mudanças e você terá ganho espaço nas interações. Daí em diante, as ações deles poderão se limitar a reagir às suas táticas. Quando esses concorrentes são colocados na defensiva, é comum que acabem se confundindo.

Como impressionar pessoalmente o concorrente de Virgem

Pelo fato de o estilo virginiano ser tão dissimulado, você deve partir para a abordagem contrária. Ao conservar-se animado e aberto, irritará os concorrentes de Virgem, desestabilizando-os. Enquanto estiverem surpresos (e provavelmente rindo da sua estupidez por ser tão falastrão), você pode se aproveitar do desequilíbrio deles. Lance todas as falsas pistas e afirmativas contraditórias que puder para que percam o controle das emoções. Quando começarem a reagir, é possível que revelem muitas de suas intenções secretas.

Como enfraquecer e superar o concorrente de Virgem

É comum os concorrentes do signo de Virgem estarem ocupados em realizar suas verdadeiras transações por trás dos panos, às vezes até mesmo tendo os interesses de sua empresa representados extraoficialmente por outros. Aqui, é melhor combatê-los de frente, fazendo um pouco de pesquisa (e espionagem) para minar suas táticas. Numa guerra aberta de lances, a melhor forma de combater os concorrentes virginianos é blefando, pois eles tendem a levar suas ações ao pé da letra. Assim que você se empenhar em fazer lances altos, conseguirá, em geral, elevar os lances contrários até por fim se retirar, deixando-os como pretensos vencedores de uma guerra de lances excessivamente inflados que você, de qualquer forma, jamais esteve interessado em ganhar.

Guerras de relações públicas com o concorrente de Virgem

Os concorrentes virginianos costumam ser espertos o suficiente para analisar a sua abordagem e, em seguida, combatê-la, ponto por ponto. Uma forma de frustrá-los é adotando a mesma abordagem e retendo as relações públicas e o marketing até a última hora. Não raro, você sairá vencedor nessa guerra de nervos, forçando-os a assumir uma posição ou a mostrar o jogo. Eles tentarão fazê-lo reagir, provocando-o com colocações falsas ou equivocadas sobre sua empresa. Mantenha o posicionamento mais seguro e recuse-se a reagir a torto e a direito. Recuse-se também a adotar práticas dissimuladas, deixando de criticar o produto deles, porém procurando promover o seu.

O concorrente de Virgem o e a abordagem pessoal

A maioria dos concorrentes virginianos procura ser objetiva. Nos assuntos pessoais, é comum serem contidos e ficarem na defensiva. Até mesmo uma referência indireta a algo relativo à sua vida particular os aborrece demais. Portanto, evite esses temas nos tempos de trégua e paz. Entretanto, em guerra aberta com esses adversários, você pode usar a abordagem pessoal como arma. Os nascidos sob esse signo ficam numa péssima condição quando irados, e não só abrem o flanco para novos ataques como expõem sua sensibilidade, submetendo seu delicado sistema nervoso ao estresse extremo.

Amor

VIRGEM
23 DE AGOSTO A 22 DE SETEMBRO

O primeiro encontro com alguém de Virgem

Num primeiro encontro, os nascidos sob o signo de Virgem mostram-se especialmente esquivos e distantes. Em geral, críticos e reservados ao extremo, eles guardam os sentimentos para si, não revelando se gostam ou não de você. É melhor não se intrometer no espaço deles. Não os pressione nem os force a dizer se estão apreciando o encontro ou não. No primeiro encontro, os virginianos vão querer impressioná-lo com a aparência, portanto não deixe de comentar o belo visual. A expectativa desses nativos é que você torne as coisas interessantes para eles, caprichando na sagacidade, na ironia, no jogo de palavras e nas conversas sobre temas interessantes e em comentários perspicazes. Se ficarem em silêncio, não quer dizer que haja algo de negativo em você, portanto vá em frente com seu discurso.

Como paquerar alguém de Virgem e como marcar um encontro

Mesmo estando abertos a serem chamados para sair logo de cara, é provável que os virginianos, em sua maioria, deixem bem claro que a primeira vez que vocês se viram não é a melhor hora para conversar. Programe uma ligação telefônica para uns dias à frente, para planejar o primeiro e longo encontro de vocês. Muitas vezes, o melhor é apenas sair para uma caminhada, um café ou um drinque descontraído, em vez de agendar uma data especial com jantar seguido de outro programa. Isso dará ao virginiano seletivo uma boa oportunidade de ter uma impressão de você e decidir se deseja um envolvimento maior a partir dali.

Atividades sugeridas para o primeiro encontro com alguém de Virgem

Após se conhecerem e fazer um contato ao telefone, uma caminhada ou tomar um drinque, é hora de programar um primeiro encontro "pra valer". Agora, se trata de deixar qualquer limitação de lado e não poupar empenho nem gastos para impressionar o virginiano e garantir que vocês tenham bons momentos juntos. Descubra o tipo de música, de comida ou outra atividade qualquer que seja da preferência dele, porque não há nada pior do que aguentar até o fim a desaprovação ou a apatia decorrentes de uma escolha errada de sua parte. Os nativos desse signo são bons de reclamação, portanto você saberá, na hora, como está se saindo e talvez tenha condições de mudar de rumo a tempo.

PONTOS FORTES
Refinado
Seletivo
Atraente

PONTOS FRACOS
Fechado
Apático
Calado

ESTILO INTERATIVO
Sereno
Indiferente
Impassível

AMOR

Estímulos e desestímulos no primeiro encontro com alguém de Virgem

É mais fácil falar sobre os desestímulos. Os virginianos são tão seletivos e meticulosos que praticamente qualquer coisa lhes tira o pique. Por exemplo, eles talvez gostem de algo que você ofereça, mas há o risco de isso acontecer na hora ou no lugar errados. Considerando que a rejeição por parte deles é algo muito imprevisível, até mesmo para eles, você terá, apenas, de jogar com a sorte. O que de fato os estimula é a sua capacidade de interpretar o atual estado deles e de conseguir improvisar algo que os agrade naquele exato momento.

O "primeiro passo" no primeiro encontro com alguém de Virgem

É essencial estar ligado em *kairós* (saber o momento certo de fazer algo) antes de dar o primeiro passo com um nativo de Virgem. Num primeiro encontro, ele só corresponderá de verdade se as coisas forem absolutamente corretas. Quaisquer sentimentos de que o momento não é adequado resultarão numa rejeição, tanto em termos físicos quanto emocionais. Estimulá-los a dar esse primeiro passo, em geral, não é uma alternativa possível, porque é raro eles se comprometerem tão cedo. Por outro lado, também não vai funcionar se você não entrar em ação quando eles parecerem abertos à sua iniciativa. Assim, caberá a você agir mais cedo ou mais tarde, arriscando-se a sofrer uma rejeição.

Como impressionar alguém de Virgem no primeiro encontro

É comum os virginianos se impressionarem com preparativos esmerados. Se você se programar bem, terá superado o primeiro obstáculo. Tais preparativos incluem não só fazer reservas, comprar entradas, providenciar um transporte confortável e garantir certa privacidade, como também estar com um belo visual para uma saída à noite. Os nativos de Virgem só esperam que as coisas corram bem, e quando isso não acontece eles demonstram uma falta de empatia e de compreensão. Fazer o melhor não basta – as coisas precisam estar perfeitas. Exigências altas assim são para alguns um motivo para se aperfeiçoar, mas para outros são absolutamente desestimulantes.

Como dispensar alguém de Virgem no primeiro encontro

Em muitos casos, um virginiano pouco se importa em ser dispensado num primeiro encontro. Ao final da primeira noite juntos, e muitas vezes antes disso, ambos saberão se funcionam juntos ou não. Com seu senso de realidade, já com base nos primeiros encontros um nativo desse signo decidirá que não é bom continuar com alguém que não perceba como sendo a pessoa certa, ou para a qual ele sente que também não é adequado. Não é preciso criar desculpas elaboradas para não voltar a procurar esses indivíduos lógicos e clarividentes. Expor a verdade em tais situações não costuma constrangê-los nem um pouco.

O par romântico de Virgem

As vantagens adicionais dos pares românticos de Virgem ficam patentes na programação de viagens, nos preparativos e reservas e no planejamento do futuro. Virginianos deixam pouca margem para erros nos seus cálculos judiciosos e em relação a sua necessidade de colocar esses assuntos em ordem. Em certos momentos, você desejaria que eles não precisassem especificar tudo com tanta precisão e deixassem um espaço para mudanças de última hora, mas, na maior parte das vezes, eles pouparão a você muito tempo e esforço. Em geral, os nascidos no signo de Virgem servem mais à relação do que seus pares e lutam para preservar a integridade dela, assim como seus limites.

Como conversar com o par romântico de Virgem

Os nascidos sob o signo de Virgem vão cobrar você por promessas feitas e fazer pressão para que se atenha aos planos originais. Assim, qualquer conversa que envolva mudança de ideia de sua parte será tratada de maneira séria. Preferem discutir pontos específicos em vez de apenas divagar, embora tenham, de fato, uma queda por fofocas. As conversas mais agradáveis com pessoas desse signo são as que as fazem rir, porque nessas ocasiões deixarão de lado suas atitudes mais rígidas e se soltarão de verdade.

Como discutir com o par romântico de Virgem

Deixe de lado a ideia de ganhar uma discussão com virginianos. Eles não só recorrerão à lógica para detonar seus argumentos com efeito devastador, como também simplesmente bloquearão os esforços de sua parte, seja para opor-se à vontade deles, seja para livrar-se de responsabilidades. Aqui há um paradoxo: embora sua argumentação seja lógica, o comportamento deles pode não ser nada racional. Essa estranha combinação de racionalidade com irracionalidade transforma-os em adversários terríveis. Eles também tendem a não esquecer nem perdoar com facilidade.

Como viajar com o par romântico de Virgem

É um prazer pegar um carro, um avião ou um trem e saber que tudo, desde as passagens aos lanches, já foi providenciado por seu par romântico de Virgem. Virginianos detestam ser pegos de surpresa e, como resultado, a preparação é sua especialidade. Embora sejam raros os erros de cálculo graves, eles serão meramente descartados como infortúnios acidentais pelos virginianos, desejosos de não assumir a culpa. Embora curtam uma conversa interessante, o bate-papo despreocupado esgota os virginianos e os deixa nervosos e irritados. Mantenha-os num bom astral com jogos de palavras espirituosos, resolvendo quebra-cabeças e envolvidos em algum jogo.

O sexo com o par romântico de Virgem

Mesmo os virginianos mais ortodoxos (e muitas vezes os mais rígidos) tendem a "liberar geral" na intimidade. Até aventurando-se em terrenos sexuais bizarros e estranhos, eles podem surpreender com uma reação intensa e imediata, quando sozinhos com você, quase sempre em seu próprio território. A experiência de ser atacado num quarto (ou em qualquer outro cômodo) por alguém de Virgem supostamente pudico e recatado pode ser algo memorável. Revelar-se na intimidade, no lugar e na hora por eles escolhida é uma especialidade dos nativos de Virgem. Não se refira a isso mais tarde, nem tente provocá-los em relação a tal comportamento, pois o senso de humor dos virginianos tem limites bem estritos.

(O par romântico de Virgem)

PONTOS FORTES

Estruturado

Organizado

Preparado

PONTOS FRACOS

Compulsivo

Rigoroso

Inflexível

ESTILO INTERATIVO

Deliberado

Preciso

Organizado

AMOR

Afeição e o par romântico de Virgem

A maioria dos virginianos não gosta de demonstrações públicas de afeto. Mais apaixonados do que sensuais, os nativos de Virgem, em geral, não gostam de ser tocados ou abraçados e podem também se esquivar de suas tentativas de beijá-los, ainda que no rosto. Mesmo com a reputação de frieza, a maior parte dos nascidos neste signo ficará radiante com um sorriso ou palavra gentil dirigida a eles, se estiverem receptivos a isso. As coisas funcionarão melhor com seu par romântico de Virgem se você for capaz de enxergar o pisca-alerta vermelho que diz: Mantenha distância ou não toque em mim.

O senso de humor e o par romântico de Virgem

Há quem insista em afirmar que os nativos de Virgem não têm senso de humor, rotulando-os de críticos extremados, exigentes e acusadores. Outros se recusam a dizer qualquer coisa boa a respeito dos virginianos, insistindo que sua negatividade acaba destruindo o romantismo de qualquer relacionamento amoroso. Embora isso seja um exagero, não se pode negar que as atitudes sérias e rígidas impedem de fato que os virginianos relaxem e se divirtam. Entretanto, aqueles que sabem como fazer seus pares românticos de Virgem gargalharem terão, em geral, pouco do que se queixar a respeito deles.

O cônjuge de Virgem

PONTOS FORTES
Confiável
Trabalhador
Caseiro

PONTOS FRACOS
Compulsivo
Mandão
Bagunçado

ESTILO INTERATIVO
Insistente
Crítico
Perspicaz

Até mesmo as pessoas de Virgem mais independentes são capazes de migrar, de modo bastante natural, para a esfera do casamento, tornando-se excelentes donas de casa ou pais de família. Ainda que enlouqueçam seus pares com a insistência por ordem, é comum apresentarem curiosamente certo descuido com a limpeza de seu espaço próprio de trabalho e de moradia. Tais áreas podem parecer bagunçadas, mas, na verdade, estão ordenadas de acordo com alguma lógica virginiana estranha, que só os nativos desse signo identificam. Apesar de os cônjuges de Virgem trabalharem com afinco, não significa que gostem de fazê-lo. Muitas vezes, eles dão preferência a fazer o mínimo exigido e, em seguida, relaxar e se divertir. Eles brilham nas emergências e estão presentes quando necessário.

A cerimônia de casamento e a lua de mel com o cônjuge de Virgem

Embora os cônjuges de Virgem gostem de tudo muito bem organizado para seu casamento e lua de mel, eles preferem ter alguém que cuide das coisas. Não são inteiramente avessos a fazer planos ou a indicar suas exigências e desejos, mas, na hora de colocar a mão na massa, gostam de ter alguém encarregado disso, e uma vez na vida poderem ficar de fora, ou melhor, recostar-se e relaxar. Além disso, quando a sós com o novo cônjuge, eles preferem não ser pressionados em área nenhuma – afinal, estarão talvez nas primeiras férias de verdade em muito tempo.

O cotidiano doméstico e a vida de casado com alguém de Virgem

Os virginianos são muito insistentes em suas exigências. Daí ser melhor contestá-los o mínimo possível e garantir que, ao menos por algum tempo, estejam satisfeitos com seu comportamento. A alternativa não é nada agradável. Quando as demandas do cônjuge de Virgem não são atendidas, é melhor se preparar para uma enxurrada de críticas, reclamações, acusações e uma frieza comparável apenas aos ventos congelantes do Ártico. Os nativos de Virgem são notoriamente difíceis de agradar, assim é melhor tentar seguir as regras ditadas por eles sempre que possível, sem questioná-los.

As finanças e o cônjuge de Virgem

Os cônjuges virginianos são ótimos para cortar despesas, descobrir promoções, surpreender poupando grandes quantias em segredo e abrir mão de coisas. Também são propensos à sovinice nos desembolsos e exigentes com os pares para que se mantenham dentro do orçamento familiar. Ficam zangados quando os companheiros gastam sem necessidade, chegando ao ponto de não falar com eles ou de se afastar fisicamente. A composição de orçamentos e a obediência a eles (e, claro, a insistência para que você faça o mesmo) é algo natural para a maioria dos virginianos.

A infidelidade e o cônjuge de Virgem

Por serem pessoas muito dogmáticas e regidas por regras, os virginianos surpreendem pelas atitudes amorais em relação à infidelidade. Quando estão seguros da dedicação e do amor do cônjuge, são bem capazes de fazer vista grossa para uma ou outra leviandade. No entanto, é raro esquecerem os detalhes dessas infidelidades e poderão usá-los como arma contra o cônjuge. Também não veem nada de errado num flerte ou numa escapadela ocasional, contanto que todos os assuntos privados sejam mantidos em segredo. Na verdade, os nativos de Virgem não percebem o sexo como a coisa mais importante num casamento e, portanto, não consideram que vale a pena se preocupar demais com isso.

Os filhos e o cônjuge de Virgem

Os virginianos são excelentes em cuidar das necessidades diárias dos filhos. Por serem muito detalhistas, querem verificar cada área da psique e da anatomia dos filhos para se certificar de que está tudo bem com eles. Prestarão igual atenção às roupas, aos deveres de casa e aos hábitos alimentares deles. São bastante competentes em arrumá-los para a escola e garantir que não fiquem sozinhos quando pequenos. À medida que os filhos ficam mais velhos, os pais virginianos se dispõem a garantir-lhes independência e sentem-se aliviados por não ter de atendê-los com tanta frequência. Ainda assim, costumam ficar atentos a problemas.

O divórcio e o cônjuge de Virgem

Em matéria de divórcio, os cônjuges desse signo não facilitam as coisas. Em geral, tentam ficar com os filhos, a casa, a conta bancária e tudo o mais que estiver ao seu alcance. Sua atitude, em geral, é de que trabalharam muito mais e, assim, deveriam

AMOR

169

receber a maior parte do que foi acumulado (exceto as dívidas e as contas). Tal atitude costuma ser acompanhada por uma cegueira em relação às necessidades de seu cônjuge, mas, fora isso, eles quase nunca procuram ofender ou causar dano emocional. O fato de ferirem emocionalmente é, na maioria dos casos, devido não tanto a uma intenção de machucar, mas a sua insensibilidade e indiferença.

O amante de Virgem

PONTOS FORTES
Atraente
Reflexivo
Capaz

PONTOS FRACOS
Inseguro
Desconfiado
Instável

ESTILO INTERATIVO
Despretensioso
Reservado
Crítico

Os amantes do signo de Virgem se perturbam com facilidade e não são confiáveis para manter a estabilidade num relacionamento romântico. Muitas vezes nervosos quanto a manter seus pares, os virginianos transmitem suas inseguranças por meio de atitudes que revelam sua natureza crítica e desconfiada em ação, minando seus sentimentos. Com muita frequência esses pensamentos negativos são dirigidos a si mesmos, mas são também direcionados, separadamente, para as atitudes dos parceiros ou para a natureza mesma do relacionamento. Quando enxergam as coisas de forma positiva, sua beleza natural resplandece, destacando e complementando sua natureza intelectual, capaz e responsável.

Como conhecer o amante de Virgem

Com frequência, você vai saber de um amante virginiano em potencial por meio de um amigo comum ou de um familiar que o considera atraente e acha que vocês deveriam se conhecer. O interesse de um virginiano por você pode ter sido despertado da mesma forma. Provavelmente, terá se formado, de ambos os lados, uma atmosfera de expectativa antes do primeiro encontro, servindo para aumentar a intensidade do contato. Além disso, os sentimentos de ambos em relação à pessoa que os apresentou podem servir não só como desculpa ou razão para se conhecerem, como para oferecer a sustentação que mantém o relacionamento unido, sobretudo nas primeiras fases.

Onde se encontrar com o amante de Virgem

Os virginianos precisam passar muito tempo na sua casa antes de se sentirem realmente à vontade ali. No princípio, talvez será melhor se eles convidarem você para a casa deles, o que, em si, é sinal de alta consideração e um indicador de seu grau de interesse. Até mesmo o convite de um virginiano para você entrar depois de bater à porta é uma expressão de confiança, mas também demonstra um interesse da parte deles para que você os conheça melhor. Respeite ao máximo o espaço deles e nunca toque em objetos nem mexa em livros, papéis ou na geladeira quando eles estiverem ausentes ou fora do ambiente.

O sexo e o amante de Virgem

Os virginianos apreciam o sexo contanto que tudo o que acontecer seja mantido entre os dois e jamais passado adiante. Caso informações sobre sua performance sexual, por mais elogiosas que sejam, cheguem aos seus ouvidos, eles podem ficar extremamente perturbados. Da mesma forma, seja um túmulo em relação ao que eles compartilharem, mais ainda em se tratando de confidências. É comum os amantes do signo de Virgem agirem da mesma forma, respeitando também a sua privacidade. Em geral, os casos amorosos apresentam um grande atrativo para os virginianos, que se sentem estimulados sexualmente por essas aventuras clandestinas. Aprecie-os o máximo possível, mas, tome cuidado: se você trair amantes de Virgem de alguma forma, espere revides rápidos e agressivos de ciúme.

Como segurar o amante de Virgem

Caso você engrene numa relação constante com amantes nativos de Virgem, tão logo o envolvimento se aprofunde e você esteja mais familiarizado com suas preferências, é normal que consiga segurá-los. As razões para os rompimentos com amantes virginianos estão, em geral, ligadas a uma simples diminuição da intensidade dos sentimentos com o passar do tempo. Entretanto, é comum esses amantes já serem casados ou estarem num relacionamento estável quando você os conhecer e, logo que a necessidade deles de uma escapadela passar, prepare-se para lidar com a volta deles para o parceiro original, descartando você no processo. Em retrospectiva, pode parecer que o que buscavam e precisavam não era você especificamente, mas apenas o "caso" em si.

Como entreter o amante de Virgem

Os amantes virginianos querem toda a sua atenção quando estiverem juntos, mas também gostam de jogos, de quebra-cabeças, de solucionar problemas e de conversar sobre temas diversos. Modalidades interessantes de fazer amor e atividades de raciocínio os atraem em particular. Jamais procure desvendar, de modo direto, o seu mistério. Em vez disso, demonstre estar fascinado por eles, expressando interesse de maneira sutil e indireta. Tal interesse é, muitas vezes, todo o entretenimento que exigem quando vocês estão sozinhos. Quando saírem em público juntos, lembre-se de sua predileção pela qualidade no que se refere a jantares, assentos em espetáculos e meios de transporte.

Como romper com o amante de Virgem

Quase sempre, os rompimentos com os amantes do signo de Virgem são de iniciativa deles, depois que o relacionamento tiver cumprido sua utilidade. Isso pode soar como sangue-frio, mas, com frequência, um caso com um amante virginiano terá por base considerações de ordem prática, porque os virginianos são tão honestos quanto realistas. Caso seja você a romper com um virginiano, a tendência é que ele aceite essa decisão sem brigar, sabendo que há, provavelmente, uma nova paixão esperando logo ali na esquina. O melhor é fazer o rompimento pessoalmente, de maneira direta, para evitar simulações e jogos.

O ex-cônjuge de Virgem

Os ex-cônjuges de Virgem não costumam ver com muito entusiasmo a ideia de reatar um relacionamento com um antigo par. É muito comum estarem cheios de sentimentos negativos e preferirem simplesmente romper de vez com o passado. Por saberem lidar

(O ex-cônjuge de Virgem)

PONTOS FORTES

Sagaz

Definido

Explícito

PONTOS FRACOS

Acusador

Apático

Ressentido

ESTILO INTERATIVO

Frio

Prosaico

Desapegado

bem com advogados e questões legais, eles explorarão cada possibilidade para garantir uma compensação adequada e um bom amparo no caso de ficarem com a guarda dos filhos. Eles preferem manter as coisas frias e triviais com os ex-cônjuges, sem dramas, embora sejam propensos à raiva e à irritação, mais ainda quando se sentem injustiçados ou prejudicados.

Como fazer amizade com o ex-cônjuge de Virgem

Não espere poder se aproximar demais do seu ex-cônjuge do signo de Virgem. É comum a tentativa de estabelecer um novo vínculo emocional estar fadada ao fracasso desde o início. Nesses assuntos, a atitude virginiana obedece ao velho ditado: "Gato escaldado tem medo de água fria". Em regra, o máximo que você pode esperar é uma compreensão objetiva da sua posição, respeito mútuo e a ausência ou cessação de hostilidades e ressentimentos. Todo tipo de contato físico deve ser evitado com cautela. Ex-cônjuges de Virgem podem se tornar detestáveis se você tentar abordá-los sexualmente ou atingi-los no plano emocional. Revolver sentimentos do passado, em geral, só provocará rancor e acusações.

Problemas para reatar com o ex-cônjuge de Virgem

Só mesmo após um longo período em que o respeito e a confiança estiverem reestabelecidos é que tal possibilidade poderá ser considerada. Não se surpreenda se eles exigirem de você garantias verbais e escritas de que serão tratados de forma adequada antes de permitirem uma aproximação ou começarem a discutir a volta à vida em comum. Você deve estar preparado para deixar o orgulho de lado e para admitir francamente os erros do passado e sua intenção de mudar. No entanto, eles não darão crédito a promessa alguma a não ser que você possa respaldá-las com ações.

Como conversar sobre questões do passado com o ex-cônjuge de Virgem

Questões do passado só serão discutidas se você estiver preparado para analisar, ouvir, aceitar e, acima de tudo, enxergar o ponto de vista do seu ex-cônjuge de Virgem. Se você expressar qualquer sinal de raiva ou emoção mais forte, esteja pronto para vê-lo virar as costas e ir embora. Às vezes, é melhor não trilhar a estrada do passado de jeito nenhum, porque se um virginiano começar a jornada com você, é bastante improvável que queira parar até que o assunto seja totalmente esgotado, em geral de forma dolorosa. Como o cachorro que não larga o osso, seu ex-cônjuge de Virgem não vai abrir mão do tema com facilidade, continuando com ele por dias, semanas e até meses.

Como expressar afeto pelo ex-cônjuge de Virgem

Nessa área, o melhor seria tomar a iniciativa muito raramente ou de preferência nunca. Embora talvez você acabe tendo de esperar alguns anos, é melhor deixar o primeiro passo a cargo do virginiano. Valorize até mesmo o sorriso mais leve, o contato visual prolongado ou um toque na mão, mas, acima de tudo, não reaja de forma exagerada a essas aberturas. Na verdade, seria melhor ignorá-las de vez. Sua melhor abordagem talvez seja expressar seu afeto por escrito, caso em que sua presença física não é tão sentida.

VIRGEM

Como definir o atual relacionamento com o ex-cônjuge de Virgem

Ex-cônjuges de Virgem são mestres em definir tais relacionamentos, portanto o estabelecimento de um código de conduta e de fala deve ser deixado a cargo deles. A melhor forma de você provar suas boas intenções será mostrando ser capaz de observar à risca essas condições. Nos momentos críticos, você pode se referir às suas conquistas nessa área como exemplos de sua boa índole e desejo de fazer com que as coisas funcionem. Jamais prometa algo que não esteja preparado para cumprir. Para os virginianos, sua palavra é o que vale.

Como compartilhar a guarda com o ex-cônjuge de Virgem

Estrutura é algo natural para todos os virginianos. Eles se sentem mais à vontade quando há um acordo sério estabelecido para visitação ou guarda compartilhada. Não é comum haver flexibilidade, nem mesmo quanto a um pedido dos filhos quando surge uma ocasião muito especial. Além disso, a insistência do virginiano para que você se atenha aos acordos legalmente firmados em relação aos filhos não admite um meio-termo. A expressão de emoções de sua parte tende a aborrecê-los, assim, evite manifestar seus sentimentos, da preocupação empática a acessos de alegria ou raiva. As emoções, tanto positivas quanto negativas, tendem a ser igualmente condenadas.

VIRGEM
23 DE AGOSTO A 22 DE SETEMBRO

Amigos e família

PONTOS FORTES
Apoiador
Solícito
Constante

PONTOS FRACOS
Carente
Difícil
Julgador

ESTILO INTERATIVO
Cuidadoso
Crítico
Envolvido

O amigo de Virgem

Os amigos virginianos são extremamente apoiadores e solícitos. Parecem saber quando você precisa deles de verdade, e, mesmo que vocês estejam sem se falar por algum tempo, costumam aparecer de repente, no momento certo. Embora os virginianos em geral sejam indivíduos muito carentes, os amigos desse signo encontram dificuldade em pedir ajuda. Tais pedidos custam muito a chegar, mas quando finalmente acontecem, devem ser levados a sério. O contato com amigos do signo de Virgem não precisa ser frequente, mas depois de algumas semanas ou a cada dois ou três meses é bom ligar ou enviar-lhes um e-mail, contando o que tem feito.

Como pedir ajuda ao amigo de Virgem

A ajuda do amigo nativo de Virgem só está disponível em certas ocasiões, a saber, quando tudo na vida deles está em ordem e eles estão dispostos o suficiente para oferecê-la. No entanto, por estarem sempre tão envolvidos com seus problemas pessoais, nem sempre se encontram emocionalmente estáveis, mesmo para se ajudarem. Com um sistema nervoso e trato digestivo muito sensíveis, é comum os virginianos sofrerem ou, no mínimo, se sentir levemente perturbados. Portanto, é preciso verificar os estados físico, mental e emocional deles antes de solicitar ajuda. Se estiverem bem o suficiente, não hesite em pedir.

Como se comunicar com o amigo de Virgem e manter contato com ele

A comunicação dos virginianos é, por natureza, direta e incisiva, mas sob a superfície outras questões podem estar à espreita. Assim, as conversas com os nativos de Virgem acontecem em níveis diferentes ao mesmo tempo. Depois de uma interlocução desse tipo você vai querer rever toda a conversa mentalmente e ler nas entrelinhas. A frequência na comunicação não importa para a maioria dos virginianos, mas a constância, sim. Caso surja uma programação envolvendo contatos toda semana ou todo mês, os virginianos esperarão que você a cumpra. É comum uma noite tranquila juntos ou uma longa ligação telefônica bastarem por um bom tempo.

Como pedir um empréstimo ao amigo de Virgem

Existe uma lei não escrita entre muitos amigos virginianos que diz: "Se não peço emprestado a você, não peça a mim". No caso de amigos do signo de Virgem que nunca lhe pediram dinheiro no passado, você poderá ser recebido com frieza ao aproximar-se deles solicitando um empréstimo. Não é o fato de estarem, em dado momento, com dinheiro sobrando ou quebrados o que mais importa na hora de liberar o empréstimo. Eles querem saber para que é, se seria uma boa ideia gastar essa quantia e como e quando você pretende reembolsá-los. Levando em conta essa e outras condições impostas sobre os empréstimos, talvez você prefira conseguir o dinheiro de outra forma.

Como pedir conselhos ao amigo de Virgem

Os amigos virginianos podem ajudar muito com seus conselhos, por pensarem com lógica e conseguirem prever possíveis problemas se determinado curso de ação for seguido. No entanto, com certeza vão perguntar se você seguiu ou não seu valioso conselho e, se não tiver seguido, podem decidir não oferecer uma nova ajuda. Os nascidos sob esse signo são julgadores e críticos e, depois de receber um conselho deles, você pode não querer que seu comportamento seja esmiuçado. Pense bastante antes de pedir ou aceitar um conselho deles, já que poderá ser o início do fim de uma bela amizade.

Como visitar o amigo de Virgem

As visitas a amigos desse signo devem acontecer quando e onde eles escolherem, contanto que esses quesitos não sejam de grande importância para você. Muito específicos em relação a quase tudo, os virginianos sentem-se logo desconfortáveis e nervosos se não tiverem certeza se querem ou não, de fato, fazer algo de certa forma. Portanto, é melhor não dizer a eles para organizar algo a que obviamente resistem. Pressioná-los só servirá para piorar as coisas e até mesmo precipitar uma catástrofe que exigirá um bom tempo até que ambos os lados se recuperem.

Comemorações/entretenimento com o amigo de Virgem

Ainda que sejam excelentes planejadores e organizadores, nem sempre se pode contar com o bom humor dos amigos do signo de Virgem na ocasião de um evento. É muito comum eles exercerem um papel importante nos preparativos, mas acabarem sucumbindo a uma dor de cabeça lancinante ou a uma dor de estômago de fundo nervoso no dia marcado, que os impede totalmente de comparecer. Na realidade, talvez eles prefiram que seja assim. Reuniões sociais não são o seu forte, e eles preferem encontros pessoais ou, no máximo, com poucas pessoas por vez. Entretanto, se precisar deles para acompanhar ou proteger você, vão cumprir esse papel de forma admirável.

O colega de quarto de Virgem

Os colegas de quarto do signo de Virgem não procuram desempenhar um papel de destaque numa situação de convivência diária. No entanto, suas exigências básicas costumam ser rígidas o suficiente para tornar a presença deles fortemente notada. Com

(O colega de quarto
de Virgem)

PONTOS FORTES

Estável
Consciencioso
Organizado

PONTOS FRACOS

Incapaz de perdoar
Rígido
Vingativo

ESTILO INTERATIVO

Resoluto
Lógico
Responsável

VIRGEM

certeza nada modestos, os virginianos acreditam que estão ali para ajudar e manter a estabilidade doméstica. É raro contribuírem para incertezas, caos ou revoltas, mas, se contrariados ou ignorados repetidas vezes, com certeza vão fincar o pé e se recusar a abrir mão de sua posição. Eles são implacáveis em relação a erros dos colegas de quarto e raramente, ou nunca, deixam por menos uma desfeita, mesmo que pareça trivial.

Como dividir responsabilidades financeiras com o colega de quarto de Virgem

Os nativos do signo de Virgem não são conhecidos por sua generosidade. Portanto, estão preparados para cumprir com suas obrigações, mas se recusarão, sem dúvida, a pagar um centavo além do combinado. Eles tendem a ser implacáveis com os colegas que não conseguem honrar a sua parte do trato, chegando a atacá-los com acusações e injúrias. Por conta de suas atitudes estritas e inflexíveis em relação às responsabilidades financeiras, eles se certificam de que o aluguel, as contas de luz, água e telefone, no mínimo, sejam pagos em dia. Quanto à alimentação e aos extras, porém, é provável que insistam com os colegas de quarto para que moderem nas compras e não gastem demais.

A limpeza e o colega de quarto de Virgem

Na realidade, apesar da reputação de maníacos por limpeza, os virginianos são bagunceiros como qualquer outra pessoa. Mas eles limpam e, muitas vezes, bem rápido. No entanto, isso não significa que vão limpar a sua bagunça também. É comum haver uma linha geográfica demarcando onde eles pararam. Eles não gostam de ficar importunando os outros para que façam a limpeza. Em vez disso, costumam dar a ordem de limpeza em termos sumários e não tão amáveis. O verdadeiro ponto forte dos virginianos faxineiros é que eles têm um lugar para tudo e acreditam que, na medida do possível, tudo deve estar no lugar quando não estiver sendo usado.

Convidados e o colega de quarto de Virgem

Os nativos de Virgem costumam não ver com bons olhos os seus convidados, percebendo-os como bagunceiros em potencial que vão deixar tudo para eles arrumarem. Por outro lado, são extremamente generosos e atenciosos com seus próprios familiares ou amigos que fiquem por alguns dias. Estadas muito demoradas são, de fato, uma impossibilidade para a maioria dos virginianos, pois eles ficam nervosos quando os hóspedes começam a se divertir muito. Em termos financeiros, eles não se acanham nem um pouco de pedir ou insinuar a ajuda de convidados para que colaborem com comida ou até mesmo com as contas de luz, água ou gás quando a visita se estende.

Festas e o colega de quarto de Virgem

De vez em quando, os colegas de quarto desse signo gostam de se soltar. Eles podem muito bem ser tão extravagantes, barulhentos e expansivos sexualmente quanto qualquer outro convidado da festa e, muitas vezes, até mais que eles. No entanto, quando a algazarra vai diminuindo, seu senso de ordem e estrutura ataca de imediato, e eles começam a arrumar, guardar coisas e despachar, de forma gentil, os convidados porta afora. É comum que os colegas de quarto virginianos assumam para si e executem com êxito todas as responsabilidades referentes à festa, sem esperar agradecimentos. No entanto, isso só acontece quando outros deixam de ajudar, pois eles ficam muito agradecidos quando tem alguém para dar uma mãozinha.

Privacidade e o colega de quarto de Virgem

Os virginianos são reservados ao extremo. Exigem que seu espaço seja inviolável, mas sentem-se bem à vontade para compartilhar espaços comuns, como a sala, o banheiro e a cozinha. Ninguém deve entrar no quarto deles, sob qualquer circunstância, exceto em caso de incêndio, e eles esperam que você sempre os chame ou bata à porta (mas, por favor, não com muita frequência). Quando usam a internet ou falam num computador ou telefone comum, não querem que você fique olhando por cima do ombro deles ou ouvindo a conversa. É preciso garantir-lhes privacidade máxima de manhã bem cedo, tarde da noite e, claro, no espaço entre esses dois momentos.

Como conversar sobre problemas com o colega de quarto de Virgem

Enquanto as conversas permanecem calmas, racionais e focadas nos pontos principais, os colegas de quarto desse signo acreditam piamente na solução dos problemas. Eles darão preferência a ter conversas com você sobre qualquer questão específica, contanto que você tenha pensado sobre ela de antemão e dado a devida atenção ao ponto de vista deles. Em vez de tentar fisgá-los de passagem ou improvisar uma fala de momento, eles preferem que você marque um encontro para que possam dedicar total atenção à questão e, acima de tudo, organizar as ideias e se preparar para um debate cordial. É inabalável a fé que eles têm em soluções lógicas e baseadas no bom senso para resolver quase qualquer problema.

Os pais de Virgem

Fãs da criação de regras e regulamentos, o pai e a mãe do signo de Virgem procuram proteger e defender os filhos. Tendem a estruturar todo e qualquer aspecto da vida deles, no esforço para poupá-los da dor e evitar que se machuquem. Essas atitudes controladoras nem sempre são do gosto dos filhos à medida que crescem e procuram ser mais independentes. É bastante comum pais virginianos alimentarem a rebeldia, ao recusar-se a reconhecer essa demanda por liberdade, insistindo na obediência total dos filhos enquanto ainda são menores de idade. Os filhos espertos não se opõem diretamente aos pais do signo de Virgem, mas vão procurar manter seus desejos e suas atividades em segredo, sempre que possível.

O estilo de disciplina dos pais de Virgem

Devido a suas atitudes rígidas ao proibir certas atividades, os pais de Virgem são obrigados a adotar certas medidas disciplinares e a ter de reserva alguns tipos de punição para o caso de as regras serem quebradas. Em geral, colocar de castigo é o que basta. No entanto, os pais virginianos são espertos o suficiente para também recompensar os filhos por obedecerem a eles, em especial quando essa obediência ou a observância de seus conselhos der

AMIGOS E FAMÍLIA

(Os pais de Virgem)

PONTOS FORTES

Protetores

Defensores

Zelosos

PONTOS FRACOS

Rigorosos demais

Rígidos

Intransigentes

ESTILO INTERATIVO

Autoritários

Resolutos

Ritualistas

bons resultados. Normalmente, eles procuram criar um sentimento de solidariedade com os filhos, compartilhando com eles as atitudes prezadas em família. Os pais nativos de Virgem ficam muito felizes quando os filhos também os veem como amigos.

Nível de afeto e os pais de Virgem

Os pais virginianos podem não ser ostensivos nas demonstrações de afeto, mas costumam expressá-las com atitudes simples. Os filhos sintonizados com esses pais reconhecem esses sinais com facilidade e os valorizam muito. Mesmo os mais rígidos dos pais do signo de Virgem têm um lado mais brando que se revela de vez em quando. Quando se trata da expressão de afeto por parte dos filhos, os pais de Virgem podem se mostrar arredios e até rechaçar essas demonstrações de sentimento, mas, mais tarde, quando estiverem sozinhos, saberão reconhecê-las. Por irônico que possa parecer, em se tratando de indivíduos tão pragmáticos, os pais virginianos conseguem expressar o afeto com mais facilidade esporadicamente, sem motivo algum, em vez de manifestá-lo como recompensa.

Questões financeiras e os pais de Virgem

Os pais virginianos se mostram muito rígidos quando se trata de liberar dinheiro para os filhos, não apenas porque são econômicos, mas por desejarem incutir-lhes bons hábitos. Normalmente, eles dão uma pequena mesada, embora fiquem de olho em como será gasta. Se um filho quiser comprar alguma coisa especial, o pai ou a mãe de Virgem insistirá para que ele economize para poder adquirir o objeto com o próprio dinheiro, ganho com a prestação de pequenos serviços. No caso de ser algo muito caro, os pais virginianos costumam ajudar remunerando o filho por uma tarefa necessária.

Crises e os pais de Virgem

Donos de um sistema nervoso muito sensível, os pais do signo de Virgem podem exagerar ao reagir a determinada situação, produzindo uma crise sem que haja motivo para isso. Filhos sensíveis não expõem os pais virginianos a tais aborrecimentos, e cuidam eles mesmos da situação. No caso de uma verdadeira emergência, os pais nativos de Virgem costumam ficar calmos e agir com eficiência para corrigir as coisas. Por estarem sempre preocupados, é difícil para eles se livrarem do medo em relação à segurança dos filhos, causando, às vezes, sem saber, pequenas catástrofes em vez de evitá-las. Os pais desse signo precisam aprender que o medo reprimido pode agir psicologicamente na direção desses mesmos perigos dos quais estão tentando proteger os filhos.

Feriados/reuniões de família e os pais de Virgem

Os pais do signo de Virgem sabem como preparar tudo para qualquer feriado ou reunião em família. Embora os filhos agradeçam por não ter de fazer muita coisa, ficam, ao mesmo tempo, ansiosos por experimentar a alegria espontânea de uma atitude implusiva e podem sentir que o excesso de planejamento torna as coisas maçantes e previsíveis. Infelizmente, os pais virginianos tendem a fazer as mesmas coisas todas as vezes, de forma previsível demais, o que fica entediante depois de um tempo. Amantes da tradição e do ritual, tendem a perceber a família como um espaço para reafirmar esse seu lado mais conservador.

VIRGEM

Como cuidar dos pais de Virgem idosos

Os pais nativos de Virgem tendem a ficar temperamentais quando envelhecem. Como resultado, pode ser difícil cuidar deles e corresponder aos seus gostos. Dados a reclamações, precisam expressar suas preferências, inquietações e preocupações em vez de reprimi-las e ficarem deprimidos – o que também não é algo agradável para um cuidador encarar. É melhor registrar por escrito as combinações feitas, para que eles possam ser lembrados sobre o que haviam consentido de início, sobretudo no caso de um pai virginiano idoso com memória prejudicada. A melhor forma de manter o virginiano idoso na linha é empregando o velho e eficaz bom senso.

Os irmãos de Virgem

Não se engane com o sossego de um irmão virginiano, achando que é fraqueza. Quase sempre bastante seguros de seu poder, os irmãos nascidos sob esse signo não procuram chamar a atenção para si sem necessidade. Por gostarem de trabalhar sozinhos, é raro pedirem qualquer tipo de ajuda, a não ser que precisem de verdade. Os irmãos virginianos se ajustam bem à posição que ocupam na ordem hierárquica dos filhos: como os mais velhos, serão os mais assertivos, como os do meio, mais adaptáveis, e como os caçulas, os mais agradáveis e, em geral, encantadores. Sua lealdade familiar é alta e estarão do lado dos irmãos para o que der e vier.

Rivalidade/proximidade com os irmãos de Virgem

Esses nativos costumam estar satisfeitos com sua posição dentro da família. Não têm necessidade de se envolver numa rivalidade sem fim com os irmãos para firmar sua posição ou se sentirem seguros dela. Colocam suas energias a serviço da estrutura familiar sem reclamar nem precisar de reconhecimento. É comum o serviço em si ser a sua recompensa e, nesse quesito, não são nada egoístas. No entanto, a recompensa também é relevante e eles saberão reivindicar a parcela justa pelos seus esforços. Embora os virginianos se sintam próximos aos irmãos, costumam estar entre os primeiros a deixar o ninho e se estabelecer por conta própria.

Problemas passados e os irmãos de Virgem

Os virginianos dificilmente perdoam quando se sentem prejudicados. Além do mais, suas atitudes julgadoras e críticas tendem a se impor aos outros irmãos com uma força terrível e podem ser um verdadeiro balde de água fria sobre o astral familiar. Até que esses problemas sejam tratados e solucionados, a família continuará trilhando um caminho turbulento. Acima de qualquer coisa, os virginianos defendem a justiça, que, a seu ver, é direito de todos, e quando a injustiça ameaça com suas garras, eles estão ali, prontos para cortá-las. O castigo atribuído por eles por qualquer dano consiste, em geral, em demonstrar frieza, ficar em silêncio e ignorar o culpado, podendo ainda partir para uma reação física.

PONTOS FORTES

Adaptáveis

Apoiadores

Cooperadores

PONTOS FRACOS

Silenciosos

Passivos

Irritadiços

ESTILO INTERATIVO

Solícitos

Amistosos

Reservados

AMIGOS E FAMÍLIA

Como lidar com os irmãos de Virgem afastados

A maioria dos irmãos de Virgem afastados é inacessível. Uma vez que tenham julgado os outros, assumem uma postura distanciada e impenetrável, difícil, ou mesmo impossível, de ser alcançada. Assim, por um bom tempo, aproximar-se deles exige muita paciência. Um pedido de desculpas costuma ajudar, e pode funcionar também acenar a bandeira branca e estimular todos os envolvidos a colocarem um ponto final na discórdia familiar. Uma vez de volta ao rebanho, eles conseguem se reincorporar sem reservas.

Problemas financeiros (empréstimos, testamentos etc.) e os irmãos de Virgem

Os irmãos virginianos são bem rígidos em assuntos que envolvam dinheiro, mais ainda em se tratando de heranças. Eles não só insistirão para que todos sejam tratados com justiça, como também, com certeza, vão lutar para receber seu quinhão. Caso sejam responsáveis pela gestão ou custódia do patrimônio da família, também vão querer ser compensados por isso. Os nativos de Virgem não são muito fãs de emprestar ou pedir dinheiro emprestado, mas, quando precisam mesmo, muitas vezes para assuntos envolvendo a família nuclear, não hesitarão em pedir ou até em recorrer a meios legais para ir contra um testamento.

Feriados/comemorações/reuniões e os irmãos de Virgem

Os irmãos do signo de Virgem são vistos como dóceis e pode-se contar com eles para fazer sua parte nos preparativos para as reuniões familiares. Eles adoram isso, sobretudo quando se trata de eventos em que os membros da família não se veem há muito tempo. É o momento em que suas habilidades de organização de fato ganham destaque e é comum fazerem de sua moradia o principal ponto de encontro, chegando a criar, milagrosamente, acomodações na casa para todos terem onde dormir e guardar a bagagem. No caso de familiares mais velhos, como os pais ou tios e tias, eles chegam a abrir mão da própria cama, dormindo num colchão no chão por uma noite ou duas.

Como tirar férias com os irmãos de Virgem

Em se tratando de férias, os irmãos virginianos não gostam de deixar muita coisa por conta da sorte. Eles conhecem muito bem as preferências incômodas de certos membros da família, e que são especialmente repugnantes para eles. Assim, desde o início, deixam claro a decisão de não participar se as coisas tomarem esse rumo indesejado. Portanto, eles acabam insistindo para que tudo seja feito à sua moda, e não conforme a opinião de qualquer outra pessoa. Embora seu índice de irritação seja alto, as exigências pessoais dos irmãos virginianos costumam ser razoáveis e de natureza bastante conservadora. Em essência, tudo o que querem é não ser expostos à incerteza ou a qualquer comportamento perturbador ou desequilibrado que possa estragar suas férias.

Os filhos de Virgem

Como filhos dedicados, os virginianos podem ser a sustentação da família, contribuindo ano após ano sem reclamar. No entanto, caso sintam que não lhes é dada a devida atenção, que são tratados com indiferença ou sumariamente ignorados, cedo ou tarde seu ressentimento chegará a um nível insustentável e acabará explodindo. Portanto, é melhor levá-los em consideração e oferecer-lhes alguma vantagem por sua atitude prestativa. Mesmo sendo modelos de bom comportamento, o filho e a filha do signo de Virgem têm também um lado julgador e crítico demais quando se trata de seus pais. Por levarem tudo ao pé da letra, insistirão para que os pais cumpram com sua palavra. Estes logo aprendem que não devem ser levianos ao fazer promessas.

O desenvolvimento da personalidade e os filhos de Virgem

Os filhos do signo de Virgem não parecem mudar muito nem muito rápido à medida que crescem. A essência de sua personalidade permanece a mesma, embora, é claro, interesses e atividades se modifiquem bastante. Sua aparência também pode passar por grandes transformações, pois eles não temem mudanças radicais. Os filhos virginianos têm crenças arraigadas que surgem numa idade bem precoce, crenças das quais não abrirão mão seja por que motivo for. Firmes em relação a suas posturas morais, poucos filhos desaprovam tanto quanto os virginianos quando outros se entregam ao que eles consideram como comportamento antiético. Um tratamento injusto por parte dos pais em relação aos outros irmãos, a animais de estimação e a amigos simplesmente não será tolerado sem veementes protestos.

Hobbies/interesses/planos de carreira para os filhos de Virgem

É comum os filhos do signo de Virgem procurarem carreiras que envolvam serviços como assistência médica, trabalho social, ensino e publicações. Também são bons em juntar grandes quantias e em saber como investi-las, e assim podem ser excelentes banqueiros, corretores e profissionais de negócios. Quando crescem, os hobbies são de extrema importância para eles. Sejam colecionadores ou fãs inveterados de videogames, esportes, moda ou filmes, costumam direcionar mais energia a essas atividades do que às obrigações escolares. Dito isso, os virginianos são, em geral, bons alunos cuja habilidade de organização garante notas suficientes para passar e até mais altas.

A disciplina e os filhos de Virgem

De modo geral, não é necessário disciplinar os filhos virginianos, que sabem muito bem o que é ou não permitido. Dificilmente eles vão pedir para que suas faltas sejam ignoradas ou inventar desculpas para transgressões evidentes. Eles costumam desrespeitar regras com total conhecimento do que estão fazendo, inclusive das consequências. Se e quando a disciplina tiver de ser exercida, é comum eles a aceitarem sem reclamar. Entretanto, caso a ação disciplinar seja aplicada injusta ou desnecessariamente, protegerão o irmão ou o amigo injustiçado com todas as suas forças.

Nível de afeto e os filhos de Virgem

Embora o afeto não seja a coisa mais importante para os filhos desse signo, eles reagem muito bem a ele. Os membros da família que expressam afetividade com um abraço ou palavra de carinho conseguem tocar de verdade o coração dos filhos virginianos. Eles são apaixonados por animais de estimação e outras criaturinhas, e mesmo os que

(Os filhos de Virgem)

PONTOS FORTES

Dedicados
Cooperadores
Obedientes

PONTOS FRACOS

Teimosos
Desaprovadores
Questionadores

ESTILO INTERATIVO

Contidos
Observadores
Cuidadosos

AMIGOS E FAMÍLIA

normalmente não são afetuosos vão cobri-los de carinhos, demonstrando seus sentimentos sem reservas no dia a dia. É comum os filhos de Virgem terem preferência por um dos irmãos ou por um dos pais, com quem repartem seu afeto, mas tais preferências costumam levar a ciúmes na família, em alguns casos, até em excesso.

Como lidar com as interações dos filhos de Virgem com os irmãos
Quando tratados com justiça pelos pais e irmãos, os filhos virginianos não causam problemas. Havendo um tratamento injusto, eles simplesmente não o aceitarão e os problemas continuarão surgindo até que os erros sejam corrigidos. Os filhos desse signo não precisam ser cobrados em relação a deveres e obrigações. Em geral, são eles que fazem as cobranças, de uma forma quase adulta. Ótimos para lembrar feriados, aniversários e ocasiões especiais de todo tipo, tomam a iniciativa de arregimentar todos para as celebrações. É uma especialidade do virginiano agitar os membros da família preguiçosos ou resistentes para fazê-los tomar parte nas atividades.

Como interagir com os filhos adultos de Virgem
Às vezes, os filhos do signo de Virgem, mesmo em tenra idade, têm atitudes tão maduras que parecem adultos. Nesses casos, quase não há diferença entre o filho de Virgem e sua versão adulta. Poderíamos dizer, analisando a situação bem de perto, que o filho virginiano adulto é apenas um pouquinho mais maduro. Uma das razões para isso tem a ver com sua seriedade, qualidade que persiste e, em geral, se intensifica na vida adulta. Daí ser muito importante que os filhos adultos de Virgem se divirtam e se soltem para valer de vez em quando. Os filhos adultos virginianos valorizam demais os amigos e os familiares com quem conseguem se divertir de forma leve e descontraída.

Libra

NASCIDOS DE 23 DE SETEMBRO A 22 DE OUTUBRO

Bem como os taurinos, os librianos são amantes da beleza regidos pelo planeta Vênus. Muito talentosos socialmente, eles sabem bastante sobre como fazer amigos e lidar com as complexidades da natureza humana. Isso não os torna supersociáveis, visto que preferem ficar sozinhos, mas seu carma nesta vida parece guiá-los a profissões nas quais podem utilizar seu talento para lidar com pessoas. O grande desafio de vida do libriano é manter o equilíbrio, representado por seu símbolo, a balança.

Trabalho

LIBRA
23 DE SETEMBRO A 22 DE OUTUBRO

PONTOS FORTES

Popular
Carismático
Amável

PONTOS FRACOS

Convencido
Carente
Autossabotador

ESTILO INTERATIVO

Agradável
Encantador
Cativante

O chefe de Libra

A única coisa que os chefes de Libra valorizam mais que ser queridos por seus funcionários é ser amados por eles. Essa intensa necessidade de popularidade às vezes os trai e pode até comprometer seu esforço. Em vez de ficar de olho na bola e lutar por resultados positivos, muitas vezes estão mais interessados na gratificação pessoal. Há momentos em que sua carência por admiração parece sem limites; aqueles que sabem disso conseguem manipulá-los fazendo e deixando de fazer elogios de maneira alternada. A luta dos chefes de Libra para criar empresas de sucesso quase sempre enfrenta o mais difícil dos inimigos – eles mesmos.

Como pedir aumento ao chefe de Libra

É importante para aqueles em ascensão em uma empresa liderada por um chefe de Libra nunca tentar ofuscar o brilho de seu mestre. Contanto que os chefes de Libra não se sintam ameaçados por seus funcionários mais ambiciosos, costumam conceder aumentos e promoções. O funcionário esperto de um chefe de Libra percebe rápido que sua lealdade verdadeira não deve ser jurada à empresa, mas, sim, a seu comandante. Os chefes de Libra esperam fidelidade absoluta pessoal de seus subordinados – um tipo de apoio inabalável que só cresce com o passar dos anos.

Como dar más notícias ao chefe de Libra

Com frequência, bons sentimentos são até mais importantes para um chefe de Libra do que bons resultados. Por outro lado, os chefes de Libra aceitam más notícias desde que os sentimentos envolvidos sejam compartilhados de verdade por todos os envolvidos. Portanto, eles obtêm satisfação emocional tanto de lágrimas compartilhadas por más notícias como de comemorações em grupo por boas notícias. Após receber más notícias, os chefes de Libra com certeza não gostam de ficar sozinhos. Compartilhar é a chave da recuperação psicológica do libriano, e sem isso quase tudo se torna sem sentido. Raramente um chefe de Libra diz "eu" – é mais comum ouvi-lo dizer "nós".

Como providenciar viagens e/ou entretenimento para o chefe de Libra

Librianos funcionam bem em grupos, e isso afeta sua predisposição a viajar e festejar com os outros. Durante as refeições, deve-se prestar bastante atenção em quem está sentado na mesa do chefe de Libra, bem como aqueles posicionados nas proximidades. Do mesmo modo, embora esses chefes ocupem um quarto só para eles no hotel quando estão em viagem (pelo menos na tarde de sua chegada), aqueles que o acompanham não devem escolher um quarto em outro andar, e, sim, próximo ao de seu líder. Todas as considerações sociais que enalteçam o compartilhamento e a interação pessoal devem ser priorizadas.

A tomada de decisões e o chefe de Libra

Muitos chefes de Libra fazem questão de incluir não apenas conselheiros de alto nível nas reuniões regulares, mas também alguns funcionários do baixo escalão. Parecer ser democrático é muito mais importante para os chefes de Libra do que demonstrar um lado autocrático. Esses chefes não se veem como reis ou rainhas comandando o poleiro, e, sim, como gurus centrais de um grupo que trabalha duro, mas se diverte, e que funciona sempre como uma organização na qual todos dependem e se beneficiam uns dos outros. É claro que eles não se eximem de tomar as decisões finais, mas a participação completa dos funcionários na formulação de tais medidas é essencial.

Como impressionar e/ou motivar o chefe de Libra

Os chefes de Libra se impressionam com comportamento altruísta que contribui para o bem comum do grupo de trabalho. Eles se decepcionam com comportamento egoísta, autopromoção, além da tradicional escalada de sucesso, executada por pessoas que pisam nos outros. Da mesma maneira, você pode motivar mais os chefes de Libra garantindo-lhes que possuem o apoio do grupo em assuntos que beneficiam tanto a gestão quanto os funcionários. A ideia de vitória conjunta os atrai muito, por isso o resultado mais comum é ver todos dando o máximo de si pelos outros em vez de fazer hora extra para engordar apenas o próprio contracheque.

Como fazer propostas e/ou apresentações para o chefe de Libra

Librianos se impressionam muito com aparência externa, e isso significa que as apresentações precisam ser atraentes, inventivas e muito bem expostas. Ao se fazer uma apresentação, cada elemento deve ser analisado com cuidado de antemão, pois a aparência ou execução fajutas de qualquer item pode ser um indicativo de baixa qualidade da proposta como um todo. As brochuras devem ser claras e sem erros; os materiais audiovisuais devem ser coloridos, claros e, se possível, digitalizados e programados de modo inteligente. Por fim, sua aparência deve estar impecável. Lembre-se de que os chefes de Libra vão expressar as preocupações da empresa, mas também vão querer saber como as tarefas de grupo serão divididas e implementadas.

O funcionário de Libra

Os funcionários de Libra nem sempre são sociáveis demais. Embora tenham um claro talento para lidar com pessoas, costumam preferir trabalhar sozinhos, pois creem

(O funcionário de Libra)

PONTOS FORTES

Compreensivo
Esperto
Perfeccionista

PONTOS FRACOS

Rejeitador
Crítico
Irrealista

ESTILO INTERATIVO

Enérgico
Mal-humorado
Relaxado

que sua habilidade de se concentrar depende, em grande medida, de conseguir evitar distrações. Muitas vezes perfeccionistas, raramente comprometem o alto padrão de seu trabalho para atender a necessidades pessoais de outrem ou prestar atenção em conversa fiada. Mas não se pode negar que seu carma parece ser a conexão com outras pessoas, não importa o quanto tentem se afastar disso. Sua compreensão da natureza humana é sempre muito apreciada tanto por colegas como por chefes.

Como entrevistar e/ou contratar um funcionário de Libra

Potenciais funcionários de Libra gostam de ter seu talento e experiência reconhecidos. Também esperam uma remuneração correspondente e uma posição que seja compatível com suas habilidades. Esse último ponto é às vezes até mais importante do que o dinheiro, pois querem receber a oportunidade de brilhar em suas carreiras bem como de obter status dentro da empresa. Durante a primeira entrevista, normalmente vão ter o cuidado de perguntar sobre as condições sob as quais trabalharão e sobre as pessoas com as quais terão contato no dia a dia. Fazer parte da equipe é importante para eles.

Como dar más notícias ao funcionário de Libra ou demiti-lo

A maioria dos funcionários de Libra possui uma autoestima profissional elevada. Em consequência disso, não reagem bem quando são confrontados por seus defeitos ou fracassos completos. No entanto, se forem transferidos para outro departamento ou outro cargo, é possível que o anúncio não seja encarado como notícia ruim, em especial se significar menos pressão e condições de trabalho mais agradáveis. A maior parte dos funcionários de Libra não gosta de trabalhar muito duro. Eles apreciam realizar tarefas mais simples que os deixem menos estressados e possibilitem um relaxamento e relações mais amigáveis com seus colegas.

Como viajar com o funcionário de Libra e entretê-lo

Embora nem todos os funcionários de Libra sejam festeiros, eles gostam de ocasiões sociais e entretenimento tanto quanto todo mundo e, muitas vezes, mais do que a maioria. Todos os librianos adoram se divertir e consideram viagens e entretenimento como uma recompensa pelo trabalho que desempenham. Na verdade, tais atividades são quase necessidades para os librianos e vistas profissionalmente como importantes benefícios de seus empregos. Os funcionários de Libra gostam de pegar leve, o que inclui viajar pouco e incrementar as ocasiões sociais com astúcia e humor. Conte com os funcionários de Libra para deixar as coisas mais agradáveis para todos os envolvidos.

Como confiar tarefas ao funcionário de Libra

Evite designar tarefas muito desafiantes ou massacrantes ao funcionário médio de Libra. No trabalho, os librianos possuem a inegável tendência a pegar leve, e ficam muito infelizes quando forçados a produzir grandes quantidades de trabalho dia após dia sem descanso. As situações de que eles mais gostam são as seguintes: ou receber tarefas fáceis ou factíveis que não os coloquem sob muito estresse, ou ter tarefas interessantes que os desafiem a trabalhar duro, seguidas de períodos de descanso ou desaceleração de seu ritmo de trabalho.

LIBRA

Como motivar ou impressionar o funcionário de Libra

Os funcionários de Libra valorizam suas férias e adoram feriados e dias de folga. Portanto, conceder-lhes mais folgas e aumentar seu período de férias pode ser um forte fator motivador. Eles se impressionam mais com chefes e colegas que realizam suas tarefas com facilidade e de modo brilhante do que com aqueles que simplesmente se arrastam e obtêm resultados por meio de determinação absoluta e trabalho duro. Os funcionários de Libra também se impressionam com aqueles colegas que são agradáveis e cheios de bom humor, ao passo que se entediam com pessoas muito sérias que quase nunca sorriem nem dizem coisas gentis.

Como gerenciar, dirigir ou criticar o funcionário de Libra

Gerenciar e dirigir funcionários de Libra pode ser fácil, contanto que você mantenha as instruções curtas e sutis, deixando-os entregues à própria sorte e não os pressionando (a menos que o faça de maneira animada e alegre). A maioria dos funcionários de Libra tem dificuldade em aceitar críticas, visto que suas atitudes perfeccionistas tornam demandas adicionais desnecessárias – pelo menos na cabeça deles. Quando eles tomam decisões ruins (o que pode ocorrer com frequência), é preciso fazê-los dar um giro de 180º na abordagem, já que tendem a sair totalmente da direção certa de tempos em tempos.

O colega de trabalho de Libra

Pode-se contar com os colegas de trabalho de Libra para alegrar o dia de todos. Seu bom humor é sempre perceptível no sorriso ou em observações espirituosas. Embora gostem da companhia de outros, mesmo assim são capazes de produzir com qualidade quando estão sozinhos. Seu lado social emerge no coletivo, em especial quando dividem atividades com três ou quatro colegas. Os librianos não só gostam de contatos sociais, como sabem funcionar em equipe. Quando tomam decisões erradas, são capazes de induzir todos ao erro junto com eles, devido a seu charme e à influência contagiante de sua personalidade.

PONTOS FORTES
Agradável
Divertido
Simpático

PONTOS FRACOS
Equivocado
Mal direcionado
Enganador

ESTILO INTERATIVO
Interessado
Bem-humorado
Sociável

Como pedir conselhos ao colega de trabalho de Libra

Não se deve levar os conselhos dos librianos totalmente a sério, pois sempre são dados com uma piscadela de olho. A sabedoria dos librianos às vezes não é bem fundamentada nem em experiência nem na realidade. De certo, no caso de colegas de quem não gostam muito, os librianos são capazes de lhes dar conselhos enganadores para colocar os pobrezinhos no caminho errado. Fãs de pegadinhas, humor pastelão e referências sarcásticas, os librianos dão conselhos que não devem ser valorizados. Portanto, sua habilidade de injetar humor em quase todas as situações é apreciada apenas quando é usada com boas intenções.

Como pedir ajuda ao colega de trabalho de Libra

Os colegas de trabalho de Libra não costumam ser sua primeira opção quando você precisa de ajuda. Estão quase sempre muito imersos em seu próprio mundo para conseguir tempo para ajudar alguém ou se colocar à sua disposição. Caso, no entanto, só eles possam ajudar alguém – por serem os únicos disponíveis com a *expertise* ou *know-how* –, pode-se contar com eles até um certo limite. É raro que os colegas de trabalho de Libra cobrem a retribuição do favor pedindo ajuda, pois acreditam que isso os rebaixa e pode afetar sua imagem profissional ou posição social.

Como viajar com o colega de trabalho de Libra e entretê-lo

Os colegas de trabalho de Libra são ótimas companhias nos momentos alegres. Não só são capazes de se divertir como verificam se os outros também estão se divertindo. Por outro lado, não é bom tê-los por perto quando a coisa fica séria, ou quando eles não estão se alegrando de jeito nenhum. Como flores no inverno, eles parecem murchar e se encolher, perdendo seu humor num instante. Após os colegas presenciarem esse comportamento pela primeira vez, tendem a ficar tensos para garantir que os companheiros librianos estejam sempre felizes.

Como o colega de trabalho de Libra coopera com os outros

Embora socialmente hábeis, muitos colegas de trabalho de Libra são tão combativos que acham a cooperação não só difícil como também indesejável. Os librianos possuem um inconfundível lado maluco que os leva a enfrentar os problemas de uma maneira diferente do resto das pessoas. Eles também tendem a criar problemas quando estes não existem e a trabalhar para consertar coisas que os outros acham que estão funcionando muito bem. Para dizer a verdade, é sempre o desejo de fazer as coisas funcionarem ainda melhor que os instiga. Quando tudo está correndo bem, eles podem ser uma parte valiosa de qualquer equipe, contanto que sua visão excêntrica não seja levada tão a sério.

Como impressionar e motivar o colega de trabalho de Libra

A fábula da cenoura amarrada a um graveto funciona bem para motivar os colegas de trabalho de Libra. Normalmente, as recompensas que eles buscam são aquelas que lhes possibilitam trabalhar em um ritmo preguiçoso e lhes deem folgas, em vez de promessas de recompensas monetárias. Os colegas de trabalho de Libra ficam mais felizes quando as coisas funcionam bem e os outros os deixam em paz. No entanto, gostam da liberdade de expressar sua visão e contar piadas. Ficam mais impressionados com companheiros que entendem e apreciam seu senso de humor. Nada é mais importante para os colegas de trabalho de Libra do que compartilhar bons momentos.

Como persuadir e/ou criticar o colega de trabalho de Libra

Às vezes os colegas de trabalho de Libra se deixam convencer a seguir ordens por um tempo para evitar conflitos futuros. No entanto, tenha certeza de que assim que possível eles vão retomar sua abordagem bastante individual. Os librianos são capazes de rir de si mesmos, portanto, se a crítica for feita de uma maneira leve e até engraçada, eles conseguem aceitá-la. Porém, observações feitas a seu respeito costumam chateá-los, construindo ressentimentos duradouros ao longo do tempo. Mais tarde, eles são inclinados a surtar do nada com o ofensor, disparando uma série de farpas, tendo finalmente encontrado uma oportunidade de obter sua revanche.

LIBRA

O cliente de Libra

Trabalhar para clientes de Libra pode ser uma experiência agradável. Normalmente educados, simpáticos e alegres, eles sempre sorriem e não sentem necessidade de revelar ou discutir nenhum de seus problemas pessoais. Da mesma forma, também não se aprofundam nas dificuldades dos negócios, mas lhe apresentam uma definição clara do que querem e de como o querem. Você deve adotar uma atitude animada similar em relação ao trabalho, já que os librianos respondem bem ao entusiasmo, em especial em relação a seus próprios planos inusitados. Eles não se aborrecem se você adotar atitudes não convencionais, e com frequência isso ajuda a tornar ainda mais positiva a avaliação que fazem da sua capacidade.

Como impressionar o cliente de Libra

Os clientes de Libra, acima de tudo, impressionam-se com aqueles que os levam a sério e em quem despertam admiração. São sedentos por adulação e, para eles, talvez o maior elogio que você possa fazer é achá-los fascinantes e suas ideias interessantes. Todavia, nem todas essas ideias são plausíveis, por isso modificá-las ou criticá-las em um primeiro encontro pode desanimá-los tanto que vão abandonar você. Portanto mantenha o astral alto e guarde as modificações para um estágio posterior em seu trabalho juntos, em especial quando as coisas estiverem indo bem.

Como vender para o cliente de Libra

Os clientes de Libra não são fáceis de convencer, a menos que suas premissas básicas de negócios sejam as mesmas que as deles. Em geral, eles nem precisam ser convencidos, pois se vocês concordarem no básico, estarão abertos e aceitarão suas propostas. Eles também estarão preparados para liberar dinheiro para mais investimentos se gostarem da sua abordagem. Evite tentar empurrar coisas para eles, pois não será necessário e, além disso, tal estratégia vai apenas desanimá-los e se provar improdutiva.

Sua aparência e o cliente de Libra

Os clientes de Libra se orgulham de sua aparência, por isso é melhor não ofuscá--los nesse quesito. Você deve estar atraente, mas não muito. Em geral, eles nunca comentam sobre sua aparência, mas tenha certeza de que registram cada detalhe. Com frequência, ao retornar à empresa, eles respondem perguntas sobre você feitas por seus colegas e superiores com uma simples declaração descrevendo como você parece e soa. Mantenha-se equilibrado, agradável, arrumado e alinhado, evitando roupas muito extravagantes ou provocantes. Verifique se não há amassados, manchas ou marcas de suor em suas roupas, e mantenha seu cabelo apresentável e limpo.

Como manter o interesse do cliente de Libra

O melhor jeito de prender o interesse dos librianos é manter seu interesse fixo neles. Tudo o que você precisa fazer é ouvi-los com cuidado e responder adequadamente. Deixe que toquem em um assunto e em seguida prepare-se para conduzi-lo na direção certa. Sempre deixando-os tomar as rédeas da conversa, você mostra sua habilidade de entendê-los e de seguir suas instruções. Se quiser se aprofundar em um dado tópico, mencione-o de leve, ou pergunte diretamente se eles estão interessados em uma expli-

PONTOS FORTES

Entusiasmado
Educado
Agradável

PONTOS FRACOS

Propenso a fantasias
Impessoal
Superficial

ESTILO INTERATIVO

Sedutor
Atraente
Positivo

TRABALHO

cação nessa área. Só prossiga se eles de fato quiserem saber mais; caso contrário, você estará cavando a própria cova.

Como dar más notícias ao cliente de Libra

Apresente más notícias sem desculpas, mas não de maneira alarmante. Mantenha a frieza e o equilíbrio, adotando a atitude "Nós dois somos negociantes experientes que podemos lidar com tal revés". Caso eles fiquem alarmados, tenha de prontidão alguns dados para dar um enfoque mais positivo ao que aconteceu. Mostrar que um fracasso pode, na verdade, ser uma bênção disfarçada é algo que vai intrigar esses clientes o suficiente para sair de uma situação outrora tensa. No geral, eles não estão interessados em "autópsias" detalhadas ou em explicações do que deu errado.

Como entreter o cliente de Libra

Os clientes de Libra adoram ser convidados para tomar um vinho ou jantar, e curtem ser mimados de maneira geral, dependendo de suas preferências pessoais. O problema é que eles podem passar a ver você como a atração principal da noite. Embora o valor da sedução mútua não possa ser ignorado ao lidar com clientes de Libra, é muito mais seguro e profissionalmente benéfico manter uma separação estrita entre envolvimento pessoal e profissional. Definir os limites o quanto antes – talvez soltando uma indireta – ajuda a manter as coisas no devido equilíbrio.

O sócio de Libra

PONTOS FORTES

Maravilhoso
Encantador
Agradável

PONTOS FRACOS

Exigente
Indeciso
Procrastinador

ESTILO INTERATIVO

Justo
Equilibrado
Amigável

LIBRA

Os sócios de Libra são ótimos parceiros de trabalho, porém se mostram muito críticos em relação a si mesmos e àqueles que os cercam profissionalmente. Muito exigentes e perfeccionistas, os librianos, por mais encantadores e agradáveis que sejam, também enlouquecem você com suas demandas. Embora defendam sua parte em qualquer sociedade, os librianos evocam muitos sentimentos ambivalentes, o que os torna, às vezes, um objeto de amor e ódio para você. Um dos traços mais difíceis dos sócios de Libra é sua indecisão infinita, causada pelo seu eterno desejo de considerar o outro lado da questão.

Como montar um negócio com um libriano

A maioria dos sócios de Libra é muito versátil e capaz de entrar em jogos de última hora, mesmo em áreas fora do seu ramo normal de *expertise*. Portanto, seria bom você direcionar seu próprio esforço para áreas especializadas e dar aos librianos o máximo de espaço possível para que expressem seus diversos talentos. Em projetos que necessitam de contribuição mútua, os sócios de Libra funcionam bem quando a outra pessoa é um poço de solidariedade e assistência. As energias dos librianos acabam rápido, e eles tendem a se expressar em picos, em vez de fazê-lo de maneira regular ao longo da jornada.

Como dividir tarefas com o sócio de Libra

Devido à grande habilidade social e conhecimento da personalidade humana dos librianos, é melhor deixar para eles projetos que envolvam contato com outras pessoas, em especial quando for necessário representar a empresa em atividades externas. Você deve focar mais em trabalhos fora da sede em atividades objetivas que envolvam manutenção, planejamento e marketing, deixando relações públicas, publicidade, apresentações e vendas para eles. Em vez de dividir as mesmas funções com os sócios de Libra, é melhor manter uma separação estrita de tarefas designadas para cada um de vocês de comum acordo. Quando necessário, no entanto, os librianos sabem compartilhar e ajudar também.

Como viajar com o sócio de Libra e entretê-lo

Tanto viagens como entretenimento são atrações à parte com sócios de Libra. Poucos signos do zodíaco são mais divertidos que o de Libra quando seus representantes estão de bom humor. Famosos gastadores, eles mantêm seu dinheiro e fatura de cartão de crédito sob controle, a menos que estejam gastando o dinheiro da empresa em vez do deles. Por causa do talento para sedução e das necessidades sociais deles, vocês dois não devem ficar sozinhos por muito tempo. Você precisa entender a necessidade deles de monopolizar as atenções, além da propensão a sumir do nada com algum novo amigo do pedaço.

Como gerenciar e dirigir o sócio de Libra

Embora os sócios de Libra sempre escutem o que você tem a dizer, eles são muito difíceis de gerir. Como seu nível de atividade é alto, eles podem já ter agido antes que você consiga encontrá-los para fazer planos em comum. Porém, seu lado contemplativo e dificuldades de tomar decisões de longo prazo darão a você a chance de discutir assuntos específicos e aconselhá-los quanto a ações futuras. O melhor jeito de desacelerá-los é fazê-los considerar o ponto de vista oposto. Portanto, começar com "Por outro lado..." em resposta às afirmações deles é quase sempre o jeito mais efetivo de trazê-los de volta à Terra e estimular seus pensamentos.

Como se relacionar com o sócio de Libra a longo prazo

Os sócios de Libra são capazes de assumir compromissos e de se envolver a longo prazo, contanto que se sintam apreciados e tratados com justiça por você. O verdadeiro problema são as constantes críticas e sua vontade de consertar coisas que deveriam ser deixadas de lado. Consertadores natos, os librianos têm a tendência enlouquecedora de criar projetos inacabados aos quais voltam sempre, justo quando você pensava que as coisas finalmente estavam resolvidas e completas. Tenha paciência quanto a isso, pois eles não costumam mudar. É melhor você passar para o próximo item da agenda de maneira resoluta e deixar que eles o alcancem quando puderem.

Como romper com o sócio de Libra

Romper com os sócios de Libra costuma trazer à tona sentimentos ambíguos. É provável que você sinta arrependimento e alívio ao mesmo tempo. O rompimento quase sempre parece favorecer os sócios librianos, já que eles protegem bem seus próprios sentimentos e possuem um jeito curioso de racionalizar as coisas após o fato – semelhante à raposa na fábula de Esopo, que, por não conseguir alcançar as uvas, desprezou-as, pois deviam ser azedas de qualquer forma. Seus sentimentos são outros quinhentos, e as preocupações

TRABALHO

de seu sócio de Libra com você parecem ser quase inexistentes. Realistas quanto a separações, os librianos sempre veem vantagens mútuas em tais rompimentos e são honestos na divisão dos bens e lucros – mas nem tanto na partilha das dívidas, que podem ser deixadas para você pagar.

O concorrente de Libra

PONTOS FORTES
Convincente
Fascinante
Capaz de distrair

PONTOS FRACOS
Desorientado
Inseguro
Desinformado

ESTILO INTERATIVO
Firme
Inflexível
Determinado

Os concorrentes de Libra jogam para vencer. Ainda assim, curiosamente são capazes de comprometer sua própria posição e até de trair ideias que já foram importantes para eles. Eles podem se tornar os piores inimigos de si mesmos. Às vezes, parecem confiantes e seguros, quando na verdade escondem dúvidas e inseguranças. Quase nunca tais dúvidas são sobre seus produtos ou serviços – que costumam ser de alta qualidade – mas, sim, sobre eles mesmos, e em um nível profundo. A maioria dos librianos não costuma ter consciência de suas inseguranças, nem de si mesmos, e seguem seu caminho felizes sem dar a tais assuntos muita importância.

Como enfrentar o concorrente de Libra

Os concorrentes de Libra são oito ou oitenta. Propensos a sair pela tangente, seguir pistas falsas e conduzir mal suas ações, eles podem ser enfrentados sem ser necessário erguer oposição a eles – basta observá-los cometer seus erros. Quando estão indo bem, os librianos devem ser combatidos diretamente, ou vão derrotar você com suas ações bem-sucedidas. Um dos melhores jeitos de fazer isso é mandar-lhes pistas falsas sobre seus planos enquanto mantêm os planos de verdade escondidos. Isso vai incentivar seu concorrente de Libra a seguir no caminho errado para tentar barrar seus avanços.

Como superar o concorrente de Libra em planejamento

Os concorrentes de Libra são criaturas que têm o hábito de fazer as coisas do mesmo jeito, em especial usando métodos que já foram testados e aprovados no passado. Por isso, o melhor jeito de superá-los em planejamento é estudar suas campanhas passadas e prestar atenção particular nas abordagens específicas que lhes garantiram seus maiores sucessos. Ao provocar suas inseguranças – sobretudo colocando em dúvida a eficácia de seus planos favoritos –, você consegue deixá-los desamparados e sozinhos. A indecisão é o maior inimigo dos librianos, e se você conseguir pegá-los desprevenidos tentando se decidir, é provável que consiga desestabilizar a defesa deles.

Como impressionar pessoalmente o concorrente de Libra

É melhor não tentar impressionar os concorrentes de Libra, mas, em vez disso, recusar-se a ficar impressionado com eles. Tratá-los de modo ríspido ou arrogante é o melhor jeito de prejudicar sua desenvoltura aparentemente equilibrada. Uma vez que os concorrentes de Libra conseguem irritá-lo, você fica nas mãos deles; para evitar que eles deem nos seus nervos, é preciso criar vários nervos novos, os quais eles não consigam atingir tão facilmente. Nunca perca a compostura diante dos concorrentes de Libra, em especial pessoalmente. Mantenha a elegância e a calma a qualquer custo,

LIBRA

sem dar bola para as provocações deles. A frustração deles será visível, e você com certeza poderá observá-los ficando confusos.

Como enfraquecer e superar o concorrente de Libra
O melhor jeito de enfraquecer os concorrentes de Libra em licitações é estimulando sua insegurança. Como um bom jogador de pôquer, você deve blefar sempre que possível, fazendo com que eles sintam que as cartas que estão segurando não são boas o suficiente para derrotar as suas. Nunca revele a eles o que você está reservando, mas alerte-os de que com certeza é algo muito poderoso. Da mesma forma, com frequência pode-se superá-los forçando-os a subir sua oferta até que finalmente desistam, quase sempre em uma etapa inicial. Caso reajam mal e continuem apostando alto, você deve desistir no último minuto, deixando o prejuízo para eles.

Guerras de relações públicas com o concorrente de Libra
Como os concorrentes de Libra são especialistas em relações públicas e publicidade, é provável que você perca todas as guerras contra eles. Às vezes, é melhor deixá-los dominar esse campo, investindo em campanhas gigantescas e gastando todo seu dinheiro. Durante esse período, você pode colocar o seu dinheiro em marketing e vendas, convencendo os atacadistas a comprar e distribuir seus produtos, em vez de tentar ganhar o público geral com caras campanhas publicitárias. Não enfatize os pontos ruins dos produtos de seu concorrente de Libra, apenas as coisas boas dos seus.

O concorrente de Libra e a abordagem pessoal
Saber fatos sobre a vida pessoal do seu concorrente de Libra pode colocar armas poderosas nas suas mãos. O melhor jeito de chatear os concorrentes de Libra em confrontos diretos é, após ter permanecido objetivo e calmo por um período, soltar do nada alguma referência indireta a uma área de sua vida pessoal, em especial alguma que os desagrade. Se eles caírem na armadilha e ficarem perturbados ou se fecharem e ficarem vermelhos, você pode pedir-lhes desculpas rapidamente e explicar que tal menção não foi intencional. Isso apenas os enfurecerá ainda mais, e enfraquecerá qualquer objetivo que eles estavam perseguindo com seus argumentos de negócios. Talvez eles até peçam um adiamento para se recompor.

TRABALHO

Amor

LIBRA
23 DE SETEMBRO A 22 DE OUTUBRO

PONTOS FORTES
Altamente atraente
Sedutor
Charmoso

PONTOS FRACOS
Enganador
Enfraquecedor
Falso

ESTILO INTERATIVO
Encantador
Julgador
Magnético

O primeiro encontro com alguém de Libra

Os librianos estão entre os amantes mais sedutores do zodíaco. Se gostam de alguém, não perdem tempo em realizar seu objetivo – conquistar e despir a pessoa o mais rápido possível. Prepare-se para encantos e desafios, pois será difícil tirar as mãos desses indivíduos tão atraentes. Em um primeiro encontro com um representante de Libra, você se sentirá a pessoa mais feliz do mundo. Parte do poder de atração dos librianos está no fato de que fazem você se sentir bem, como se fosse uma honra estar com eles. Porém, o sentimento de "que sorte!" pode mudar rápido para "que azar!" nos encontros seguintes. É melhor tentar manter alguma objetividade durante o primeiro encontro com librianos para evitar ter seu coração roubado.

Como paquerar alguém de Libra e como marcar um encontro

Quando você acha que está conseguindo um primeiro encontro com alguém de Libra, na verdade é o contrário. No momento em que os librianos dão o sinal verde, é bem difícil resistir a pelo menos tentar conquistá-los. Impressioná-los pode ser um processo complexo durante o qual qualquer pessoa fica cada vez mais presa na teia deles. Uma espécie de intriga circunda todos os primeiros contatos com librianos; um tipo de complexidade está implícita em suas atitudes, sugerindo que só você é importante e que vocês já são íntimos, mesmo sem qualquer contato físico. É comum sair da realidade quando se está sob o encanto deles.

Atividades sugeridas para o primeiro encontro com alguém de Libra

Talvez você esteja tão feliz pelo seu encontro com alguém de Libra que se esquece de problemas mundanos, como fazer reservas. Embora você possa preferir manter o encontro simples, curtindo um bom papo e se parabenizando pela sorte, sua paquera de Libra pode estar ficando cada vez mais entediada com você. Portanto, é importante ficar de olho em questões práticas também, em especial prover um entretenimento à altura da companhia prazerosa que você está recebendo. Um show, uma refeição agradável, um passeio ao seu lugar favorito – tudo isso será apreciado no primeiro encontro com alguém de Libra.

Estímulos e desestímulos no primeiro encontro com alguém de Libra

No primeiro encontro com um representante desse signo é preciso que você se encante. Apenas apreciá-lo não é o suficiente. Os librianos precisam ver brilho nos seus olhos e aquela admiração encantada e boquiaberta que indica seu completo interesse e envolvimento. Qualquer coisa menos que isso vai desanimá-los a ponto de pensarem que estão perdendo tempo com você. Se estão ou não a fim de você, depende de vários fatores: sua aparência, seu modo de falar, seu modo de agir e até seu cheiro. Se você se concentrar nesses fatores pessoais em vez de tentar impressioná-los com dinheiro, será possível conquistá-los.

O "primeiro passo" no primeiro encontro com alguém de Libra

Tomar a iniciativa num encontro com alguém de Libra e em seguida sofrer rejeição por tal esforço faz parte do roteiro. Isso mostra com clareza aos librianos o seu interesse, mas também os coloca no comando. Seja persistente em suas investidas, já que isso é o esperado. Eventualmente, eles permitirão algum contato, mas sempre deixarão você com gostinho de quero mais. Tenha muito cuidado para não bagunçar o cabelo ou a maquiagem deles, pois uma olhada no espelho vai incriminar você. Derrubar um copo de água ou vinho em qualquer parte do corpo deles pode comprometer suas ações e pôr fim à noite.

Como impressionar alguém de Libra no primeiro encontro

Os librianos se impressionam com status. Portanto, quem você conhece acaba sendo mais importante do que o que você conhece. Marcar um encontro "por acaso" com um conhecido famoso pode se tornar o ponto alto do seu primeiro encontro com alguém de Libra. Outro bônus seria um gerente ou *maître* de um restaurante chique cumprimentar você pelo nome na entrada. Fingir que um "fã" vem até sua mesa pedir autógrafo ou apenas dizer "oi" seria ótimo se acontecesse espontaneamente, mas se ficar nítido que era combinado o tiro sairá pela culatra.

Como dispensar alguém de Libra no primeiro encontro

Mostrar desinteresse no primeiro encontro com alguém de Libra costuma ser suficiente para espantá-lo. Quando você perde o interesse neles, os librianos logo perdem o interesse em você. Por outro lado, dar a entender que você não se atrai por eles sexualmente (mesmo se dito para expressar admiração por outras qualidades que possuem) fere o ego deles e os estimula a seduzir você só de birra. Esse tipo de superioridade é um traço distinto da maioria dos librianos, pois eles gostam de ser os que escolhem e rejeitam seus pares.

O par romântico de Libra

Se você quiser ser o par romântico de alguém de Libra, é melhor falar bonito, ter postura e boa aparência. Os librianos são muito exigentes quanto àqueles com quem querem ser vistos em público; também esperam ser bem tratados e se divertir. Você

(O par romântico de Libra)

PONTOS FORTES

Dedicado

Afetuoso

Amante

PONTOS FRACOS

Infeliz

Carente

Egoísta

ESTILO INTERATIVO

Seletivo

Expectante

Afetuoso

pode esperar recompensas dos librianos, mas ficará claro que seu apreço constante é esperado sem nenhuma promessa de receber algo em troca. Dito isso, os librianos são muito dedicados nos relacionamentos, e aqueles que possuem seu amor e atenção completa são de fato abençoados. Problemas surgem quando eles ficam infelizes, e tais dificuldades não devem ser ignoradas, mas, sim, tratadas o mais cedo possível, antes que as coisas saiam de controle.

Como conversar com o par romântico de Libra

Os librianos tentam ser justos, embora nem sempre o consigam. Para atingir essa meta, eles costumam entrar em longas conversas para explicar ou justificar seu comportamento. Esperam que você aja com gentileza e querem saber tudo sobre seus motivos, intenções e objetivos após uma transgressão ou pecado seu. Após a sua defesa, eles serão os juízes, e você deve esperar não só um veredicto pelo delito, mas também a aplicação da pena. Os librianos não costumam fazer ameaças vazias se não pretendem cumpri-las.

Como discutir com o par romântico de Libra

Librianos são bons com palavras. Além disso, como a mente julgadora deles em geral vê os dois lados da história, eles não costumam ser movidos por um ponto de vista irracional, egoísta ou enviesado. Em linhas gerais, os librianos buscam uma solução equitativa, que seja favorável a ambas as partes. Caso você entre em uma discussão com seu par romântico de Libra, após um tempo ficará com a impressão de que sua presença é um tanto supérflua, devido à ótima cobertura de todos os pontos e consideração de todos os ângulos por parte do libriano. Os librianos gostam de resolver os conflitos sem deixar pendências.

Como viajar com o par romântico de Libra

Ao viajar com librianos, eles esperam que você permaneça alerta. Se for para o mundo da Lua ou desviar sua atenção para um novo interesse, é provável que tragam você de volta à realidade com uma cotovelada nas costelas ou um beliscão na mão. Embora os librianos tenham permissão para se interessar por outros e convidar terceiros para se juntar ao casal, você não tem. Isso ocorre porque o julgamento deles é considerado impecável quanto a outras pessoas, ao passo que o do par é tachado de imperfeito. Fazer novos amigos é uma especialidade de pessoas desse signo, em especial durante viagens, portanto é bom se acostumar com isso.

O sexo com o par romântico de Libra

Librianos são criaturas muito sexuais, por isso gostam não só de fazer sexo como de falar a respeito. Não avessos a avaliar seus parceiros, eles discutem aventuras passadas, fazem comparações e contam como você está indo, inclusive durante o ato. Os pares românticos de Libra examinam e analisam todos os aspectos das preliminares e do coito. São abertos a novas experiências, sendo inventivos em todas as questões do sexo, mas costumam considerar seu dever ensinar você a fazer as coisas. Sua energia é lendária, portanto entre a prática do amor e as conversas, não espere conseguir dormir muito ao passar a noite com seu par romântico de Libra.

LIBRA

Afeição e o par romântico de Libra

Os librianos não são muito de abraçar, mas isso não significa que sejam frios. Eles demonstram um tipo engraçado de afeição que nem sempre é reconhecido como tal de imediato. Ironia, esperteza e sarcasmo talvez sejam os meios de mostrar que se importam, e é claro que você nem sempre vai apreciar sua maneira peculiar de expressar proximidade e afeição. Na presença de outros, podem demonstrar afeto de um jeito que pode ser interpretado como insultuoso, quando na verdade só estão brincando. Aceitar essa atitude deles e retribuir o favor é, em geral, recebido de bom grado.

O senso de humor e o par romântico de Libra

Os librianos, acima de tudo, querem se divertir. Como a maioria deles é amante da diversão, conte com a probabilidade alta de seu par romântico de Libra ter um senso de humor desenvolvido. Porém, as piadas que contam e as brincadeiras que fazem costumam ser às custas da pessoa com quem estão. Os librianos gostam em especial de ver os outros desconfortáveis e desestabilizados. (Embora não sejam sádicos de verdade, tendem a gostar de pegadinhas.) Para dizer a verdade, os librianos ficam mais felizes quando todos os presentes entram na brincadeira.

O cônjuge de Libra

Os cônjuges de Libra são bons em programar a vida social da família. Planejar jantares, marcar encontros com amigos e familiares, organizar férias e feriados e supervisionar os relacionamentos de seus filhos são todas especialidades dos librianos. Falando de modo geral, no entanto, os cônjuges de Libra se interessam mais pelo seu núcleo familiar do que pelo de seus pais e irmãos. Em sua casa, tendem a ser o chefe, e, por isso, a última instância para lidar com problemas e reclamações. Agradar a seus cônjuges é muito importante, e, se não conseguem fazê-lo, ficam muito frustrados, o que os leva muitas vezes à depressão.

A cerimônia de casamento e a lua de mel com o cônjuge de Libra

Cada aspecto da cerimônia de casamento e da lua de mel interessa aos cônjuges de Libra, que ficam insatisfeitos em um instante se as coisas não forem feitas do jeito certo. Porém, conseguem fazer ajustes rápidos tanto em seu comportamento como no de seu cônjuge e seguir em frente para o próximo tópico. Os librianos se irritam e se incomodam com facilidade, por isso os outros devem se esforçar para não chatear o sistema nervoso hiperativo deles, tentando resolver sozinhos o máximo de coisas em vez de bombardear os librianos com problemas. Os cônjuges de Libra adoram jogar tudo para o alto e finalmente se libertar, tanto em situações íntimas como sociais.

O cotidiano doméstico e a vida de casado com alguém de Libra

Embora não sejam exatamente bons em limpeza ou interessados por ela, os cônjuges de Libra ainda assim esperam que suas casas estejam lindas. Portanto, como você já imagina, é função de seus pares mantê-las assim. Eles acham que ajudam o suficiente, tanto na parte estética como na financeira, por isso não precisam assumir as pequenas tarefas

PONTOS FORTES
Sociável
Supervisor
Agradável

PONTOS FRACOS
Muito controlador
Frustrado
Estranho

ESTILO INTERATIVO
Gerencial
Envolvido
Sereno

de manutenção que surgem. São muito bons em comandar seus cônjuges e em sempre encontrar novas tarefas para eles, enquanto se encarregam de assuntos mais importantes.

As finanças e o cônjuge de Libra

Os cônjuges de Libra creem que são muito bons com dinheiro. Por causa dessa crença, costumam assumir a posição de banqueiros, conselheiros financeiros e mentores por trás dos negócios da família muitas vezes para o desespero de seus pares. Mais do que em outras áreas, na financeira os cônjuges de Libra tendem a sair do controle e errar de caminho. Mesmo assim, recusam-se a reconhecer esse fato e isso pode levar a família à beira da ruína por meio da combinação ímpar de serem ao mesmo tempo esbanjadores e economistas falhos, enquanto ignoram isso sem constrangimento ou negam a consequência de suas ações.

A infidelidade e o cônjuge de Libra

Uma pequena diversão paralela não é vista como infidelidade pela maioria dos cônjuges de Libra. Se você ficar muito triste com a excentricidade deles ou ameaçar partir, eles tendem a apenas rir, como se isso não tivesse consequências, e a criticar você de leve por ter levado as ações deles tão a sério. Os cônjuges de Libra não são muito bons em esconder suas peripécias, e costumam ser irritantemente francos e abertos em relação a elas. É normal que também não exijam que seus companheiros sejam muito fiéis, contanto que eles não fiquem sabendo sobre os casos destes últimos.

Os filhos e o cônjuge de Libra

Os librianos adoram ter muitas crianças pela casa, de preferência as suas, embora os filhos dos amigos sempre estejam presentes e sejam bem-vindos. Muito bons em gerenciar todos os tipos de situação social, os pais de Libra curtem de verdade levar sua prole por aí e garantir que se divirtam quando estão em diversas atividades pós-escolares. Nem sempre estão presentes nelas, visto sua agenda ser ocupada e frenética, o que cria a necessidade de terem muitas babás e, acima de tudo, uma companhia matrimonial cooperativa, obediente, cuidadosa e responsável.

O divórcio e o cônjuge de Libra

Contanto que as questões de custódia sejam bem discutidas, as finanças resolvidas e os bens comuns divididos de maneira justa, os cônjuges de Libra podem curtir o processo de divórcio (uma vez que as questões emocionais estejam sob controle). Eles costumam tratar o divórcio do mesmo jeito que tratam o casamento, ou seja, supervisionando tudo nos mínimos detalhes. Fique de olho neles, no entanto, quando assumem as rédeas, visto que seu entusiasmo e ideias bizarras ocasionais podem confundir e complicar as coisas, sobretudo se seus representantes legais possuírem o mesmo ponto de vista distorcido.

O amante de Libra

Os amantes de Libra são especialmente propensos a sofrer as consequências fatais de se apaixonar pelo amor. Muito irrealistas em tais assuntos, vivenciam o mundo do amor como uma igreja na qual se presta homenagem ao que há de mais sagrado. A consequência disso é que veem seus amados como uma divindade a ser adorada e cultuada. Os librianos podem ser considerados o alto clero dessa religião, e todas as letras de músicas românticas já escritas são sua bíblia. Ser a escolha de tal amante traz uma assustadora responsabilidade, porém acompanhada de muito prazer, e pode ser uma agradável massagem no ego.

Como conhecer o amante de Libra

O local ou as circunstâncias reais do encontro não são muito importantes. O que importa é que o momento se tornará mágico na vida dessas duas pessoas, uma epifania lírica que não deve ser esquecida. Amor à primeira vista é o que costuma ocorrer, com ambas as partes igualmente encantadas. Porém, o amante de Libra quase de imediato aproveita a oportunidade e toma a iniciativa, por ser mais do que experiente em tais assuntos. Ele tem poucas dúvidas sobre como proceder e fica feliz em servir de guia turístico nessa aventura de amor e romance.

Onde se encontrar com o amante de Libra

Como são a parte mais romântica do casal, os librianos adoram ser encaminhados até o quarto, onde podem continuar sendo encantados. Mesmo se sua casa for detonada, eles a veem como uma espécie de palácio; contudo, é bom separar pelo menos alguns minutos para torná-la um pouco mais apresentável. Portanto, é recomendável que você adie o primeiro encontro até ter um pouco mais de tempo para arrumar e tornar seu espaço mais convidativo. Os amantes de Libra também são capazes de levar você para a casa deles, mas a atmosfera já conhecida pode trazer associações a conquistas passadas.

O sexo e o amante de Libra

Embora os amantes de Libra até sejam capazes de esperar, sua inclinação natural ardente é de partir para a ação. Normalmente alguma forma inocente de preliminar, ou, pelo menos, de carinho, começa no caminho para casa, e, quando vocês chegam lá, a paixão quase sempre já está acesa. Tirar a roupa da outra pessoa é o roteiro usual, embora sentimentos tórridos acabem fazendo ambos se despirem no caminho para o quarto, deixando um rastro de roupas para trás. Os amantes de Libra nem sempre exigem o uso da cama, mas cedo ou tarde vocês acabarão lá e poderão relaxar juntos com conforto durante a experiência.

Como segurar o amante de Libra

A questão de como segurar essas criaturas apaixonadas é fácil de responder. Contanto que os amantes de Libra permaneçam apaixonados por você, eles não tendem a abandonar o relacionamento. Uma vez que ficam frios com você, no entanto, é impossível segurar tais sujeitos por muito tempo. Se eles encontrarem o novo amor da vida deles enquanto os sentimentos por você estiverem minguando (quase sempre inevitável diante de tais circunstâncias), é bem provável que você leve um fora rude. Você pode se perguntar, de maneira perplexa: "O que eu fiz de errado?!". Mas a resposta é sempre a mesma: "Nada".

(O amante de Libra)

PONTOS FORTES

Romântico

Sensual

Extasiante

PONTOS FRACOS

Fora da realidade

Inclinado à fantasia

Sofredor

ESTILO INTERATIVO

Convencido

Exigente

Envolvente

Como entreter o amante de Libra

O amor costuma ser entretenimento o suficiente para o amante de Libra. Todavia, tais criaturas sociais acabam querendo ser vistas com você, e, portanto, todo o relacionamento pode ser sacrificado por causa dessa necessidade, já que ela pressupõe romper com a clandestinidade e parar de exercer a discrição. Quando vocês dois aparecerem em público, é melhor fingir amizade para evitar ferir tanto os pares como as famílias. Evite demonstrações públicas de carinho, embora sorrisos secretos e uma sensualidade natural acabem revelando a história de qualquer forma. Prepare-se para ver a língua afiada dos fofoqueiros de plantão em ação.

Como romper com o amante de Libra

Isso pode ocorrer bem rápido, já que você provavelmente não será o primeiro nem o último nome nessa lista de amantes que parece infinita. Se for você que decidir dar um basta, prepare-se para lágrimas, protestos, apelos e, por fim, demonstrações de fúria, talvez destruindo seus armários de copos e louças, ou seja, dando ao "término" uma cara bem diferente. Os amantes de Libra não conseguem acreditar ou aceitar que alguém teria interesse em desdenhar os sentimentos deles, por isso é provável que encontrem uma desculpa para a sua atitude. Seu único consolo será a possibilidade de dizer com ironia: "Eu tive a sorte de ser uma das muitas almas satisfeitas, mesmo que tenha sido por pouco tempo".

O ex-cônjuge de Libra

Os ex-cônjuges de Libra tendem a deixar seus pares um tanto desnorteados e confusos. Além disso, a rede na qual os librianos prendem seus companheiros e amantes é tão poderosa que é difícil estes abandonarem o fascínio pelo encanto dos ex-cônjuges de Libra e escaparem intactos. Os ex-cônjuges de Libra, portanto, por muito tempo após o término do relacionamento, continuam exercendo poder sobre aqueles que deixaram ou rejeitaram de maneira definitiva. Se os ex-cônjuges de Libra forem os rejeitados, eles costumam ter um poder de recuperação muito mais forte, às vezes tratando seus relacionamentos passados como nada mais do que um contratempo em sua vida amorosa movimentada.

Como fazer amizade com o ex-cônjuge de Libra

Os ex-cônjuges de Libra não são avessos a estabelecer amizade com seus amantes e cônjuges pretéritos. Eles preferem ter estes últimos como amigos do que como inimigos, e sabem como acalmar os ânimos e colocar panos quentes para tornar as coisas menos estranhas para todos os envolvidos. Os librianos são muito diplomáticos, pesando e equilibrando todas as forças pessoais e sociais complexas no trabalho. Embora suas atitudes possam ser muito egoístas, eles também são capazes de ter empatia pelos outros e entender a situação destes. Por mais não empáticos e frios que pareçam, os librianos jamais podem ser acusados de não entender o que está acontecendo.

Problemas para reatar com o ex-cônjuge de Libra

Caída de amores por um libriano – talvez ferida e confusa –, uma pessoa rejeitada pode precisar de bastante tempo para se recompor. Na maioria das vezes esse desejo não é nem realista nem desejável, e os ex-cônjuges de Libra, sendo especialistas nesse campo, por certo sabem disso. A menos que eles estejam a fim de brincar com os sentimentos de seus ex-cônjuges, os librianos darão um basta em qualquer tentativa de reconciliação e o farão em caráter definitivo. Essa tendência de brincar, porém, é um tanto marcante em alguns representantes desse signo, que adoram afundar seus ex-cônjuges na areia movediça do amor e da saudade.

Como conversar sobre questões do passado com o ex-cônjuge de Libra

Os librianos sempre topam conversar sobre o passado, mas sua conversa possui de fato um ar de julgamento, tendendo a avaliar e muitas vezes condenar as ações de seus ex-cônjuges e amantes. Após uma ou duas sessões desse tipo, seus oponentes se cansam, talvez arrependidos de ter levantado questões do passado em primeiro lugar. Além disso, podem ficar com uma sequela de raiva e frustração atiçada por tais discussões – sentimentos negativos que não desaparecem tão rápido. Portanto, com librianos é melhor se concentrar apenas nas memórias positivas e relembrar somente os bons momentos.

Como expressar afeto pelo ex-cônjuge de Libra

Os ex-cônjuges de Libra com frequência não se opõem a demonstrar afeto ou até fazer sexo após o término da relação. Fazendo isso, eles quase sempre ignoram os sentimentos da outra pessoa, que, de modo natural, enxerga as expressões emocionais do libriano como uma abertura para reatar ou uma declaração de que a relação ainda está viva. Os librianos são curiosos, pois podem fechar as portas, de fato terminando a relação, e ainda mantê-la viva para a outra parte. Esse tipo de jogo duplo muitas vezes os coloca em maus lençóis e os torna objeto de desprezo, raiva ou até ódio.

Como definir o atual relacionamento com o ex-cônjuge de Libra

Tal proposta costuma ser difícil. Em certas situações, os librianos são claros quanto a seus sentimentos e em outras não, muitas vezes achando difícil decidir. Não é muito legal lidar com essa ambiguidade, já que você nunca sabe em que pé está. O fato de eles também não o saberem é pouco reconfortante. A melhor atitude a ser tomada é ficar com os pés no chão, sem mudar de rumo nem se readaptar a cada nova postura do ex-cônjuge de Libra.

Como compartilhar a guarda com o ex-cônjuge de Libra

Em sua maioria, os ex-cônjuges de Libra tentam ser justos em matéria de custódia. Eles veem o real valor de as crianças terem dois pais, além dos benefícios de cultivar a amizade em vez da inimizade com seus ex-cônjuges. Diplomáticos ao extremo, estão dispostos a ceder, mas por trás desse aparente ar cooperativo e encantador se esconde uma determinação teimosa de fazer as coisas do seu jeito. Além disso, os ex-cônjuges de Libra são estrategistas espertos que sabem quando pressionar e quando recuar. Também não se esquecem de usar seu charme sedutor para avançar em suas demandas.

(O ex-cônjuge de Libra)

PONTOS FORTES

Seguro
Autossuficiente
Ciente

PONTOS FRACOS

Magoado
Confuso
Desnorteador

ESTILO INTERATIVO

Hipnotizante
Mágico
Desejável

LIBRA
23 DE SETEMBRO A 22 DE OUTUBRO

Amigos e família

PONTOS FORTES
Intenso
Envolvido
Avaliador

PONTOS FRACOS
Rejeitador
Áspero
Desistente

ESTILO INTERATIVO
Rápido
Imprevisível
Surpreendente

O amigo de Libra

"Amigos até o fim... e este é o fim." Tal avaliação de como os amigos de Libra agem soa verdadeira? Bem, é inegável que as amizades com librianos costumam ser limitadas em duração e podem acabar rápido e de modo imprevisível. Se os librianos são ou não sempre os responsáveis não é o ponto, mas eles de fato têm uma tendência a mergulhar em relações intensas e, em algum momento, começar a desistir sem informar à outra parte sobre suas intenções. A maioria dos librianos acha que está agindo com justiça e tomando decisões com base na verdade, para todos os fins. Porém, isso não torna as coisas mais fáceis para seus amigos, que acabam sentindo que foram duramente avaliados e dispensados sem cerimônia.

Como pedir ajuda ao amigo de Libra

Os amigos de Libra, por incrível que pareça, são muito dedicados. Além disso, sua generosidade parece ser incondicional, até que eles queiram de volta o que quer que tenham dado ou emprestado a você. Do nada, eles pedem de volta dinheiro ou objetos emprestados. Não adianta perguntar o que você fez, pois tal comportamento poucas vezes tem a ver com suas ações, e, sim, com o humor dos amigos de Libra. Os librianos costumam doar com generosidade suas habilidades, tempo e energia, mas, infelizmente, suas tendências perfeccionistas os fazem tentar consertar coisas que já estão funcionando bem.

Como se comunicar com o amigo de Libra e manter contato com ele

Os librianos tendem a viver em seu próprio mundo, povoado por seus diversos amigos e conhecidos. Portanto, um jeito de manter contato é por meio dessa rede que eles criaram. Como em uma teia de aranha, um puxão em um de seus fios vai desencadear reações de todos os envolvidos, em particular do libriano no seu centro. As notícias correm tão rápido que o amigo de Libra vai contatar você sem falhas ou atrasos. Esqueça a comunicação privada, visto que eles possuem um hábito de transmitir as notícias para todos em seu raio de alcance sonoro.

Como pedir um empréstimo ao amigo de Libra

Os librianos emprestam dinheiro quando lhes pedem, se eles o tiverem. Às vezes, até oferecem sem solicitação, quando veem a gravidade da sua situação. Com frequência, nem enxergam isso como um empréstimo; simplesmente o dão sem termos, condições ou compromisso adicional. Eles também não o fazem com segundas intenções de estabelecer uma linha de crédito mútua à qual possam recorrer algum dia. Quase sempre o que recebem de volta é a simples satisfação de terem ajudado, além dos pontos ganhos dentro do seu círculo de amigos por terem salvado a pele de alguém. Os amigos de Libra odeiam ver as pessoas próximas a eles parecendo desprovidas, pois isso afeta de forma negativa seu próprio status social.

Como pedir conselhos ao amigo de Libra

Muito úteis para dar conselhos, os amigos de Libra com frequência fornecem orientações valiosas, e posteriormente acabam sendo responsáveis por salvar o dia. Os librianos são juízes e avaliadores natos, capazes de enxergar ambos os lados da história e em seguida emitir pareceres objetivos até sobre os assuntos mais penosos. É comum serem escolhidos como mediadores, e muitas pessoas confiam neles o suficiente para submeter os casos à sua apreciação, sabendo que a decisão será proferida sem paixão ou viés. É raro os amigos de Libra pedirem conselhos a você, visto que são cautelosos em aceitar opiniões que não consideram tão ponderadas como as deles.

Como visitar o amigo de Libra

Os amigos de Libra têm muito orgulho de exibir o que possuem, incluindo, é claro, a composição de cores e o design de suas casas e locais de trabalho. Mas é difícil convidarem formalmente as pessoas para visitá-los. Isso se dá menos pelo desejo de ficar sozinho e mais por quererem ter muito tempo para se preparar para uma grande exibição. Os librianos odeiam não ser vistos sob holofotes, sendo em especial sensíveis a críticas. Os amigos de Libra tendem mais a dar uma grande festa para exibir suas conquistas, realizações e estilo de uma tacada só, em vez de enviar convites periódicos aos outros. Sua maior recompensa é ouvir que as pessoas estão falando do quanto se divertiram.

Comemorações/entretenimento com o amigo de Libra

Apesar dos amigos que sempre aparecem em suas casas, os librianos gostam de sair, seja para ir a lugares públicos, seja para visitar seus diversos conhecidos. Isso também lhes dá a chance de mostrar suas roupas novas, joias, perfumes ou colônias e seu mais novo carro ou equipamento eletrônico. Ser deixado de fora da lista de convidados ou ignorado nos encontros sociais é a pior coisa que pode acontecer a um libriano, pelo menos no âmbito das reuniões. Eles precisam brilhar, seduzir e encantar todos que encontram – ou seja, ser a vida da festa. É difícil vê-los mais felizes do que quando estão no meio de uma roda de admiradores.

AMIGOS E FAMÍLIA

O colega de quarto de Libra

PONTOS FORTES
Animador
Agradável
Social

PONTOS FRACOS
Incômodo
Irritante
Capaz de distrair

ESTILO INTERATIVO
Envolvido
Participativo
Gerencial

Fora achar difícil conseguir trabalhar ou ter um instante de paz, a experiência de ter um colega de quarto de Libra pode ser agradável, com raros momentos de tédio. Os librianos não ficam longe de seus amigos por muito tempo, o que significa que não vão a lugar nenhum sozinhos. Escutar a marcha dos passos desse grupo nas escadas logo se torna irritante, mas há pouco a se fazer além de aceitar e rezar para que os vizinhos reclamem. Durante os raros momentos em que os amigos não os estão acompanhando, os colegas de quarto de Libra passam seu tempo falando de si e de suas mais recentes experiências. Ou os colegas de quarto de Libra vão torná-lo uma pessoa mais sociável ou você acabará escondido em seu quarto com o som ligado em alto volume.

Como dividir responsabilidades financeiras com o colega de quarto de Libra

Os librianos dividem as responsabilidades financeiras quando estão cheios de dinheiro, mas ficam desesperados quando atingem o limite de sua conta corrente e estouram o cartão de crédito. De praxe, vão pedir a você para cobrir a parte deles do aluguel e de outras contas, prometendo compensar a despesa no mês seguinte. Porém, quando o momento do mês se aproxima, você fica acanhado e nervoso de perguntar se eles não se oferecem para pagar a quantia de volta. Uma vez que você se acostuma com o ritmo natural das necessidades deles, os problemas não parecem tão terríveis, mas eles de fato pressionam você para ter um dinheiro extra nas mãos.

A limpeza e o colega de quarto de Libra

Como regra, os librianos são bastante organizados, nem que seja por causa de seu senso estético e de seu desejo de manter as aparências. Os colegas de quarto de Libra contribuem com dinheiro e ajudam em projetos de limpeza que envolvem duas ou três pessoas. Seu próprio quarto quase sempre está arrumado, mas não com uma limpeza espetacular. Eles são o signo mais propenso a varrer a sujeira para debaixo do tapete (dizendo a si mesmos: "É só por enquanto"). Grandes procrastinadores, têm o hábito de adiar os projetos de limpeza por dias ou até semanas.

Convidados e o colega de quarto de Libra

Devido à inclinação dos librianos em receber amigos, você ficará quase sempre com a impressão de que há convidados presentes o tempo todo. Portanto, existe uma diferença sutil entre uma visita e uma estadia prolongada. Se você sugerir de leve que talvez o colega de quarto de Libra deva pagar um pouco mais pela comida, abrigo e serviços, acabará sendo acusado de ser antissocial e estraga-prazeres. Os librianos acreditam que estão, na verdade, ajudando você a economizar dinheiro por meio do fornecimento de entretenimento grátis. O esforço de se divertir pode ficar cansativo depois de um tempo, fazendo com que você implore por um pouco de paz e tranquilidade.

Festas e o colega de quarto de Libra

Quem mora com um libriano raramente precisa dar festas, já que sempre há uma acontecendo de qualquer forma. De modo previsível, assim que o grupo do libriano

LIBRA

entra, começam as requisições para alguém (talvez você?) sair para comprar cerveja, vinho ou pizza. Embora isso o livre de ter de cozinhar, traz consequências drásticas em termos de ganho de peso e privação de sono. Você pode até escapar para um compromisso externo, mas ser forçado a fazer isso noite após noite o leva a se perguntar se gosta mesmo de morar lá. Sua única esperança é sentar-se com seu colega de quarto de Libra e criar uma agenda semanal que inclua suas atividades também.

Privacidade e o colega de quarto de Libra

Sua privacidade pode não existir, ao passo que a deles é desnecessária. Trancar a porta do seu quarto se torna isolamento em vez de privacidade, e os ultrassociais librianos e seus amigos talvez interpretem isso como um ato de hostilidade. Você pode precisar buscar privacidade em outro lugar e apenas aceitar o fato de que mora em uma estação de trem ou terminal de ônibus. É claro que também é possível descobrir que você está se divertindo, contanto que consiga passar algumas noites por semana sozinho (tomara que sim, quando seu colega de quarto de Libra e companhia saem). É comum se perguntar sobre os colegas de quarto librianos: "Eles nunca querem ficar sozinhos?". A resposta é sempre a mesma: Não.

Como conversar sobre problemas com o colega de quarto de Libra

Os colegas de quarto de Libra adoram conversar, mas manter o foco deles no assunto – em especial quando o tópico são suas reclamações – pode ser difícil. Provavelmente vão desviar a discussão passando a abordar o que acreditam ser o problema da sua vida, em vez dos problemas que eles próprios estão criando. Na cabeça dos colegas de quarto de Libra, eles estão agindo dentro da normalidade, expressando o impulso social humano. Você é que age de forma esquisita, sendo uma pessoa rabugenta, fechada, irritada e banida do convívio com outros seres humanos. Após um tempo, você perceberá que tais discussões são apenas perda de tempo. Em nome da autopreservação e sobrevivência, basta manter os pés no chão, defender-se e, ignorando todos os insultos e farpas, ordenar as coisas do jeito que você acha que devem ser.

Os pais de Libra

O pai e a mãe de Libra são sensíveis ao extremo sobre sua posição social. Eles querem que seus filhos sejam apresentáveis e associados com o tipo "certo" de filhos. São muito envolvidos no planejamento da carreira dos filhos; portanto, interessam-se muito pela educação deles, monitorando com cuidado as notas e outros parâmetros acadêmicos. Orgulhosos de sua prole quando esta é bem-sucedida, os librianos não hesitam em levar crédito pelas conquistas dos filhos. Fazem todo tipo de sacrifício de tempo e dinheiro para garantir que os filhos estejam no topo, incluindo atividades extracurriculares que enfatizem o sucesso.

O estilo de disciplina dos pais de Libra

Os pais de Libra são severos juízes do comportamento de seus filhos, mas só em assuntos que de fato interessam a eles. Os filhos precisam fazer lição de casa e tirar boas notas.

AMIGOS E FAMÍLIA

(Os pais de Libra)

PONTOS FORTES

Focados

Ambiciosos

Apoiadores

PONTOS FRACOS

Insistentes

Estressantes

Exigentes

ESTILO INTERATIVO

Insistentes

Envolvidos

Avaliadores

Porém, os pais de Libra dão muita liberdade a eles na hora de brincar e se divertir. É raro vê-los punindo-os de modo severo por chegar tarde em casa ou passar muito tempo na internet, vendo TV ou jogando videogame. Sensíveis em particular quanto ao status social, eles não hesitam em deixar os filhos de castigo por transgressões sérias ao comportamento social normal ou por manchar o nome da família.

Nível de afeto e os pais de Libra

Os pais de Libra adoram abraçar seus filhos quando estes são pequenos. Embora esse nível de afeto decaia com a idade, eles ainda costumam ter uma palavra gentil ou um sorriso para sua prole, pelo menos quando as coisas estão indo bem. Os pais de Libra não retêm o afeto de maneira consciente como punição, mas o nível de seu carinho costuma ser diretamente proporcional ao grau de cooperação dos filhos. Aqueles que agradam aos pais de Libra com regularidade sempre contam com uma expressão correspondente de bons sentimentos por parte deles. Os pais de Libra quase sempre apreciam quando seus filhos expressam afeto de volta para eles ou quando o direcionam a pequenos animais.

Questões financeiras e os pais de Libra

A maioria dos pais de Libra vê a necessidade de pagar uma mesada a cada filho. Isso fora o dinheiro para comer no recreio, transporte e, muitas vezes, comprar roupas. Embora os filhos sejam livres para gastar sua mesada como quiserem, eles costumam ficar de olho em novas compras e gastos para avaliar seus efeitos positivos e negativos. Bastante capazes de diminuir ou cortar os gastos regulares, os pais de Libra deixam bem claro que o dinheiro não deve ser desperdiçado em coisas inúteis ou compras cujos malefícios são notórios.

Crises e os pais de Libra

Como possuem personalidade nervosa e expressiva, os pais de Libra com frequência exageram e precipitam crises onde estas não existem. Muito dramáticos, acabam demonstrando suas emoções em locais públicos, como em shoppings cheios ou na rua, causando muita vergonha a seus filhos. Estes últimos aprendem cedo a guardar segredo sobre os assuntos mais incômodos, em vez de compartilhá-los com os pais de Libra, que com certeza vão surtar. Por essa razão, os filhos de librianos muitas vezes se tornam pessoas independentes, autossuficientes e capazes, que quase nunca recorrem a ajuda externa.

Feriados/reuniões de família e os pais de Libra

Os pais de Libra se sentem à vontade em tais eventos sociais. Pode-se contar com eles, que são bons especialmente no planejamento, para organizar as coisas nos mínimos detalhes e garantir que todos os presentes — com destaque para seus próprios filhos — vão se divertir. Os pais de Libra conseguem se colocar no lugar dos outros e saber o que lhes dá mais prazer e também o que os desanima. A consequência disso é que os membros da família aguardam com ansiedade eventos especiais como aniversários, viagens, piqueniques e churrascos, nos quais os librianos desempenham papel importante.

LIBRA

Como cuidar dos pais de Libra idosos

Se você tiver certeza de que os pais de Libra têm um ou mais amigos próximos, suas preocupações diminuirão de maneira considerável. Embora possam ser deixados sozinhos por um tempo, os pais de Libra ficam mais alegres, de modo visível, e até melhores de saúde por meio do contato diário com amigos da idade deles. Ficam bem em comunidades para aposentados nas quais tenham sua própria casa, mas também desfrutem da possibilidade de socializar quando quiserem. Pais e mães idosos do signo de Libra gostam de partilhar experiências com seus pares e curtem sobretudo participar de eventos sociais especiais e de contribuir para eles.

Os irmãos de Libra

Os irmãos de Libra demandam atenção não só de seus pais como de seus outros irmãos. Seu jeito de expressar isso é quase sempre por meio de atividade intensa e comportamento radiante. Se forem privados de atenção, acabam se tornando ainda mais chamativos. Se isso não funcionar, tendem a ficar amuados e um pouco deprimidos. Mas, sempre de olho nos outros membros da família, eles conseguem ser notados e, por fim, apreciados. Os librianos adoram contribuir com o grupo e curtir atividades familiares especiais com seus irmãos e irmãs.

Rivalidade/proximidade com os irmãos de Libra

Os librianos sempre entram em rivalidade com seus irmãos e irmãs. Embora gostem do embate com eles, normalmente é de brincadeira. Uma vez que tenham a atenção dos pais, ficam contentes. Não é do feitio deles se impor aos irmãos, mas gostam de ser notados e de fazer parte da maioria das atividades de modo igualitário. Não são líderes nem indivíduos mandões, na maioria das vezes (embora sempre queiram ser ouvidos), em especial no tocante ao planejamento de eventos e tomada de decisões. Adoram fazer parte de uma família grande e estão sempre abertos a demonstrar afeto por seus irmãos.

Problemas passados e os irmãos de Libra

Os irmãos de Libra são muito bons em esquecer e perdoar. Após terem lidado com o problema do jeito deles – enfrentando ou punindo um ofensor, julgando e encontrando uma solução equilibrada –, ficam livres para seguir em frente sem guardar ressentimentos. Os irmãos de Libra vivem mais no presente e não têm tempo nem vontade de revisitar assuntos passados ou de se apegar a eles. No entanto, podem ter problemas com irmãos ou irmãs que guardam ressentimentos passados, e sua atitude livre, leve e solta pode ser mal compreendida ou condenada por membros da família mais sérios.

Como lidar com os irmãos de Libra afastados

Os irmãos de Libra não costumam se afastar dos outros membros da família, a não ser que tenham sido banidos do grupo. Portanto, se um libriano afastado é trazido de volta ao rebanho, é função dos irmãos e irmãs fazê-lo sentir-se bem-vindo de novo. É raro os

PONTOS FORTES

Chamativos
Radiantes
Contributivos

PONTOS FRACOS

Carentes por atenção
Tristes
Amuados

ESTILO INTERATIVO

Brilhantes
Ativos
Alegres

AMIGOS E FAMÍLIA

irmãos de Libra buscarem rejeitar o resto da família, e eles reagem com alívio quando as dificuldades são superadas e os conflitos encerrados. Quase sempre o contato com um irmão afastado de Libra deve ser feito pelo irmão ou irmã que liderou o processo de rejeição. Feito isso, as coisas se normalizam aos poucos.

Problemas financeiros (empréstimos, testamentos etc.) e os irmãos de Libra

Librianos são juízes e mediadores natos, que buscam o tempo todo um equilíbrio justo de direitos entre todos os envolvidos. Sempre tomando a liderança em assuntos de herança e outros problemas ligados à morte dos pais, eles querem ver conflitos espinhosos resolvidos e um resultado pacífico predominar. Muitas vezes, os outros irmãos reconhecem tais habilidades nos librianos e recorrem a eles para que desempenhem um papel proeminente nessas questões, ou, pelo menos, deem conselhos e orientações. Quando procurados para empréstimos, os irmãos de Libra são em geral abertos a emprestar dinheiro, mas sentem-se mais confortáveis quando um calendário para a devolução do valor é estabelecido entre ambas as partes.

Feriados/comemorações/reuniões e os irmãos de Libra

Os irmãos de Libra adoram participar dessas atividades e muitas vezes assumem a liderança na organização das coisas. Eles gostam de reuniões, principalmente quando ficam mais velhos, já que sentem falta de verdade de seus irmãos que moram longe e amam vê-los de vez em quando para pôr o papo em dia e relembrar os velhos tempos. Passar os feriados juntos é bem agradável, e tais momentos quase sempre envolvem seus filhos e primos na diversão. Os irmãos de Libra ficam muito à vontade em comemorações, curtindo jogos, refeições e conversas animadas.

Como tirar férias com os irmãos de Libra

Os librianos adoram férias ocasionais com os irmãos. Eles aguardam tais atividades por meses – sonhando, planejando e ajudando conforme o dia se aproxima. Porém, logo se decepcionam se os pais desistem dos planos originais ou os adiam por conta de problemas financeiros. Todavia, são criativos o suficiente para fazer jus à ocasião e ajudar a pensar em alternativas viáveis. Quando mais velhos, os irmãos de Libra são organizadores excelentes em convocar o clã para se reunir no mesmo local partindo de lugares diferentes – coordenando datas de férias disponíveis, planos de viagens, locações etc.

Os filhos de Libra

Os filhos de Libra são obedientes, porém dão trabalho. A única demanda que fazem é invariavelmente serem o centro das atenções. Artistas no palco da vida, os filhos de Libra querem ser apreciados, percebidos, reconhecidos e recompensados com amor e carinho de seus pais. Eles têm muito a oferecer em troca – sendo o entretenimento constante apenas um dos muitos benefícios de se conviver com filhos de Libra. Seja cantando, desenhando, escrevendo ou desenvolvendo novos jogos e atividades, é raro haver momentos de tédio com um filho de Libra por perto. Seus talentos criativos são bem marcantes, mas eles devem ser mantidos sob controle para não saírem da linha.

O desenvolvimento da personalidade e os filhos de Libra

Os filhos de Libra precisam de orientação e sabedoria de seus pais para se desenvolver de modo apropriado. Possuem uma tendência a um comportamento descontrolado e selvagem, e seus pais prestam um desserviço ao lhes dar passe livre para agirem como quiserem. Com paciência e supervisão compreensiva, os filhos de Libra podem ser guiados pelas etapas do crescimento, que são bastante desafiadoras para eles, e vencer no final, o que fica evidenciado em uma personalidade adulta equilibrada. O caminho alternativo acaba sendo desastroso: uma criança que sempre beira o comportamento caótico e anárquico ao extremo, desafiando as autoridades sociais.

Hobbies/interesses/planos de carreira para os filhos de Libra

Não importa quão introvertida ou isolada a criança de Libra pareça, você pode ter certeza que seu destino no fim das contas é estar conectada a outros seres humanos. Embora isso acabe acontecendo com todos nós, os filhos de Libra têm um talento especial para situações sociais. Portanto, são bons principalmente como líderes de grupos, professores e profissionais sociais de todos os tipos, incluindo psicólogos e orientadores. Mesmo quando são pequenas, as outras crianças os procuram de modo natural para pedir ajuda e conselhos. A capacidade de ajudar seus colegas, amigos e conhecidos traz uma grande satisfação aos librianos.

A disciplina e os filhos de Libra

Traduza disciplina por orientação. Os filhos de Libra não reagem de maneira saudável à punição e podem sofrer traumas psicológicos profundos. Os pais nunca devem ir pelo caminho mais fácil e gritar ou bater neles; em vez disso, devem buscar uma maneira tranquila, firme e paciente, porém compreensiva, de conter a energia desobediente de seus filhos de Libra. O maior presente que podem dar a eles é ensinar-lhes o valor da autodisciplina. Quando aprendem que colocar limites em si mesmos pode levá-los mais longe no mundo, firmam-se no caminho do crescimento pessoal e sucesso profissional.

Nível de afeto e os filhos de Libra

Como flores que se viram para o Sol em busca de luz, o filho e a filha de Libra se voltam para seus pais em busca de afeto. Privá-los disso com regularidade pode fazer com que se tornem retraídos e emocionalmente afetados. Da mesma forma, os filhos de Libra também precisam poder expressar afeto por seus pais. O amor – tanto dado como recebido – desempenha um papel importante na vida diária desses nativos (mais até do que em outras crianças). Os pais devem evitar parar de demonstrar afeto por eles como forma de punição e também usar seu poder e posição favorecida de modo impróprio tanto em contatos físicos como mentais.

(Os filhos de Libra)

PONTOS FORTES

Capazes de distrair

Criativos

Inventivos

PONTOS FRACOS

Carentes

Incontroláveis

Introspectivos

ESTILO INTERATIVO

Brincalhões

Leves

Compartilhadores

AMIGOS E FAMÍLIA

Como lidar com as interações dos filhos de Libra com os irmãos

Esse é um tópico difícil, pois os filhos de Libra adoram usar a intensa rivalidade com os irmãos para chamar a atenção dos pais. Falando em termos práticos, o jeito mais fácil de lidar com o problema é os pais prestarem atenção primeiro nos filhos librianos; quando ficar evidente que estão satisfeitos, podem passar para os irmãos. Como os filhos de Libra buscam de fato o favoritismo total de seus pais – e como normalmente não descansam até consegui-lo –, estes últimos devem encontrar um jeito de dar-lhes atenção sem aumentar a animosidade dos outros. É claro que todos os filhos devem ser tratados com igualdade sempre que possível.

Como interagir com os filhos adultos de Libra

No melhor dos casos, os filhos de Libra se tornam adultos equilibrados, responsáveis e solícitos. Porém, aqueles que não têm a sorte suficiente de ter tido orientações parentais conscientes tendem a ficar fora de controle por muito tempo. Tais librianos podem atingir a vida adulta prejudicados por um comportamento errático e falta de estabilidade em sua vida. A interação com esses filhos de Libra crescidos pede muita paciência e compreensão. É melhor deixá-los vir até você em busca de orientação e ajuda, em vez de tentar controlar a vida deles, o que de modo inevitável aumenta a insegurança e, por conseguinte, os ressentimentos.

Escorpião

NASCIDOS DE **23 DE OUTUBRO A 21 DE NOVEMBRO**

Escorpião é o signo fixo da água, regido pelo sombrio planeta Plutão e também pelo agressivo Marte. Como o animal que os identifica, os escorpianos devem ser deixados em paz, pois é grande sua capacidade de infligir dor. Podem ser tão charmosos quanto agressivos, sendo bem conhecidos seu interesse e suas habilidades na esfera sexual. Como os nativos de Virgem, os escorpianos vivem vidas discretas e muitas vezes cultivam um ar de mistério a seu redor. Fatalmente atraídos por dinheiro e poder, devem aprender a ser gentis e bondosos para com os outros.

ESCORPIÃO

23 DE OUTUBRO A 21 DE NOVEMBRO

Trabalho

PONTOS FORTES

Bem direcionado
Protetor
Poderoso

PONTOS FRACOS

Inflexível
Incapaz de perdoar
Duro

ESTILO INTERATIVO

Sério
Eficiente
Dominador

O chefe de Escorpião

Os chefes de Escorpião são indivíduos sérios – eficientes e dedicados ao sucesso da empresa. Em consequência, estabelecem elevados padrões para seus funcionários e esperam que eles deem o melhor de si todos os dias. Os escorpianos não aceitam desculpas para um trabalho malfeito e desleixado, preferindo o reconhecimento franco do erro a tentativas de explicação. Poderosos e dominadores, esses chefes ficam no comando o tempo todo, não permitindo que seus colegas contestem ou abalem sua autoridade. Quando se reportam aos superiores ou donos da firma, procuram proteger seus subordinados de exigências pouco razoáveis e pedem recompensas adequadas e frequentemente abundantes para os esforços dedicados de sua equipe.

Como pedir aumento ao chefe de Escorpião

É melhor esperar que os chefes de Escorpião toquem no assunto de aumento, já que eles percebem quais de seus funcionários se esforçam para merecê-lo. Às vezes, isso pode ser feito de maneira indireta, em uma conversa normal, quando o tema de trabalho duro e recompensa vem à tona no diálogo. Nunca peça um aumento diretamente aos chefes de Escorpião – deixe-os refletir um pouco depois que o assunto foi comentado. Em geral, eles procurarão você após um prazo de duas semanas a um mês; passado esse prazo, vale dar uma dica, pois eles em geral têm muita coisa na cabeça.

Como dar más notícias ao chefe de Escorpião

Melhor dizer o que tem de ser dito com franqueza, sem tentar dourar a pílula. Embora os chefes de Escorpião sejam conhecidos pelo mau temperamento, podendo mesmo ser bravos, eles só ficarão irritados se você insistir em dar aos fatos um aspecto positivo sem nenhuma base. Enfim, não importa de quem seja a culpa, em geral os chefes de Escorpião assumem a responsabilidade pelo que aconteceu; e, quando se reportam a seus superiores, isentam os funcionários de toda responsabilidade, chamando-a para si. Na verdade, sentem como se os grandes fracassos fossem provocados por eles.

Como providenciar viagens e/ou entretenimento para o chefe de Escorpião

Os chefes de Escorpião gostam de boa comida e acomodações confortáveis, quando não luxuosas. Isso costuma deixá-los de bom humor durante toda a viagem de negócios, desde que o resto caminhe razoavelmente bem. Conhecidos por chegar atrasados aos compromissos, eles podem encarregar você de entreter um cliente ou um provável parceiro de negócios durante algum tempo, antes de aparecer para a reunião. Essa é uma maneira não muito sutil que os escorpianos têm de mostrar, como se divulgassem um manifesto, que controlam a situação. Nem é preciso dizer, você, seu assistente ou companheiro na viagem, nunca deve tentar ofuscar o patrão.

A tomada de decisões e o chefe de Escorpião

As decisões dos escorpianos nunca são ambíguas, mas às vezes demoram a ser tomadas. Lentos para dar a palavra final, esses chefes gostam de ter bastante tempo para examinar os assuntos e tomar decisões bem pensadas. Nunca os apresse nesse processo, pois será inútil, podendo mesmo deixá-los irritados e agressivos. Depois que chegam a uma conclusão e se decidem, é improvável que alguma vez mudem de opinião ou voltem atrás na palavra dada. No entanto, fato curioso, podem reservar-se uma brecha ou uma saída secreta. Ter um plano B (ou mesmo C) é traço típico dos escorpianos, embora eles quase nunca o implementem.

Como impressionar e/ou motivar o chefe de Escorpião

Os chefes de Escorpião ficam muito impressionados com esforços feitos, não na expectativa de bônus ou de outras recompensas, mas simplesmente porque o trabalho os exige. Os funcionários que costumam dar esse algo mais é que, com toda a probabilidade, impressionarão mais os chefes de Escorpião. Por outro lado, eles ficam aborrecidos com pessoas extravagantes, que procuram monopolizar os holofotes e exibir seus talentos. Muitas vezes, os funcionários discretos e despretensiosos é que, com sua atitude dinâmica, desprendida e leal, agradam mais aos escorpianos.

Como fazer propostas e/ou apresentações para o chefe de Escorpião

Quase sempre, chefes de Escorpião já têm opinião formada na maioria dos assuntos. Assim, o que você apresentar reforçará o que eles já sabem e admitem ou vai contradizê-los. Nesse último caso, prepare-se para um combate sem quartel e sem recuo; no primeiro, o chefe de Escorpião poderá fingir concordar com sua sugestão, mas não a levará a sério. Quase sempre é do desentendimento com esses chefes, não o consenso – no calor da feroz disputa intelectual e das réplicas de um e outro lado – que realmente brotam as ideias úteis e as soluções dos problemas. Prepare-se então para o que der e vier, e defenda com garra seus pontos de vista.

O funcionário de Escorpião

Os funcionários de Escorpião cumprem suas tarefas quando são deixados a sós. Têm sua própria maneira de fazer as coisas, que nem sempre é compartilhada ou enten-

TRABALHO

(O funcionário de Escorpião)

PONTOS FORTES

Leal

Dedicado

Discreto

PONTOS FRACOS

Obscuro

Isolado

Agressivo

ESTILO INTERATIVO

Autossuficiente

Misterioso

Reservado

dida pelos colegas. São discretos, pouco sociáveis e pouco dispostos a falar sobre seus métodos e vida pessoal. Leais à empresa, dão o melhor de si para ir além do simples dever. Ficam agressivos apenas quando são atacados ou criticados de maneira injusta e indevida – então, tornam-se formidáveis adversários.

Como entrevistar e/ou contratar um funcionário de Escorpião

Os entrevistados de Escorpião não são de falar muito. De fato, os entrevistadores têm de arrancar informações pessoais deles, além do que foi informado no currículo. Os futuros empregados de Escorpião não se mostram excessivamente curiosos quanto às condições de trabalho, mas, em geral, apresentam certas exigências que devem ser atendidas. Uma vez satisfeitos com a confiabilidade e a segurança do emprego para o qual estão sendo considerados, eles se abrirão mais, mas até certo ponto. Poucas vezes os entrevistados de Escorpião dão uma imagem falsa de si mesmos ou superestimam suas habilidades.

Como dar más notícias ao funcionário de Escorpião ou demiti-lo

Os funcionários de Escorpião podem se tornar bastante agressivos ao ser acusados de erros ou ameaçados de demissão, sobretudo quando deram o máximo para cumprir seus deveres. Recebem com tranquilidade más notícias, de modo que os empregadores e os colegas não precisam fazer rodeios: podem ir direto ao assunto. Em geral, são honestos o suficiente para aceitar ou negar sua parcela de responsabilidade, mas preferem calar-se a travar uma discussão acirrada. Acostumados a se expressar em poucas palavras, não sentem grande necessidade de justificar seu comportamento. Ameaças de demissão quase nunca os abalam ou intimidam.

Como viajar com o funcionário de Escorpião e entretê-lo

Por causa de seu amor à privacidade, os funcionários de Escorpião, na maioria das vezes, preferem viajar sozinhos. Se for absolutamente necessário terem companheiros de viagem, esses companheiros não devem falar demais nem perturbar o sossego dos escorpianos introspectivos. Os funcionários desse signo se irritam facilmente quando viajam acompanhados, podendo ficar silenciosos e de mau humor. Para entretê-los, é melhor perguntar primeiro quais são suas preferências e até mesmo fazer uma pesquisa sobre o assunto. Os colegas mais próximos deles podem dar informações sobre aquilo de que gostam ou não.

Como confiar tarefas ao funcionário de Escorpião

Os funcionários de Escorpião costumam ser especialistas que executam determinadas tarefas muito bem. Não gostam muito de diversificar nem de desempenhar o papel do "faz-tudo", então é melhor examinar seu histórico profissional e consultá-los diretamente para descobrir se eles são de fato as pessoas indicadas para a tarefa em vista. Essa pesquisa é proveitosa porque, uma vez colocados no lugar certo, os funcionários de Escorpião fazem seu trabalho, na maioria dos casos, com alto padrão de qualidade. Por outro lado, se você lhes confiar a tarefa errada, pode esperar um desempenho inferior, marcado por crises de desânimo e mesmo depressão. De um modo geral, convém não integrá-los a um grupo muito grande e, sempre que possível, deixá-los sozinhos para terminar suas tarefas.

ESCORPIÃO

Como motivar ou impressionar o funcionário de Escorpião

Os funcionários de Escorpião ficam motivados com mais facilidade quando têm empregos que se enquadram em sua esfera de competência. Gostam da segurança inerente a um trabalho que executam sem problemas, sem pressão e sem sobrecarga. Não cometa o erro de oferecer-lhes um aumento de salário para fazerem um trabalho em que não estejam particularmente interessados. Os funcionários de Escorpião ficarão agradecidos por você entender suas necessidades e evitar submetê-los a um trabalho no qual não se encaixam, apesar da pressão vinda de cima. Se defender interesses deles, os funcionários de Escorpião trabalharão em dobro por você.

Como gerenciar, dirigir ou criticar o funcionário de Escorpião

Depois de dar-lhes as instruções, você pode deixar os funcionários de Escorpião sozinhos para cumprir suas tarefas. Eles reagem muito mal quando alguém fica de olho no que estão fazendo, e entregam um trabalho de alta qualidade no prazo sem precisar de vigilância constante – o que só os deixa nervosos e influencia de forma negativa seu desempenho. Os funcionários de Escorpião aceitam críticas bem-intencionadas e no tom certo. Muito sensíveis emocionalmente, eles nunca devem ser ameaçados, bajulados ou recriminados de maneira indireta; é melhor que você seja o mais objetivo possível ao tratar com eles. Mesmo assim, tenha cuidado para não ofendê-los: escolha bem as palavras de modo a não ferir seus sentimentos, do contrário provocará uma resposta irritada ou agressiva.

O colega de trabalho de Escorpião

Os escorpianos correm para ajudar seus colegas de trabalho nas tarefas mais difíceis e desafiadoras. Acostumados ao sofrimento, sabem como é grave cair vítima das circunstâncias e, pior ainda, do próprio medo e ansiedade. Em vez de apenas confortar os colegas de trabalho necessitados, solidarizam-se, arregaçam as mangas e entram em ação. Os colegas de trabalho de Escorpião não se assustam com facilidade nem desanimam em presença de obstáculos aparentemente intransponíveis e tarefas complicadas. Interessam-se mais pelo desafio do impossível do que pela facilidade de projetos rotineiros.

Como pedir conselhos ao colega de trabalho de Escorpião

Os colegas de trabalho de Escorpião são capazes de dar conselhos em poucas palavras. Em geral, precisam de tempo para refletir sobre o que você disse, antes de dar uma opinião sensata. Enquanto isso, não convém apressá-los ou pressioná-los. Muitas vezes seu conselho é baseado em experiências próprias e dos colegas de trabalho da empresa. Os escorpianos têm boa memória e lembram-se de detalhes importantes, que os outros talvez tenham esquecido ao longo dos anos. Assim, podem acessar informações de grande relevância. No entanto, como a fluência verbal nem sempre é sua melhor qualidade, ouça com atenção o que eles tentam dizer.

TRABALHO

(O colega de trabalho de Escorpião)

PONTOS FORTES
Prestativo
Agressivo
Enérgico

PONTOS FRACOS
Arrogante
Depressivo
Sofredor

ESTILO INTERATIVO
Solidário
Simpático
Desafiador

Como pedir ajuda ao colega de trabalho de Escorpião

Se os colegas de trabalho de Escorpião realmente se convencerem de seu sofrimento e de que são capazes de ajudar você, eles o farão até onde lhes for possível. E essa ajuda não virá sob a forma de promessas vazias. Não importa que o envolvimento seja físico ou financeiro, eles estarão prontos para agir se acreditarem na sua causa. Mistura engraçada de idealistas e pragmáticos, ativistas e empiristas, os escorpianos fazem uma análise penetrante e, ao mesmo tempo, elaboram planos de batalha para atacar e resolver os problemas. Uma vez decididos a ajudar, não descansarão até que você esteja de novo no controle da situação.

Como viajar com o colega de trabalho de Escorpião e entretê-lo

É recomendável que você viaje principalmente com os escorpianos que já conhece bem. Viajar com colegas de trabalho de Escorpião que também são amigos é sem dúvida bastante divertido, mas ajustar-se às preferências e gostos de pessoas sobre as quais você não sabe nada pode ser uma experiência muito desagradável. Caso tente se impor a escorpianos desconhecidos, encontrará resistência e, muitas vezes, recusa a obedecer às suas ordens, quando não completo silêncio e mau humor. Se os colegas de trabalho de Escorpião decidirem tomar a dianteira, você talvez não aprecie suas preferências em matéria de comida, hospedagem e transporte. Ficará então preso a uma situação difícil e incontornável.

Como o colega de trabalho de Escorpião coopera com os outros

Os colegas de trabalho de Escorpião não são conhecidos por sua disposição em cooperar. Teimosos, geralmente têm suas próprias ideias sobre como as coisas devem ser feitas. Elogios ou ameaças não os abalam. Podem trabalhar sem problemas com outros, mas para isso precisam acreditar de fato na eficácia e justificativa da abordagem escolhida. Os colegas de trabalho de Escorpião não são nem um pouco reticentes quanto a expressar suas opiniões, caso sejam solicitadas, mas não revelam o que, no fundo, estão pensando. Membros produtivos de qualquer grupo, é preciso consultá-los e levar suas opiniões a sério, antes de solicitar que trabalhem em equipe.

Como impressionar e motivar o colega de trabalho de Escorpião

É muito difícil motivar os colegas de trabalho de Escorpião – na maioria das vezes, tentar fazer isso é contraproducente. Esses indivíduos poderosos devem ser automotivados, um processo que caminha melhor quando os aceitamos como são e avaliamos se suas contribuições podem ajudar na tarefa em vista. Além disso, eles não são nada impressionáveis; com frequência, alardeiam que eles ou seus métodos conseguirão realizar as tarefas de forma mais eficaz. Contudo, nem sempre se mostram pretensiosos ou exagerados; avaliam com realismo suas próprias habilidades e sabem se podem ou não obter resultados.

Como persuadir e/ou criticar o colega de trabalho de Escorpião

Como são clientes difíceis, os colegas de trabalho de Escorpião quase sempre ignoram as críticas. Mas, quando elas tocam um ponto sensível, eles são capazes de contra-

-atacar com raiva, dando a seus críticos muito mais do que receberam. De início, talvez não concordem com o que você diz, mas podem ser convertidos à sua causa com o passar do tempo, se você tiver paciência e persistência. A maioria dos escorpianos não muda com facilidade; mas, como são pessoas que gostam de ponderar bem as coisas, darão muita atenção às suas opiniões e atitudes. Quer respondam ou não às suas críticas construtivas ou tentativas de persuasão, tenha a certeza de que não vão ignorar ou esquecer suas palavras.

O cliente de Escorpião

Os clientes de Escorpião sabem exatamente o que querem e fazem de tudo para tirar isso de você. Se você quer que continuem sendo seus clientes, é melhor tentar satisfazê--los nos mínimos detalhes. Uma lista de controle e um plano abrangente são indispensáveis. Os clientes escorpianos não o pressionarão caso você lhes forneça regularmente relatórios sobre o andamento dos negócios. Também não são muito apressados; de um modo geral, preferem que você seja minucioso e não tenha pressa para implementar seus pedidos. Não haverá dúvidas, no entanto, sobre quem é o chefe: você precisará atender às suas ordens e desejos com a maior exatidão.

Como impressionar o cliente de Escorpião

Os clientes de Escorpião ficam mais impressionados por seu desempenho anterior como indivíduo e pela sua empresa como um todo. Antes de investir seu dinheiro ganho a duras penas em um de seus produtos ou serviços, eles vão querer examinar seus registros em detalhes. Nem sempre aceitarão os números que você mostrar sem fazer sua própria pesquisa para confirmá-los. Além disso, conversarão com quem já trabalhou com você antes, para verificar sua confiabilidade. Sem uma boa história de sucesso, é provável que você não impressione os clientes de Escorpião nem faça negócio com eles.

Como vender para o cliente de Escorpião

Depois que sua história empresarial passar no teste, você precisará convencer o cliente de Escorpião de que seu produto ou serviço é o melhor. Exigentes quanto à qualidade, os clientes de Escorpião não ficam tão impressionados com ativos ou valores de ações na Bolsa quanto com o que você pode lhes oferecer. Não insistem apenas em preços baixos: os clientes de Escorpião se dispõem a investir dinheiro extra se você puder garantir qualidade e desempenho. Preferem segurança e não gostam de arriscar quando se trata de produção e cumprimento de prazos.

Sua aparência e o cliente de Escorpião

Os clientes de Escorpião exigem segurança e confiabilidade. Assim, você deve ter uma aparência conservadora e tranquilizadora, sem toques estranhos ou exagerados que possam irritá-los. Com toda certeza, a aparência deles será também bastante tradicional e reservada, sem prejuízo da qualidade. Se for capaz de combinar com eles nesse aspecto, estabelecerá vínculos de convergência e confiança entre vocês. Quanto

PONTOS FORTES
Bem direcionado
Decidido
Prestativo

PONTOS FRACOS
Estressado
Exigente
Minucioso

ESTILO INTERATIVO
Direto
Inequívoco
Autoritário

mais rápido o conceito de "nós" substituir a polaridade "eu e você", melhor. As coisas caminharão melhor depois que for estabelecida uma solidariedade e adotada uma abordagem comum.

Como manter o interesse do cliente de Escorpião

Enquanto você produzir resultados mensuráveis e preservar a credibilidade de suas previsões, os clientes de Escorpião continuarão fazendo negócios com você. Eles não vão mais longe que isso, pois é raro mostrarem interesse por alguém ou pelo que os outros fazem. A confiança é o mais importante. Uma vez conquistada, os clientes de Escorpião não incomodarão mais você com uma curiosidade sem fim, que envolve fazer perguntas ou pesquisas para verificar seu progresso. Portanto, sinta-se aliviado quando os clientes de Escorpião mostrarem desinteresse – aceite isso como um elogio e não procure atrair sua atenção.

Como dar más notícias ao cliente de Escorpião

Realistas antes de tudo, os clientes de Escorpião encaram bem as más notícias. Se você tiver estabelecido laços de solidariedade e confiança com eles, poderão juntos enfrentar os fatos adversos em um espírito de cooperação mútua, procurando logo depois solucionar as questões mediante um esforço comum. O sentimento de que "nós" precisamos achar a solução e de que "nós" somos capazes de enfrentar os problemas é preferível a uma ordem seca ou à ameaça, por parte do cliente de Escorpião, de resolver tudo sozinho. Se as coisas chegarem a esse ponto, no entanto, os escorpianos podem se mostrar implacáveis, até vingativos, acenando com processos na justiça e outras represálias. Gerar confiança mútua e respeito logo no início do negócio é essencial para evitar conflitos.

Como entreter o cliente de Escorpião

Os clientes de Escorpião ficam muito impressionados com a melhor comida, o melhor entretenimento, e, em geral, o máximo de qualidade que você possa lhes proporcionar. No entanto, isso não significa esbanjar seu dinheiro, pois sem dúvida você será considerado tolo se oferecer como superior algo que está abaixo dos padrões. Gastar dinheiro judiciosamente em um restaurante ou clube pode ser um indicativo de quão astuto em termos econômicos você é nos negócios com o seu cliente de Escorpião. Esses clientes, quando se divertem, podem ser muito generosos em troca e pagarão a conta da próxima vez que vocês se encontrarem socialmente.

O sócio de Escorpião

Os sócios de Escorpião não hesitam em assumir responsabilidades, mas você precisa ter cuidado para que não se imponham demais. A competência deles é em geral grande – como também o interesse em comandar o espetáculo. Se você não tiver uma personalidade forte, esses parceiros podem deixá-lo para trás e assumir o controle. Isso por si só não é uma coisa ruim, sobretudo se você for do tipo acomodado. Mas personalidades mais ativas podem entrar em conflito com os sócios escorpianos, perdendo assim o tempo e a energia que poderiam ser usados em benefício da parceria.

Como montar um negócio com um escorpiano

Mais prudentes que desconfiados, os escorpianos em geral acham que é de interesse das partes elaborar um contrato detalhado que preveja problemas e determine o que acontecerá se e quando as coisas derem errado. Esse acordo deve ser minucioso e claro. Se você tiver dúvidas sobre as atitudes dominadoras de seu parceiro de Escorpião, garanta que seus interesses e participação ativa na sociedade fiquem assegurados no acordo. Uma vez lavrado, assinado pelas partes e registrado junto à autoridade competente, o contrato talvez nunca mais precise ser aberto.

Como dividir tarefas com o sócio de Escorpião

Antes do início de cada projeto, os papéis de cada sócio precisam ser cuidadosamente determinados. Os pontos fortes e fracos de ambos devem ser avaliados, fazendo-se uma divisão judiciosa do trabalho para garantir o sucesso. Uma vez atribuídas as tarefas, cada sócio defenderá seu território o tempo todo e não permitirá que as atividades do outro se sobreponham às suas. O contato diário não é em geral necessário, mas a cada duas semanas mais ou menos uma reunião tem de ser marcada para que se avalie o progresso do projeto e se é necessário ou não fazer mudanças. Os sócios de Escorpião às vezes adiam algumas tarefas importantes enquanto investem energias desnecessárias em outras; então, é melhor ficar de olho neles.

Como viajar com o sócio de Escorpião e entretê-lo

Quase sempre é melhor que vocês se revezem para representar a empresa nas reuniões, cada qual enfatizando suas próprias áreas de especialidade. Na maioria dos casos, viajar com seu sócio de Escorpião não é recomendado nem necessário; mais proveitoso é que um permaneça na base ou se encarregue de outro projeto de maneira independente. Os escorpianos preferem se divertir e viajar sozinhos, já que têm gostos e preferências muito específicos e seu espírito cooperativo nessas circunstâncias é limitado. Desempenhar um papel secundário e deferente a seu sócio escorpiano, dia após dia na estrada, pode ser bastante cansativo.

Como gerenciar e dirigir o sócio de Escorpião

Os escorpianos não podem ser facilmente dirigidos. Gerenciar suas prodigiosas energias e pontos de vista resolutos também é difícil. Em vez de perder tempo com esses esforços infrutíferos, é melhor chegar a algum acordo inicial e fazer com que seus sócios de Escorpião se atenham a ele. Você, ao contrário, terá de lutar contra as tendências ditatoriais de seus sócios de tentar gerenciá-lo, embora o conselho e a orientação deles possam ser muitas vezes úteis e tranquilizadores. No entanto, se cometerem erros flagrantes e se recusarem a reconhecê-los, o confronto talvez seja inevitável a fim de evitar um desastre.

(O sócio de Escorpião)

PONTOS FORTES

Responsável
Experiente
Bem direcionado

PONTOS FRACOS

Massacrante
Insensível
Ditatorial

ESTILO INTERATIVO

Dominador
Autoritário
Confiante

TRABALHO

Como se relacionar com o sócio de Escorpião a longo prazo

Os sócios de Escorpião são em geral persistentes, capazes de manter seu compromisso com um negócio ou corporação por muitos anos. No entanto, podem não gostar da maneira que você lida com as coisas e raramente deixam de dizer isso com franqueza. Se você se recusar a ouvir suas críticas, eles insistirão até que lhes dê ouvidos. Agressivos por natureza, os escorpianos não são fáceis de evitar, de modo que os mecanismos normais de fuga de seus sócios serão severamente desafiados. Se você tiver reclamações sobre os métodos, comportamentos ou desempenho em geral de seus sócios desse signo, faça-as no momento certo e de maneira respeitosa. Caso contrário, as reclamações serão percebidas como ataques a repelir, em geral por meio de revides furiosos.

Como romper com o sócio de Escorpião

O contrato inicial que você assinou com seu sócio de Escorpião terá de ser seguido à risca. Normalmente, problemas como dívidas, imóveis, direitos autorais, divisão de ativos e lucros etc., serão cobertos. Tente evitar discussões e brigas envolvendo amargura e culpa, já que a agressão total do escorpiano é uma prospectiva pouco agradável. Contanto que as coisas permaneçam objetivas e cordiais, a dissolução de uma sociedade pode ser realizada com satisfação para ambas as partes. Escorpianos têm boa memória e são muito tenazes, então é melhor resolver já todos os problemas e não deixar nada pendente.

O concorrente de Escorpião

Os concorrentes de Escorpião não gostam de perder. Seu desejo de ficar por cima é tão forte que são capazes de comportamentos antiéticos. Isso, porém, só acontece em casos extremos, pois sua maior alegria é derrotar os adversários numa luta justa. Os concorrentes de Escorpião se sentem em casa e totalmente relaxados no calor da batalha, o que com frequência dá vazão à sua energia abundante. A estratégia é seu forte, já que um verdadeiro escorpiano nunca entra na guerra sem um planejamento meticuloso, amplo e inteligente.

PONTOS FORTES

Lutador

Meticuloso

Engenhoso

PONTOS FRACOS

Pouco ético

Cruel

Hostil

ESTILO INTERATIVO

Minucioso

Agressivo

Briguento

ESCORPIÃO

Como enfrentar o concorrente de Escorpião

Os concorrentes de Escorpião são adversários difíceis. Por causa da sua natureza agressiva, é importante saber como combatê-los, caso contrário passarão por cima de você. Esperam com paciência, mas atacam com a velocidade do relâmpago e depois assumem de novo a postura defensiva. É essa excelente combinação de ataque e defesa que os torna tão difíceis de vencer. Em primeiro lugar, permaneça calmo e não exponha suas fraquezas com ações precipitadas. Em segundo, fique atento para não cair em truques e armadilhas. Em terceiro, conte com uma luta longa e encarniçada, nunca com uma vitória rápida e fácil. Procure ficar à altura da preparação completa de seu adversário de Escorpião.

Como superar o concorrente de Escorpião em planejamento

Ao tentar superar concorrentes de Escorpião, você se envolverá em uma luta difícil, pois o planejamento é um dos fortes dos escorpianos. De início, dê igual atenção às suas próprias forças e às fraquezas tradicionais deles. Encontre brechas na abordagem dos adversários e analise com cuidado os contratempos que enfrentaram, para encontrar seu calcanhar de Aquiles. Fortaleça-se até ganhar confiança em sua capacidade de resistir a uma luta demorada. Só então passe a examinar os pontos fortes dos adversários (a fim de antecipar sua maneira de atacar e defender-se). E não se esqueça de levar em conta suas próprias vulnerabilidades históricas, que os concorrentes de Escorpião com certeza farão de tudo para descobrir.

Como impressionar pessoalmente o concorrente de Escorpião

Só trate com um concorrente de Escorpião quando estiver em posição vantajosa. Parecer agradável ou sem noção não enganará a maioria deles. Os escorpianos farejam de longe a dissimulação e os truques, raramente caindo em velhas armadilhas. Autênticos estudiosos da arte da guerra, apreciam mais uma atitude descontraída, calma e confiante. Depois de reconhecer você como um igual, eles lhes demonstram seu respeito e travam uma luta justa, sem precisar recorrer a táticas desonestas. Você não deve se apresentar com uma aparência física excessivamente intimidadora: empregue com astúcia métodos sedutores, sem nunca perder de vista a perícia de seus adversários.

Como enfraquecer e superar o concorrente de Escorpião

Os concorrentes de Escorpião são bons para blefar, mas quase nunca vão para a mesa de negociações sem munição de reserva. Na tentativa de superá-los, você achará difícil adivinhar suas intenções. Como são muito discretos, escondem seus motivos reais, assim como a profundidade dos seus bolsos. A melhor maneira de enfraquecê-los é despertar sua fúria e desequilibrá-los. Embora os agressores irrequietos de Escorpião possam ser amedrontadores em qualquer confronto, deixam brechas por onde é possível debilitá-los e minar seus poderes. No entanto, podem parecer ainda mais assustadores quando agem a sangue-frio – aquele olhar gélido é sinal de que você deve recuar, caso não esteja disposto a enfrentar sua fúria total e bem dirigida.

Guerras de relações públicas com o concorrente de Escorpião

Campanhas de relações públicas geralmente não são o forte dos concorrentes de Escorpião. Em caso de guerra total, sua capacidade costumeira de planejamento avançado e execução impiedosa entra em cena, mas a maioria dos escorpianos mostra incerteza quando se trata de tomar o pulso ao público. Embora pessoalmente sedutores, eles não sabem seduzir o público geral ou derrubar um adversário que conhece o gosto das pessoas. Com muita frequência, os concorrentes de Escorpião seguem regras fixas e não têm a flexibilidade necessária para enfrentar abordagens novas, brilhantes e variadas.

O concorrente de Escorpião e a abordagem pessoal

Os escorpianos são adversários perigosos. Por conhecerem bem seus próprios motivos e sentimentos, são capazes de atacar e seduzir alternadamente seus adversários, deixando-os muitas vezes desnorteados. Para chegar aonde querem, empregam seu charme e magnetismo pessoal de uma maneira bastante fria e calculada. Além disso, são considerados traiçoeiros, o que nunca deve ser esquecido. Não se engane quando parecerem desinteressados. Sem dúvida, foi um escorpiano quem disse: "A vingança é um prato que se come frio".

TRABALHO

ESCORPIÃO
23 DE OUTUBRO A 21 DE NOVEMBRO

PONTOS FORTES
Apaixonado
Controlado
Sexual

PONTOS FRACOS
Misterioso
Intrometido
Discreto

ESTILO INTERATIVO
Prudente
Sutil
Observador

ESCORPIÃO

Amor

O primeiro encontro com alguém de Escorpião

Embora dotados de alto grau de sexualidade e paixão, os escorpianos são capazes de manter o controle. Inegavelmente sedutores, usam sua magia de maneira sutil, que não causa alarme nem preocupação. Ainda assim vão longe quando esse é o desejo do parceiro. Os escorpianos vão querer dar uma boa olhada em você, mas não revelarão facilmente sua verdadeira personalidade e intenções. Você deve deixar claro que dar e receber é importante nessa área e que a interação é recíproca, não uma via de mão única.

Como paquerar alguém de Escorpião e como marcar um encontro

É provável que os escorpianos deem o passo inicial na paquera e na conquista. Até mesmo os menos agressivos em geral sinalizam para você avançar; assim, permanecem no controle embora pareçam ser controlados. Não se intimidam em sugerir o encontro inicial, mas quase sempre propõem um lugar mais discreto, onde possam conhecer você melhor: após a paquera do primeiro encontro, eles seguem um padrão constante, insistindo de maneira sutil para que vocês saiam juntos de novo – o que acontecerá de forma regular caso gostem de fato de você.

Atividades sugeridas para o primeiro encontro com alguém de Escorpião

Os escorpianos gostam de jantares tranquilos em cenários acolhedores. Amantes da boa mesa e atraídos sobretudo por pratos exóticos, apreciam restaurantes étnicos que tenham essas iguarias no cardápio. Não interprete seu silêncio ou comportamento reservado como falta de interesse, já que, nos primeiros encontros, os escorpianos preferem que as coisas caminhem mais devagar. Não ter pressa pode ser interpretado como timidez, mas a verdade é que, na maioria dos primeiros encontros, os escorpianos se sentem bastante seguros. Mestres na arte da sedução, sabem esperar e não pressionar, tecendo suas teias sedutoras da maneira mais cativante e encantadora.

Estímulos e desestímulos no primeiro encontro com alguém de Escorpião

Quase todos os escorpianos, nos primeiros encontros, não gostam de ser questionados sobre si mesmos. Se desviarem ou das suas perguntas pessoais ou as ignorarem, você deve evitar totalmente o assunto. Muito sensuais, nos primeiros encontros os escorpianos ficam excitados com fragrâncias, toques ocasionais ou contatos "acidentais", insinuações sexuais tácitas e olhares discretos. Embora sejam, sem dúvida, ligados ao físico, excitam-se mais pelo comportamento sofisticado e perdem o interesse diante de sugestões ou ações pouco sutis. Mostrar respeito por seu silêncio e privacidade, não questionando seu comportamento reservado, é uma boa forma de excitá-los.

O "primeiro passo" no primeiro encontro com alguém de Escorpião

De um modo geral, nos primeiros encontros, os escorpianos conseguem que a outra pessoa dê o primeiro passo, por curto que seja. Invariavelmente, sinalizam para que você vá mais longe, quando estão excitados, mas não esperam um comportamento agressivo em resposta. Uma vez excitados ao máximo, porém, sua natureza apaixonada virá à tona e não deixará dúvidas sobre sua orientação extremamente erótica. Rios plácidos são fundos e é melhor que você se prepare para as expressões sexuais completas de que os nativos desse signo são capazes, depois de você dar um sinal verde brilhante e inequívoco.

Como impressionar alguém de Escorpião no primeiro encontro

Os escorpianos, no primeiro encontro, costumam ficar impressionados sobretudo com a aparência do parceiro ou parceira. Sentem-se muitíssimo atraídos por pessoas bonitas e sensuais, ainda que eles próprios não sejam assim. Os escorpianos são cativantes, mas também querem ficar boquiabertos ou, no mínimo, intrigados com seus parceiros desde o início. No primeiro encontro, percebem logo se você está querendo aprofundar a intimidade, mas lembre-se: a falta de resposta imediata pode ser uma tática, porque eles se orgulham de controlar seus sentimentos.

Como dispensar alguém de Escorpião no primeiro encontro

Não será fácil dispensar os escorpianos no primeiro encontro se eles acharem você muito atraente. Não abrem mão de seus interesses e, para eles, nunca desistir pode até ser um fetiche. Se você inventar que já tem um relacionamento estável, com toda certeza só conseguirá estimulá-los ainda mais. Os escorpianos gostam de desafios, de modo que, se você puser obstáculos, conseguirá apenas que eles redobrem os esforços. Em geral, o melhor a ser feito é evitar uma recusa direta e ir se desligando aos poucos, antes de dispensá-los em definitivo.

O par romântico de Escorpião

Os pares românticos de Escorpião costumam ser tanto ciumentos quanto possessivos. Esperam que você se envolva totalmente e, ao menor indício de um interesse por outra pessoa, reagem com raiva ou, ao contrário, ficam em silêncio, recolhem-se em si mesmos ou caem em depressão. Os escorpianos imaginam que, por darem muito, devem receber na mesma medida e que você tem sorte por estar com eles. Não bastasse isso, defendem seu território: não querem que ninguém mexa com seus pares. Também protetores, interessam-se bastante pelo bem-estar dos entes queridos e se preocupam muito, embora de forma discreta, quando eles ficam doentes ou necessitados.

AMOR

(O par romântico de Escorpião)

PONTOS FORTES

Cuidadoso

Protetor

Interessado

PONTOS FRACOS

Ciumento

Possessivo

Colérico

ESTILO INTERATIVO

Envolvido

Sério

Controlado

Como conversar com o par romântico de Escorpião

Muitos escorpianos são cuidadosos com o que falam. Sabem muito bem que as palavras têm poder e podem ser usadas contra eles em conversas futuras. Não importa o que tenham a discutir, fique certo de que, como um iceberg, escondem muita coisa sob a superfície. Os escorpianos também gostam de insinuar em vez de fazer afirmações diretas, sobretudo quando pressionam. Assim, embora suas ameaças em geral sejam veladas, não deixe de levá-las a sério: os escorpianos não ficam apenas nas intenções.

Como discutir com o par romântico de Escorpião

A maioria dos escorpianos prefere não iniciar discussões; mas, uma vez envolvidos, eles não querem sair delas. Para eles, uma discussão é apenas outra forma de batalha (ou, em casos extremos, guerra) que precisa ser ganha a qualquer custo. Portanto, não é aconselhável começar uma discussão com eles, já que as consequências emocionais podem ser desastrosas. Evitar que conversas desandem em discussões requer sensibilidade e atenção, para que a agressividade fique sob controle. Uma maneira de impedir que as discussões se tornem muito pesadas é brincar e apelar para o humor sob a forma de desafios com jogos de palavras e observações espirituosas, que não possam ser levadas a sério.

Como viajar com o par romântico de Escorpião

Os escorpianos são ótimos para fazer planos e preparativos com bastante antecedência, mas nem sempre se dão esse trabalho. Um tipo curioso de passividade os domina, de modo que você precisa tomar a iniciativa e manifestar suas próprias preferências. Isso pode levar o escorpiano a criticar com veemência suas escolhas, com o sarcasmo e a ironia que os caracterizam, e até a depreciar você. Por essa razão, é melhor você insistir, logo de início, em que eles tenham um papel mais ativo no planejamento da viagem, pois assim disporá de alguma munição caso mais tarde venham a surgir disputas.

O sexo com o par romântico de Escorpião

Os escorpianos são conhecidos por seu apetite, envolvimento e desempenho sexual. Muitas vezes se gabam disso, mas não abertamente. Em geral, alimentam uma autoconfiança tácita nas questões sexuais: sabem que podem dar conta de qualquer exigência do par. Também não calam seus desejos, sempre bem definidos e com frequência exigentes. Suas atitudes pouco convencionais e até mesmo pervertidas com relação ao sexo não devem surpreender. Os escorpianos, no terreno sexual, gostam de explorar todos os caminhos, deixando pouco à imaginação de seus pares.

Afeição e o par romântico de Escorpião

Mais apaixonados que sensuais, os escorpianos, em sua maioria, preferem dar largas a seus sentimentos em sessões tórridas e não em contatos piegas ou superficiais. Não são, pois, tipos dos mais carinhosos ou afetuosos. Muitas vezes exprimem seu afeto fazendo piadas ou, com uma piscadela, fingindo insultar. Eles esperam que você veja nisso mostras de carinho e não se ofenda. Como os pares de Escorpião às vezes exageram, o melhor é que você também brinque e fique frio, do contrário se sentirá terrivelmente insultado e reagirá com irritação, o que só provocará mais zombaria.

ESCORPIÃO

O senso de humor e o par romântico de Escorpião

O humor dos escorpianos é um tanto estranho: eles gostam de se divertir à custa dos outros. As piadas e outros comentários mordazes que fazem têm endereço certo. Depois de zombar, magoam ainda mais suas vítimas (sem intenção, é claro) esboçando um sorriso provocativo, um riso abafado ou mesmo uma gargalhada. O truque é não reagir negativamente, mas rir também. Pode haver muita diversão quando, juntos, vocês fizerem piadas sobre a mesma pessoa, em particular.

O cônjuge de Escorpião

Os escorpianos são em geral leais, mas nem sempre fiéis. Isto é, consideram sua vida pessoal intocável e não aceitam ser governados por seus parceiros ou pela sociedade quando se trata de liberdade sexual. Ainda assim, cumprem suas responsabilidades no casamento, levando o que se poderia chamar de vida dupla. Reservados por natureza, raramente ou nunca se abrem sobre sua vida pessoal com a família e os amigos. Gostam de sua casa e passam nela o maior tempo possível, não relutando em gastar o que for preciso para deixá-la bonita e confortável.

PONTOS FORTES
Leal
Caseiro
Zeloso

A cerimônia de casamento e a lua de mel com o cônjuge de Escorpião

Os aspectos sexuais da lua de mel são muito importantes para o cônjuge de Escorpião. O prazer proporcionado aos pares é muito importante, mas não essencial para o deles próprios. Veem a lua de mel como a consumação apaixonada de seus desejos. Em consequência, se a noite for medíocre ou decepcionante, sem dúvida ficarão muito desapontados, frustrados e deprimidos, mas tentarão esconder isso de todos os modos. A cerimônia, em geral, é vista como mero preâmbulo da lua de mel: esta, sim, é a parte que realmente importa.

PONTOS FRACOS
Infiel
Rebelde
Promíscuo

O cotidiano doméstico e a vida de casado com alguém de Escorpião

Os cônjuges de Escorpião nem sempre conhecem ou satisfazem os desejos dos parceiros. Parecem viver em seu próprio mundo, mesmo estando em contato diário com seus cônjuges. De difícil comunicação, eles se retraem com frequência para um espaço privado, ainda que este não passe de uma poltrona com um livro ou jornal. Desligam-se quando querem e você pode descobrir que eles não estavam lhe dando ouvidos por minutos, horas ou mesmo dias. Acontece que, durante esse tempo, estiveram sem dúvida ouvindo sua voz interior, estimulados por seus anseios íntimos. Portanto, não se culpe pelas reações dos cônjuges de Escorpião: você pode nem estar envolvido nelas.

ESTILO INTERATIVO
Reservado
Resistente
Individualista

As finanças e o cônjuge de Escorpião

Os escorpianos gostam de gastar dinheiro em comida e bebida, assim como em itens pessoais e domésticos caros. Felizmente, são bons também para ganhá-lo, garantindo assim um fluxo de caixa regular. Mas você deve ficar de olho neles, pois podem não apenas perder o controle como arriscar em todos os tipos de esquema de investimento que prometam retorno. Às vezes, é melhor vocês terem contas, rendimentos e gastos separados, reservando um fundo familiar comum para as despesas de ambos.

AMOR

A infidelidade e o cônjuge de Escorpião

Os escorpianos têm necessidades sexuais urgentes que você pode ou não ser capaz de satisfazer. Além disso, são atraídos por intrigas, casos secretos, envolvimentos românticos clandestinos e coisas do gênero. Mesmo que você satisfaça sexualmente seu cônjuge de Escorpião, ele sente às vezes necessidade de manter atividades extraconjugais. Os escorpianos acham que podem, ao mesmo tempo, ser fiéis e dar seus pulinhos sem que isso lhes pareça imoral ou antiético. Assim, conseguem manter um padrão duplo perverso, insistindo na atenção total do cônjuge enquanto eles próprios vivem se interessando por outros.

Os filhos e o cônjuge de Escorpião

Os cônjuges de Escorpião protegem muito seus filhos e, quando estes são novos, raramente os perdem de vista. Em consequência, as crianças crescem se sentindo seguras, mas tendendo, ao mesmo tempo, a ser dominadas e controladas pelos pais. O grande desafio para o cônjuge de Escorpião é encorajar a independência nos filhos, mesmo que isso signifique, em certos casos, atiçar rebeliões contra suas próprias regras. O processo de desmame psicológico é em geral tão doloroso para esses nativos quanto para seus filhos. Nesse processo, o Escorpião mais velho e mais prudente deve fazer de tudo para despertar o senso de responsabilidade e maturidade em seus filhos.

O divórcio e o cônjuge de Escorpião

Infelizmente, é aqui que os aspectos mais negativos da personalidade dos escorpianos se manifestam, sobretudo quando seus cônjuges se sentem tratados com injustiça e indiferença. São notoriamente vingativos, o que pode levá-los a magoar e prejudicar seus parceiros. Antagonistas formidáveis, é difícil se opor a um cônjuge de Escorpião decidido a declarar guerra por causa de um casamento fracassado. Por esse motivo, é melhor agir com prudência e evitar as más ações que eles são capazes de praticar. Durante o processo de divórcio, comunique-se o menos possível com seu cônjuge de Escorpião, deixando essa tarefa para os advogados.

O amante de Escorpião

Muitos amantes de Escorpião se encaixam em seus papéis amorosos como a mão na luva. Sua natureza dupla, apaixonada e privativa os torna candidatos ideais a um relacionamento amoroso clandestino. Isso não implica uma elevada frequência de envolvimentos – bem ao contrário. A maioria dos Escorpiões prefere se envolver apenas de vez em quando e seletivamente, mas, em geral, de maneira profunda. Esse fato é responsável por uma boa dose de dor e sofrimento, além da alegria e do êxtase que proporciona. Seus amantes podem de um modo geral atestar que os escorpianos são muito emotivos, às vezes mesmo ardentes, embora esses sentimentos fiquem quase sempre sob controle e só se manifestem nas situações mais íntimas.

ESCORPIÃO

Como conhecer o amante de Escorpião

Os amantes de Escorpião têm maneiras sutis de mostrar interesse por você. Um comentário casual para um amigo comum, um olhar fortuito ou uma observação maliciosamente lisonjeira podem funcionar como sinais. Mais tarde, você vai se perguntar: "Estão de fato interessados ou não?". Abalar o equilíbrio do amante pode ser uma tática escorpiana: eles pedem que você mostre suas cartas enquanto escondem as deles. Deixar você pouco à vontade se encaixa bem nos planos dos amantes de Escorpião, já que costumam encarar as questões amorosas do mesmo modo como encaram uma guerra. Isso faz de você tanto o adversário quanto o prêmio da vitória.

Onde se encontrar com o amante de Escorpião

Os amantes de Escorpião gostam que você vá à casa deles. Seu domicílio é um antro, um covil e uma teia na qual enredam e prendem o parceiro. A intriga figura de forma proeminente ali, com eles despertando sua curiosidade e incitando você a conhecê-los melhor. A sedução é a especialidade de muitos escorpianos, de modo que você também pode apreciá-la. Mais tarde, se nada der certo, haverá tempo suficiente para a dor e o arrependimento. Você talvez acabe se descobrindo a parte agressiva nessa situação, com o amante escorpiano respondendo à altura para terem ambos uma experiência única na vida.

O sexo e o amante de Escorpião

Apaixonar-se por alguém de Escorpião pode, algumas vezes, ser uma experiência viciante. Se os escorpianos pudessem engarrafar suas atrações, sejam elas quais forem, iriam sem dúvida criar um elixir muito popular. Como uma droga que vicia, o amante desse signo gosta de ministrar doses cada vez mais altas, provocando verdadeiros sintomas de abstinência quando elas são retiradas. Embora os escorpianos possam dar a impressão inicial de que são reprimidos, tímidos ou reservados, quando se envolvem sexualmente sua verdadeira natureza apaixonada logo vem à tona. Antes de permitir essas erupções tórridas de energia, certifique-se de que você possa levar adiante o romance sem culpas nem arrependimentos.

Como segurar o amante de Escorpião

Em geral, isso não é difícil quando vocês dois estão emocionalmente ligados. Na verdade, o problema é dispensar o amante de Escorpião. Prepare-se: esse amante vai querer que as coisas continuem exatamente como estão por muito tempo. Isso se aplica ainda mais aos aspectos secretos de seu convívio – seu espaço privado deve ficar alheio ao mundo. Os escorpianos preferem comunicações discretas, chegando a usar códigos e sinais para fazer contato com o parceiro.

(O amante de Escorpião)

PONTOS FORTES
Amoroso
Reservado
Ardente

PONTOS FRACOS
Desagradável
Sofredor
Infeliz

ESTILOS INTERATIVOS
Retraído
Misterioso
Dependente

AMOR

Como entreter o amante de Escorpião

Os amantes de Escorpião deixam bem claras suas preferências pessoais. Para entretê-los, basta consultar sua lista de tarefas. Infelizmente, com isso, você pode ter de renunciar a seus próprios desejos e necessidades; então, quando quiser entreter esses amantes, tente empregar métodos que garantam o prazer de ambos. A maioria dos entretenimentos será de natureza privada, já que os escorpianos nem sempre quererão sair de casa e ser vistos com você em público. Jantares íntimos preparados por eles substituem visitas a restaurantes – enquanto DVDs e CDs ficam no lugar do cinema ou dos concertos.

Como romper com o amante de Escorpião

Infelizmente, relacionamentos apaixonados com amantes de Escorpião significam às vezes rompimentos apaixonados. Nem sempre teatral, mas com certeza emocional, o fim do romance pode trazer uma boa dose de sofrimento para ambas as partes. O problema é que o romance e o rompimento podem deixar cicatrizes que não saram rápido, lançando assim uma nuvem sombria sobre seus futuros relacionamentos e mesmo sua capacidade ou interesse em se envolver de novo. Amargura e frustração podem vir à tona. Para combatê-las, concentre-se nos aspectos positivos do relacionamento e não ceda a reações negativas.

O ex-cônjuge de Escorpião

PONTOS FORTES
Negociador
Solidário
Orgulhoso

PONTOS FRACOS
Vingativo
Teimoso
Repressor

ESTILO INTERATIVO
Agressivo
Difícil
Acusador

ESCORPIÃO

Não é fácil lidar com os ex-cônjuges de Escorpião. Sua proverbial necessidade de se vingar por ações que você cometeu no passado, sobretudo insultos ao ego prodigioso deles, pode levá-los a práticas furiosas. A certa altura, você será colocado à prova, devendo decidir se assumirá uma atitude de defesa ou contra-ataque. De qualquer forma, terá de criar uma estratégia, o que poderá ser feito com a ajuda da família, de um clérigo, um contador, um advogado ou um amigo. Essas pessoas podem pressionar os ex-cônjuges de Escorpião para que se moderem e percebam que é de seu interesse cooperar e negociar.

Como fazer amizade com o ex-cônjuge de Escorpião

Em geral, uma amizade profunda é inviável após o rompimento com ex-cônjuges de Escorpião. O melhor que se pode esperar é a cessação das hostilidades e uma trégua constrangedora. Infelizmente, os escorpianos poucas vezes ou nunca perdoam ou esquecem. Além disso, qualquer sinal de fraqueza de sua parte ou pedido de perdão podem ser recebidos com desprezo ou punições adicionais. A atitude deles é: "Você fez sua cama, agora deite-se nela". Portanto, não terá nenhuma ajuda. A única área onde eles podem ser forçados a cooperar são os negócios de longo prazo e as questões pessoais que requeiram transferência de dinheiro.

Problemas para reatar com o ex-cônjuge de Escorpião

Reatar com ex-cônjuges de Escorpião não é recomendado. Eles têm a necessidade constante de infligir dor e isso pode ser facilitado em caso de reaproximação. Ficar longe dos ex-cônjuges escorpianos e evitar a reconciliação pode ser necessário para sua sobrevivência emocional e psicológica. Não há nada de errado em falar sobre seu relacionamento de tempos em tempos, mas suspeite de qualquer insinuação para que vocês se reconciliem. Já que os escorpianos sabem fazer valer seus atrativos, você deve exercitar, e muito, o autodomínio.

Como conversar sobre questões do passado com o ex-cônjuge de Escorpião

Os escorpianos têm sua própria visão do que aconteceu; portanto, é inútil lembrá--los de fatos passados. Debater esses problemas, para a maioria desses nativos, é como esfregar sal em uma ferida aberta. Em primeiro lugar, suspeitarão de suas intenções ao abordar tais assuntos e verão com desconfiança planos futuros que os envolvam. Caso você queira apenas relembrar do passado ou brincar sobre experiências mútuas prazerosas, vá com cuidado; nesses casos, pegar os ex-cônjuges de Escorpião de bom humor será de muita ajuda.

Como expressar afeto pelo ex-cônjuge de Escorpião

Os ex-cônjuges de Escorpião às vezes correspondem às suas expressões de afeto, mas, se elas se encaminharem claramente na direção do sexo, você poderá se arrepender de ter tocado no assunto. Lembre-se de que os escorpianos consideram a esfera sexual seu domínio particular e julgam ter pleno conhecimento de como usar esses poderes contra você. É melhor, portanto, que a pessoa se mantenha distante, respeitosa e objetiva ao exprimir atração física pelos ex-cônjuges de Escorpião. Um tom de voz suave ou um olhar afetuoso são o máximo que os dois lados devem se permitir, por prudência.

Como definir o atual relacionamento com o ex-cônjuge de Escorpião

É melhor você não discutir a relação com os ex-cônjuges escorpianos, mas sim lhes dar sua própria definição, tentando permanecer frio e justo, e insistindo para que eles façam o mesmo. Restrinja a maior parte dos contatos aos negócios, à logística e às questões financeiras, além dos problemas práticos e cotidianos das atividades domésticas. Evite indispor os ex-cônjuges de Escorpião continuando a incluí-los nos planos familiares, ao invés de excluí-los. Essa é uma forma efetiva de conseguir alguma estabilidade e controle social para que as emoções não predominem. Às vezes, um amigo comum pode atuar como intermediário, ajudando a definir o relacionamento atual e neutralizando situações voláteis.

Como compartilhar a guarda com o ex-cônjuge de Escorpião

Você e seu ex-cônjuge de Escorpião não devem usar os filhos como arma um contra o outro em caso de rompimento. Além disso, de um modo geral é melhor resolver as questões de guarda por intermédio de advogados ou juízes, não de contatos pessoais. As crianças não devem ser nunca induzidas a tomar partido; na verdade, são elas que quase sempre mantêm a paz, podendo até ajudar na solução dos problemas que surgem entre pais separados. Em muitos casos, filhos sensatos conseguem controlar o ex de Escorpião com mais eficiência do que o outro cônjuge.

ESCORPIÃO
23 DE OUTUBRO A 21 DE NOVEMBRO

Amigos e família

PONTOS FORTES
Seletivo
Divertido
Festeiro

PONTOS FRACOS
Irritável
Emocionalmente instável
Temperamental

ESTILO INTERATIVO
Enérgico
Provocador
Protetor

O amigo de Escorpião

Os escorpianos são muito seletivos na escolha de amigos, de modo que, se você for um deles, deve se sentir honrado. Com frequência, deixam seus melhores amigos de reserva para os momentos especiais. Não sendo de um modo geral carentes, os amigos de Escorpião só entrarão em contato com você quando quiserem se divertir, comemorar ou apenas passear pela cidade. Podem ser ótimos companheiros, mas cultivam amizades na maioria das vezes em seus próprios termos e quase sempre em seu próprio território. Pessoas de natureza mais versátil e mutável se dão melhor com eles, por serem capazes de se adaptar rapidamente à seriedade e aos estados emocionais complicados dos amigos de Escorpião.

Como pedir ajuda ao amigo de Escorpião

Os escorpianos, em sua maioria, não procuram ninguém com frequência e naturalidade para obter ajuda – e esperam que os outros também não os incomodem o tempo todo em busca de auxílio. Entretanto, é possível contar com eles em situações difíceis ou críticas. Frios nas emergências, podem até salvar a vida de seus amigos, tanto literal quanto metaforicamente. Se perceberem sinceridade no que você lhes disser, correrão em seu socorro e, se necessário, vão te defender de quem estiver incomodando você. Mas, antes de provocar a liberação dessas energias, você deve ponderar bem as consequências dos atos de seus amigos de Escorpião.

Como se comunicar com o amigo de Escorpião e manter contato com ele

Os amigos de Escorpião não são exigentes. Você pode passar longos períodos sem manter contato com eles, mas, em seguida, verá que ficam muito felizes em ouvir notícias suas. Como raramente precisam de sua atenção, não os aborreça com perguntas constantes sobre como estão passando. Muitas vezes, essa insistência apenas irrita os escorpianos, que preferem ser deixados em paz. Se tiverem algo a partilhar, eles mesmos vão procurar você. Embora reservados e não raro introvertidos, eles podem ser excelentes comunicadores, capazes de expressar suas ideias (muitas vezes instigantes) em poucas palavras.

ESCORPIÃO

Como pedir um empréstimo ao amigo de Escorpião

Embora possessivos em muitas áreas da vida, os amigos de Escorpião podem, o que é surpreendente, se mostrar prontos a dividir seu dinheiro com as pessoas que lhes são próximas. Odeiam a avareza e a mesquinharia acima de tudo; ouvir discussões sobre o pagamento da conta após o jantar é algo que evitam, pagando-a eles mesmos. Mas fique atento, pois os escorpianos acham que seu dinheiro também pertence a eles: assim, quando precisam, pedem empréstimos com a mesma desenvoltura com que um cirurgião pede um bisturi. Eles se saem bem com o dinheiro – quer se trate de ganhá-lo, administrá-lo ou gastá-lo. Não gostam de pobreza, já que a privação não é a ideia que fazem de uma boa vida.

Como pedir conselhos ao amigo de Escorpião

Os amigos de Escorpião preferem refletir um pouco sobre seu problema antes de dar um conselho. Sua natureza, tendente à reflexão e à contemplação, os impede de oferecer sugestões repentinas ou superficiais. Você não precisa lembrá-los de que solicitou sua opinião: eles próprios lhe darão a resposta quando estiverem convictos e prontos. Os escorpianos muitas vezes se consideram pessoas experientes, com bom conhecimento da psicologia humana e de como as coisas funcionam neste mundo. Isso é verdade – mas você não deve seguir seus conselhos ao pé da letra, pois isso pode ser contraproducente.

Como visitar o amigo de Escorpião

Os escorpianos adoram visitas de amigos. Em geral, têm muito a compartilhar com eles, no âmbito da conversa ou da fruição de prazeres como música, esportes, sátira política, arte e, claro, comida e bebida. Sair regularmente para jantar com amigos de Escorpião pode ser muito agradável, embora caro, pois eles têm gosto apurado e não abrem mão da qualidade. Embora possam visitar você de vez em quando, ficam mais felizes e à vontade em seu próprio espaço que, não raro, se assemelha a um esconderijo, toca ou covil. É de primordial importância para eles que você também se divirta nessas ocasiões.

Comemorações/entretenimento com o amigo de Escorpião

Para os escorpianos, comemorações e entretenimento são um assunto muito especial, que não deve ocorrer todos os dias. Eles preparam esses acontecimentos com grande antecipação. No caso de eventos esportivos, concertos ou outro espetáculo qualquer, sempre reservam os melhores lugares e presumem que você queira fazer o mesmo. Com frequência bons conhecedores desses eventos, compartilharão de forma generosa sua experiência com você, fazendo as vezes de guias turísticos ou fontes de informação. Se o levarem a um espetáculo em que estejam emocionalmente envolvidos, você terá de deixá-los tomar as rédeas, mostrando que aprecia seus atos e observações.

AMIGOS E FAMÍLIA

O colega de quarto de Escorpião

PONTOS FORTES

Protetor

Solidário

Envolvido

PONTOS FRACOS

Distante

Pouco comunicativo

Fechado

ESTILO INTERATIVO

Reservado

Recluso

Controlador

A privacidade é, em geral, a grande prioridade para os colegas de quarto de Escorpião. Seu quarto é um território inviolável e chegam ao ponto de considerar toda a casa ou apartamento como seu refúgio, onde você só entra para dividir o aluguel e as despesas. Em vista disso, pode ser difícil promover ali atividades sociais. Além do mais, os escorpianos insistem em controlar seu ambiente e, quando estão muito sensíveis, começam a dar ordens, querendo que você abaixe o volume da música e da TV ou mesmo exigindo que pare de tagarelar e os deixe em paz. Os escorpianos ficam visivelmente mal-humorados ao acordar e quase sempre precisam de fortes doses de café preto para começar o dia.

Como dividir responsabilidades financeiras com o colega de quarto de Escorpião

Exigir dos colegas de quarto de Escorpião sua parte do aluguel, comida, serviços e outros gastos pode não ser fácil, mesmo quando eles estão em condições de pagar. O mais difícil é tocar no assunto sem que se recusem a falar sobre ele ou fujam de suas perguntas. O fato é que os escorpianos só agem quando estão prontos e não gostam de ser pressionados. Num mês bom, depositarão sua parte em dinheiro num lugar visível e habitual, deixando que você o gaste ou lhe dê o destino certo. Além de uma breve referência ao dinheiro depositado, é improvável que você ouça mais uma palavra sequer sobre o assunto.

A limpeza e o colega de quarto de Escorpião

Os escorpianos não são conhecidos por seu amor à limpeza, embora, quando se decidem a fazê-la, mostrem-se muito proficientes nessa área. Às vezes se prontificam a ajudar na arrumação das áreas comuns, mas repelem qualquer sugestão de deixar seus próprios espaços mais apresentáveis. Para eles, seu quarto é um refúgio privado, para o qual você nunca será convidado; não aceitam sequer que você dê uma espiada no local. Você terá de se acostumar à visão de uma porta fechada, quer eles estejam em casa ou não.

Convidados e o colega de quarto de Escorpião

Os colegas de quarto de Escorpião dificilmente convidam pessoas a visitar. Entretanto, podem às vezes chamar familiares e amigos mais íntimos para passar a noite. Você, então, terá de recebê-los bem e fazê-los sentir-se à vontade. Não se intrometa quando os escorpianos estiverem recebendo convidados, pois eles são muito possessivos com aqueles que lhes "pertencem". Os colegas de quarto de Escorpião se sentem livres para convidar um visitante noturno ocasional ou envolver-se em aventuras sexuais, quer aceitem ou não que você faça o mesmo.

Festas e o colega de quarto de Escorpião

Apesar de não serem pessoas das mais sociáveis, os colegas de quarto de Escorpião costumam se divertir promovendo uma festa ocasional. Eles podem até dividir as responsabilidades com você e chamá-lo para elaborar a lista de convidados. Mas ficam bastante irritados quando você tem uma vida social em casa muito agitada e deixam bem claro que precisam de privacidade. De testa franzida e batendo portas com força, os colegas de quarto de Escorpião não se darão o trabalho de ser simpáticos com seus convidados, quando eles começarem a encher a sala. Portanto, seja sensível à necessidade de isolamento deles e não os atormente com um entra e sai sem fim na casa.

Privacidade e o colega de quarto de Escorpião

Fato curioso, se as coisas caminharem bem entre você e seu colega de quarto de Escorpião, ele não insistirá em privacidade quando ambos estiverem sozinhos. Esse é o indício mais seguro de que seu colega se sente próximo de você – tão próximo, de fato, que não o reconhece como uma entidade separada. O fato de uma pessoa tão reservada ver vocês dois como uma unidade é sem dúvida um elogio, mas pode também ser importuno, um sinal da necessidade dele de possuir e controlar as pessoas. Isso colocará você na estranha posição de insistir em sua própria privacidade, algo que um escorpiano só com dificuldade lhe concederá.

Como conversar sobre problemas com o colega de quarto de Escorpião

As discussões íntimas com os colegas de quarto de Escorpião são não só possíveis como úteis, tanto pelos conselhos dados quanto pela consolidação de laços profundos entre os envolvidos. Raramente os colegas de quarto escorpianos procurarão você para discutir problemas pessoais (a menos que você faça parte desses problemas), mas são bons ouvintes quando alguém está em dificuldades (exceto se essas dificuldades tiverem algo a ver com eles). Não é fácil convencer os colegas de quarto de Escorpião a conversar ou discutir sobre convidados, finanças ou distribuição de tarefas. Mesmo se você marcar hora para tratar com franqueza desses assuntos, eles chegarão muito tarde para permitir uma discussão séria ou nem sequer aparecerão.

Os pais de Escorpião

Os pais de Escorpião, em geral, criam os filhos de acordo com regras bem rígidas. Suas muitas ideias sobre a paternidade – quase sempre formadas antes mesmo de terem filhos – são aplicadas sem variações nem concessões. Intransigentes, exigem que deveres de casa, tarefas domésticas e obrigações familiares sejam cumpridas à risca, sem questionamento. Os pais de Escorpião têm muito orgulho dos filhos e querem vê-los sempre bonitos, sobretudo quando vão à escola, mas também nas reuniões familiares e nos eventos sociais. Consideram o comportamento dos filhos um reflexo direto de seus talentos como pais, valorizando muito a boa reputação. O casal em que apenas um dos cônjuges é de Escorpião tende a funcionar melhor do que quando os dois o são, devido à natureza inflexível e às atitudes intransigentes dos nativos desse signo.

O estilo de disciplina dos pais de Escorpião

Os pais de Escorpião podem ser severos em questões disciplinares. Entretanto, sempre deixam bem claro aos filhos que preferem não puni-los. Deixam a eles a escolha:

AMIGOS E FAMÍLIA

(Os pais de Escorpião)

PONTOS FORTES

Protetores

Bons conselheiros

Incentivadores

PONTOS FRACOS

Superprotetores

Autoritários

Repetitivos

ESTILO INTERATIVO

Insistentes

Exigentes

Orgulhosos

ESCORPIÃO

evitarem a punição seguindo as regras ou provocá-la infringindo-as. Essas regras, inequívocas, são estabelecidas pelo pai e pela mãe de Escorpião desde o início, para que os filhos nunca aleguem ignorância. Uma grande variedade de punições, do castigo ao olhar ameaçador, da palmada ao empurrão, é administrada de imediato, sem premeditação. Contudo, punições mais duradouras e complexas, a fim de corrigir o problema de vez, são reservadas para o caso de transgressões mais graves.

Nível de afeto e os pais de Escorpião

Os pais de Escorpião podem ser muito afetuosos com seus filhos, mas apenas quando eles se comportam. Os escorpianos são tão coerentes em dar carinho como recompensa quanto em administrar disciplina como punição – e o fazem de maneira muito clara. Porém, também podem fingir raiva, recorrendo a ameaças e insultos de brincadeira como expressão de afeto. Mas, quando franzem o cenho, seus filhos logo aprendem a perceber se virá uma tempestade ou uma risada.

Questões financeiras e os pais de Escorpião

O dinheiro é importante para a maioria dos escorpianos. Assim, os pais desse signo ensinam os filhos a usá-lo bem (e a não usá-lo mal). Muitas vezes avarentos, não são generosos com a mesada e instigam os filhos a merecê-la fazendo tarefas domésticas. Também os incentivam a ganhar dinheiro como babás, entregadores de jornais, jardineiros etc., mas supervisionam meticulosamente o modo como gastam o que receberam. Alguns aconselham (ou exigem) que os filhos abram uma poupança para futuras necessidades ou desejos, ensinando-lhes assim "bons hábitos".

Crises e os pais de Escorpião

Em situações de crise, os pais de Escorpião dão apoio aos filhos. No entanto, quando estes são sem sombra de dúvida culpados e prejudicaram outra pessoa, farão duras advertências e aplicarão punições. A vida fica bem melhor para todos os envolvidos quando essas crises são amenizadas ao máximo, dada a severidade das reações dos pais de Escorpião. Se a crise atingir diretamente os pais escorpianos, eles esperam que o restante da família dê total apoio e compreensão, caso contrário sofrerá as consequências mais tarde: culpa, raiva e ressentimento.

Feriados/reuniões de família e os pais de Escorpião

Dependendo da agenda de trabalho, os pais de Escorpião se envolvem totalmente nessas atividades ou deixam o planejamento e a execução para os outros. Embora curtam feriados e reuniões familiares, em geral colocam sua profissão, projetos de tarefas domésticas e compromissos prévios com amigos em primeiro lugar. Alguns membros da família podem se aborrecer, e até se sentir insultados, por ficar em segundo lugar na lista de suas preferências. Os escorpianos quase sempre concluem que isso é problema deles, não seu. Se os pais de Escorpião decidirem se encarregar do planejamento das férias e comemorações, esse envolvimento será total – às vezes com controle rígido e exagerado, embora muito competente.

Como cuidar dos pais de Escorpião idosos

Os pais idosos de Escorpião costumam pedir que a família os ajude apenas com o mínimo necessário, deixando o resto com eles. Caso tenham uma aposentadoria suficiente para viver, suas necessidades podem se restringir a um pequeno auxílio nas compras semanais e/ou limpeza. Em situações mais graves, preferem a ajuda de enfermeiros ou cuidadores profissionais para as questões de higiene pessoal e exercício, evitando recorrer a seus entes queridos. Gostam de ver seus netos regularmente e serão gratos se você os levar para uma visita. Às vezes, dispõem-se a ir à sua casa, embora não com frequência, e apenas se você oferecer o transporte de ida e volta.

Os irmãos de Escorpião

Os irmãos de Escorpião fazem sentir sua presença em qualquer grupo de família. Seus gostos e aversões fervorosos já são suficientes para garantir isso, mas se você considerar seu temperamento agressivo e controlador, perceberá que eles realmente são uma força impossível de ignorar. Os escorpianos quase nunca expressam suas objeções ou exigências, deixando que seus irmãos e irmãs adivinhem o que está em sua mente. Sua posição na família é um fator bastante significativo. Os irmãos de Escorpião mais velhos podem se fazer de tiranos com os mais novos, enquanto o mais novo pode ter um caráter mais tranquilo, carinhoso mesmo. É sempre o segundo irmão de Escorpião, ou o do meio, que sofre mais, quando são ignorados ou negligenciados.

Rivalidade/proximidade com os irmãos de Escorpião

Os escorpianos podem nutrir fortes rivalidades com seus irmãos e irmãs, principalmente quando são os mais novos e exigem ser ouvidos ou reconhecidos. Nada é mais difícil para uma criança escorpiana do que sempre perder jogos e disputas esportivas para os irmãos mais velhos. Essas derrotas podem gerar, no adulto, a ânsia de ser o primeiro em tudo e vencer a qualquer custo, não raro contra todas as probabilidades. Por outro lado, os escorpianos podem desenvolver fortes laços com seus irmãos e irmãs pela vida inteira. Na maioria das vezes, nota-se uma mistura interessante de rivalidade e proximidade entre esses indivíduos.

Problemas passados e os irmãos de Escorpião

Escorpianos têm boa memória. Isso costuma prejudicá-los, criando problemas psicológicos agudos devido à sua incapacidade de perdoar ou de esquecer o passado. Os problemas podem ser discutidos, mas os incidentes forjados em sua memória são questões muito difíceis de resolver, tanto por eles mesmos quanto por um profissional. Seu desejo de esquecer esses problemas já é, em si, um passo muito positivo que os irmãos de Escorpião podem dar. Uma vez tomada a decisão, eles devem persistir, com vagar e cuidado, ao longo dos anos, até finalmente esquecer tudo em definitivo. Essas resoluções podem ser vistas como um grande triunfo na vida dos escorpianos.

PONTOS FORTES

Enérgicos

Individualistas

Atentos

PONTOS FRACOS

Sofredores

Ressentidos

Agressivos

ESTILO INTERATIVO

Controladores

Sinceros

Exigentes

Como lidar com os irmãos de Escorpião afastados

Em termos psicológicos, não é fácil chegar até os irmãos afastados de Escorpião. Para isso, são necessárias tentativas repetidas em um longo período. É preciso muita sensibilidade, porque incomodá-los pode apenas irritá-los ou fortalecer sua determinação de não dizer nada. Mas a persistência, se levar em conta seus sentimentos, mais a gentileza e a persuasão, conseguem desviá-los para o rumo certo. No fundo, os escorpianos têm um desejo não confessado de amar e ser amados de verdade por seus irmãos, assim como de ser aceitos no seio da família (embora nunca admitam isso).

Problemas financeiros (empréstimos, testamentos etc.) e os irmãos de Escorpião

Em geral, os irmãos de Escorpião não exigem nada que julgam estar além de seus direitos. Quando tratados injusta ou desonestamente, partem para o ataque e não dão quartel aos inimigos, ainda que eles sejam membros de sua própria família. Além da exigência de um tratamento justo, aplicam seus valores morais e éticos a outros integrantes da família que tiveram seus direitos infringidos. Uma vez que não desistem com facilidade nessas situações, problemas com testamentos e heranças podem se estender por anos. De um modo geral, os escorpianos ajudam financeiramente seus irmãos sempre que possível.

Feriados/comemorações/reuniões e os irmãos de Escorpião

Os irmãos de Escorpião gostam de participar de reuniões e outras comemorações familiares. Dependendo de sua agenda, sempre sobrecarregada, às vezes concordam em tirar férias com os irmãos, sobretudo quando as crianças (os primos) se dão bem. Os escorpianos apreciam a sensação confortável de pertencer a um grupo e não poupam tempo nem dinheiro para garantir que os eventos sejam um sucesso. Esperar esse entusiasmo deles, de maneira regular, é sem dúvida possível – contanto que a frequência não ultrapasse duas ou, no máximo, três vezes ao ano.

Como tirar férias com os irmãos de Escorpião

Os escorpianos preferem muitas vezes tirar férias com seus amigos do que com seus irmãos e irmãs. Quando as férias duram de duas semanas a mais de um mês, velhas rivalidades e conflitos podem ressurgir, causando sérios rompimentos. Os irmãos e irmãs de escorpianos devem ficar atentos a essa possibilidade e evitar assumir compromissos quanto a férias. Se elas durarem apenas alguns dias e não forem excessivamente frequentes, todos podem, é claro, se divertir – contanto que se proíbam discussões que possam sair de controle e estraguem a festa.

Os filhos de Escorpião

Os filhos de Escorpião são em geral o encanto da família, desde que ninguém os trate de maneira injusta nem os explore. Amam seus amigos mais que a quaisquer outras pessoas no mundo e são capazes até mesmo de dividi-los com seus irmãos e irmãs sem se tornar excessivamente possessivos. Os pais logo descobrem que seus filhos escorpianos são obedientes, conscientes, enérgicos e solidários com os problemas da família. Com frequência, uma criança de Escorpião se torna o chefe da casa na ausência dos pais ou se converte na força motriz que promove a solidariedade do grupo e apoia os pais quando estes estão presentes. Nada é mais prazeroso para eles do que brincar e se divertir com os adultos e outras crianças.

O desenvolvimento da personalidade e os filhos de Escorpião

O filho e a filha de Escorpião demonstram desde cedo traços de personalidade bem formados e, às vezes, plenamente desenvolvidos. Já revelam força de caráter com um ou dois anos de idade – e, o que é surpreendente, esse caráter pode permanecer inalterado pelo resto da vida. Assistir ao desenvolvimento da personalidade de uma criança de Escorpião pode ser uma experiência fascinante, já que seus sentimentos são muito profundos e a complexidade de seus estados psicológicos é imensa. Professores, pais, outros membros da família e amigos enfrentam um verdadeiro desafio para manter um relacionamento com a criança de Escorpião. Com frequência incontroláveis, os escorpianos têm personalidades fortes, que as pessoas próximas precisam aprender a refrear sem recorrer a métodos furiosos para obrigá-los a serem obedientes.

Hobbies/interesses/planos de carreira para os filhos de Escorpião

Os interesses dos filhos de Escorpião são com frequência uma mistura de atividades físicas e mentais. Sempre prontos a responder aos desafios, os filhos de Escorpião gostam de superar dificuldades, embora sejam capazes também de apreciar atividades prazerosas mais convencionais. Muitas vezes, estas funcionam como recompensa para aquelas. Privá-los do gozo de diversões simples por um longo período pode desgastar suas energias positivas e deixá-los infelizes, até amargos. Assim, recompensas sob a forma de doces, pratos favoritos, carinho ou presentes são necessárias para manter os filhos de Escorpião de bom humor. As carreiras ideais são aquelas que oferecem desafios, remuneração adequada e ambiente de trabalho agradável.

A disciplina e os filhos de Escorpião

Os filhos de Escorpião reagem muito mal à necessidade dos professores, pais ou outros membros da família de tomar medidas disciplinares contra eles. Em sua maioria, sabem bem o que é certo ou errado e sentem que a punição ou disciplina é desnecessária, pois têm perfeita consciência do que fizeram. É verdade que podem se punir mais do que qualquer adulto o faria e que lamentam profundamente os erros cometidos, sobretudo se prejudicaram alguém agindo de maneira injusta ou agressiva. Os filhos de Escorpião são capazes de suportar a dor, a culpa e o isolamento melhor que a maioria das pessoas, mesmo quando esses castigos são claramente injustos.

Nível de afeto e os filhos de Escorpião

Os filhos de Escorpião gostam de dar e receber afeto de maneira seletiva, embora a forma desse afeto possa ser bastante incomum, até mesmo bizarra. Os adultos de Escorpião podem mesmo ser afetuosos com seus adversários, um traço que costumam

(Os filhos de Escorpião)

PONTOS FORTES

Encantadores

Responsáveis

Enérgicos

PONTOS FRACOS

Irritadiços

Teimosos

Infelizes

ESTILO INTERATIVO

Solidários

Prestativos

Motivados

AMIGOS E FAMÍLIA

exibir na infância durante competições ou brigas. Parte disso se deve ao fato de respeitarem sinceramente aqueles que não temem sua personalidade forte; assim, a afeição que compartilham com seus oponentes é muitas vezes um sinal de respeito mútuo. Embora sensíveis para com alguns, podem parecer bastante agressivos e desdenhosos para com outros. Isso ocorre porque precisam desenvolver um bom relacionamento pessoal antes de permitir que os outros se aproximem muito.

Como lidar com as interações dos filhos de Escorpião com os irmãos
Quando os filhos de Escorpião assumem a liderança, é muito importante que isso mereça o respeito de seus pais e irmãos. Às vezes, podem assumir a liderança da unidade familiar a ponto de competir com seus pais pelo controle. Estes algumas vezes precisam disciplinar, punir e advertir o filho de Escorpião que se tornou o representante dos outros irmãos. Quando isso acontece, os filhos de Escorpião são obrigados a crescer e a assumir atitudes maduras e responsáveis no início de seu desenvolvimento, o que pode resultar na privação das alegrias de uma infância despreocupada.

Como interagir com os filhos adultos de Escorpião
Conforme mencionado, os filhos de Escorpião às vezes se tornam adultos muito cedo, dependendo das circunstâncias. Já bastante maduros na adolescência, os escorpianos adultos podem estar totalmente formados nessa fase e continuar exibindo os mesmos traços de caráter pelo resto da vida. No confronto com os filhos nascidos sob esse signo, os pais ficam com frequência espantados ao notar que eles parecem um homem ou uma mulher em dimensão menor − e adversários dos mais temíveis. A maturidade é algo que os escorpianos apreciam naturalmente, já que ela complementa sua seriedade e profundidade de sentimentos, assim como sua visão bastante realista do mundo.

ESCORPIÃO

Sagitário

NASCIDOS DE 22 DE NOVEMBRO A 21 DE DEZEMBRO

Sagitário é o signo do fogo mutável, governado pelo otimista e altamente expansivo planeta Júpiter. A maioria dos sagitarianos adota uma visão extremamente positiva da vida e acredita que quase tudo é possível para quem sonha e ousa. Idealistas, exigem um comportamento ético e honesto daqueles com quem entram em contato, preferindo julgar as pessoas por sua motivação e não pelos resultados que alcançam. Os sagitarianos são protetores naturais das pequenas criaturas e defensores dos oprimidos.

Trabalho

SAGITÁRIO
22 DE NOVEMBRO A 21 DE DEZEMBRO

PONTOS FORTES
Intuitivo
Forte
Rápido

PONTOS FRACOS
Não comunicativo
Obscuro
Antipático

ESTILO INTERATIVO
Independente
Individualista
Impulsivo

O chefe de Sagitário

Por causa do seu alto grau de independência e individualismo, os sagitarianos nem sempre se encaixam no papel de chefe. Tendem a enveredar repentinamente, quando não precipitadamente, por seu próprio caminho a todo vapor, sendo difícil para seus empregados acompanhá-los. Além disso, podem não reservar tempo suficiente para comunicar com clareza suas ideias à empresa, preferindo deixar que suas ações falem por si mesmas. Não sendo de fato jogadores de equipe, os chefes de Sagitário assumem o comando e fazem o que lhes dá na telha: não elaboram campanhas com cuidado nem delegam tarefas criteriosamente.

Como pedir aumento ao chefe de Sagitário

Sempre de olho em resultados, o chefe de Sagitário pode não mostrar grande interesse em sua maneira de trabalhar nem se dispor a ouvir suas sugestões e reclamações. Cabe a você, então, abordá-lo quando quiser opinar, esperando que ele passe a conhecê-lo melhor. Mantenha contato estreito com os assistentes do chefe de Sagitário para escolher o momento mais auspicioso em sua agenda conturbada. Não desperdice o tempo do chefe de Sagitário com conversa fiada; exponha seu ponto de vista de maneira clara, concisa e inequívoca. Só mais tarde peça-lhe aumento, quando tiver certeza de que o merece.

Como dar más notícias ao chefe de Sagitário

O chefe de Sagitário tem temperamento explosivo, que provavelmente irromperá quando ele ouvir más notícias. Não tente acalmá-lo, deixe que ele desafogue sua raiva do momento. Ele pode até pôr a culpa em você ou procurar discutir a questão, para que tomem as decisões em conjunto e amenizem os danos. Em situações de crise como essa, você pode estreitar laços com o chefe de Sagitário: portanto, dar más notícias às vezes produz resultados positivos. Caso os planos funcionem, é quase certo que ele o consultará mais e até lhe pedirá conselhos.

Como providenciar viagens e/ou entretenimento para o chefe de Sagitário

Por causa da sua natureza dinâmica e difícil, os chefes de Sagitário podem passar muito tempo viajando, mas não esperam ser mimados nem entretidos. Raramente ficam muito tempo em um só lugar quando estão na estrada, de sorte que suas agendas devem ser elaboradas hábil e meticulosamente para um máximo de eficácia. Eles só precisam ser colocados no lugar certo e na hora certa para disparar seus raios e partir para o próximo confronto. As acomodações devem ser confortáveis, mas não luxuosas. Tenha em mente que eles vão querer trabalhar durante a viagem e nos hotéis; então, assegure-se de que haja à disposição tomadas elétricas, conexões wireless e conexões com internet de alta velocidade.

A tomada de decisões e o chefe de Sagitário

Os chefes de Sagitário são famosos por tomar decisões rápidas. Às vezes as implementam, às vezes não. Para eles, a decisão não é necessariamente definitiva, podendo não passar de um teste, que eles modificarão ou rejeitarão se as coisas derem errado. Portanto, não fique muito chateado se o chefe de Sagitário tomar uma decisão que você considera equivocada, pois dentro de dias, semanas ou meses talvez ele enxergue a luz e altere seus planos, deixando-os mais de acordo com aquilo que você propõe. Não se oponha imediatamente ao chefe de Sagitário, mas mostre paciência e contenção – observe e aguarde.

Como impressionar e/ou motivar o chefe de Sagitário

Os chefes de Sagitário ficam mais impressionados com os funcionários que não tentam chamar sua atenção a todo custo, mas produzem resultados incontestáveis ao longo do tempo. Se mostrarem interesse por seu trabalho, em especial curiosidade com relação aos métodos que você usou para obter sucesso, sinta-se livre para compartilhar abertamente com ele suas ideias e abordagens. Se ele chegar à conclusão de que ambos entraram em sintonia, ganhará confiança em sua capacidade e poderá muito bem confiar-lhe aquele projeto especial que os outros funcionários estão cobiçando.

Como fazer propostas e/ou apresentações ao chefe de Sagitário

Os chefes de Sagitário geralmente não têm muita paciência, portanto você deve fazer propostas sucintas, e apresentações curtas e incisivas. Eles podem nem sequer participar de toda a reunião – chegando tarde, fazendo a ronda da mesa (talvez se sentando por alguns minutos) e ouvindo uma ou outra palavra a caminho da porta. Nesse caso, deixe o texto de lado enquanto seu chefe de Sagitário estiver presente e dirija suas observações apenas a ele, improvisando e rezando para ser inspirador. Ele não deixará de perceber o entusiasmo e o otimismo que você coloca em suas propostas.

O funcionário de Sagitário

Os funcionários de Sagitário podem ser trabalhadores e dedicados, mas você precisa ficar de olho neles, já que costumam ceder a seus impulsos a qualquer momento. É comum ficarem com um grupo de trabalho ou empresa até adquirirem experiência e depois irem trabalhar por conta própria. Os eventos que precipitam sua mudança inevitável para a independência profissional muitas vezes não são planejados, nem sequer provocados, por eles próprios; o destino simplesmente lhes dá uma mãozinha e o impulso de que preci-

(O funcionário de Sagitário)

PONTOS FORTES

Versátil

Trabalhador

Dedicado

PONTOS FRACOS

Apressado

Rebelde

Estranho

ESTILO INTERATIVO

Enérgico

Rápido

Alerta

savam para seguir seu caminho. Os funcionários de Sagitário podem desempenhar bem as funções de chefes substitutos do grupo de trabalho do qual fazem parte.

Como entrevistar e/ou contratar um funcionário de Sagitário

Os entrevistados de Sagitário devem ser aceitos como são, uma vez que explicações ou doutrinações não abalarão seu individualismo por muito tempo. Ainda assim, por serem tão versáteis (conforme, em geral, aparece em seus currículos) e fazerem de tudo, são substitutos valiosos, sempre prontos a assumir funções temporárias a qualquer momento. Embora o funcionário de Sagitário se entedie com facilidade, é plenamente capaz de realizar tarefas repetitivas por longos períodos. Dito isso, ele responderá de maneira mais positiva se você lhe oferecer na empresa uma posição interessante e empolgante, que estimule a iniciativa individual.

Como dar más notícias ao funcionário de Sagitário ou demiti-lo

Em razão de suas atitudes positivas e otimistas, os funcionários de Sagitário reagem mal à crítica e à recriminação. Se a má notícia tiver algo a ver com suas ações, ficarão infelizes e deprimidos; se tiver a ver com o erro de outros, tentarão ajudar a resolver o problema. Se forem demitidos injustamente, exigirão falar com seu empregador. Muito escrupulosos e éticos na maneira de agir, vão querer deixar bem claro que sua motivação era honesta e seus esforços, suficientes. Os sagitarianos insistirão numa boa recomendação para seu próximo emprego.

Como viajar com o funcionário de Sagitário e entretê-lo

Pode ser difícil acompanhar esses dínamos humanos quando estiverem na estrada. Os funcionários de Sagitário viajam melhor sozinhos, embora também gostem de ter a companhia de um ou dois colegas, contanto que eles não o atrapalhem nem o aborreçam. Eles gostam que os entretenham, mas, como seus gostos são seletivos nessa área, muitas vezes é melhor deixar que eles próprios tomem a dianteira e se encarreguem da diversão. Não precisam de muita ajuda para fazer planos e organizar eventos, embora seus métodos idiossincráticos e seus motivos para conduzir as coisas de certa maneira nem sempre sejam fáceis de entender.

Como confiar tarefas ao funcionário de Sagitário

Certifique-se de que os funcionários de Sagitário o ouçam com atenção e entendam perfeitamente o que você espera deles. A alternativa é, claro, é que eles saiam após sua explicação e simplesmente façam as coisas a seu modo. Insista para que anotem – e, em casos extremos, até assinem – suas instruções; faça-os também repetir o que você disse para ter certeza de que entenderam. Além disso, permita que modifiquem um ou dois pontos, com sua aprovação, uma vez que no fim se sentirão apreciados e valorizados por dar sugestões incomuns, mas com frequência úteis.

Como motivar ou impressionar o funcionário de Sagitário

Em muitos casos, os funcionários de Sagitário ficarão mais impressionados com suas intenções do que com seu desempenho, especialmente quando as coisas não vão bem.

SAGITÁRIO

Sua abordagem ética enfatiza a importância do pensamento racional, da motivação justa e, acima de tudo, da honestidade. Os funcionários de Sagitário valorizam a honestidade não apenas para com os outros, mas também para consigo mesmos. Nada os desaponta mais do que ver chefes se iludindo ou vivendo em um mundo de fantasia. Eles ficam especialmente impressionados com ações rápidas e efetivas que, em retrospecto, foram realizadas pelas razões certas.

Como gerenciar, dirigir ou criticar o funcionário de Sagitário

Os funcionários de Sagitário devem ser habilmente gerenciados, dirigidos ou criticados, pois desse modo você evitará despertar sua oposição ou antagonismo. Lembre-se de que eles têm uma ideia muito clara do que deve ser feito e de como fazê-lo. Portanto, corrigi-los e criticá-los constantemente pode arrefecer seu entusiasmo e prejudicar seu desempenho. Um Sagitário desencorajado e não valorizado pode ser um espetáculo desolador; você com certeza se arrependerá mais tarde por não o ter tratado com maior sensibilidade e compreensão. Além disso, perderá talvez o mais precioso aliado ou assistente que poderia dar-lhe apoio em tempos de necessidade.

O colega de trabalho de Sagitário

Embora os sagitarianos geralmente não se sintam à vontade trabalhando em estruturas corporativas, quase sempre são cordiais e solidários nos relacionamentos com seus colegas de trabalho. Em geral, pode-se contar com eles para uma palavra amiga e um sorriso. Seu otimismo é notório, embora, quando estão na pior, pareçam mais suscetíveis ao desânimo que a maioria. Trabalhadores infatigáveis, os sagitarianos não deixam de ajudar os colegas em situações difíceis. Seus instintos primários, no entanto, são de resolver os problemas por conta própria e não de jogar em equipe.

Como pedir conselhos ao colega de trabalho de Sagitário

Os sagitarianos ruminam ideias e passam muito tempo refletindo sobre tudo filosoficamente. Em consequência, mostram-se capazes de meditar a respeito do que você lhes disser, dando bons conselhos depois de demorada ponderação. Os colegas de trabalho de Sagitário costumam enfrentar os problemas por ângulos diferentes, encarando-os de um ponto de vista que não é o da maioria das pessoas. Uma visão positiva pode reanimá-lo e dar-lhe esperança; uma visão negativa pode livrá-lo da ilusão e do falso otimismo. Não peça conselhos aos colegas de trabalho de Sagitário a menos que esteja preparado para encarar a verdade – o que é talvez a maior prioridade deles.

Como pedir ajuda ao colega de trabalho de Sagitário

Os colegas de trabalho de Sagitário costumam apoiar suas palavras com ações. Dinâmicos, entram na briga com você, caso o vejam sendo tratado injustamente ou o considerem seu amigo. São defensores dos oprimidos e insistirão em lutar ao seu lado mesmo que as chances pareçam poucas. Suas prodigiosas energias despertam as energias dos outros, que lutarão com ânimo redobrado tendo parceiros tão fiéis

PONTOS FORTES

Prestativo

Amigável

Otimista

PONTOS FRACOS

Impulsivo

Frustrado

Desleixado

ESTILO INTERATIVO

Transparente

Direto

Ágil

TRABALHO

apoiando-os. Além disso, uma vez resolvidos os problemas, eles se contêm e não tentam controlar nem influenciar indevidamente aqueles a quem ajudaram.

Como viajar com o colega de trabalho de Sagitário e entretê-lo

Quando existem bons sentimentos entre você e o colega de trabalho de Sagitário, viajar juntos pode ser uma experiência das mais agradáveis. Extremamente simpáticos e cordiais com seus colegas de trabalho favoritos, os sagitarianos têm um comportamento amigável e positivo que torna memorável qualquer experiência de viagem ou entretenimento. Bons viajantes, eles não incomodam nem são muito exigentes. Se antes da viagem você não os conhece bem, até o final já terão se tornado grandes amigos. Acostumar-se com suas maneiras curiosas e muitas vezes peculiares de pensar ou de se comportar, no entanto, exige um pouco de tempo.

Como o colega de trabalho de Sagitário coopera com os outros

Embora os colegas de trabalho de Sagitário possam ser bastante cooperativos, sua postura altamente individualista e muitas vezes impulsiva os leva a quebrar as regras da empresa, os modos tradicionais de comportamento e as perspectivas mais conservadoras. Em consequência, no momento em que uma força-tarefa é formada para resolver determinado problema, eles talvez já tenham se inteirado de tudo e tomado uma resolução definitiva. É particularmente difícil para os colegas de trabalho de Sagitário calar seus esforços e aceitar um papel menor em atividades de grupo, sobretudo quando sabem resolver sozinhos e com rapidez o problema. Têm muito a aprender sobre trabalho em equipe, mas o fazem depressa e se adaptam bem.

Como impressionar e motivar o colega de trabalho de Sagitário

Quando os colegas de trabalho de Sagitário acreditam em um projeto, sentem-se altamente motivados para dar tudo de si. Mas, quando têm sérias dúvidas, são bem capazes de desanimar e até diminuir o ritmo do trabalho com suas atitudes críticas. Motivação é muito importante para os teimosos sagitarianos. Mas você pode controlar essa teimosia impressionando-os com a força da sua lógica e a eficácia dos seus métodos. Mesmo assim, eles continuarão desconfiados de seus motivos, o que pode irritá-los caso pressintam que você está sendo desonesto, apesar de bem-sucedido.

Como persuadir e/ou criticar o colega de trabalho de Sagitário

Os colegas de trabalho de Sagitário são bastante capazes de aceitar críticas construtivas, quando isso ajuda a resolver problemas. Particularmente receptivos a dicas úteis, eles com frequência tentam pô-las em prática para ver se funcionam. Você os persuadirá com mais facilidade se souber como e quando abordá-los, uma vez que se recusam obstinadamente a ouvir quando são pressionados ou obrigados a obedecer. Muitas vezes, a melhor hora para chegar até eles não é no calor do trabalho, mas durante a pausa para o café, ou, melhor ainda, quando saírem para comer ou para tomar um drinque após o expediente. Quando descontraídos, são mais fáceis de persuadir, pois estão mais propensos a ouvir e examinar diferentes pontos de vista.

O cliente de Sagitário

Os clientes de Sagitário privilegiam resultados e, portanto, não se interessam pelo embrulho do presente e sim pelo conteúdo da caixa. Adornos, benefícios ou brindes são sempre vistos com desconfiança. Do mesmo modo, recusam-se a acreditar em promessas ou garantias mirabolantes. Ainda assim, o otimismo e o idealismo do cliente desse signo não esmorecem quando você e ele estão no mesmo barco. Na mente da maioria dos sagitarianos, o pensamento positivo é quase sempre preferível a atitudes negativas, reacionárias ou tímidas.

Como impressionar o cliente de Sagitário

Os clientes de Sagitário ficam impressionados quando você demonstra capacidade para compreender a profundidade e o alcance de seus projetos. Odeiam mesquinharias, pensamentos acanhados e pieguices, preferindo sempre ver o panorama mais amplo do que analisar as minúcias. Você os deixará impacientes se se apegar a ninharias e, com isso, atrasar o progresso do projeto. Não que eles o incentivem a mandar a cautela às favas. Apesar da sua abordagem positiva, não o forçarão a precipitar-se nas decisões importantes nem a pôr de lado as atitudes críticas. Os clientes de Sagitário sabem que o perigo ronda cada esquina e querem estar preparados para tudo.

Como vender para o cliente de Sagitário

É melhor não tentar convencer os clientes de Sagitário dos benefícios que seus produtos e serviços vão lhes proporcionar. Eles só querem que suas necessidades sejam atendidas, com o mínimo de palavreado possível. Acima de tudo, precisam acreditar em você e, portanto, exigirão sempre que seja honesto com eles. Também querem, na maioria dos casos, ter certeza de que você não esteja agindo de maneira antiética, desrespeitando alguma lei ou exibindo um comportamento imoral. Dão muita importância ao nome e à reputação que conquistaram; assim, para fazer negócio com eles, você deve evitar cuidadosamente que eles percam a confiança em você.

Sua aparência e o cliente de Sagitário

Sua aparência não é nem de longe tão importante para os clientes de Sagitário quanto a deles próprios. Certos de que são elegantes e causam boa impressão, os sagitarianos querem reconhecimento, direto ou indireto, por suas roupas de bom gosto e atitudes modernas. Você andará melhor se evitar comportamentos pretensiosos e não tentar impressioná-los com roupas caras. Na maioria das vezes, parecem espontâneos e informais nos trajes, ficando bem impressionados quando não notam nos outros rigidez ou elitismo. O reconhecimento mútuo de atitudes naturais fará com que o encontro tenha um bom começo.

Como manter o interesse do cliente de Sagitário

Os clientes de Sagitário têm uma queda por questões técnicas, enigmas e trocadilhos engraçados ou mesmo tolos, para não mencionar piadas. Por causa do seu alto nível de individualidade – e de seu respeito pela individualidade dos outros –, eles sem dúvida apreciarão sua abordagem pouco convencional ou excêntrica das coisas e aprovarão

---

PONTOS FORTES

Positivo

Idealista

Natural

PONTOS FRACOS

Desconfiado

Recalcitrante

Irrealista

ESTILO INTERATIVO

Direto

Honesto

Informal

esforços empreendidos fora das normas. Quando se interessam por certos métodos, apoiam-nos financeiramente, o que leva adiante os projetos e produz resultados mais rápidos. Não trate de assuntos depressivos e inquietantes com clientes de Sagitário.

Como dar más notícias ao cliente de Sagitário

Os clientes de Sagitário não querem ouvir notícias ruins. Devido a seu otimismo e idealismo natural, é provável que levem os maus resultados muito a sério, vendo seus sonhos se transformar em fumaça. Ainda assim, são bastante flexíveis e capazes de elaborar um plano B ou uma abordagem totalmente nova que pode se revelar eficaz. Você talvez os convença de que cortar os gastos ou reduzir os projetos a um tamanho mais gerenciável é sempre uma possibilidade e de que seu grande sonho está apenas sendo adiado por um tempo. De modo geral, o cliente de Sagitário consegue ser realista e sobreviver a desastres aparentes.

Como entreter o cliente de Sagitário

Os clientes de Sagitário gostam de trabalhar duro e se divertir muito. Avessos a cultivar o prazer durante as horas de trabalho, estão sempre prontos para um bom almoço, uma bebida, uma conversa animada, uma caminhada ou corrida longa, ou um jogo de tênis ou golfe. Nem tente forçar ou influenciar o interesse deles em você ou em sua empresa entretendo-os generosamente. Os clientes de Sagitário podem considerar esse tratamento não só constrangedor como pouco ético. Sua personalidade, ideias e empresa já serão entretenimento suficiente para eles, não havendo necessidade de você gastar dinheiro para garantir que se divirtam.

O sócio de Sagitário

Cultivar a cordialidade em nível pessoal é muito importante para uma tranquila relação de trabalho com o seu sócio de Sagitário. Os sagitarianos gostam que as coisas andem fáceis, sem estresse; e curtem desfrutar o contato diário com você. Tal como um casamento, a parceria com Sagitário pode render alegria, mas também servir como uma fonte sem fim de desafio e interesse. Os sócios desse signo esperam honestidade de você e exigirão que suas intenções sejam puras e éticas, independentemente de como as coisas funcionem. Você pode sempre abrir seu coração para eles, embora isso não seja necessário, uma vez que a empresa pode funcionar bem caso suas bases sejam bastante objetivas e diretas.

Como montar um negócio com um sagitariano

Se você for montar um negócio com alguém de Sagitário, tenha em mente que tudo deve ser feito às claras e documentado minuciosamente, sem ambiguidades ou intenções secretas. Isso será um bom começo e também estabelecerá um firme ponto de referência que poderá ser consultado no futuro. Outro motivo: os sócios desse signo são conhecidos por mudar de ideia sem às vezes se dar conta disso. Além do mais, podem sentir a necessidade de lembrá-lo de suas promessas originais, criando uma espécie de padrão duplo. Por essas razões, um bom advogado que atue como representante legal de vocês dois deve redigir um acordo oficial conciso, mas completo, aceito e assinado por ambas as partes.

Como dividir tarefas com o sócio de Sagitário

Os sócios de Sagitário são versáteis, mas tendem a exagerar, assumindo muitas tarefas ao mesmo tempo. Disciplinar e estruturar suas energias rebeldes talvez seja necessário. Se você conseguir mantê-los na linha, eles aplicarão suas enormes reservas de energia em qualquer tarefa. Já que se entediam facilmente, a carga de trabalho deles deve ser diversificada, para não ficarem presos a uma tarefa chata e repetitiva. Pensar grande é a especialidade dos sócios de Sagitário, mas você vai precisar manter seu lado mais irrealista sob controle.

Como viajar com o sócio de Sagitário e entretê-lo

Embora bons viajantes, os sócios de Sagitário têm um amor surpreendente por sua base doméstica, onde estabeleceram seu ambiente de trabalho e se sentem confortáveis finalizando as tarefas da melhor maneira possível. Às vezes, é melhor deixá-los viajar e divertir-se sozinhos, já que, com seus gostos altamente individualistas, sem dúvida reagirão se forem forçados a fazer as coisas de um modo que desconhecem. Os sócios desse signo precisam ficar livres para fazer suas próprias escolhas, como sair correndo pela porta ou pular dentro do carro sempre que sentirem necessidade.

Como gerenciar e dirigir o sócio de Sagitário

Embora seja difícil gerenciar ou dirigir os sócios de Sagitário, pode-se fazer isso de forma sutil, deixando que decidam como comportar-se nas grandes decisões, mas estando lá no momento oportuno para ajudá-los a tomar o rumo certo. Com frequência, um comentário casual pode ser um forte motivador para eles: mais tarde, refletirão com vagar sobre o que você disse. Profundamente filosóficos e ponderados, esses sócios precisam de um bom tempo de inatividade para remoer o que ouvem e formular respostas, o que muitas vezes significa produzir uma abordagem totalmente nova e eficaz.

Como se relacionar com o sócio de Sagitário a longo prazo

A longo prazo, os sócios de Sagitário insistirão para que você cumpra suas promessas e se dedique totalmente à empresa. Ao mínimo sinal de que você está tirando o corpo fora, eles podem ficar nervosos e chateados, sendo bem capazes de fazer acusações em meio a explosões de raiva. Tudo o que eles realmente exigem dos seus sócios de longa data é que permaneçam honestos na intenção, dedicados à empresa, constantes na maneira de empregar suas energias e seguir o caminho certo, e produzindo resultados. Ficarão chateados sobretudo com distrações, sonhos ociosos, falta de foco, desculpas constantes e exigências desnecessárias.

(O sócio de Sagitário)

PONTOS FORTES

Honesto
Ético
Direto

PONTOS FRACOS

Crítico
Estressado
Irritadiço

ESTILO INTERATIVO

Aberto
Enérgico
Capaz

TRABALHO

Como romper com o sócio de Sagitário

Rompimentos com os sócios de Sagitário podem ser muito difíceis se eles sentirem que você é culpado de um comportamento antiético. Raramente serão egoístas na divisão dos ativos e propriedades imobiliárias, já que se orgulham de sua imparcialidade e honestidade. Se você tentar obter uma parcela injusta do patrimônio, eles resistirão aos seus esforços com um ímpeto formidável. No caso de dívidas consideráveis acumuladas pela empresa, insistirão em que sejam pagas até o último centavo e em que todos os compromissos sejam quitados. Separar-se em bons termos nem sempre é possível, mas é certamente desejável do ponto de vista do seu parceiro.

O concorrente de Sagitário

PONTOS FORTES

Ativo

Flexível

Irrequieto

PONTOS FRACOS

Antissocial

Excessivamente agressivo

Disperso

ESTILO INTERATIVO

Sabotador

Inconstante

Conflituoso

Os concorrentes de Sagitário podem desgastá-lo com sua abundante energia. Para acompanhá-los, você deve ficar vigilante e alerta. Muitas vezes atacando em mais de uma frente, eles procurarão promover seus produtos ou serviços recorrendo a quaisquer meios possíveis e, também, sabotar os méritos da sua empresa lançando mão de diversos métodos. No entanto, os concorrentes de Sagitário nem sempre têm persistência para resistir por muito tempo. Inconstantes no humor e nas atitudes, muitas vezes mudam a ênfase de suas campanhas, anulando seus esforços para permanecer concentrados em uma área por vez.

Como enfrentar o concorrente de Sagitário

Em termos de negócios, o concorrente médio de Sagitário com frequência parece mais envolvido com conceitos e princípios do que com a busca do ganho financeiro em si. Os concorrentes de Sagitário estão constantemente aparecendo com novas ideias e abordagens, muitas das quais não fazem muito sentido nem funcionam. No entanto, algumas (não muitas) delas são bem-sucedidas, impactantes e eficazes. A parte mais difícil da luta com o concorrente de Sagitário é descobrir um modo de anular suas técnicas de ataque. Tente se manter estável e não reaja a todos os esforços que ele fizer para vencê-lo, já que, mais cedo ou mais tarde, muitos serão abandonados de forma inesperada.

Como superar o concorrente de Sagitário em planejamento

Muitas vezes, a melhor forma de superar os concorrentes de Sagitário é deixar que eles desperdicem seu tempo, dinheiro e energia implementando ideias sem fim, depois sentar-se e ignorar todas elas, menos as mais importantes e eficientes. Além dessa técnica seletiva de contra-ataque, o melhor que você tem a fazer é não se arriscar, mas concentrar seus esforços ofensivos em uma ou duas áreas, forçando a barra só esporadicamente, não o tempo todo. Graças ao elemento surpresa, você obrigará os concorrentes de Sagitário a adotar uma postura defensiva, na qual nem sempre se sentem à vontade e que quase nunca lhes garante êxito.

SAGITÁRIO

Como impressionar pessoalmente o concorrente de Sagitário

Os concorrentes de Sagitário terão apenas desprezo pelo engano, a desonestidade e a manipulação. É mais fácil enfrentá-los numa briga leal do que quando se enfurecem diante de um comportamento antiético; então, procure fazer suas apresentações de modo aberto e às claras. Isso se aplica à sua aparência também, que deve ser neutra e não provocativa. Muitas vezes, os concorrentes de Sagitário parecem mais interessados em vencer por mérito próprio e sustentar seus ideais, de modo que convém assumir a liderança do setor financeiro e impressioná-los com suas abordagens práticas, astutas e comedidas em qualquer situação.

Como enfraquecer e superar o concorrente de Sagitário

Dadas as atitudes expansivas e entusiásticas dos concorrentes de Sagitário, você deve deixá-los se desgastar, permitindo que multipliquem suas licitações. Dê a eles a chance de vencê-lo para atrair clientes e apenas os observe ganhando terreno em diversas frentes... que não tardarão a ser abandonadas. Agindo assim, você os fará assumir compromissos que não poderão cumprir. Se quiser mesmo acabar com eles numa guerra licitatória, concentre seus esforços em poucas jogadas. Se enfraquecer seus lances ou superá-los com um envolvimento repentino e intenso, você talvez os induza a recuar imediatamente e a opor-se a você nas áreas em que pouco lhe importa perder.

Guerras de relações públicas com o concorrente de Sagitário

Procure minar as campanhas do concorrente de Sagitário mostrando quão irrealistas são suas abordagens na promoção de produtos ou serviços pouco confiáveis. Enfatizar sua falta de comprometimento e consistência com os clientes ao longo dos anos pode ser um método extremamente eficaz para desmentir suas promessas, sobretudo nas áreas de manutenção e reparo. Da mesma forma, enfatize a confiabilidade da sua própria empresa quanto ao que vende, e dê exemplos de como podem contar com você. Cite casos específicos do comprometimento inabalável da sua empresa com os consumidores ao longo dos últimos anos.

O concorrente de Sagitário e a abordagem pessoal

Adotar uma abordagem mais pessoal pode muitas vezes desestabilizar e minar o concorrente de Sagitário. Não sendo realmente especialistas em negócios que exigem interações sociais e pessoais, eles podem ser deixados para trás quando você fizer contatos bem-sucedidos com os clientes e o público. O concorrente de Sagitário, respeitando enfim seus conhecimentos sociais, pode se esconder atrás de um muro de objetividade e ruminar novas maneiras de chamar a atenção do público. Uma abordagem calorosa, ou até mesmo popular, é muitas vezes a melhor opção, porque uma atitude simples e pessoal é mais bem aceita do que o desafio e a agressividade. Os concorrentes de Sagitário terão dificuldade em entender ou desafiar seus métodos discretos.

TRABALHO

Amor

SAGITÁRIO
22 DE NOVEMBRO A 21 DE DEZEMBRO

PONTOS FORTES
Encantador
Bem-humorado
Observador

PONTOS FRACOS
Provocador
Analista
Inconstante

ESTILO INTERATIVO
Atlético
Motivador
Dinâmico

O primeiro encontro com alguém de Sagitário

Os primeiros encontros com alguém de sagitário podem ser encantadores, talvez um pouco comedidos, mas, ainda assim, envolventes. Sem pressa, ele vai analisar você de vários pontos de vista e fará observações bem-humoradas, com um brilho nos olhos. Às vezes, a brincadeira se torna séria, causando-lhe certo constrangimento; mas, quase sempre, a mudança de assunto é inevitável, quando você guardou silêncio por algum tempo. Como eles estão em constante movimento, você terá de andar rápido para entrar no ritmo dos primeiros encontros com pessoas de Sagitário – que às vezes mudam de ideia num piscar de olhos e enviam uma mensagem tácita para você acompanhar as extravagâncias deles.

Como paquerar alguém de Sagitário e como marcar um encontro

Os sagitarianos geralmente topam qualquer coisa, de modo que atrair seu interesse não é difícil. Difícil pode ser segurá-los, já que sua natureza mutável e sua dificuldade em assumir compromissos implicam um futuro incerto nas fases iniciais do relacionamento. Faça com que eles se interessem mais por você simulando um ar de mistério, pois esses detetives naturais adoram descobrir segredos e trazer à luz fatos ocultos. Eles têm também uma queda pelo desafio; portanto, suas tentativas de evitá-los só conseguem às vezes estimulá-los – isto é, quando gostam de você. E persistem até conseguir o que eles querem.

Atividades sugeridas para o primeiro encontro com alguém de Sagitário

Muitas vezes, no primeiro encontro, os nativos de Sagitário podem aparecer com a ideia de "fazer alguma coisa". Com seu dinamismo, costumam sugerir atividades cansativas só para testar sua capacidade de acompanhar. Se você passar no teste, pode ter certeza de uma coisa: o interesse desse nativo ou nativa será despertado e haverá encontros regularmente marcados no futuro. Após uma longa caminhada ou corrida, natação, passeio de bicicleta ou outra atividade extenuante, sentar-se a uma mesa para vocês se conhecerem melhor será inevitavelmente o próximo passo – e muito agradável.

Estímulos e desestímulos no primeiro encontro com alguém de Sagitário

No primeiro encontro, o sagitariano fica animado se você consegue acompanhá-lo – e desanimado se você não consegue. Muito alegre e otimista, ele se enfastia ao primeiro sinal de negatividade de sua parte, embora farpas ocasionais possam ganhar sua admiração. Os sagitarianos revelam, até certo ponto, um padrão duplo em uma área específica: sentem-se à vontade para criticar, mas não gostam de ser criticados. Por sua natureza extremamente física, quando atraídos, a aparência do parceiro os deixa verdadeiramente de cabeça virada.

O "primeiro passo" no primeiro encontro com alguém de Sagitário

De modo geral, não é necessário nem aconselhável que você dê o primeiro passo no primeiro encontro com um representante desse signo. Se gostar de você, ele mesmo fará isso sem nenhuma timidez; mas, se não sentir atração sexual, todo movimento de sua parte só vai desestimulá-lo. Assim, é melhor adotar uma atitude contida e deixar a iniciativa para ele. Havendo interesse sexual mútuo, lembre-se sempre de que, nos primeiros encontros, os sagitarianos estão prontos para ir até o fim e dar tudo sem reservas.

Como impressionar alguém de Sagitário no primeiro encontro

Nos primeiros encontros, os nativos desse signo ficam mais impressionados com um comportamento natural e honesto, mas sobretudo com a sinceridade das intenções. Não gostam de falsidades nem de artificialismos. Assim, reagirão de forma positiva a atitudes ou ideias que não necessariamente compartilham, mostrando respeito por sua franqueza e abertura. Não é preciso elogiá-los; de fato, eles desconfiam de qualquer tentativa de bajulação. O maior elogio que você pode lhes fazer é, simplesmente, exibir um alto astral, conversar espirituosamente e deixá-los orgulhosos de aparecer em público a seu lado.

Como dispensar alguém de Sagitário no primeiro encontro

Por não ser difícil ferir os sentimentos dos sagitarianos, fica fácil dar o fora neles logo no primeiro encontro. Eles são até conhecidos por virar as costas precipitadamente quando ouvem uma observação de que não gostam. Os sagitarianos costumam explodir como fogos de artifício, de modo que você se verá pisando em ovos após testemunhar tal reação. Se eles gostarem de você, não esconderão isso; assim, dispensá-los será mais difícil, por causa do orgulho ferido. Mas podem também entender sua necessidade de ficar sozinho sem se sentir rejeitados.

O par romântico de Sagitário

Os sagitarianos são parceiros profundamente românticos e ardentes. No entanto, também podem se mostrar bastante tranquilos, desfrutando do convívio com bom humor e se deliciando com os muitos prazeres da vida. Suas atitudes positivas e suas energias de sobra fazem deles pares valiosos, que tiram sempre o melhor de qual-

(O par romântico de Sagitário)

PONTOS FORTES

Ardente
Bem-humorado
Positivo

PONTOS FRACOS

Desapontado
Desesperançado
Abandonado

ESTILO INTERATIVO

Otimista
Filosófico
Interessado em aperfeiçoar-se

SAGITÁRIO

quer situação e do par. Todavia, não suportam bem as decepções e podem cair em depressão quando as coisas vão mal. Como se decepcionam facilmente, ficam na pior quando alguém os rejeita, sentindo-se sem esperança e abandonados. Mas seu ânimo exuberante logo se reergue e sua filosofia os leva a fazer melhor na próxima vez.

Como conversar com o par romântico de Sagitário

Os sagitarianos são loucos por discussões filosóficas. Eles não só têm muito a contribuir para qualquer conversa como sabem que podem aprender outro tanto com elas. Contudo, detestam papo furado, pois, sendo pessoas de ação, não ignoram que os atos falam mais alto que as palavras. Os sagitarianos dão ouvidos a outros pontos de vista, mas em geral têm opiniões próprias muito fortes. Esperam que você os escute pacientemente e ficam chateados quando não recebem atenção.

Como discutir com o par romântico de Sagitário

Os sagitarianos não se dão facilmente por vencidos nas discussões. Às vezes, continuam martelando seus pontos de vista por dias, semanas e até meses. Isso mostra sua necessidade não apenas de vencer, mas também de expressar a fundo seus valores morais, de que estão absolutamente convictos de serem ao mesmo tempo verdadeiros e úteis. Acreditam que podem consertar tudo, se você lhes der uma chance. Seus pares românticos preferirão às vezes ficar sozinhos, mas isso é demais para os sagitarianos.

Como viajar com o par romântico de Sagitário

Surpreendentemente, os sagitarianos podem ser caseiros e preferir o aconchego do lar; mas, quando decidem sair, costumam se mover como um raio. Entrar no seu ritmo é por vezes difícil, se não impossível, quando metem alguma coisa na cabeça. Eles não facilitam em nada a tarefa de quem os acompanha, pois só pensam em alcançar seus objetivos. É melhor você aprender a ler os sinais de que seu par romântico de Sagitário está prestes a sair a pleno vapor e acertar o passo com ele.

O sexo com o par romântico de Sagitário

Frequentemente mais do tipo apaixonado do que sensual, os sagitarianos quase nunca curtem o antes e o depois do sexo. Diretos, ardentes e às vezes exagerados, é de esperar deles um alto nível de excitação. A satisfação total não é necessariamente um acompanhamento constante dessas atividades frenéticas para nenhum dos pares, mas elas serão memoráveis na maioria dos casos. As atitudes espontâneas são a especialidade dos nativos desse signo e a surpresa é uma característica importante desse comportamento. Uma postura previsível e submissa de sua parte pode desanimá-los ou estimulá-los a romper suas defesas com formas extremas de excitação.

Afeição e o par romântico de Sagitário

Bastante afetuosos, os sagitarianos têm um modo peculiar de expressar sentimentos. Sua descontração física natural permite que fiquem à vontade na companhia dos amigos – mas não gostam de tocar, apertar a mão ou acariciar aqueles que amam, preferindo adiar o contato físico até que o casal esteja sexualmente excitado. Assim, os sagitarianos muitas vezes preferem mostrar afeto por meio de um olhar, um sorriso ou uma risada contida, que revelem discretamente seus sentimentos de ternura. Amantes dos animais, acham mais fácil expressar afeto por um bicho de estimação do que por seus pares românticos.

O senso de humor e o par romântico de Sagitário

Apreciadores de brincadeiras, os sagitarianos gostam muito de divertir-se e contar histórias, mesmo que as piadas não sejam o seu forte. O representante desse signo está de fato em seu elemento quando vocês dois participam de uma reunião social, onde ele fica bem animado e extrovertido. O sagitariano nem sempre toma a dianteira, mas insiste em responder de forma engraçada, lançando uma luz espirituosa e muitas vezes irônica sobre o tema ao qual reage. O simples ato de rir o diverte de maneira inusitada e suas palavras francas são um sinal claro de que ele está numa boa.

O cônjuge de Sagitário

Os cônjuges de Sagitário são altamente capazes. Entretanto, devido à natureza de sua carreira e à necessidade de deixar sua marca no mundo (ou pelo menos em sua esfera social e profissional), eles podem não ficar muito em casa ou disponíveis para seus companheiros e famílias na maioria do tempo. Isso pode colocar uma grande responsabilidade nos ombros de seus pares, que em geral cuidam para manter as coisas correndo bem em casa. Se tanto você quanto seu cônjuge de Sagitário são muito ocupados profissional e socialmente, ter uma empregada doméstica pode ser necessário. Em geral, ter filhos (e promover com empenho sua educação e carreira) é o ímã imprescindível para tornar os cônjuges desse signo mais presentes na esfera doméstica.

PONTOS FORTES
Capaz
Ambicioso
Ativo

PONTOS FRACOS
Ausente
Desinteressado
Introvertido

ESTILO INTERATIVO
Franco
Enérgico
Objetivo

A cerimônia de casamento e a lua de mel com o cônjuge de Sagitário

O casamento e a lua de mel em geral não são muito importantes para o cônjuge de Sagitário. Devido à sua agenda cheia, ele talvez não tenha tempo para a lua de mel logo após o casamento, mas sem dúvida vai planejar com cuidado esse evento no final do ano ou pelo menos no ano seguinte. Embora se conforme com as formalidades que cercam os casamentos tradicionais, ele escolheria, se pudesse, uma cerimônia civil sem muito rebuliço ou estardalhaço. Mas quando o futuro cônjuge insiste em uma festança com a família inteira, o sagitariano desempenha seu papel obedientemente e até mostra um certo entusiasmo.

O cotidiano doméstico e a vida de casado com alguém de Sagitário

Não espere que seu cônjuge de Sagitário passe muito tempo em casa. Sua agenda é muito cheia, e ele entra e sai rapidamente, como se fosse uma visita. É também muito independente, de modo que você terá de fixar-lhe tarefas e responsabilidades domésticas. Costuma adiar a limpeza, a arrumação e a organização da casa pelo maior tempo possível – o que não indica uma tendência à procrastinação, mas a pouca importância que atribui a essas atividades.

AMOR

As finanças e o cônjuge de Sagitário

Os sagitarianos não são conhecidos pela poupança, pela economia ou por fazer orçamentos. Eles tendem a gastar dinheiro quando o têm, quase como se este abrisse um buraco em seu bolso. Quando não o têm, são capazes de viver modestamente, coisa que não fazem se as finanças vão bem. Assim, são econômicos apenas por necessidade extrema. Os sagitarianos são mais felizes quando não lhes falta um bom fluxo de caixa – gostam de ganhar e gastar sem preocupações ou complicações. Mas costumam esbanjar mais em roupas ou coisas como artigos esportivos do que em férias e itens de informática.

A infidelidade e o cônjuge de Sagitário

Os cônjuges de Sagitário são incrivelmente fiéis. Quando dão seus pulinhos, em geral sofrem uma boa dose de autotortura e culpa antes de ser capazes de discutir abertamente sua ligação secreta com o parceiro. Quando (e se) o fazem, suas emoções jorram como uma torrente. A honestidade é tão importante para os sagitarianos que eles às vezes preservam o segredo por consideração (é como pensam) a seus parceiros, filhos e outros membros da família. Os cônjuges de Sagitário não são bons para guardar segredos ou levar adiante casos ilícitos e procuram evitá-los cuidadosamente.

Os filhos e o cônjuge de Sagitário

Um dos grandes erros dos pais de Sagitário é serem excessivamente ambiciosos e exigentes no tocante à carreira dos filhos. Embora neguem essa postura, afirmando que seus filhos são livres (e fazem isso com frequência), um olhar mais atento revela as altas expectativas que nutrem em relação a eles. Os pais de Sagitário se sentem bem próximos dos filhos e muitas vezes tendem a controlar suas decisões profissionais, mesmo que os tenham criado para pensar sozinhos e lhes tenham concedido certa margem de liberdade. Os pais de Sagitário, se prudentes, evitarão fomentar a rebelião em seus filhos recusando-se a julgá-los e a controlá-los, coisa de que são bastante capazes quando tentam.

O divórcio e o cônjuge de Sagitário

Muitas vezes, o cônjuge de Sagitário se divorcia simplesmente porque quer ser livre. Assim, nem precisa haver discórdia para que ele vá embora. A intuição é que lhe indica a hora de seguir em frente para promover seu autodesenvolvimento; e ele pode ser bastante frio e cruel, não permitindo que nada, nem as obrigações para com os filhos, fique em seu caminho. Também não se preocupa muito com o cônjuge, que a seu ver sobreviverá sem problemas à provação. Para muitos sagitarianos, o divórcio é apenas mais um episódio da vida, como antes foi o casamento.

O amante de Sagitário

Os amantes de Sagitário muitas vezes se tornam presa fácil para predadores sexuais, em parte porque são muito sensíveis aos problemas de seus parceiros. Se notam que eles estão solitários e infelizes, agem da mesma forma que agiriam para com um animal estressado. Extremamente simpáticos e empáticos, podem sentir a dor daqueles que amam e em geral respondem com afeto e apoio. O sexo obedece a esses sentimentos e, com frequência, é mais dado que recebido. Os nativos de Sagitário são sensíveis e receptivos a seus amantes, mas podem se mostrar muito cruéis ao negligenciar e abandonar suas famílias quando têm casos extraconjugais.

Como conhecer o amante de Sagitário

Na maioria das vezes, os Sagitários conhecem seus amantes por acaso ou por intermédio de um amigo comum. Graças a seu sexto sentido para indivíduos solitários e infelizes, não conseguem resistir ao interesse por eles e acabam se envolvendo. Mas o envolvimento raramente se torna um hábito, embora possa ocorrer algumas vezes na vida da maioria dos sagitarianos. (É menos frequente que os amantes de Sagitário procurem romance com pessoas felizes e satisfeitas.) Também emitem sinais sobre suas necessidades, mas quase sempre se conformam em silêncio com o casamento ou com uma existência solitária sem ir atrás de alguém que alivie sua situação.

Onde se encontrar com o amante de Sagitário

Em geral, o amante de Sagitário se sente mais à vontade na casa do parceiro ou parceira – pelo menos nas fases iniciais do romance. Já que, em suas mostras de sentimento, se vê como alguém que está prestando um serviço, ele pode até considerar o primeiro encontro como uma visita domiciliar, para ajudar a pessoa com quem está se envolvendo. É tão grande a necessidade dos sagitarianos de ajudar os outros que eles mal se contêm no afã de ocupar a vida e o espaço de seus parceiros, esteja o sexo envolvido ou não. Frequentemente, fazem várias visitas antes que as chamas da verdadeira paixão se acendam.

O sexo e o amante de Sagitário

Depois que se envolvem emocionalmente, os sagitarianos estão prontos para dar tudo de si. Entretanto, se forem maltratados, logo deixam de ajudar e procuram preservar sua dignidade, não importa o que lhes tenham feito. Seu orgulho ferido incita-os a buscar novas aventuras, para se sentirem outra vez estimados e valorizados. Assim, na maioria dos casos, não é o sexo em si que dita seu nível de envolvimento sexual, mas considerações complexas, emocionais e mesmo éticas.

Como segurar o amante de Sagitário

Os amantes de Sagitário permanecerão fiéis àqueles que ajudaram, desde que não tenham sido feridos por eles. Ser apreciados é muito importante para os amantes de Sagitário e a melhor maneira de segurá-los é deixar que eles saibam que você os valoriza; mas faça isso com palavras doces e não com declarações de amor bombásticas. Extremamente observadores, os sagitarianos percebem quando seus parceiros estão mentindo ou falando a verdade. A honestidade é a melhor polí-

---

(O amante de Sagitário)

PONTOS FORTES

Simpático

Empático

Amoroso

PONTOS FRACOS

Negligente

Indiferente

Cruel

ESTILO INTERATIVO

Sensual

Receptivo

Atraente

AMOR

255

tica a seguir com os amantes de Sagitário. Eles não recuam diante do autossacrifício, que é um forte fator motivacional quando sentem que o parceiro de fato precisa de sua ajuda.

Como entreter o amante de Sagitário

Os amantes de Sagitário gostam de ser mimados e entretidos. Um jantar à luz de velas ou outro evento romântico estão no topo da sua lista de prioridades. Eles são atraídos magneticamente por cenários aconchegantes, cheios de mistério e aventura. Quase sempre acham a casa do parceiro muito interessante e gostam de examinar seus livros, CDs e objetos de uso pessoal na tentativa de conhecê-lo e entendê-lo melhor. Isso torna fácil entreter um amante de Sagitário, já que você só precisa convidá-lo e deixá-lo andar pela casa. Ele pode até se oferecer, na primeira visita, para ajudar a arrumá-la e limpá-la.

Como romper com o amante de Sagitário

Depois que você disser ao amante de Sagitário que não precisa mais dele, ele irá embora. De certo modo, seu trabalho está feito e ele pode procurar outra pobre e ferida criatura para ajudar – dando também sua energia a outras em que romance e sexo não fazem parte da equação. Se você decidir mudar de parceiro durante o relacionamento, o orgulho ferido do Sagitário geralmente garantirá o final desse relacionamento. Então, ele talvez faça as pazes com seu parceiro original e volte a dar atenção aos filhos e amigos.

O ex-cônjuge de Sagitário

PONTOS FORTES
Educado
Cordial
Bem-intencionado

PONTOS FRACOS
Frio
Sem emoções
Brusco

ESTILO INTERATIVO
Agradável
Objetivo
Realista

SAGITÁRIO

Pessoas bem legais emocionalmente, é improvável que os ex-cônjuges de Sagitário exibam seus sentimentos às claras, enquanto os antagonismos e animosidades não vêm à tona. Eles preferem permanecer objetivos quanto à situação atual, nem lamentando o passado nem nutrindo esperanças para o futuro. Eles repudiam dependências emocionais e preferem contatos breves, raros e, se não afetuosos, ao menos educados. Os ex-cônjuges de Sagitário acreditam que, se ambas as partes demonstrarem boa vontade e cordialidade, poderão resolver os problemas para satisfação de todos os interessados.

Como fazer amizade com o ex-cônjuge de Sagitário

Embora não calorosa, essa amizade pode se revelar eficaz em se tratando de questões familiares, domésticas e financeiras. Uma boa relação de trabalho acabará por desarmar tensões e amenizar problemas espinhosos do passado. Tudo pode ficar mais complicado se o ex-cônjuge de Sagitário já tiver encontrado um novo parceiro; nesse caso, muita aceitação e entendimento serão necessários para preservar a antiga amizade. O ex-cônjuge de Sagitário costuma ser notavelmente passivo: deixa que você tome a dianteira e apenas responde às suas propostas, sem se dar o trabalho de agir. Não o pressione nem o apresse, pois ele precisa se sentir livre para tomar uma decisão.

Problemas para reatar com o ex-cônjuge de Sagitário

Reconciliar-se com o ex-cônjuge de Sagitário é possível, mas requer muita compreensão e paciência. Quando o orgulho ou a honra de um representante do signo de Sagitário foram severamente testados ou profundamente feridos, ele não aceitará propostas de reconciliação. Desculpas ou promessas, por mais insistentes que venham a ser, não conseguirão convencê-lo de imediato de suas boas intenções: ele pagará para ver se você está sendo sincero e agindo honestamente, com pureza de intenções. Um ou dois anos, ou até mais, não é muito tempo para um ex-cônjuge de Sagitário dar uma resposta; então espere, e seja sensível ao ver que ele reluta ou não quer tomar uma decisão.

Como conversar sobre questões do passado com o ex-cônjuge de Sagitário

Vá com calma aqui. Os ex-cônjuges de Sagitário costumam ficar chateados e emocionalmente esgotados quando discutem questões antigas. E isso pode reverter abruptamente quaisquer tendências positivas que tenham emergido desde o rompimento. Contratempos como esses devem ser evitados a todo custo – recue e mude logo de assunto quando notar que nuvens de tempestade estão se acumulando. Se você tiver de tratar de problemas delicados, faça-o por escrito, até por e-mail, encorajando-os a responder da mesma maneira. Diga tudo sucintamente e sem ambiguidades, evitando com o máximo cuidado truques manipulativos ou insinuações de culpa. E ouça com atenção o que ele estiver tentando lhe dizer.

Como expressar afeto pelo ex-cônjuge de Sagitário

Você talvez se defronte com a rejeição caso decida expressar afeto abertamente pelo seu ex-cônjuge de Sagitário. No entanto, se ele conseguir romper o silêncio e você notar sinais de que sua armadura de gelo está se derretendo, tome isso como um indício de que logo demonstrará carinho. Não exagere na reação. Mesmo se ele o olhar fundo nos olhos e segurar suas mãos, não se esqueça de que pode estar apenas testando você. O ex-cônjuge de Sagitário também não se proíbe de manipular você com mostras de emoções que de fato não sente, usando-as instintivamente como tática de controle, às vezes até sem perceber.

Como definir o atual relacionamento com o ex-cônjuge de Sagitário

Embora os ex-cônjuges de Sagitário possam aceitar regras e diretrizes, não espere que eles as sigam. Quando se trata de questões emocionais, incluindo romance, sexo e amor, os sagitarianos são totalmente imprevisíveis e impulsivos. Conseguem se manter calmos, com os sentimentos sob controle, até certo ponto; mas quando estes se tornam demais para eles, suas emoções intempestivas irrompem numa torrente de fogo, como uma erupção vulcânica. Recorra a uma abordagem serena e se recuse a responder no mesmo tom, já que a precipitação, em tais circunstâncias, sem dúvida será lamentada por ambos mais tarde.

Como compartilhar a guarda com o ex-cônjuge de Sagitário

Os ex-cônjuges de Sagitário geralmente se importam mais com a própria vida do que com o cuidado com seus filhos, de modo que não se recusam a compartilhar a guarda deles. Mesmo quando insistem em ter a guarda, às vezes acedem de bom grado ao pedido do parceiro de ficar com as crianças nos fins de semana ou em ocasiões especiais, e buscá-las na escola de tempos em tempos. Você pode abrandar seus ressentimentos com demonstrações repetidas de boa vontade ou apoio financeiro e logístico regulares, dado de forma espontânea e generosa, sem que eles o peçam ou exijam.

AMOR

SAGITÁRIO
22 DE NOVEMBRO A 21 DE DEZEMBRO

Amigos e família

PONTOS FORTES
Divertido
Otimista
Autossuficiente

PONTOS FRACOS
Fantasioso
Excessivamente otimista
Reprimido

ESTILO INTERATIVO
Confiante
Interessado
Envolvido

O amigo de Sagitário

Os amigos de Sagitário são uma companhia divertida. Vão entrar em contato com você quando estiverem com vontade de se distrair, para compartilhar a experiência. Não são de reclamar nem de procurar ajuda o tempo todo. Cultivam uma postura otimista e não falam de seus problemas. Como bom amigo ou amiga, você deve encorajá-los de tempos em tempos a discutir esses problemas, já que suprimir sentimentos e entregar-se a preocupações só pode levar à depressão. Eles às vezes se mostram excessivamente otimistas e você precisa trazê-los de volta à terra, não importando o quanto esse processo possa ser doloroso.

Como pedir ajuda ao amigo de Sagitário

Os amigos de Sagitário estão aí para ajudar – isto é, se você conseguir encontrá-los quando precisar de auxílio. Depois de alertados para suas dificuldades e sua necessidade de ajuda urgente – em geral por intermédio de uma mensagem de voz ou de texto –, os amigos de Sagitário aparecem sem demora em sua porta. Quase não há limites para o grau de apoio que oferecem quando estão convencidos de que suas necessidades são de fato tão urgentes quanto você diz. Mas, passada a crise, não ficam muito tempo por perto.

Como se comunicar com o amigo de Sagitário e manter contato com ele

Os amigos de Sagitário costumam ter pouca necessidade de comunicação constante. Convencidos da solidez de suas amizades, não veem motivo para ficar o tempo todo tranquilizando os outros sobre os sentimentos que os unem. Entretanto, de vez em quando poderão reservar uma tarde ou noite para conversar e compartilhar as últimas novidades ou alguma fofoca interessante sobre um conhecido em comum. Além disso, como são criaturas de hábitos regulares (no que diz respeito a relacionamentos, pelo menos), você pode combinar atividades ou encontros mensais que não comprometam a agenda deles.

Como pedir um empréstimo ao amigo de Sagitário

A situação financeira dos seus amigos de Sagitário costuma estar sujeita a altos e baixos. Embora sejam pessoas generosas e capazes de dividir o último pedaço de pão, pode ser que estejam "quebrados" justamente quando os outros precisam de ajuda financeira. Se você não souber que um amigo de Sagitário está sem dinheiro, o desapontamento e a vergonha que ele sentirá por ter de recusar pode ser uma experiência dolorosa para ambos. Mas, quando está endinheirado, esse amigo empresta sem perguntar nada sobre a data do ressarcimento. Pode mesmo esquecer pequenas somas com o tempo, mas será melhor se você lhe pagar pontualmente o que deve, não tirando vantagem de sua natureza bondosa.

Como pedir conselhos ao amigo de Sagitário

Os amigos de Sagitário gostam de dar conselhos. Mas são conselhos breves e oportunos, não arengas sem fim ou constantemente repetidas em encontros posteriores. Deixam claro também que caberá a você aceitá-los ou não. Seus sentimentos não serão feridos se você não o fizer; mas, se passar por esses mesmos problemas várias vezes, podem perder o interesse em alertar você. Eles acham que muitos dos seus problemas têm solução simples e que você torna as coisas mais complicadas do que realmente são.

Como visitar o amigo de Sagitário

Pelo fato de os amigos de Sagitário estarem sempre em movimento, não é fácil achá-los em casa; mas, quando lá estão, recebem de bom grato as visitas. Consequentemente, faz mais sentido interceptá-los entre um compromisso e outro, num bar ou restaurante em seu caminho. Tais visitas devem ser curtas. Se deseja passar uma tarde sossegada com eles, é melhor convidá-los para irem à sua casa, tendo em mente que podem adiar a reunião se o compromisso for assumido com muita antecedência.

Comemorações/entretenimento com o amigo de Sagitário

Os amigos de Sagitário gostam de comemorar aniversários e feriados. Dispõem-se a organizar tais eventos em casa, mas também podem estar disponíveis para sair com o grupo. Sua especialidade é, em geral, correr às lojas para comprar o necessário ou, na última hora, os itens esquecidos. Apreciando mais festas íntimas do que grandes jantares ou reuniões, eles gostam de se descontrair com uns poucos amigos, numa noite tranquila ou barulhenta, dependendo do seu humor. Pagar a conta é algo de que não abrem mão quando têm bastante dinheiro, e sua generosidade ao servir boas comidas e bebidas é lendária.

O colega de quarto de Sagitário

Os colegas de quarto de Sagitário podem cansar você com seu entusiasmo efusivo. Além disso, quando tagarelam demais, você procurará de todas as formas uma maneira de calá-los, ao menos por um tempo. Felizmente, ficam fora a maior parte do tempo, deixando você só para voltar a se concentrar e se recuperar daquelas irrupções violentas de energia. Os colegas de quarto de Sagitário podem ter dificuldade em encarar a negatividade, vinda de você ou do senhorio, já que com frequência caem em depressão quando suas expectativas não são atendidas ou quando desapontamentos inesperados ocorrem.

AMIGOS E FAMÍLIA

(O colega de quarto de Sagitário)

PONTOS FORTES

Entusiasmado

Otimista

Altruísta

PONTOS FRACOS

Tagarela

Desatento

Esquecido

ESTILO INTERATIVO

Frenético

Esperançoso

Indulgente

Às vezes, simplesmente se esquecem do aluguel, das despesas e da contribuição com alimentos; então, lembre-os de pagar. Eles não se ofenderão com isso.

Como dividir responsabilidades financeiras com o colega de quarto de Sagitário

Com a melhor das intenções, os colegas de quarto de Sagitário prometem dividir todas as responsabilidades financeiras. Mas nem sempre o fazem, sobretudo quando estão trocando de emprego ou procurando outro – coisas que podem acontecer com grande regularidade. Os colegas de quarto de Sagitário costumam ficar ansiosos quando chega o fim do mês e eles estão completamente duros: então, comunicam sua ansiedade a você também. Invariavelmente, pedem que você pague por eles e prometem reembolsá-lo o mais breve possível. Quando estão trabalhando, porém, cumprem com suas obrigações em dia.

A limpeza e o colega de quarto de Sagitário

Os colegas de quarto de Sagitário não primam nem pela limpeza nem pela ânsia de colocar tudo em ordem. Ao contrário, têm suas próprias ideias sobre arrumação e podem até, orgulhosamente, exibir seus resultados, deixando você surpreso com o pouco que conseguiram realizar nessa área. As ideias deles são, pois, bastante peculiares; mas, quando decidem limpar, fazem um bom trabalho. Pegá-los em um bom momento pode ser um desafio formidável. Fique avisado – a limpeza não costuma estar no topo da sua lista de prioridades.

Convidados e o colega de quarto de Sagitário

Os colegas de quarto de Sagitário podem receber muito bem as pessoas que você convidar, procurando deixá-las à vontade e descontraídas. No entanto, seu turbilhão de emoções nem sempre faz com que os outros se sintam em casa; consequentemente, mesmo as almas mais serenas podem ser sacudidas pelos raios que eles disparam. Sem dúvida, os sagitarianos podem provocar seus convidados, não por negatividade, mas pelo desejo de sondá-los e descobrir se são confiáveis. Com sua capacidade de avaliar o caráter alheio, podem farejar desonestidade e falsidade a quilômetros de distância. Além disso, não conseguem se abster de lançar farpas para esvaziar egos inflados.

Festas e o colega de quarto de Sagitário

Os colegas de quarto de Sagitário, em sua maioria, gostam de dar festas, junto com você ou em sua ausência. O único problema é que eles logo roubam a cena, sobretudo depois de ter bebido umas e outras, ficando eufóricos demais. O excesso é o resultado inevitável, com copos e pratos caindo ou decibéis alcançando níveis insuportáveis. A risada do sagitariano é inesquecível e altamente contagiosa. Em geral, os colegas de quarto de Sagitário não ficam satisfeitos até que todos os presentes estejam também eufóricos. Na manhã seguinte, talvez não se lembrem de nada do que fizeram.

Privacidade e o colega de quarto de Sagitário

Os colegas de quarto de Sagitário raramente exigem privacidade. Em primeiro lugar, gostam de contatos sociais em casa; em segundo, são capazes de se concentrar ou

SAGITÁRIO

trabalhar mesmo com muita atividade ao redor. Na verdade, ficam nervosos quando as coisas estão muito calmas por dias a fio. Não consideram a privacidade como algo que precisam garantir só para si mesmos, mas como uma situação que devem compartilhar com você e até mesmo com seus amigos. Cuidado com o que você lhes conta, pois os colegas de quarto de Sagitário gostam de compartilhar suas ideias e até mesmo seus segredos com os outros: é uma maneira de encorajar você a ser mais aberto e menos reservado.

Como conversar sobre problemas com o colega de quarto de Sagitário

De modo geral, os colegas de quarto de Sagitário estão sempre prontos para escutar. Bons ouvintes, talvez não tenham uma solução imediata, mas, após algum tempo, podem ser iluminados por um lampejo súbito de inspiração. Procure não seguir suas instruções ao pé da letra, já que, com muita frequência, eles apresentam seus pontos de vista peculiares em vez de sugerir uma maneira de resolver determinado problema. Portanto, não se sinta obrigado a seguir seus conselhos, pois isso não os ofenderá.

Os pais de Sagitário

Os pais de Sagitário são muito devotados aos filhos. Não o fazem por sentimentos de responsabilidade, mas simplesmente por dedicação e amor. Muitas vezes enriquecem sua vida com animais domésticos e procuram morar em belos cenários naturais. No entanto, muitos deles fracassam no casamento apesar da solidez de seus vínculos com os filhos. Isso se deve com frequência a seu caráter exigente, à sua incapacidade de manter um compromisso por anos seguidos e à sua natureza inquieta, que pode levá-los longe demais. Depois que decidem romper as amarras, tanto para uma mudança de vida ou por causa de um novo par, farão isso sem olhar para trás e sem remorsos.

PONTOS FORTES
Devotados
Amorosos
Naturais

PONTOS FRACOS
Insatisfeitos
Inconstantes
Distraídos

ESTILO INTERATIVO
Submissos
Temperamentais
Inquietos

O estilo de disciplina dos pais de Sagitário

Os pais de Sagitário podem ser severos com os filhos quando estes exibem comportamentos antiéticos ou desonestos. Apenas contrariá-los não é motivo suficiente para tirá-los do sério, já que admiram as demonstrações de coragem e individualidade de sua prole. Raramente o pai e a mãe de Sagitário disciplinam seus filhos com regularidade ou lhes aplicam castigos físicos, a menos que sejam levados a perder a paciência. Um mau hábito dos pais de Sagitário é ficarem em silêncio quando bravos, o que muitas vezes afeta seus filhos de maneira mais profunda e cruel do que a punição física. Outro é colocar a culpa neles ou despertar sua piedade.

Nível de afeto e os pais de Sagitário

Os pais de Sagitário adoram abraçar gatos, cachorros e... até seus filhos. Voltados para o físico, gostam do contato próximo com aqueles que amam, acreditando que abraços são uma parte importante do convívio. No entanto, não fazem muita questão de receber carinho, preferindo dá-lo. Às vezes, ficam assustadoramente frios por longos períodos, sem demostrar nenhum afeto ou dar a mínima ideia de que na verdade são

AMIGOS E FAMÍLIA

muito amorosos. Os pais nascidos sob esse signo também podem expressar carinho por meio de piadas e familiaridades, comportamento intrigante e ironias suaves.

Questões financeiras e os pais de Sagitário

Os pais de Sagitário preferem morrer de fome e privar-se de necessidades do que negar aos filhos aquilo de que precisam. Nem sempre propensos a enchê-los de presentes, comprando apenas o que eles pedem ou desejam muito, os pais de Sagitário são generosos com tudo quanto forma o caráter e enseja oportunidades educacionais e profissionais. Esperando o melhor para os filhos, acabam por revelar suas verdadeiras intenções: vê-los progredir e ter sucesso. Mas devem cuidar para que essas ambições não fujam ao controle, pois podem privar os filhos de iniciativa e autoestima.

Crises e os pais de Sagitário

Os pais de Sagitário são tão capazes de provocar crises quanto de resolvê-las. Às vezes, é precisamente esse fato que os impede de descobrir a origem do problema e o modo de enfrentá-lo. Muitos pais nascidos sob o signo do Arqueiro erram o alvo por uma larga margem quando tentam ajudar os filhos. Parte disso se deve a seu julgamento nebuloso, mas também ao seu sistema nervoso instável, que pode ser abalado com facilidade. Aprender a ficar impassíveis sob fogo cerrado é um grande desafio para os pais de Sagitário.

Feriados/reuniões de família e os pais de Sagitário

Os pais de Sagitário que se relacionam bem com seus irmãos e irmãs podem transmitir esses bons sentimentos aos seus filhos e sobrinhos nas reuniões familiares. O problema é que, embora filhos e sobrinhos esperem ansiosamente para se encontrar ao longo dos anos, os pais talvez não o façam, por não gostar do comportamento leviano e descomprometido do membro sagitariano do clã. Com muita frequência, os pais de Sagitário se sentem estranhos nas reuniões familiares; e, quando afloram ressentimentos e sentimentos de raiva, isso cria problemas para seus filhos, que poderiam se sentir à vontade se as nuvens tempestuosas dos pais não se acumulassem.

Como cuidar dos pais de Sagitário idosos

Muitos sagitarianos ficam irrequietos e cheios de manias quando envelhecem. Difíceis de contentar, ressentem-se de qualquer intromissão em seu espaço pessoal, sobretudo de um parente bem-intencionado que tenta pôr as coisas em ordem. Pais de Sagitário idosos dão sinais inequívocos de que querem ficar em paz e, quando não são ouvidos, rompem de uma vez por todas com o intruso. Cuidar de pais sagitarianos idosos requer muito tato e cuidado, para não irritá-los. Muitas vezes, a melhor estratégia é deixá-los a sós, mas sempre de olho para que suas necessidades físicas sejam satisfeitas e sua segurança, garantida.

Os irmãos de Sagitário

Com muita frequência, os irmãos de Sagitário se sentem estranhos em seus grupos familiares. Pode ser difícil conviver com eles, já que as tendências naturais a proteger os mais novos nem sempre são bem-vindas (podendo até ser francamente rejeitadas), pois o impulso dos mais velhos é se impor. Muito diferentes de seus irmãos, os nativos de Sagitário quase sempre se destacam, a ponto de nem parecerem membros da família. Deve-se respeitar sua individualidade e suas atitudes incomuns, para que não haja conflitos.

Rivalidade/proximidade com os irmãos de Sagitário

Os sagitarianos raramente desistem quando brigam com seus irmãos. Isso inclui competir pela atenção dos pais, embora eles se preocupem menos com os favorecimentos do que com as vitórias em jogos e disputas. Confiantes e agressivos em competições, os irmãos de Sagitário podem ser reservados ou mesmo tímidos no convívio com familiares e amigos. Quase nunca procuram chamar a atenção para si mesmos, preferindo muitas vezes se divertir à parte, sobretudo se criaram um mundo de fantasia só deles. Quando permitem a uma irmã ou irmão favorito (quase sempre do mesmo sexo) compartilhar de sua imaginação vívida e criativa, isso deve ser visto como um elogio.

Problemas passados e os irmãos de Sagitário

Os sagitarianos podem ser implacáveis e nunca perdoar um insulto da parte de um irmão ou irmã. Extremamente dedicados a seus bichinhos de estimação ou a animais de rua, os irmãos de Sagitário condenam atos de crueldade ou negligência e não os perdoam com facilidade. Quando se sentem maltratados ou negligenciados pelos pais, esses nativos costumam às vezes sofrer em silêncio e até mesmo assumir a culpa a fim de proteger os irmãos do castigo. Esses problemas do passado persistem até a vida adulta e emergem periodicamente, provocando desequilíbrios na família.

Como lidar com os irmãos de Sagitário afastados

Convidar um irmão distanciado de Sagitário a participar de uma atividade física qualquer é, em geral, a melhor maneira de trazê-lo de volta ao convívio familiar. Tagarelice, promessas ou lembranças de alegrias passadas não surtem efeito. Mas se o irmão afastado de Sagitário concordar em participar de um evento esportivo, de um espetáculo de moda ou tecnologia ou de um passeio à tarde na praia, esse pode ser o primeiro passo para a reconciliação e, finalmente, o perdão. Os sagitarianos não gostam de nutrir maus sentimentos. Ficam bastante aliviados quando se livram deles e, ao mesmo tempo, preservam a dignidade, sem precisar pedir desculpas ou admitir derrotas.

Problemas financeiros (empréstimos, testamentos etc.) e os irmãos de Sagitário

Já que justiça e honestidade são tão importantes para irmãos de Sagitário, eles sempre insistem num tratamento ético para todos os envolvidos em questões de testamentos e heranças. Defendem os irmãos como defenderiam a si mesmos, opondo-se a qualquer ato de injustiça. Infelizmente, suas atitudes quase sempre corretas podem ser também malvistas: ao querer tudo preto no branco, em termos de certo ou errado, impedem contatos proveitosos com os outros. Como grande lição da vida, devem aprender a ser mais flexíveis, para aceitar e entender pontos de vistas diferentes dos seus.

(Os irmãos de Sagitário)

PONTOS FORTES

Distintos
Originais
Confiantes

PONTOS FRACOS

Excêntricos
Rejeitados
Esquisitos

ESTILO INTERATIVO

Corajosos
Ousados
Desafiadores

AMIGOS E FAMÍLIA

Feriados/comemorações/reuniões e os irmãos de Sagitário

Os irmãos de Sagitário gostam de animadas reuniões familiares uma ou duas vezes por ano. São bastante hospitaleiros e procuram convidar o máximo de pessoas para sua casa, fazendo de tudo para que elas se divirtam a valer. Mas não gostam disso com muita frequência – digamos, mensalmente –, já que valorizam bastante sua privacidade e liberdade. É que problemas antigos costumam vir à tona quando as reuniões se repetem demais e seu limite de tolerância, em geral muito baixo, pode ser atingido com facilidade.

Como tirar férias com os irmãos de Sagitário

Os irmãos de Sagitário preferem sair de férias sozinhos, com os amigos ou no papel de chefes da família. Assim, é melhor que os irmãos dos sagitarianos não os incluam em seus planos de férias. Em vez de ficar preso longe de casa com um sagitariano rabugento, seria mais prudente convidá-lo para uma reunião social maior durante o verão (comer fora, por exemplo). Se eles forem vegetarianos (e muitos nativos de Sagitário são), faça com que suas exigências dietéticas sejam atendidas. Seu amor pelos animais e sua aversão ao consumo de carne em geral andam de mãos dadas.

Os filhos de Sagitário

PONTOS FORTES
Aventureiros
Esforçados
Persistentes

PONTOS FRACOS
Hostis
Rebeldes
Negligentes

ESTILO INTERATIVO
Mal-humorados
Combativos
Insistentes

É difícil, ou mesmo impossível, controlar o filho e a filha de Sagitário. Amantes da liberdade ao extremo, eles infringem regras estabelecidas e derrubam barreiras erguidas para contê-las. Essa energia irresistível varre tudo o que encontra pela frente, exceto, é claro, quando se depara com um obstáculo inamovível na pessoa de um pai ou uma mãe a quem não falta firmeza. Nesse caso, batalhas titânicas e prolongadas se travam, causando aborrecimentos contínuos no seio da família. Pais prudentes darão ao filho de Sagitário sua liberdade, desde que ele a mereça e só ao fim de um longo combate. Os filhos de Sagitário teimam em enfrentar desafios impossíveis e se orgulham de vencer combates desiguais mesmo sendo a parte mais fraca.

O desenvolvimento da personalidade e os filhos de Sagitário

Os filhos de Sagitário devem ser sabiamente orientados ao longo das diversas etapas do desenvolvimento de sua personalidade. Se forem bloqueados em um ponto crucial desse processo, podem padecer consequências psicológicas severas, que sem dúvida inibirão sua evolução pessoal na vida adulta. Os filhos de Sagitário exigem boa dose de compreensão e paciência para se desenvolver de maneira adequada, de sorte que pais inteligentes devem se abster de reações intempestivas às suas provocações. Muitas vezes, sua rebeldia é apenas uma manifestação de sofrimento por não serem compreendidos. Assim, pais sagazes entenderão esse comportamento e não reagirão de forma impulsiva.

Hobbies/interesses/planos de carreira para os filhos de Sagitário

Os filhos de Sagitário têm ambições incomuns, das quais não se deve rir mesmo que não sejam levadas totalmente a sério. Além dos sonhos infantis mais comuns, de serem bombeiros ou astros do esporte e do cinema, eles podem ter aspirações profissionais

SAGITÁRIO

muito estranhas, baseadas em seus passatempos ou interesses principais na infância. Nunca despreze ou ridicularize suas escolhas, pois eles as levam a sério e não se esquecerão dessas zombarias mais tarde. Os filhos de Sagitário em geral mudam ou ajustam suas aspirações profissionais no final da adolescência e podem acabar escolhendo uma carreira bastante prática e bem-sucedida.

A disciplina e os filhos de Sagitário

Não brigue com os filhos de Sagitário. Em geral, uma palavra de advertência ou um olhar de ameaça bastarão para eles saberem como você se sente. Medidas disciplinares para conter suas tendências agressivas têm mais eficácia sob a forma de regras estruturais e práticas que eles entendam, depois de uma explicação clara. Se concordarem com você, obedecerão às suas regras com entusiasmo e a rebeldia não será mais problema. Se, no entanto, você instituir restrições arbitrárias a que eles se oponham veementemente, então espere o pior. Os filhos nascidos sob esse signo não recuam nos confrontos com os pais e com frequência exultam por brigar; portanto, evite lhes dar desculpas para que esse tipo de expressão não saia de controle.

Nível de afeto e os filhos de Sagitário

Os filhos de Sagitário adoram demonstrações de afeto. Como flores que se voltam para a luz, eles se abrem e respondem da mesma forma. No entanto, por não gostarem de fingimentos, fecham-se diante de gestos falsos de carinho que seus pais façam em público. A menos que você queira ser desmascarado e ficar com vergonha sem poder disfarçar, abstenha-se de qualquer ação desse tipo. Esses nativos gostam de afeto e sofrem muito com a falta dele. O pai frio, crítico ou demasiadamente exigente que sonega amor ou o usa como arma pode provocar danos psicológicos incalculáveis em uma criança sensível desse signo. A negligência também é uma forma insidiosa de abuso.

Como lidar com as interações dos filhos de Sagitário com os irmãos

Os filhos de Sagitário quase nunca exigem tratamento especial: querem apenas ter as mesmas oportunidades que seus irmãos. Se os irmãos e irmãs de um sagitariano não compreendem nem aceitam suas qualidades incomuns, é uma má política forçá-los a se entender com ele. Melhor será que sejam orientados a uma coexistência mais sutil, que não exacerbe ainda mais a situação já difícil. Impedir conflitos entre os sagitarianos e seus irmãos deve se tornar uma atividade regular na família, pois renderá grandes recompensas e diminuirá o nível de estresse doméstico.

Como interagir com os filhos adultos de Sagitário

Indivíduos de espírito forte, os filhos adultos de Sagitário devem ser tratados com respeito quando for preciso discutir seus hábitos e estilos de vida. Criticá-los pode ser a receita do desastre. Em vez disso, pergunte se concordam com uma proposta antes de ela ser implementada, não de forma hesitante ou exigente, mas direta e franca. Além disso, ao planejar uma atividade, é sempre melhor dar uma sugestão e deixar que mais tarde eles se manifestem. Os filhos adultos de Sagitário têm orgulho em organizar uma reunião simples para tomar uns drinques ou caminhar; isso deixará a porta aberta para futuras interações.

AMIGOS E FAMÍLIA

Capricórnio

NASCIDOS DE 22 DE DEZEMBRO A 20 DE JANEIRO

Regidos pelo fatídico planeta Saturno, os capricornianos são indivíduos sérios e ambiciosos, e, na maioria das vezes, pessoas com quem se pode contar. Influenciados pelo elemento terra, são extremamente responsáveis e podem se mostrar dominadores e exigentes em qualquer grupo a que pertençam. Esses nativos precisam "pegar mais leve" de vez em quando e não se levar tão a sério. Quando, a muito custo, conseguem relaxar, sua capacidade de se divertir é grande. Aqueles que os conhecem bem conseguem valorizar suas atitudes práticas e pragmáticas.

Trabalho

CAPRICÓRNIO
22 DE DEZEMBRO A 20 DE JANEIRO

O chefe de Capricórnio

Os capricornianos são personalidades dominadoras e, portanto, os chefes nascidos sob esse signo querem ser obedecidos sem questionamento. Além disso, eles insistem em manter a posição de líder do departamento ou da empresa, e sob nenhuma circunstância permitem que sua autoridade seja minada por você ou por quem quer que seja. "Jamais ofusque o brilho do mestre" é uma boa regra a seguir quando se trabalha para um chefe de Capricórnio. Sem serem necessariamente ansiosos por progressão, os chefes capricornianos tendem mais a se apegar ao nível que alcançaram na escala hierárquica da empresa e, na maior parte dos casos, têm a intenção de ali ficar pelo máximo de tempo possível.

Como pedir aumento ao chefe de Capricórnio

Os chefes de Capricórnio esperam que você fundamente seu pedido de aumento com fatos e dados que demonstrem com clareza suas qualidades indispensáveis, os registros de um trabalho dedicado e seu histórico de iniciativas, sempre tendo em mente os parâmetros da empresa. Evite fazer promessas ou comprometer-se com contribuições futuras; isso logo será descartado pelos chefes desse signo como meras ilusões. Uma vez convencidos de que seu pedido de aumento é merecido, esses indivíduos pragmáticos o considerarão com seriedade e, em pouco tempo, vão procurá-lo com uma decisão tomada.

Como dar más notícias ao chefe de Capricórnio

Se for você o principal responsável pelo erro ou fracasso que está relatando, deve se preparar, pois o capricorniano típico vai julgá-lo com gravidade e não dará ouvidos à maior parte de suas desculpas e explicações. Por outro lado, caso esteja relatando uma situação em que seu papel foi pequeno ou na qual não se envolveu de modo algum, você pode enfatizar sua lealdade à empresa e suas intenções de trabalhar com afinco para corrigir as coisas. Se valer a pena salvar o projeto fracassado, você poderá se apresentar como voluntário para encabeçar o controle de danos ou ainda fazer um *brainstorming* para criar um novo departamento que substitua o antigo.

PONTOS FORTES
Dominador
Determinado
Seguro de si

PONTOS FRACOS
Insensível
Descuidado
Teimoso

ESTILO INTERATIVO
Autoritário
Controlador
Firme

TRABALHO

267

Como providenciar viagens e/ou entretenimento para o chefe de Capricórnio

Ainda que apreciadores de um bom divertimento, os chefes capricornianos são pessoas econômicas que tendem para a sovinice em relação a verbas para entretenimento, seja para os outros, seja para si mesmos. Amantes de uma boa mesa e de um bom copo, os nativos de Capricórnio têm um apetite que deve ser agradado com quantidades generosas de comida deliciosa e uma boa seleção de vinhos. Não é preciso escolher restaurantes chiques ou da moda. Nas viagens, ao providenciar acomodações, os chefes desse signo exigem apenas hotéis com preços moderados ou um pouco acima da média e, a menos que a empresa esteja nadando em dinheiro, eles não precisam voar de primeira classe.

A tomada de decisões e o chefe de Capricórnio

Os chefes desse signo insistem em que todas as decisões importantes sejam deixadas a cargo deles e esperam que você não questione suas ordens. Por outro lado, eles de fato valorizam quando você toma iniciativa quando o convocam para isso, mas, no final das contas, esperam que você tome os mesmos tipos de decisão que eles tomariam, se estivessem presentes. Isso requer que você conheça a fundo os métodos e as formas de pensar de seu chefe e que procure sempre as melhores formas de acompanhá-los. Assim, os chefes capricornianos exigem uma submissão inabalável, ao lado de uma profunda compreensão de seus pontos de vista.

Como impressionar e/ou motivar o chefe de Capricórnio

Por serem pragmáticos e práticos ao extremo, os chefes de Capricórnio só se impressionam com resultados. Não importa se são modestos ou espetaculares, a longo prazo eles tendem a valorizar mais o crescimento constante do que sortes inesperadas, que os deixam desconfiados, de qualquer maneira. Chefes capricornianos não são de fato motivados pela sua empolgação e entusiasmo, em vez disso, exigem argumentos bons e sólidos que fundamentem suas ideias. Quando souberem que podem confiar no seu discernimento, reagirão positivamente às suas ideias e se sentirão motivados a conceder-lhes seu total apoio.

Como fazer propostas e/ou apresentações para o chefe de Capricórnio

Nas apresentações para os chefes de Capricórnio, não poupe tempo, nem passe por cima dos detalhes e, acima de tudo, aprofunde com clareza cada aspecto de suas propostas. Os chefes capricornianos são indivíduos ponderados que devotarão seu tempo a escutá-lo, se o tiverem convidado ou ordenado para fazer essas apresentações – de muitas maneiras, seu sucesso em impressionar os outros será visto como uma conquista conjunta, algo que demonstra como você e seus chefes capricornianos trabalham bem juntos. Os chefes desse signo se sentem mais felizes quando recompensam seus melhores funcionários, aprovando totalmente suas propostas, seja em particular, seja num contexto de grupo.

CAPRICÓRNIO

O funcionário de Capricórnio

Os funcionários de Capricórnio típicos se mostram dedicados e trabalhadores, e são também almas extremamente ambiciosas. A meta deles costuma ser subir pela escada do sucesso, que será atingida saltando de um degrau para o próximo mais alto possível, e assim por diante. Portanto, eles serão leais à empresa só até certo ponto, sempre buscando os interesses e o progresso próprios. Eles costumam abandonar o posto no momento certo e ajustar as engrenagens com facilidade para se adequarem à nova posição. A qualidade de seu trabalho é alta, e o que falta a eles em inspiração sobra em transpiração.

Como entrevistar e/ou contratar um funcionário de Capricórnio

Em geral, não é preciso fazer uma verificação apurada sobre futuros funcionários capricornianos. Na verdade, eles já devem ter verificado *você* antes para conhecer seus gostos, traços de caráter e experiências. O currículo deles costuma ser adequado, e a formação técnica e as qualificações para o trabalho, suficientes para o emprego. Isso porque é raro os capricornianos se candidatarem a cargos que apenas esperam conseguir – em vez disso, eles focam naqueles para os quais sabem que estão qualificados. Realistas, eles têm mais noção das coisas do que seus concorrentes e sabem como causar boa impressão numa primeira entrevista.

Como dar más notícias ao funcionário de Capricórnio ou demiti-lo

Tente não dar más notícias aos funcionários de Capricórnio se eles estiverem deprimidos, com alguma dor ou desconforto. Se o fizer, talvez veja queixos caírem, cabeças penderem e ombros despencarem. Demiti-los numa situação dessas pode causar uma perturbação grave e um colapso nervoso silencioso. Entretanto, quando num quadro mental mais calmo, os capricornianos tendem a se emocionar e podem até perder o controle se lhes disserem que fizeram um trabalho ruim. Depois de eles negarem, discutirem com veemência e gritarem, ficará difícil acalmá-los. Sair aos trancos da sala, batendo a porta, será a forma dramática que os capricornianos vão encontrar para finalizar essa cena.

Como viajar com o funcionário de Capricórnio e entretê-lo

Muito ligados a sensações, os nativos de Capricórnio são amantes do prazer que curtem os confortos e os luxos das viagens e do entretenimento. No entanto, eles são controlados e não liberam facilmente seu dinheiro, a não ser que a comida e o vinho sejam especiais. Numa viagem com um orçamento apertado, porém, os capricornianos lidam bem com a simplicidade e, mesmo que não estejam se divertindo, não reclamam. Se, contudo, limpeza e higiene ficarem a desejar, eles vão querer sair imediatamente e encontrar acomodações melhores, apenas um pouquinho mais caras. Se o orçamento para viagens da empresa for generoso, eles não se mostram tímidos nem se sentem de forma alguma envergonhados em aproveitar bastante.

Como confiar tarefas ao funcionário de Capricórnio

Os funcionários do signo de Capricórnio são bons em receber instruções, registrando o que se espera deles e as formas de melhor seguir as regras do trabalho e do depar-

---

PONTOS FORTES

Dedicado

Persistente

Trabalhador

PONTOS FRACOS

Ambicioso demais

Desleal

Egoísta

ESTILO INTERATIVO

Ávido

Em busca de ascensão

Implacável

tamento. Antes de se atirarem à nova tarefa, querem estar preparados e insistirão de verdade para que sejam informados e orientados, talvez diretamente, numa série de sessões de treinamento. Fracasso é uma palavra que não pertence ao vocabulário capricorniano, e eles não estão interessados em acertar na segunda ou quarta vez. Parte do problema pode surgir por serem *workaholics* e por sua tendência a se colocarem sob estresse extremo.

Como motivar ou impressionar o funcionário de Capricórnio

Os funcionários desse signo se impressionam com argumentações sólidas, realistas e práticas. Quando os chefes demonstram bom senso ao tomar uma decisão de trabalho, eles ganham pontos de seus funcionários capricornianos. Estes respeitarão os chefes capazes de atuar lado a lado com eles, sem estardalhaço, arregaçando as mangas e mergulhando na tarefa. Se puderem pensar nos chefes não apenas como colegas, mas também como amigos, esses funcionários sempre se esforçarão um pouco mais em nome deles. É comum os funcionários de Capricórnio terem toda a sua vida social ligada aos seus colegas de trabalho, podendo em função disso se tornarem bons membros de comitês, planejadores de festas e integrantes de sindicatos.

Como gerenciar, dirigir ou criticar o funcionário de Capricórnio

Gerenciar e dirigir funcionários capricornianos não deve ser um problema, desde que duas coisas estejam garantidas e combinadas: primeira, que tudo o que se refira a suas responsabilidades seja detalhado logo de saída, e, segunda, que haja uma estimativa realista do que se espera deles. Caso a primeira seja ambígua ou confusa e a segunda apenas expectativas ilusórias, os capricornianos costumam dar uma parada repentina nos procedimentos e solicitar que esses dois pontos sejam discutidos de forma integral e repassados, antes de prosseguirem com o trabalho. Nesse estágio, ser paciente com os funcionários de Capricórnio e saber ouvi-los sem criticar pode render dividendos mais tarde.

CAPRICÓRNIO

O colega de trabalho de Capricórnio

Os colegas de trabalho de Capricórnio são constantes e confiáveis. Eles compõem uma parte sólida de qualquer grupo de trabalho e conseguem um nível de desempenho adequado ou alto por anos a fio. Nada apáticos, esses indivíduos curtem seus contatos sociais no trabalho e, de vez em quando, adoram contar uma piada ou história que, esperam, chame a atenção dos colegas. Os capricornianos são loucos por festas, comemorações e eventos especiais no trabalho, que proporcionam a eles a oportunidade de se esbaldarem com a boa atmosfera que reina em reuniões desse tipo. Mais raramente, têm um único melhor amigo entre os colegas de trabalho, com quem costumam sair para almoçar e, às vezes, dar uma caminhada quando sobra tempo.

Como pedir conselhos ao colega de trabalho de Capricórnio

Para os colegas de trabalho capricornianos, dar conselhos é coisa séria. Assim, quando acham que não podem ajudar, eles se recusam a aconselhar. Entretanto, a essa altura, talvez eles tenham adquirido a reputação por ter dado conselhos sábios no passado, portanto vale a pena procurá-los e até pressioná-los um pouco para ajudar numa situação difícil. Por fim, os colegas de trabalho de Capricórnio acabarão considerando os esforços continuados que você fizer como uma forma de lisonja e, em geral, concordarão em ceder sua sabedoria para ajudar a resolver o problema. Eles são conservadores em termos de abordagem. Seu discernimento é confiável e suas recomendações podem ser seguidas.

Como pedir ajuda ao colega de trabalho de Capricórnio

Os colegas de trabalho do signo de Capricórnio estão prontos para ajudar não só com ações, mas com palavras. No entanto, eles precisam estar convencidos por completo de que aqueles que pedem ajuda precisam dela de fato e que essa ajuda vai contribuir para o sucesso e o bem-estar do grupo como um todo. Na verdade, os colegas de trabalho capricornianos se sentem melhor ajudando numa situação profissional do que prestando ajuda pessoal a alguém. Assim, colocam o bem do grupo acima dos interesses pessoais, sejam de outros, seja deles próprios.

Como viajar com o colega de trabalho de Capricórnio e entretê-lo

Para aqueles colegas de trabalho capricornianos mais sérios e quietos, as viagens e os entretenimentos são uma oportunidade de se soltarem, de se expressarem e curtirem seu lado social. Como resultado, a participação nessas duas situações os deixa em um astral alto, prontos para se esforçar ao máximo para tornar a experiência bem-sucedida. Não sendo do tipo exigente e difícil, a maioria dos colegas de trabalho capricornianos não faz questão de tratamento especial e respeita as verbas do orçamento da empresa para viagens e entretenimento, atendo-se a elas com economia e consciência. Em geral, pode-se contar com eles para tirar o melhor de uma situação difícil.

Como o colega de trabalho de Capricórnio coopera com os outros

Nem sempre é fácil para os funcionários capricornianos cooperarem com seus companheiros em assuntos de trabalho quando discordam de motivações ou métodos que julguem inapropriados. Além do mais, eles sabem bem do que gostam e do que não gostam no que se refere a pessoas. Na verdade, pode acontecer de eles terem sentimentos positivos em relação ao grupo a que pertencem, mas acharem um ou dois integrantes dele muito irritantes, dando margem a confrontos sérios de vez em quando. Por serem eles próprios pouco afeitos a criar caso, os colegas de trabalho capricornianos se incomodam em especial com gente espalhafatosa, carente de atenção, que vez por outra causa confusão ao criar problemas.

Como impressionar e motivar o colega de trabalho de Capricórnio

O que mais impressiona os colegas de trabalho desse signo são chefes e colegas que produzem resultados constantes e confiáveis ao longo do tempo. Igualmente impressionados com pessoas muito empenhadas, eles sentem admiração especial por aqueles que

(O colega de trabalho de Capricórnio)

PONTOS FORTES

Compreensivo
Fiel
Sociável

PONTOS FRACOS

Maçante
Não reconhecido
Ignorado

ESTILO INTERATIVO

Constante
Confiável
Abnegado

TRABALHO

colocam as necessidades da empresa e de seu grupo de trabalho acima das próprias. Os colegas de trabalho capricornianos se mostram motivadíssimos quando veem os que estão à sua volta trabalhando com dedicação, contribuindo e cooperando. Motivar esses nativos pode ajudar de fato a produzir resultados, pois sua energia constante e poderosa é prodigiosa quando mobilizada por completo. São poucos os obstáculos em seu caminho quando estão determinados a vencer, e é raro desistirem antes de realizar suas metas.

Como persuadir e/ou criticar o colega de trabalho de Capricórnio

É melhor recorrer a formas mais leves de crítica e abordagens mais sutis e persuasivas ao lidar com os colegas de trabalho capricornianos. Para eles, uma abordagem direta pode soar como confrontação e apenas fazer com que finquem o pé e resistam teimosamente aos seus esforços. Os colegas de trabalho de Capricórnio adoram ser agradados, seduzidos e encantados apesar do seu jeito quase sempre sério e pragmático. A tarefa de persuadi-los e de fazer observações críticas deve ser deixada a cargo de um ou dois integrantes do grupo capazes de usar sua mágica sedutora com eles. Esses indivíduos costumam saber como abordar os colegas de trabalho capricornianos e como fazê-los escutar.

O cliente de Capricórnio

PONTOS FORTES
Seguro de si
Bem direcionado
Firme

PONTOS FRACOS
Alheio
Conservador
Teimoso

ESTILO INTERATIVO
Direto
Aberto
Atento

CAPRICÓRNIO

Seu primeiro encontro com clientes do signo de Capricórnio deixará pouca dúvida a respeito do que eles desejam. Muito seguros de si e bem direcionados, esses indivíduos firmes têm uma visão nítida do que desejam que você realize para eles. Entretanto, podem não compreender aquilo que de fato precisam, e aqui sua intuição e seus poderes analíticos vão servir para esclarecê-los, permitindo que os ajude em seus esforços muito além do que imaginavam ser possível. Os clientes capricornianos estão abertos às suas sugestões contanto que os convide para a mesa de reuniões de uma maneira envolvente, inofensiva e não confrontadora.

Como impressionar o cliente de Capricórnio

Os clientes do signo de Capricórnio ficam impressionados se você conseguir dar a eles uma nova perspectiva para a promoção e venda de seu produto ou serviço, algo que eles jamais teriam considerado. Muito ambiciosos, os capricornianos estão sempre em busca de novas abordagens que os façam progredir. Assim sendo, o conservadorismo inato deles deve ser sempre levado em conta – você precisa estar seguro de que seus argumentos estejam amparados por fatos sólidos e que sua abordagem é pragmática o suficiente para satisfazê-los. Esses clientes ouvirão com interesse ideias bem extravagantes, contanto que tenham base sólida, sobretudo em termos financeiros.

Como vender para o cliente de Capricórnio

Deixe que suas ideias falem por si próprias, sem enfeites nem penduricalhos. Os clientes capricornianos são do tipo que vai direto ao ponto e querem que você transmita suas informações e conceitos de primeira. Você saberá, na hora, se eles concordam ou não, mas também é provável que afirmem precisar de tempo para repensar as coisas. Ponderados ao extremo, os capricornianos não estão apenas usando uma força de expressão ao afirmarem que voltarão a procurar você dentro de determinado tempo. Nem serão ambíguos em suas decisões, que costumam refletir um "sim" ou "não" claro à sua oferta.

Sua aparência e o cliente de Capricórnio

Sua aparência não tem grande importância para os clientes de Capricórnio. Eles estão muito mais interessados no que você diz do que no seu visual. Na verdade, o maior interesse deles é no que têm a dizer e eles esperam que você os escute com atenção. Portanto, sua atitude deve ser receptiva ao extremo – sempre ouvindo de forma atenta e manifestando isso por meio de silêncio, fazendo aqui e ali perguntas cuidadosamente elaboradas. Nessa reunião, o melhor seria você parecer um repórter que faz uma entrevista. Isso não implica em você ser diminuído, mas apenas em deixar o cliente capricorniano assumir o comando, com você oferecendo uma suave orientação para manter as coisas nos trilhos e compensadoras para ambas as partes.

Como manter o interesse do cliente de Capricórnio

O interesse do cliente de Capricórnio costuma ser diretamente proporcional àquele que você demonstra por ele. Nada desagrada mais os clientes capricornianos do que estar diante de alguém que os considera maçantes e que só concorda com a cabeça enquanto eles discorrem longamente sobre um tema. Se você for atento em relação a eles, não só é mais provável que contratem seus serviços, como também que se inspirem a ter suas melhores ideias, tornando as coisas, afinal, mais produtivas para qualquer projeto futuro. Tão logo os dois tiverem definido a tarefa, não perca tempo: mostre aos clientes capricornianos que você também é capaz de implementar planos de modo rápido e eficiente.

Como dar más notícias ao cliente de Capricórnio

Bem desencanados na maioria das situações profissionais, os clientes do signo de Capricórnio lidam com más notícias sem perder o equilíbrio. Muitas vezes, eles já tinham previsto essas notícias, por se manterem sempre muito atentos, monitorando o progresso de qualquer iniciativa de negócios. É provável que eles já tenham pensado num plano alternativo e, ao apresentar logo essa nova abordagem, eles o livrem da responsabilidade de explicar seu azar ou de apresentar desculpas por um fracasso total. Em vez de dispensá-lo de forma sumária, eles o farão se sentir aceito e até mesmo recompensado, oferecendo-lhe uma nova chance para provar sua capacidade.

Como entreter o cliente de Capricórnio

Por conta de sua atitude de seriedade nos assuntos de negócios, os clientes do signo de Capricórnio gostam de relaxar de forma prazerosa. Trabalhar com afinco e curtir para valer são características capricornianas, portanto, providencie formas de entretenimento que os deixem sem fôlego, em vez de apenas diverti-los de forma moderada.

TRABALHO

Lembre-se da inclinação inata do capricorniano pelos prazeres físicos, apresentando-lhes um esplêndido cardápio de comida, bebida, música e atividades divertidas e estimulantes. Eliminar toda e qualquer limitação na área do entretenimento pode produzir resultados concretos, muitas vezes sob a forma de uma relação mais íntima na próxima reunião profissional.

O sócio de Capricórnio

PONTOS FORTES
Focado
Organizado
Administrativo

PONTOS FRACOS
Insípido
Sem imaginação
Maçante

ESTILO INTERATIVO
Capaz
Confiável
Constante

Os sócios do signo de Capricórnio possuem notórias qualidades positivas e negativas, a serem consideradas na formação de uma sociedade com eles. Os capricornianos são pessoas ambiciosas e trabalhadoras, em quem se pode confiar para produzir resultados constantes – sem ser espetaculares – por anos a fio. Nem sempre os mais imaginativos ou animados, os sócios desse signo têm pouca flexibilidade e versatilidade. Eles de fato apresentam bom desempenho quando ancorados a uma ou algumas áreas e funções restritas, ficando livres para supervisionar e administrar os trabalhos mais diversificados dos outros. Excelentes administradores e bibliotecários, os sócios de Capricórnio vão tomar providências para que todos os registros sejam mantidos em perfeita ordem.

Como montar um negócio com um capricorniano

A maioria dos capricornianos vai insistir em sentar com você e deliberar longamente sobre a estrutura da empresa e os papéis de cada um na sua implementação. Antes de se tornar seu sócio, é provável que um nativo de Capricórnio também se dedique a um processo de investigação, no qual a sua formação e histórico profissional serão esquadrinhados a fundo. Só mesmo com uma certeza absoluta de que você é uma pessoa de confiança é que vão elaborar um contrato de sociedade bem amarrado, que una vocês, formando uma única equipe afinada. Como esses contratos tendem a oferecer pouca ou nenhuma margem de manobra, é melhor você prestar toda a atenção possível antes de assiná-los.

Como dividir tarefas com o sócio de Capricórnio

Em geral, os sócios do signo de Capricórnio conhecem muito bem seus pontos fortes e fracos e têm uma boa ideia das tarefas que seriam melhores para eles. Seria bom você escutar com atenção as ideias deles quanto a esse assunto e, então, assumir as tarefas que restaram. Isso pode ser fonte de problemas apenas se houver trabalhos a fazer com os quais nenhum dos dois se sinta à vontade, o que talvez os obrigue a trazer um terceiro ou até mesmo um quarto participante, que ficará encarregado de assuntos administrativos importantes, sem ingressar na empresa como sócio formal. As tarefas também podem ser compartilhadas com seu sócio capricorniano desde que o protocolo de trabalho seja definido com clareza.

Como viajar com o sócio de Capricórnio e entretê-lo

Pode ser bem reconfortante viajar com um sócio de Capricórnio. Os capricornianos têm um bocado de *know-how* e são bons em programação, implementação e estruturação de reuniões de negócios e viagens. Numa jornada dessas, você pode ter certeza de que muito pouco será deixado por conta da sorte. Isso, porém, tem seus prós e contras, porque às vezes você vai preferir seguir seus palpites e sair por conta própria, enquanto os sócios capricornianos talvez queiram mantê-lo dentro de seus planos definidos. É provável que você tenha de encontrar um jeito de seguir seus próprios impulsos, saindo sozinho para aproveitar entretenimentos de sua escolha, sem ofender ou ignorar o sócio capricorniano.

Como gerenciar e dirigir o sócio de Capricórnio

Será dificílimo gerenciar e dirigir um sócio do signo de Capricórnio se seus planos mudarem constantemente e forem fantasiosos demais. A melhor forma de controlar esses sócios é fazê-los se comprometer com detalhes acertados antes (ou com os detalhes mínimos discutidos na fase inicial do planejamento) e também se restringir a eles tanto quanto possível. Por estranho que pareça, os sócios capricornianos têm um lado instável, quase sempre aflorado quando estão abalados emocionalmente, e, nesse caso, se você recorrer a regras e orientações de forma calma, mas firme, isso servirá para tranquilizá-los e reequilibrá-los. Contudo, na maior parte das situações, os sócios de Capricórnio não precisam de gerenciamento ou direção prolongados.

Como se relacionar com o sócio de Capricórnio a longo prazo

Assim que os sócios desse signo souberem que podem confiar em você e virem que você já se mostrou capaz nos piores momentos, eles deixarão o funcionamento do dia a dia dos departamentos sob sua responsabilidade. De tempos em tempos, eles inspecionarão seu trabalho, mas normalmente apenas nas quatro ou seis vezes no ano em que a empresa passar por um reexame total de suas condições financeiras e do negócio como um todo. É possível haver atritos com os sócios capricornianos se você os pressionar a tomar decisões repentinas ou instigá-los a mudar a direção ou a estrutura básica das atividades empresariais da firma. Do contrário, as coisas devem transcorrer com tranquilidade no longo prazo, contanto que resultados constantes e positivos – ainda que nada espetaculares – estejam acontecendo.

Como romper com o sócio de Capricórnio

É provável que a dissolução de uma sociedade com capricornianos já tenha acontecido quando vocês de fato romperem. Realistas antes de qualquer coisa, os nativos de Capricórnio têm noção das dificuldades assim que elas surgem e não se iludem quanto ao grau de degradação que a relação de vocês atingiu. O problema é que eles podem optar por não compartilhar o que pensam e prosseguirem no cotidiano como se não houvesse nada de errado. Num determinando dia, eles lançam a bomba, dizendo que as coisas não estão funcionando. Em geral, a essa altura, eles já terão descoberto como implementar o rompimento da forma mais eficiente possível.

TRABALHO

O concorrente de Capricórnio

PONTOS FORTES

Persistente
Analítico
Observador

PONTOS FRACOS

Arrastado
Lógico demais
Sem imaginação

ESTILO INTERATIVO

Contra-atacante
Competitivo
Resistente

Você pode ter certeza de que os concorrentes do signo de Capricórnio vão testar todas as suas capacidades. Persistentes, raramente eles desistem de uma briga e podem prosseguir combatendo por anos a fio. Entretanto, não cometa o erro de pensar que eles são lentos ou que serão incapazes de revidar suas investidas rápidas e inesperadas. Embora possam ficar temporariamente desequilibrados por esse tipo de situação, eles conseguem armar defesas intimidantes, assim que perceberem o que você pretende. As habilidades analíticas dos concorrentes de Capricórnio são grandes e, devido à sua capacidade de examinar a fundo cada detalhe de sua campanha – assim como a disposição que têm para contra-atacar quando prontos –, eles constituem oponentes formidáveis.

Como enfrentar o concorrente de Capricórnio

O jeito mais eficaz de enfrentar concorrentes do signo de Capricórnio é preparando armadilhas para eles. Já que tendem a usar mais a razão em vez da intuição, procure deixar pistas falsas para eles, levando-os a formar premissas erradas sobre suas campanhas. Logo que acharem que descobriram seus planos, é muito provável que adotem uma atitude capaz de deixá-los fora do páreo. Teimosos, eles persistirão nas suas conclusões, recusando-se a mudá-las ou a ajustá-las, dando a você o tempo e espaço necessários para prosseguir com seu produto ou serviço sem encontrar resistência.

Como superar o concorrente de Capricórnio em planejamento

É difícil superar esses concorrentes teimosos em planejamento, já que a preparação escrupulosa é um de seus fortes. É melhor observá-los com atenção, descobrir sua direção, e desequilibrá-los com táticas cuidadosamente ponderadas que você sabe serem eficazes dado o histórico de seus concorrentes capricornianos. É provável que eles adotem um jogo de espera, em que sua paciência será testada ao extremo. Lembre-se de que os concorrentes de Capricórnio sempre pensam a longo prazo, portanto você deve procurar dominá-los com espertas decisões de curto prazo, que mudam a toda hora, deixando-os confusos e, portanto, com dificuldade para combatê-las. Enquanto eles não compreenderem você, você estará na frente.

Como impressionar pessoalmente o concorrente de Capricórnio

Mantenha os concorrentes desequilibrados, subvertendo suas expectativas. Assim que conhecer as impressões que eles formaram sobre você e sua empresa, você pode passar a frustrá-las e, dessa forma, impressionar o concorrente com seu aparente *know-how*. Na verdade, enquanto eles observam você, fascinados com seus sucessos misteriosos e inexplicáveis segundo seu ponto de vista analítico, você os confunde ainda mais. Tudo pode surtir resultado: usar combinações de cores provocantes e chamativas, usar argumentos sem muita lógica e rir de forma nervosa ou inapropriada. Como uma serpente, você conseguirá encantá-los e confundi-los, o que estará evidente por sua perda de concentração e mal-estar geral.

CAPRICÓRNIO

Como enfraquecer e superar o concorrente de Capricórnio

Mantenha as cartas bem junto de si em guerras de licitações e jamais permita que seus concorrentes capricornianos saibam de suas verdadeiras intenções. Esses indivíduos sempre sérios ficam confusos quando você muda de tática com uma regularidade perturbadora. Se você estudar os planos deles com atenção, certas falhas ficarão evidentes em seu raciocínio, permitindo que você os desarme e ganhe a partida. Outra tática eficaz é investir num cliente ou propriedade aparentemente desvantajosos para você, já que os concorrentes desse signo ficarão perturbados com o porquê de sua decisão, perdendo tempo e energia preciosos.

Guerras de relações públicas com o concorrente de Capricórnio

As relações públicas não são o forte dos concorrentes do signo de Capricórnio e eles costumam cometer o erro de pensar que são bons nessa área. Assim, preferem economizar, implementando campanhas próprias de relações públicas, em vez de contratar uma firma renomada e cara para fazer esse trabalho especializado. Se você destinar uma quantia significativa de seu orçamento para relações públicas (talvez contratando aquela mesma empresa que seu concorrente capricorniano rejeitou), é provável que prevaleça nessas contendas. Muitas vezes, falta aos concorrentes desse signo um conhecimento sobre a natureza humana, que pode afastá-los de seus clientes.

O concorrente de Capricórnio e a abordagem pessoal

Devido à sua falta de sensibilidade e pensamento estreito, os concorrentes capricornianos são fáceis de ler. Recorrendo a uma abordagem psicológica esperta, algo que atinja a vulnerabilidade dos capricornianos a ataques pessoais, você consegue neutralizar esses concorrentes. Pesquise um pouco sobre a vida pessoal deles, descobrindo seus hábitos arraigados e táticas invariáveis, para saber, com precisão, a possível reação deles em determinadas situações. Assim que puder prever seu comportamento, você terá estabelecido uma grande vantagem sobre eles, em qualquer briga que aconteça. Abalando-os psicologicamente e contrariando suas movimentações, você será capaz de prejudicar seus esforços.

TRABALHO

CAPRICÓRNIO
22 DE DEZEMBRO A 20 DE JANEIRO

Amor

PONTOS FORTES
Observador
Direto
Agradecido

PONTOS FRACOS
Apático
Trivial
Reservado

ESTILO INTERATIVO
Físico
Reativo
Sensorial

O primeiro encontro com alguém de Capricórnio

Nos primeiros encontros com um capricorniano, é provável que as coisas evoluam depressa no plano físico. Se a química sexual for a mesma para ambos, tocar, beijar e talvez ir além seja inevitável. Por isso, é bom planejar onde vão se encontrar e decidir se vão sair pela cidade ou ter uma noite mais íntima em casa. Um primeiro encontro com um capricorniano pode ser bem natural, portanto, mesmo que vocês tenham apenas um encontro, eles não estão a fim de sofrer com sentimentos de rejeição, e vão seguir em frente sem se perturbarem. Se uma aproximação maior vier a acontecer, eles se mostrarão atentos e envolvidos, embora não muito.

Como paquerar alguém de Capricórnio e como marcar um encontro

Caso você esteja de olho numa pessoa de Capricórnio há algum tempo, é muito importante abordá-la da forma certa para garantir que o relacionamento avance. Uma tática eficaz pode ser a de usar uma desculpa para o primeiro encontro, colocando-o noutra categoria que não a de um encontro romântico. Sugerir uma sessão de *brainstorming*, de estudo ou um projeto de trabalho, ou uma atividade no computador poderá criar uma maior proximidade. Na verdade, o mais provável é que ambos saibam o que está se passando, mas, muitas vezes, ajuda não fazer uma provocação romântica prematura ao nativo de Capricórnio nos primeiros encontros. Garanta que a paquera aconteça num ambiente mais relaxado e neutro, em vez de se dar num lugar reservado ou isolado demais.

Atividades sugeridas para o primeiro encontro com alguém de Capricórnio

Sugerir algumas alternativas de atividades para o primeiro encontro com alguém de Capricórnio, em vez de tentar impor-lhe uma programação imaginada previamente por você, costuma funcionar bem. Depois de uma conversa inicial (o ideal é que seja curta), você pode lançar algo do tipo: "Talvez pudéssemos... em algum momento" e deixar assim. Dê tempo suficiente à outra pessoa para digerir as coisas e voltar a procurar você algumas semanas ou até um mês mais tarde. (Caso ele não tenha reagido por essa época, provavelmente não há interesse e é melhor não os abordar de novo.)

A melhor forma de prosseguir é, muitas vezes, se você "por acaso" encontrar com o capricorniano ou capricorniana e aí então voltar ao assunto em relação à escolha daquelas primeiras atividades.

Estímulos e desestímulos no primeiro encontro com alguém de Capricórnio

Nos primeiros encontros, os nativos de Capricórnio costumam ser criteriosos quanto a quando e onde desejam ser vistos com você, caso decidam sair juntos em público. Uma vez escolhido o ponto de encontro, num ambiente de estudo, trabalho ou entretenimento, o melhor é deixar tudo o mais casual possível para que a outra pessoa possa ficar bem à vontade. Ela pode achar a ideia de conversar com você muito bem-vinda, já que isso não constitui uma séria ameaça. Pessoas desse signo, no primeiro encontro, são estimuladas pelo seu charme e desestimuladas por avanços ou sugestões maçantes e previsíveis.

O "primeiro passo" no primeiro encontro com alguém de Capricórnio

O "primeiro passo" tende a ser mútuo, em vez de algo proposto por um dos dois. Os capricornianos têm um radar ligado, captando a atração sexual recíproca. Reagem com prontidão quando sentem o clima, e seus sentimentos são ainda mais reforçados quando a atração é compartilhada. Eles podem ser muito desinibidos, de modo que as coisas tomem um rumo mais fogoso rapidamente. Se achar que os acontecimentos estão muito acelerados para você, e desejar dar um passo atrás, vai precisar de uma desculpa à mão para evitar magoar o capricorniano em seu primeiro encontro, provocando raiva ou decepção.

Como impressionar alguém de Capricórnio no primeiro encontro

No primeiro encontro, os nativos desse signo ficarão impressionados com uma atitude descolada e sofisticada – e ao mesmo tempo respeitosa – de sua parte. Eles demonstrarão um interesse especial pela sua aparência, assumida como um indicador de sua verdadeira natureza e de como se sente em relação a eles. A escolha do penteado, da roupa, do tecido, dos sapatos e do perfume, tudo os interessará e, se estiverem interessados em você, isso vai aumentar sua curiosidade o suficiente para desejarem ir mais fundo. Se os dois decidirem sair para comer algo fora ou ir a um evento, não faça economias e, de forma alguma, se ofereça pagar tudo de antemão. O mais comum é o seu par de Capricórnio, no primeiro encontro, querer dividir a conta para evitar qualquer tipo de dependência ou de demonstração de superioridade.

Como dispensar alguém de Capricórnio no primeiro encontro

Os capricornianos são fáceis de se dispensar no início de um relacionamento, mas tudo fica muito mais difícil se as coisas tiverem progredido e se tornado mais sérias. A simples demonstração de desinteresse, porém, pode não funcionar, porque essa atitude pode estimulá-los, despertando neles uma necessidade de seduzir você. É melhor ter uma boa desculpa à mão ou mentir, pura e simplesmente. A melhor coisa é dizer que está numa fase de muito trabalho, mas que curtiu o encontro, e que voltará a procurá-lo quando tiver tempo. A pessoa entenderá a deixa e tomará distância.

AMOR

PONTOS FORTES

Seletivo

Eficiente

Profundo

PONTOS FRACOS

Oportunista

Esnobe

Minucioso

ESTILO INTERATIVO

Sério

Exigente

Direto

O par romântico de Capricórnio

Os capricornianos tendem a tratar o sexo como algo muito trivial, mas também de maneira bastante natural. Uma atitude típica de um nativo desse signo é: "Vou para cama rápido com a pessoa para deixar isso resolvido. Depois, podemos passar a nos conhecer melhor". Embora os capricornianos sejam muito ligados no físico, ir além do sexo é importante para eles, e eles costumam preferir desenvolver um relacionamento sério e profundo em vez de algo passageiro e superficial. Os nativos de Capricórnio são capazes de esperar até que a pessoa certa apareça. Assim, sua eficiência e seletividade inatas evitam que percam tempo e energia com perdedores.

Como conversar com o par romântico de Capricórnio

Os capricornianos não são de rejeitar conversas. Quando num relacionamento de fato importante para eles, dedicarão tempo e esforço, de bom grado, para resolver os problemas. Longe de deixarem questões relevantes em suspenso, eles serão os primeiros a levantar o assunto que deve ser tratado e não descansarão até que seja abordado pelos dois e discutido em sua totalidade. No entanto, são muito criteriosos quanto ao lugar e ao momento para essas discussões. Eles tendem a esperar por um bom tempo até que as circunstâncias estejam favoráveis, dando a impressão de estarem protelando, o que não costuma ser o caso.

Como discutir com o par romântico de Capricórnio

Os capricornianos são teimosos demais e não vão desistir numa discussão. Se as coisas ficarem no ar depois do primeiro confronto, outros se seguirão até que tudo seja resolvido: ou um acerto seja alcançado ou haja uma separação ou rompimento. Caso você dedique tempo para explicar seus comportamentos ou pontos de vista, os nativos desse signo, no mínimo, vão considerar com cuidado suas colocações, em vez de descartá-las por completo. Dito isso, a expectativa deles é que você aja de forma recíproca, perguntando de forma calma e abrangente sobre todos os pontos colocados para se certificar de que compreendeu o que foi dito.

Como viajar com o par romântico de Capricórnio

Por terem opiniões e ideias fixas, os pares românticos do signo de Capricórnio não são os companheiros de viagem mais fáceis. Além disso, costumam preferir ficar em casa, a não ser que haja uma razão especial para viajarem ou que você os seduza com promessas de prazeres indescritíveis em terras distantes. Para embarcá-los no seu tapete voador, não deixe de enfatizar as oportunidades educacionais e de carreira que uma viagem representa, e, claro, garanta-lhes toda a sua atenção, com um pano de fundo romântico que ofereça recompensas sexuais muito especiais.

O sexo com o par romântico de Capricórnio

Os capricornianos gostam do sexo frequente, contanto que seja com alguém com quem se importam e vejam uma possibilidade de futuro. Ao aceitar o sexo bom e seus profundos benefícios emocionais, os capricornianos se dão conta da importância dele no desenvolvimento de um relacionamento romântico. Amor e sexo são a mesma coisa

CAPRICÓRNIO

280

para muitos capricornianos, e poucos tratarão quaisquer dos dois de modo superficial ou excessivo sem o outro. Os nativos de Capricórnio esperam dos pares um compromisso romântico semelhante e não continuarão por muito tempo num relacionamento em que forem os únicos a se doar.

Afeição e o par romântico de Capricórnio

Os capricornianos têm muito a contribuir tanto no domínio sensual como no sexual, e, assim, para eles, dar e receber afeto são partes importantes da equação romântica. Contudo, a forma como expressam a afeição nem sempre é compreendida com facilidade, fato que muitas vezes leva os outros a caracterizarem-nos como distantes e frios quando não manifestam uma paixão desenfreada. As pessoas de Capricórnio tendem mais a expressar afeto com um olhar, um tom de voz ou um leve sorriso acompanhado por um toque no braço do que com um beijo ou um abraço puro e simples. De forma análoga, podem se esquivar de manifestações de afeto empolgadas demais de sua parte, ainda mais se for em público.

O senso de humor e o par romântico de Capricórnio

Por tradição, os capricornianos costumam ser acusados de absoluta falta de senso de humor. Isso não é verdade, mas, de novo, a ideia deles quanto ao que é engraçado e a forma como demonstram apreciar o seu humor não são sempre compreendidas com facilidade. Depois de uma piada, os nativos de Capricórnio dão uma risada discreta, quase sempre acompanhada de um brilho no olho, em vez de embarcar num acesso de riso. Quando contam uma história ou fazem uma colocação inteligente, esperam ver um lampejo de compreensão no seu rosto, e não ouvir uma gargalhada estrondosa ou um risinho histérico. Assim, a abordagem deles do humor tende a ser mais sutil e mais diversificada do que a da maioria das pessoas.

O cônjuge de Capricórnio

Figuras dominantes, os cônjuges de Capricórnio precisam ser os inquestionáveis ditadores de regras na família. Sua necessidade de controlar todos ao seu redor é lendária, e no casamento isso fica mais evidente do que em suas atitudes em relação aos pais. Os cônjuges desse signo podem ser muito ambiciosos em relação a quem está ao seu lado, e com frequência colocam grandes expectativas nestes para que vençam na vida. Esse impulso em direção ao sucesso está presente tanto na esfera profissional quanto na doméstica. Devido à sua natureza controladora, os capricornianos precisam saber se afastar e de vez em quando dar à sua cara-metade a chance de respirar.

A cerimônia de casamento e a lua de mel com o cônjuge de Capricórnio

Os cônjuges de Capricórnio têm tudo planejado, nos mínimos detalhes, para o casamento e lua de mel – não só para o deles, mas de vez em quando para o dos outros também. Lidar com todos os pagamentos e manter as coisas dentro das possibilidades financeiras são especialidades dos capricornianos, e, no caso da lua de mel, de fato eles

(O cônjuge de Capricórnio)

PONTOS FORTES

Ambicioso

Envolvido

Responsável

PONTOS FRACOS

Insistente

Repressor

Desaprovador

ESTILO INTERATIVO

Dominante

Controlador

Apoiador

sabem fazer valer o dinheiro. Obter o máximo de prazer e o mínimo de perturbações está em sua lista de prioridades, mas eles sempre o fazem de modo sensato e econômico. O sucesso absoluto do casamento e da lua de mel é essencial para o começo do matrimônio com um capricorniano.

O cotidiano doméstico e a vida de casado com alguém de Capricórnio

Crie seu próprio nicho de atuação bem no começo da sua vida a dois com um cônjuge de Capricórnio, ou você acabará correndo atrás dele ou até sendo abandonado à própria sorte. Os capricornianos são dominantes e é natural que queiram controlar quase todas as atividades domésticas. Mostrar que você é capaz e que tem agressividade suficiente para conquistar seu espaço e estabelecer sua força e *expertise* vai fazer seu cônjuge de Capricórnio respeitar você de verdade e aceitar que não adianta intervir no seu espaço privado. Uma frase indicadora para alertá-lo quanto a esse aspecto, tal como "Sai fora" ou "Eu cuido disso", costuma ser suficiente para dar o recado no começo; depois, substitua-a por um simples olhar de alerta.

As finanças e o cônjuge de Capricórnio

Na maioria dos casos, é melhor deixar as finanças da família para os cônjuges de Capricórnio por causa de sua abordagem pragmática e responsável. Porém, na elaboração do orçamento você deve insistir em fazer parte das decisões sobre como a renda familiar deve ser gasta. Não que os cônjuges de Capricórnio busquem gastar todos os fundos disponíveis consigo mesmos, mas eles tendem a pensar de modo prático, por isso os aspectos mais agradáveis da vida às vezes recebem pouca importância. Você talvez tenha de enfrentar represálias por gastos espontâneos, principalmente com roupas, entretenimento e itens não essenciais em geral, mas defenda-se e até use ameaças veladas se necessário.

A infidelidade e o cônjuge de Capricórnio

A maioria dos cônjuges de Capricórnio é fiel. Se traem, o problema não é tanto o relacionamento que construíram com a outra pessoa, mas sua inabilidade de lidar com as coisas emocionalmente. Confissões angustiadas, explosões emocionais e ataques nervosos ou depressivos podem vir à tona, até em frequência diária. Se os cônjuges de Capricórnio lidassem com seus problemas sem sentir culpa extrema, suas ações seriam mais fáceis de aceitar e perdoar. Negar seu perdão muitas vezes se revela uma arma poderosa para manter sua posição de domínio, mesmo sabendo que o amor é o mais importante em qualquer relacionamento.

Os filhos e o cônjuge de Capricórnio

Vivendo para a família, a maioria dos cônjuges de Capricórnio quer ter pelo menos um ou dois filhos. Infelizmente, eles acabam vendo a procriação como algo que existe para favorecer mais seus interesses pessoais do que os da sua prole. Como o Criador do Velho Testamento, eles escolhem sempre fazer seus filhos à sua imagem e semelhança. Estar casado com um cônjuge de Capricórnio com certeza envolve se meter e defender os interesses de seus filhos. Muitas vezes, isso leva a rixas profundas e polarizações na unidade familiar, deixando o cônjuge de Capricórnio isolado.

O divórcio e o cônjuge de Capricórnio

Os cônjuges de Capricórnio não lidam bem com o divórcio. Seu apego por objetos, dinheiro, filhos e, acima de tudo, pela segurança do lar e da família torna qualquer término difícil. Embora você até esteja curtindo sua nova liberdade e sentindo alívio por finalmente se livrar daquelas atitudes dominantes, os cônjuges de Capricórnio devem estar sofrendo muito, o que torna as coisas muito mais complicadas de lidar. Portanto, o divórcio acaba se tornando problemático por diversos motivos, até mais do que o casamento. Você pode lançar mão da empatia até certo ponto, mas deve usar mais do pragmatismo.

O amante de Capricórnio

Os amantes de Capricórnio são bem capazes de garantir a satisfação sexual de seus pares. Não só voltados para o sexo, mas também possuidores de energia para longas sessões, eles ajudam a manter o interesse sexual mútuo por muitos meses, ou até anos a fio. Eles acreditam que o que acontece entre duas pessoas é problema delas e de mais ninguém, por isso são bons em manter segredo e não estragar os relacionamentos estáveis de seus casos. Embora atentos, os amantes de Capricórnio às vezes falham em levar os sentimentos de seus parceiros em consideração e podem do nada deixar de atender às verdadeiras necessidades deles.

Como conhecer o amante de Capricórnio

A maioria dos amantes de Capricórnio é apresentada a você por amigos em comum, em vez de conhecidos por acaso. Isso pode ocorrer em uma festa, ou em outro evento social, ou, ainda, em um jantar programado com esse propósito. Em geral, os amantes de Capricórnio não revelam muito sobre si mesmos e ficam relativamente quietos no primeiro encontro, tomando cuidado para observar você em todos os detalhes. Embora seja difícil penetrar a armadura deles e saber o que estão sentindo (incluindo o interesse por você, é claro), eles não hesitam em lhe dar retorno dentro de uma semana ou duas – no máximo em um mês.

Onde se encontrar com o amante de Capricórnio

Os capricornianos levarão você para a casa deles ou para um ambiente neutro com o qual tenham alguma familiaridade. O desafio de lidar com suas coisas pessoais durante o primeiro encontro íntimo ou interação sexual costuma ser muito para a cabeça deles. Não muito curiosos sobre seus parceiros e como vivem, preferem encontrar seus amantes de um jeito completamente direto e intenso, sem distrações. Contanto que o ambiente seja silencioso e limpo e que não haja interrupções, os amantes de Capricórnio ficam felizes. Não se esqueça de desligar o telefone celular para evitar insultá-los.

PONTOS FORTES

Sexual

Discreto

Tolerante

PONTOS FRACOS

Insensível

Carente demais

Egoísta

ESTILO INTERATIVO

Prático

Literal

Direto

O sexo e o amante de Capricórnio

Pode haver uma sensação curiosamente impessoal quanto ao sexo com o amante de Capricórnio. Muitas vezes, após tal sessão, você se pergunta se eles estavam ao menos interagindo com você como pessoa. De algumas maneiras, eles são magníficos em sua abordagem física do amor, mas deficientes em compreender o que é confiança, intimidade e respeito. Portanto, após uma transa com eles, você talvez se sinta bem, até esgotado, mas também vazio e até, de certa forma, perturbado com o que ocorreu. Ter uma conversa sobre isso outro dia pode ser necessário para tornar os amantes de Capricórnio mais verdadeiros.

Como segurar o amante de Capricórnio

Contanto que você seja capaz de agradar aos amantes de Capricórnio e satisfazê-los na cama, não terá muitos problemas para prendê-los. De modo bem simples, se eles não estão conseguindo o que querem, vão entrar em contato com menos frequência, e acabar por abandonar você de vez. A satisfação contínua é a chave para segurar os amantes de Capricórnio, não só no âmbito físico, mas também conseguindo provar ser uma companhia divertida e agradável, evitando que eles caiam nos estados depressivos que costumam vivenciar com regularidade.

Como entreter o amante de Capricórnio

Quando os amantes de Capricórnio querem sair, eles gostam de frequentar cinemas, baladas e ambientes descolados, modernos e de ostentação. De vez em quando, às vezes uma vez por semana, querem esquecer os problemas e sair da cidade, se permitindo um comportamento surpreendentemente extrovertido. Apreciar e compartilhar os caprichos engraçados e cheios de energia, e entrar na extravagância deles sem ficar triste nem se chocar, vai aproximá-los e fazer com que confiem mais em você. Qualquer abstinência emocional ou crítica sobre como estão agindo pode fadar o relacionamento ao fracasso.

Como romper com o amante de Capricórnio

Terminar com os amantes de Capricórnio de modo abrupto não é recomendado, embora eles sejam bem capazes de descartar você como algo sem valor. Se você lhes escrever e dispensá-los de sua vida de modo seco, espere uma resposta afiada, não apenas entregue em suas mãos, mas também a amigos em comum e até colegas de trabalho. O melhor jeito de terminar com um amante de Capricórnio é gradual e lentamente, tornando os contatos entre vocês cada vez menos frequentes. Os capricornianos são muito orgulhosos e, quando feridos, podem explodir de indignação.

O ex-cônjuge de Capricórnio

Os ex-cônjuges de Capricórnio costumam adotar uma atitude responsável em relação a seus parceiros do passado, a qual pode durar por anos após o término. Não é estranho que continuem se interessando por eles com preocupação sem despertar nenhuma paixão nem intenções românticas. Os ex-cônjuges de Capricórnio são especialmente sensíveis a críticas de membros da família e amigos em comum, por isso é normal que ajam da maneira certa. Da mesma forma, insistem que seus ex-parceiros os tratem com decência e respeito. Eles se tornam inclementes se desrespeitados ou ignorados.

Como fazer amizade com o ex-cônjuge de Capricórnio

Em circunstâncias normais, isso não é um problema. No entanto, é melhor manter a amizade dentro de limites estritos, os quais os ex-cônjuges de Capricórnio têm dificuldade de definir e delimitar. Contanto que você mantenha tais diretrizes e obedeça às regras, não deve haver conflitos. Os capricornianos ficam um pouco chateados com quebras contínuas de etiqueta, em particular quando seus ex-cônjuges agem de modo imprevisível e irracional. Tocar a campainha de um ex-cônjuge de Capricórnio no meio da noite, sem aviso ou ligação prévia, de fato não pega bem. Contatar os ex-cônjuges de Capricórnio ou deixá-los entrar em contato com você uma vez a cada mês ou dois é mais do que adequado.

Problemas para reatar com o ex-cônjuge de Capricórnio

Conversas sobre voltar com os ex-cônjuges de Capricórnio não devem ser consideradas sem importância. Mesmo mencionar o assunto é muito significativo. Durante tais conversas, lembre-se de que qualquer promessa ou sentimento expresso serão levados a sério, e tentar se esquivar depois alegando que estava brincando não será muito bom. Tenha certeza de que nenhum capricorniano concordaria em voltar com você sem um compromisso bem definido. Isso inclui – sem se limitar a isso – garantias legais, reajustes financeiros e de propriedades e a redefinição dos laços familiares e do compromisso.

Como conversar sobre questões do passado com o ex-cônjuge de Capricórnio

Discutir questões do passado com os ex-cônjuges de Capricórnio sem despertar sua culpa, julgamento ou tendência a entrar em rodadas de acusações pode ser difícil ou impossível. Esses nativos costumam ser bem severos diante de tais confrontações, e você com certeza não os deixará com uma boa sensação. Qualquer tentativa de culpá-los ou discutir pode desencadear uma fúria vulcânica, portanto tenha cuidado quanto a isso. É recomendável conduzir esse tipo de conversa em um local público durante um café para fornecer algum controle social em vez de se arriscar em uma perigosa confrontação privada. Tais reuniões devem ter limite de duração e talvez até incluir um amigo em comum presente como árbitro.

Como expressar afeto pelo ex-cônjuge de Capricórnio

Toda e qualquer demonstração de afeto deve ser evitada ou mantida sob estrito controle. Tais expressões serão vistas com suspeitas pelos ex-cônjuges de Capricórnio, que ficarão convencidos de que você está empregando-as como táticas de manipulação e controle. Em vez de expressar afeto, seria melhor mostrar que você se preocupa e se importa de outros modos, principalmente oferecendo ajuda caso necessário ou apenas se dispondo a ouvir e levar a sério o que os ex-cônjuges de Capricórnio têm a dizer. Quase sempre o gesto de maior consideração e que o fará ganhar mais pontos é deixá-los em paz.

(O ex-cônjuge de Capricórnio)

PONTOS FORTES

Atento

Cuidadoso

Alerta

PONTOS FRACOS

Sensível demais

Agressivo

Inclemente

ESTILO INTERATIVO

Convencional

Respeitoso

Responsável

AMOR

Como definir o atual relacionamento com o ex-cônjuge de Capricórnio

Os ex-cônjuges de Capricórnio têm uma boa noção do status do relacionamento e não precisam da sua participação no assunto. Convencidos de que a opinião deles em tais questões é a correta, em geral rejeitam seu ponto de vista, a menos que coincida com o deles. Realistas acima de tudo, são rápidos em apontar que suas observações são apenas ilusórias. Discussões com eles sobre o relacionamento devem ser evitadas, mas se você não resistir em tocar no assunto e expressar sua visão, prepare-se para uma recepção nada amigável.

Como compartilhar a guarda com o ex-cônjuge de Capricórnio

Os traços dominantes dos ex-cônjuges de Capricórnio emergem quando há crianças envolvidas. É difícil lidar com eles quanto a tais assuntos, pois insistem em ser os únicos guardiões legais e alegar que sua presença na vida dos filhos será apenas triste e perturbadora. Se, porém, você conseguir provar que isso é falso com uma atitude responsável, altruísta e cuidadosa – que de fato coloque as necessidades da criança em primeiro lugar –, eles se abrirão mais quanto a uma custódia comparti-lhada. Os ex-cônjuges de Capricórnio tendem a condenar moralmente e não hesitam em apontar todas as suas deficiências, não só em particular como em público e em âmbito judicial também.

Amigos e família

CAPRICÓRNIO
22 DE DEZEMBRO A 20 DE JANEIRO

O amigo de Capricórnio

Mesmo quando o envolvimento com os capricornianos não é profundo, esses indivíduos mostram preocupação com as dificuldades de seus amigos e estão presentes nos momentos de necessidade. Por tradição, os capricornianos só se doam emocionalmente a seus pares, a alguns familiares e a um ou dois amigos com regularidade. Por isso, se você é amigo de capricornianos, talvez pense que é o "melhor" amigo deles, com toda a seriedade que vem com tal posição na vida deles. Ser o melhor amigo de um capricorniano é uma tarefa árdua e nem sempre agradável. No lado positivo, os capricornianos tratam seus melhores amigos muito bem e, em alguns casos, até preferem a companhia desses à do resto das pessoas.

Como pedir ajuda ao amigo de Capricórnio

Caso os capricornianos o vejam como um verdadeiro amigo, eles o ajudarão sem hesitar. Uma das poucas restrições a isso surge se você ignorar os conselhos deles repetidas vezes ou não souber aproveitar sua ajuda, que poderá ser negada no futuro se isso ocorrer. Não importa quão ocupados os capricornianos estejam com outros assuntos, eles aparecem num instante e ajudam os amigos em dificuldades. É melhor não utilizar a ajuda deles de maneira errônea chamando-os quando for desnecessário – talvez como uma manobra para atrair a atenção deles. Peça ajuda somente em casos extremos, talvez uma ou duas vezes no decorrer da amizade.

Como se comunicar com o amigo de Capricórnio e manter contato com ele

Os capricornianos nem sempre são os melhores comunicadores. Eles não dão valor a conversas frequentes, preferindo contatar você de modo esporádico, quando der vontade. Manter o contato regular fica sob sua responsabilidade, e você deve ter em mente que os capricornianos são difíceis de se prender a obrigações fixas e a cronogramas em suas amizades, diferentemente de sua atitude em relação a encontros de trabalho. Uma vez que tenham se comprometido de verdade com um encontro, porém, são confiáveis, aparecem de fato e poucas vezes decepcionam os amigos. Embora não muito hábeis com palavras, são pessoas diretas, cujas opiniões e julgamentos são confiáveis na maioria dos casos.

PONTOS FORTES
Estável
Caridoso
Confiável

PONTOS FRACOS
Reivindicador
Difícil
Julgador

ESTILO INTERATIVO
Cuidador
Responsável
Atento

Como pedir um empréstimo ao amigo de Capricórnio

Os capricornianos emprestam dinheiro a seus melhores amigos, mas também exigem que este seja pago em dia. Em certos casos, até fazem hora extra ou utilizam suas economias para disponibilizar tais fundos. Caso eles o vejam esbanjando o dinheiro deles (o que para eles poderia ocorrer sob a forma da entrada em negócios não confiáveis ou dando dinheiro a amigos e familiares também não confiáveis), sem dúvida vão recusar ser generosos no futuro. Por outro lado, se você usar bem o empréstimo deles ou até lucrar com isso, eles podem mostrar grande interesse em investir de verdade em suas empreitadas futuras.

Como pedir conselhos ao amigo de Capricórnio

Como os amigos de Capricórnio têm ideias fixas sobre muitos assuntos, talvez você já saiba qual o conselho deles antes de pedi-lo. Isso acaba fazendo você evitar pedir quaisquer conselhos a eles, embora com frequência os amigos de Capricórnio lhe deem orientações sobre as coisas que se provam um tanto elucidativas. De qualquer forma, eles vão levar suas perguntas a sério e ser generosos com seu tempo e dedicação. É raro os capricornianos mudarem de ideia sobre um curso de ação sugerido ou admitir que estavam errados em sua avaliação inicial do seu problema. Eles costumam encontrar outras razões para o fracasso de uma dada tática.

Como visitar o amigo de Capricórnio

Embora você seja bem-vindo à casa do amigo de Capricórnio e possa até passar um bom tempo lá ao longo dos anos, nunca presuma que as portas estão sempre abertas ou que seu amigo tem tempo e interesse em vê-lo com frequência. Apesar de aguentarem visitas mais recorrentes, os capricornianos podem desenvolver ressentimento e irritação com o tempo. Só mais tarde a ira deles vai explodir, quando as coisas passarem um pouco da conta. Convidá-los para ir à sua casa mais vezes também não é uma opção viável, já que preferem passar a maior parte do tempo deles em seu próprio terreno.

Comemorações/entretenimento com o amigo de Capricórnio

Falando de modo geral, os amigos de Capricórnio preferem dar a receber. Ao planejar celebrações e festas, eles colaboram bastante, tanto com trabalho como com dinheiro, mas parecem desistir quando os eventos são em seu benefício próprio. Essa curiosa aversão a serem agraciados tem a ver com sua relutância em dever favores aos outros e talvez serem acusados de ingratidão no futuro. Os capricornianos tendem a se doar incondicionalmente em ocasiões festivas, poucas vezes pedindo algo em troca. Eles se satisfazem com um trabalho bem feito e, no íntimo, gostam de ser parabenizados por isso.

O colega de quarto de Capricórnio

As energias sensíveis e estáveis dos colegas de quarto de Capricórnio devem manter a maior parte das atividades domésticas em dia. É claro que as demandas dos capricornianos por economia e eficiência deixam seus colegas de quarto loucos. Além de todos os gastos de energia e dinheiro, os econômicos capricornianos garantem que os desperdícios sejam evitados ao máximo. Ser questionado pelas luzes do seu quarto acesas até tarde da noite é muito irritante, mas, quando os colegas de quarto de Capricórnio sugerem que você pague a mais nas contas por causa disso, é o fim da picada. Sua atitude mais despreocupada talvez não seja muito apreciada pela casa.

Como dividir responsabilidades financeiras com o colega de quarto de Capricórnio

Embora as responsabilidades financeiras sejam divididas, os capricornianos podem insistir em tomar a maior parte das decisões executivas sobre pagamentos, compras e uso de serviços. Eles não só assumem de modo natural o comando nessas áreas como também endossam tal atitude ressaltando seu pensamento prático superior. Infelizmente, isso quase sempre coloca você no papel de sonhador que não tem muita noção da realidade prática, em contraste com a percepção sensível deles. É melhor não entrar em intermináveis conflitos sobre tais assuntos, apenas os deixe para eles. Na maior parte dos casos, suas responsabilidades financeiras serão delimitadas de modo claro e justo pelos colegas de quarto de Capricórnio.

A limpeza e o colega de quarto de Capricórnio

Os colegas de quarto de Capricórnio são bem bagunceiros às vezes, mas entre períodos de caos – em especial em seus quartos – eles desenvolvem uma agenda estrita de limpeza para si e para seus colegas de quarto. Por isso, a moradia oscila bastante entre bagunçada e ordenada. Estranhamente, apesar de todo seu incentivo à praticidade, os colegas de quarto acabam se perdendo na busca de seus interesses pessoais, deixando de lado a aparência das coisas. Talvez você precise trabalhar a mais para manter as áreas comuns em ordem sem receber agradecimentos de seu colega de quarto de Capricórnio, que nem sequer vai reparar nisso.

Convidados e o colega de quarto de Capricórnio

Os colegas de quarto de Capricórnio não são muito fãs de receber visitas – nem suas nem deles. Conservadores em sua maioria, eles são criaturas com algumas manias que gostam quando as coisas ficam do mesmo jeito sem muito aborrecimento. Se você receber um amigo ou familiar por mais de um fim de semana, prepare-se para encrenca. Após insistir no aumento da sua contribuição por causa das necessidades adicionais envolvidas, os colegas de quarto capricornianos, em último caso, tentarão expulsar a parte ofensora sugerindo de modo não tão sutil que vá embora. Para evitar tais constrangimentos, é melhor minimizar a frequência e duração dessas visitas.

Festas e o colega de quarto de Capricórnio

Embora não muito festeiros, os colegas de quarto de Capricórnio gostam de uma festa bombástica de vez em quando. Tais eventos lhes dão uma chance de revelar um lado chamativo e extrovertido que você talvez desconheça. Os capricornianos extravasam nas festas e fornecem uma boa dose de entretenimento também. Porém, uma vez que

---

(O colega de quarto de Capricórnio)

PONTOS FORTES

Econômico
Parcimonioso
Sensível

PONTOS FRACOS

Muito exigente
Irritante
Curioso

ESTILO INTERATIVO

Incisivo
Administrador
Controlador

AMIGOS E FAMÍLIA

começam a fazer as contas, acabam não querendo repetir a experiência por um tempo. Acompanhá-los a festas de amigos em comum fora de casa pode ser uma experiência divertida, contanto que eles não tenham de pagar nada.

Privacidade e o colega de quarto de Capricórnio

Embora os colegas de quarto de Capricórnio insistam em ter privacidade, ao mesmo tempo são muito bons em compartilhar as áreas comuns. Eles só insistem em ter um tempo estendido e ininterrupto para tomar banho e se arrumar. O mesmo vale para o uso da cozinha, onde não aceitam ser apressados ou perder espaço. É comum os capricornianos tratarem a divisão como se estivessem dando um presente a você, em vez de apenas reconhecer a igualdade. De vez em quando você será forçado a lembrar-lhes que a casa ou apartamento também lhe pertence.

Como conversar sobre problemas com o colega de quarto de Capricórnio

Problemas surgem invariavelmente com os colegas de quarto de Capricórnio, mas é raro que eles reconheçam que a culpa é deles. Portanto, é melhor discutir as dificuldades como se fossem de ambos e buscar o apoio deles para resolvê-las com objetividade. Nunca tente culpar os colegas de quarto de Capricórnio por um fiasco doméstico. Não só você despertará negação como também desencadeará uma chuva de acusações contra si. Tais brigas podem sair de controle e instaurar uma nuvem de mau humor doméstico por dias a fio.

Os pais de Capricórnio

Na teoria, todo mundo deveria desfrutar da oportunidade de ter um dos pais de Capricórnio, mas não os dois. Os capricornianos são autoritários, protetores e controladores com os filhos o tempo todo. A menos que o parceiro seja mais permissivo e tranquilo, a criança vai sofrer bastante. Os pais de Capricórnio levam seu papel a sério, verificando se seus filhos estão sendo bem cuidados e nunca se eximindo da responsabilidade por eles. Embora capazes de dar amor, muitos deles, porém não todos, preferem segurar o amor como uma arma de coerção, para que seus filhos busquem sua aprovação e aceitem suas exigências.

O estilo de disciplina dos pais de Capricórnio

Os pais de Capricórnio costumam ser os mestres das tarefas. O que eles esperam de seus filhos será sempre bem definido para evitar possíveis desentendimentos. Eles podem sugerir ou declarar abertamente: "Se você for bom, terá tudo. Se for mau, então não terá nada". Só depois os filhos entendem que ser "bom" significa apenas seguir as regras do pai e da mãe de Capricórnio. É raro estes aplicarem qualquer tipo de castigo físico, mas a ameaça pode ser um poderoso meio dissuasor de desobediência. A conduta séria de muitos pais capricornianos deixa poucas dúvidas sobre sua determinação em serem obedecidos.

Nível de afeto e os pais de Capricórnio

Apesar das atitudes rígidas e conduta séria, os pais de Capricórnio também adoram se divertir com os filhos. Não é incomum vê-los fazendo cócegas neles, lutando e competindo com eles, contando-lhes piadas e provocando-os. Contanto que os filhos sigam as regras dos capricornianos e evitem qualquer manifestação de crítica ou rebelião aberta contra esses decretos, as coisas correrão bem. Na verdade, os pais de Capricórnio possuem uma forte necessidade de expressar afeto por seus filhos, e, embora gostem de recebê-lo de volta, não o exigem. Muitos pais de Capricórnio não gostam de receber presentes caros de seus filhos adultos, pois não querem que estes gastem seu dinheiro com algo que consideram apenas luxo.

Questões financeiras e os pais de Capricórnio

Os pais de Capricórnio colaboram com uma mesada modesta para seus filhos, mas quase sempre apenas para cobrir as necessidades. Eles ensinam a sua prole a ser econômica e nunca tola o suficiente para jogar dinheiro fora. O dinheiro ocupa um papel importante na lista de prioridades do capricorniano, em particular quando é resultado de trabalho duro e dedicado. Os pais de Capricórnio talvez ridicularizem os filhos por serem sonhadores e não práticos, apenas para que tenham controle total nesse assunto. Infelizmente, se muitos filhos acabam se encaixando nesse papel, é só para agradar ao ego de seus exigentes pais capricornianos.

Crises e os pais de Capricórnio

Embora seja possível contar com o pai e a mãe de Capricórnio nos momentos de crise, eles também se ressentem de ter de socorrer seu filho desobediente. Com frequência, os castigos que aplicam induzem a um sofrimento ainda maior do que o que foi gerado pela crise inicial. Os pais de Capricórnio consideram que o problema no qual seus filhos entram é culpa deles; portanto não se mostram muito compreensivos, ainda que permaneçam presentes para desempenhar seu papel de pais responsáveis. Inevitavelmente, há casos em que os filhos de pais de Capricórnio se metem em confusão sobretudo porque são reprimidos por regras excessivas e restritivas e precisam expressar sua individualidade.

Feriados/reuniões de família e os pais de Capricórnio

Os pais de Capricórnio participam das reuniões de família, mas preferem passar os feriados com seus cônjuges. Podem até encontrar uma babá – um dos avós ou outro familiar – para que possam passear e finalmente ficar livres das responsabilidades parentais por um tempo. Quanto a viagens, os pais de Capricórnio preferem tirar férias apenas com o núcleo familiar, sem incluir tios, tias e primos. Durante as férias, não são muito mesquinhos, mas nunca perdem a oportunidade de cortar gastos e evitar despesas desnecessárias.

Como cuidar dos pais de Capricórnio idosos

Os pais de Capricórnio idosos normalmente deixam claro que não querem ninguém tomando conta deles. Embora apreciem sua oferta de ajuda, só a aceitam se for muito

(Os pais de Capricórnio)

PONTOS FORTES

Responsáveis

Cuidadosos

Amáveis

PONTOS FRACOS

Rígidos

Exigentes

Coercivos

ESTILO INTERATIVO

Autoritários

Protetores

Controladores

AMIGOS E FAMÍLIA

necessária. Contratar uma pessoa durante 24 horas por dia para ajudá-los ou colocá-los num asilo não lhes agrada. Os pais de Capricórnio são muito apegados a suas coisas e preferem lutar e sofrer sozinhos do que se mudar para um lugar estranho. Isso costuma resultar em aumento da imobilidade, por isso é raro que saiam de casa, e, mesmo dentro dela, limitam seu movimento ao mínimo possível.

Os irmãos de Capricórnio

PONTOS FORTES

Cooperativos

Cuidadosos

Versáteis

PONTOS FRACOS

Dependentes

Medrosos

Carentes

ESTILO INTERATIVO

Vigorosos

Respeitosos

Protetores

A menos que sejam os mais velhos, os filhos de Capricórnio costumam ficar em segundo plano em relação a seus irmãos e se encaixam bem na hierarquia da família. Quando mais velhos, os filhos de Capricórnio se revelam líderes incontestáveis, exercendo seu poder de maneira bastante responsável. Filhos mais novos de Capricórnio podem ser um tanto rebeldes, mas quase nunca se voltam contra a ordem e a autoridade, mostrando na maior parte das vezes respeito por seus irmãos. Os capricornianos aprendem rápido com os irmãos, são vigorosos em tempos de necessidade e capazes de substituir qualquer um em cima da hora. Eles prosperam com a boa sensação gerada pelo contato próximo com os irmãos e são psicologicamente dependentes da segurança e proteção que uma família unida proporciona.

Rivalidade/proximidade com os irmãos de Capricórnio

Os irmãos de Capricórnio lutam para manter seu poder na família ao mesmo tempo que cooperam para garantir a estabilidade dela. A consequência disso é que conseguem lidar bem com membros da família rebeldes que insistem em fazer as coisas do seu jeito ou agem para enfraquecer a autoridade da família. Os irmãos de Capricórnio com frequência adotam a atitude de um cão de guarda, e sua mordida é impressionante quando atacam. Rivalidade entre irmãos envolvendo capricornianos não é tão incomum, embora estes últimos prefiram se dar bem com os outros sempre que possível. Só quando são provocados até o limite, fazendo o alarme soar, é que ficam muito agressivos.

Problemas passados e os irmãos de Capricórnio

Os irmãos de Capricórnio são um tanto inclementes. Questões do passado continuam presentes para eles por anos a fio. Lidar com o passado pode ser um problema sério para eles, visto que esse apego a questões pretéritas impede o seu autodesenvolvimento. Um irmão gentil, compreensivo e empático consegue ajudá-los a lidar com tais questões e, se tiver paciência, curá-los de suas doenças. Ficar preso ao passado, em geral por causa de um evento traumático específico, pode acontecer em algum momento da vida da maioria dos capricornianos.

Como lidar com os irmãos de Capricórnio afastados

Os irmãos de Capricórnio podem ser muito teimosos e continuar a rejeitar a aproximação de seus irmãos por anos a fio. O único jeito de finalmente encontrá-los é por meio de uma combinação entre persistir e afastar-se por meses ou até anos. Quase sempre todas as tentativas de encurralar ou apressar os irmãos de Capricórnio a estabelecer um cessar-fogo ou uma reaproximação falham por completo. Perceber o melhor momento para contatá-los é essencial para o sucesso. Caso sejam conduzidos do jeito certo, os irmãos de Capricórnio podem tomar a iniciativa do contato após pedidos razoáveis ao longo do tempo.

Problemas financeiros (empréstimos, testamentos etc.) e os irmãos de Capricórnio

Os irmãos de Capricórnio costumam adotar um papel dominante em relação a testamentos e heranças. Eles defendem não só seus próprios interesses, mas também os de seus irmãos. Normalmente, não buscam recompensas especiais, aliando-se ao grupo. Em geral, os capricornianos também não pegam dinheiro emprestado de seus irmãos nem das propriedades e fundos fiduciários, exceto se uma emergência os força a fazer isso em último caso. Todo o dinheiro emprestado será pago de volta com escrúpulos, embora isso possa levar um tempo.

Feriados/comemorações/reuniões e os irmãos de Capricórnio

Os irmãos de Capricórnio são sentimentais e gostam das reuniões e das festas de fim de ano com seus irmãos, cunhados e sobrinhos. Poucas coisas lhes dão mais prazer do que ver seus filhos brincando com os primos em tais ocasiões. Eles têm um grande apreço pelo calor e convivência oferecidos pelas celebrações em família, e, devido à sua natureza devocional, não poupam energia nem dinheiro para torná-las um sucesso. Quando esses eventos acabam, os capricornianos ficam satisfeitos e podem não se interessar em retomar o contato até o próximo ano.

Como tirar férias com os irmãos de Capricórnio

Embora sejam voltados para a família, os irmãos de Capricórnio só aguentam tirar férias com um de seus irmãos e respectivos filhos. Para os capricornianos, as férias significam livrar-se de tudo, incluindo a própria família. Dito isso, sair de férias com seu irmão de Capricórnio pode ser uma experiência muito agradável. Uma vez que os irmãos de Capricórnio tenham decidido um passeio que inclua você, eles discutirão um pouco sobre os interesses deles e os seus, pois sentem-se responsáveis pela diversão de todos.

Os filhos de Capricórnio

Os filhos de Capricórnio muitas vezes aparentam ter crescido antes do tempo. Pequenos adultos, têm uma conduta séria que acaba sendo vista por seus pais com humor, mas rir dessas crianças seria um grande erro. Os capricornianos exigem respeito, e desrespeitá-los gera uma repulsa muito forte, apesar do tamanho pequeno deles. Crianças nascidas sob este signo astrológico são seguras; elas sabem o que querem e como conseguir isso. Usar chantagem emocional ou contar com a culpa não são atitudes inéditas, visto que os filhos de Capricórnio sabem um pouco sobre a psicologia humana.

AMIGOS E FAMÍLIA

(Os filhos de Capricórnio)

PONTOS FORTES

Astutos

Maduros

Impressionantes

PONTOS FRACOS

Egocêntricos

Muito exigentes

Tensos

ESTILO INTERATIVO

Confrontadores

Inflexíveis

Insistentes

CAPRICÓRNIO

O desenvolvimento da personalidade e os filhos de Capricórnio

Como os capricornianos mostram maturidade desde cedo, muitos se perguntam quanto desenvolvimento de personalidade ainda resta para se manifestar na vida das crianças de Capricórnio. Elas podem ter dificuldades depois, no início da vida adulta, quando começam a perceber que foram privadas de uma verdadeira infância. Esse sentimento – de que sua criança interior foi carente por causa do desenvolvimento emocional prematuro – pode ser uma percepção avassaladora que desperta todos os tipos de arrependimento e ressentimento. Muitas vezes, os pais não são os culpados, mas podem muito bem começar a ser responsabilizados por sua prole de Capricórnio.

Hobbies/interesses/planos de carreira para os filhos de Capricórnio

Muitos filhos de Capricórnio têm desde cedo uma boa ideia do que querem fazer em termos de carreira. Porém, possuem a curiosa inabilidade de seguir em frente em tais realizações e acabam demorando bastante tempo na vida adulta para se estabelecer em uma profissão. Normalmente vítimas de vários começos ruins, os jovens capricornianos acabam por fim dando certo em uma profissão relacionada com um hobby ou interesse de vida que sempre esteve presente. Após se decidirem de uma vez e implementarem seus desejos, eles conseguem se manter fiéis à sua escolha pelo resto de sua vida profissional.

A disciplina e os filhos de Capricórnio

Os filhos de Capricórnio entendem a necessidade de disciplina para conter as energias intensas, incluindo a sua. Eles conseguem compreender um pai ou mãe que sinta que a disciplina é necessária e até simpatizar com ele ou ela. Tal compreensão lhes permite superar as punições designadas a eles e seus irmãos. Isso ocorre porque eles têm uma boa ideia do que é certo ou errado, e, quando quebram tais regras, fazem-no sabendo que correm risco de represálias. Eles veem a disciplina como desnecessária, mas aceitam a punição como uma inevitável consequência de suas transgressões.

Nível de afeto e os filho de Capricórnio

A necessidade do filho e da filha de Capricórnio por afeto é um assunto complexo. Parece como se não o buscassem ou precisassem dele e estivessem perfeitamente contentes em viver sem ele. Porém possuem uma curiosa necessidade de dar afeto que pode ser logo vista em sua atitude em relação a membros da família mais novos e animais de estimação. Quando esse fato essencial é percebido por seus pais, fica também evidente que os filhos de Capricórnio de fato precisam de afeto (como a maioria das crianças), mas que têm muitos problemas em admitir isso para si mesmos ou em solicitá-lo de maneira direta. Seu orgulho e segurança são quase sempre os culpados por sua sensação de que pedir um abraço ou carinho – mesmo de maneira não verbal – é um sinal de admissão de fraqueza.

Como lidar com as interações dos filhos de Capricórnio com os irmãos

Se o irmão mais velho é de Capricórnio, a criança deve ser orientada nas interações com os irmãos. É muito comum que o filho mais velho que pertença a esse signo seja um pequeno pai, que usurpa o tempo todo as prerrogativas dos pais tendo em mente os interesses dos irmãos mais novos. O melhor jeito de lidar com essas interferências independentes, e que muitas vezes atrapalham a autoridade dos pais, é dar a eles, independentemente de sua idade ou posição na hierarquia, tarefas e responsabilidades que façam com que eles se sintam importantes, requisitados e queridos. Todavia, tais deveres devem ser mantidos sob controle para evitar as privações descritas acima.

Como interagir com os filhos adultos de Capricórnio

Conforme descrito, os filhos adultos de Capricórnio podem ser bem precoces. Portanto, quando os capricornianos passam dos trinta anos de idade, seus familiares talvez continuem a interagir com eles de um jeito muito similar ao que faziam quando eram mais novos. Como muitos filhos de Capricórnio parecem ter nascido adultos, pelo menos em termos psicológicos, eles ficarão bem confortáveis em seus papéis ao longo da vida, contanto que quaisquer ressentimentos que tenham cultivado por não terem vivido uma verdadeira infância sejam resolvidos. Como a vida adulta é o estado natural para a maioria dos capricornianos, eles envelhecem bem e não ficam desconfortáveis quanto a serem completamente responsáveis por si e pelos outros. Superestimar suas capacidades, no entanto, sempre pode surgir como um problema.

AMIGOS E FAMÍLIA

Aquário

NASCIDOS DE 21 DE JANEIRO A 19 DE FEVEREIRO

Aquário, signo fixo do ar, governa a nova era na qual vivemos agora. Regido pelo revolucionário planeta Urano, seus nativos tendem a ser modernos e a olhar para o futuro: são diferentes e aceitam essa qualidade nos outros. Sendo muitas vezes a alegria e o desespero das pessoas com quem namoram, os aquarianos costumam ser instáveis e frios; negligenciam os sentimentos humanos e não é nada fácil se relacionar com eles. No entanto, suas qualidades fascinantes e suas mentes ágeis atraem as pessoas dispostas a ignorar ou perdoar essas tendências caprichosas.

Trabalho

AQUÁRIO
21 DE JANEIRO A 19 DE FEVEREIRO

O chefe de Aquário

Os aquarianos raramente se tornam chefes, pois, de um modo geral, não têm muito talento para a liderança. Há vários motivos para isso, entre eles seu temperamento instável e impulsivo, tendência a agir por conta própria, movimentos súbitos e desinteresse por exercer poder sobre outras pessoas ou escolher seguidores. Assim, se você tiver um chefe de Aquário, não diga que não foi avisado. Na verdade, às vezes é divertido trabalhar com chefes de Aquário (quando você consegue se entender com eles), pois tratam os funcionários com generosidade. Sua impaciência é lendária; portanto, evite suas explosões e não os frustre faltando ou chegando atrasado ao trabalho quando eles mais precisam de você.

Como pedir aumento ao chefe de Aquário

Uma vez que os chefes de Aquário se movimentam à velocidade da luz e têm o péssimo hábito de cancelar encontros, o primeiro problema que você vai enfrentar será interceptá-los e forçá-los a conversar. Fique contente caso consiga emboscá-los no corredor ou na saída do refeitório durante uns poucos segundos. Forçá-los a parar por um momento funcionará mais que marcar uma reunião. Pedir aos assessores do chefe de Aquário que digam aonde ele foi será inútil, pois esses próprios assessores estarão tão frustrados quanto você por causa das peregrinações sem fim de seu líder.

Como dar más notícias ao chefe de Aquário

Se você for convocado de repente para explicar um prejuízo recente ou uma queda nas vendas, mal terá tempo para organizar seus pensamentos. Portanto, se tiver um chefe de Aquário, é melhor que se prepare para justificar seus atos a qualquer momento. Para isso, faça o registro de seu trabalho e mantenha todos os arquivos importantes à mão. Preparando-se bem, você terá mais sucesso, ainda que precise agarrar uma pasta antes de sair correndo pela porta e tomar o caminho para a sala do chefe. Inspecione com regularidade seus papéis e organize-os para o caso de precisar de uma referência imediata.

Como providenciar viagens e/ou entretenimento para o chefe de Aquário

As energias explosivas e as decisões súbitas dos chefes de Aquário tornam difícil organizar viagens ou reservar entretenimentos com a devida antecedência. No entanto, eles

PONTOS FORTES
Ágil
Brilhante
Aberto

PONTOS FRACOS
Impaciente
Instável
Esquivo

ESTILO INTERATIVO
Imediatista
Imprevisível
Incontrolável

exigem que tudo corra bem e insistem em implementar importantes decisões empresariais sem ter de se preocupar com horários e logística. É preciso que você seja flexível e despachado ao fazer os arranjos necessários, dispondo sempre de um plano B, de um bom seguro para cancelamento de reservas de voos e de gerentes de hotel que saibam improvisar. É essencial contratar um agente de viagem sério, confiável e simpático, que saiba o que esperar.

A tomada de decisões e o chefe de Aquário

Os chefes de Aquário tomam decisões num piscar de olhos e esperam que você os acompanhe. Se você se demorar, sem dúvida deixará seus chefes aquarianos frustrados, pois esperar não é o forte deles. São rápidos nas decisões, tão rápidos que a maioria de seus funcionários não consegue acompanhá-los ou mesmo entendê-los. Depois que são comunicadas aos funcionários, as decisões quase sempre os deixam confusos, olhando uns para os outros sem compreender nada. Pedir explicações pode ser difícil ou impossível; mas, pelo menos, você sabe o que esperar.

Como impressionar e/ou motivar o chefe de Aquário

Os chefes de Aquário se motivam sozinhos e não podem ser pressionados a fazer o que não querem. Só darão valor a quem for capaz de entender suas mentes rápidas e seus métodos, implementando seus planos imediatamente. Quando encontram você no corredor ou na entrada do prédio, esperam que os acompanhe até o elevador (às vezes, podem convidá-lo a subir ou descer com eles) e ouça com atenção as ordens sucintas que lhe darão. Anote o que eles disseram logo depois que sua curta viagem chegar ao fim.

Como fazer propostas e/ou apresentações para o chefe de Aquário

Os chefes de Aquário não têm tempo para propostas infindáveis e ficam muito impacientes com documentos ou apresentações que não acabam nunca. Faça com que tudo seja curto e fácil, falando de preferência sem anotações nem recursos audiovisuais. Não se esqueça de que só terá a atenção dos chefes de Aquário por alguns minutos, portanto resuma seus pensamentos e seja econômico com as palavras. Não se surpreenda se eles o cortarem no meio da apresentação ou ficarem o tempo todo interrompendo-o com suas próprias ideias, objeções e perguntas. Permaneça concentrado, mas flexível o bastante para mudar o rumo da conversa e improvisar se necessário.

O funcionário de Aquário

Os aspectos inusitados das personalidades dos funcionários de Aquário podem ser um objeto de estudo dos mais interessantes para seus chefes. Esses funcionários fazem as coisas de um modo bastante peculiar e, quando adotam um método, é difícil convencê-los a deixá-lo de lado e ensinar-lhes outros. Além disso, os aquarianos são, de um modo geral, rebeldes. Em consequência, quem nasce sob esse signo nem sempre aceita bem as ordens de cima, ressentindo-se de que lhe digam como executar uma tarefa quando, na maioria das vezes, ele próprio conhece uma maneira melhor de fazer. Apesar de tudo, os funcionários de Aquário trazem alegria e leveza a qualquer grupo, além de gostar de que o trabalho se desenvolva com naturalidade e sem complicações.

Como entrevistar e/ou contratar um funcionário de Aquário

Os potenciais funcionários de Aquário costumam impressionar com sua mente ágil e um currículo que mostra serem capazes de implementar suas ideias. Em geral, na entrevista, captam de imediato qualquer informação que lhes seja passada e prontamente demonstram que a entenderam. Entretanto, podem não concordar com ela e, sem hesitar, sugerir mudanças mais de acordo com suas preferências. Os aquarianos querem saber se os futuros empregadores são abertos às suas ideias e atentos às suas necessidades; só depois se dispõem a aceitar uma oferta e assinar um contrato.

Como dar más notícias ao funcionário de Aquário ou demiti-lo

Os funcionários de Aquário são em geral dos extremos, nunca do meio-termo: os que aceitam más notícias e os que não aceitam. Os primeiros quase sempre concordam com os chefes em que se sairão melhor em outra empresa, além de ser realistas o bastante para aceitar críticas e sugestões. Os segundos podem ficar furiosos com a demissão, proferindo palavras duras e parecendo até prontos para a agressão física. O temperamento e as reações exageradas desses funcionários já são provavelmente conhecidos na empresa, de modo que eles devem ser abordados com prudência. Convém amenizar um pouco o choque, oferecendo, por exemplo, uma boa indenização ou um amigável aperto de mão.

Como viajar com o funcionário de Aquário e entretê-lo

Os nativos de Aquário gostam de diversão. Detestam formalidades, horários rígidos e outras atitudes sérias que estragam uma viagem ou um entretenimento. Em consequência, quem viaja com eles deve ser também leve e solto, nunca depressivo. Os funcionários de Aquário costumam ser um pouco expansivos demais, o que dificulta o convívio diário com eles. Portanto, as viagens em sua companhia devem ser curtas, sendo aconselhável ainda adverti-los com antecedência para que contenham o entusiasmo, sem necessariamente reprimi-lo por completo.

Como confiar tarefas ao funcionário de Aquário

Como Aquário é um signo fixo, os funcionários aquarianos são bem capazes de assumir uma tarefa e terminá-la adequadamente no prazo. No entanto, para obter resultados fantásticos (e eles podem fazer isso), precisam sentir muito entusiasmo pelo trabalho. Para gerar esse estado de espírito, quase sempre é uma boa ideia dar-lhes algumas dicas no começo ou, pelo menos, ajudá-los a definir e moldar a tarefa. Encarregar os funcionários de Aquário de um trabalho repetitivo não funciona, pois são muito individualistas, até mesmo excêntricos no cumprimento de suas obrigações. O empregador deve confiar tarefas tendo em vista não um funcionário abstrato, mas o funcionário de Aquário.

Como motivar ou impressionar o funcionário de Aquário

Consegue-se motivar os funcionários de Aquário simplesmente pelo maior conhecimento de suas preferências, atribuindo-se a eles as tarefas que apreciam mais. Por

---

(O funcionário de Aquário)

PONTOS FORTES

Interessante
Engraçado
Individualista

PONTOS FRACOS

Diferente
Estranho
Incontrolável

ESTILO INTERATIVO

Despreocupado
Amistoso
Acolhedor

TRABALHO

exemplo, se gostam de trabalhar em equipe, que trabalhem em equipe; se preferem trabalhar sozinhos, que tenham seu próprio espaço e equipamento. Os funcionários de Aquário ficam mais impressionados com empregadores que entendem sua natureza peculiar e sabem atender tanto às suas necessidades quanto aos seus desejos. Qualquer tentativa de ignorar comentários ou pedidos de funcionários de Aquário, não os levando a sério ou achando que são absurdos demais para merecer atenção, despertará a ira desses funcionários – ainda que os empregadores tenham razão.

Como gerenciar, dirigir ou criticar o funcionário de Aquário

Em certas situações, os funcionários de Aquário podem se mostrar totalmente incontroláveis. Não há nada mais fácil que irritá-los, tirá-los do sério ou encolerizá-los; para eles, é difícil ou impossível aceitar ordens ou críticas caso isso não seja feito da maneira certa. Se os chefes de funcionários aquarianos quiserem gerenciá-los bem, deverão primeiro procurar conhecê-los a fundo, ir com jeito e não lhes impingir regras inflexíveis de uma vez só. Criticá-los o tempo todo deixará esses funcionários malucos – assim como vigiá-los enquanto trabalham.

O colega de trabalho de Aquário

PONTOS FORTES
Espirituoso
Animado
Divertido

PONTOS FRACOS
Superficial
Desligado
Descomprometido

ESTILO INTERATIVO
Bem-humorado
Irônico
Brilhante

Os aquarianos são bastante receptivos a seus colegas de trabalho e, embora gostem de ficar sozinhos, tomam parte em atividades de grupo quando convidados. Preferem que as coisas caminhem sem problemas, contam piadas e, sobretudo, dão respostas espirituosas ou incisivas que mostram sua fluência verbal. O brilho dos colegas de trabalho de Aquário pode ser muitíssimo valorizado pelo grupo, pois dá ânimo e levanta o astral de todos. Eles cumprem sua parte nas tarefas, mas em geral não fazem horas extras para ganhar mais, uma vez que consideram seu tempo livre precioso.

Como pedir conselhos ao colega de trabalho de Aquário

Os colegas de trabalho desse signo têm a capacidade de olhar as situações com frieza e de julgá-las com objetividade. Embora não seja fácil agendar um compromisso com eles, os aquarianos estão sempre abertos para conversar contigo se encontrá-los no momento certo. Por isso, é melhor dar uma espiadinha no escritório ou fazer uma ligação para saber se estão livres. Alguma dessas tentativas será bem-sucedida. Faça perguntas curtas e objetivas para encontrar respostas sucintas e úteis. Ignore as sugestões mais extremas e siga as moderadas.

Como pedir ajuda ao colega de trabalho de Aquário

Os colegas de trabalho de Aquário acreditam que o céu ajuda a quem se ajuda. Assim, por uma questão de princípio, eles não vão se desviar do caminho para ajudar você, achando que isso só vai destruir seu moral e sua capacidade de iniciativa. No entanto, se virem que você já tentou e está no limite da sua capacidade, eles podem se mostrar surpreendentemente solícitos para resolver seu problema. Os colegas de trabalho aquarianos são mais predispostos a ajudar nesse tipo de situação do que em assuntos ligados aos negócios. Eles muitas vezes demonstram uma preocupação verdadeira pelos outros em épocas de necessidade, já que são idealistas por natureza. Mas em assuntos profissionais, vão preservar zelosamente seu tempo e esperar remuneração por seus serviços.

Como viajar com o colega de trabalho de Aquário e entretê-lo

Se você não for amigo ou colega de trabalho de nativos de Aquário, poderá se espantar com as excentricidades e preferências bizarras que notará neles durante uma viagem juntos. Os colegas de trabalho aquarianos em geral se aborrecem com facilidade e mostram isso sob a forma de um nervosismo que pode tirar você do sério. Depois que se acalmam e percebem que tudo vai bem, costumam ficar alegres e divertidos. Amantes do entretenimento, apreciam shows ao vivo, música e baladas. Detestam refeições longas, preferindo comer às pressas e aproveitar tudo para não perder nada.

Como o colega de trabalho de Aquário coopera com os outros

Os colegas de trabalho de Aquário não gostam de ser coagidos a cooperar com os outros, sobretudo quando estão às voltas com suas próprias tarefas. Se, porém, acreditam no objetivo e nos princípios do esforço do grupo que devem integrar, não hesitam em colaborar com todo o seu talento e energias. De um modo geral, os aquarianos não acham fácil trabalhar com os outros, pois têm suas próprias ideias sobre como as coisas precisam ser feitas. Não se saem bem quando são chamados a tomar parte em constantes atividades sociais ou de grupo. A melhor maneira de pô-los para trabalhar com outras pessoas é associá-los a uma só, que conheçam e de quem gostem: os dois se tornarão uma unidade dentro de uma equipe maior.

Como impressionar e motivar o colega de trabalho de Aquário

Os colegas de trabalho de Aquário se sentem mais motivados a tomar parte em projetos que lhes garantam mais tempo livre e menos esforço concentrado a longo prazo. Promessas de aumento salarial e maior prestígio não funcionam com eles, pois sabem que isso lhes custará mais tempo e energia. Gostam mesmo é de um pensamento claro e lógico, não de objetivos mal definidos ou de planos confusos, exageradamente otimistas e vagos, que prometem maravilhas. Embora idealistas, os colegas de trabalho aquarianos têm também um forte pendor científico e pragmático que exige abordagens empíricas quando se trata de fatos e números.

Como persuadir e/ou criticar o colega de trabalho de Aquário

Os colegas de trabalho de Aquário se mostram muitas vezes receptivos às críticas. Se souber lidar com eles da maneira certa, concordarão em ouvir planos que lhes mostrem como obter os mesmos resultados com menos esforço. Aquarianos aprendem rápido, podendo absorver novos métodos e técnicas depois de um único esclarecimento ou demonstração. Quando discordam de suas tentativas de persuadi-los, fazem o papel de advogado do diabo, encorajando-o a dar mais detalhes ou a estender-se na explicação. Se você os satisfizer de forma plena, eles concordarão em aceitar seus planos, às vezes até com entusiasmo.

TRABALHO

O cliente de Aquário

PONTOS FORTES

Atento

Receptivo

Simpático

PONTOS FRACOS

Ambíguo

Desligado

Inseguro

ESTILO INTERATIVO

Receptivo

Solidário

Confiável

Fato curioso, os clientes de Aquário nem sempre têm uma ideia clara do que querem. Tudo depende de você provar que é entendido no assunto e mostrar o que pode oferecer: eles fazem suas escolhas só depois de ouvi-lo até o fim. Receptivos a diferentes abordagens a determinado problema ou necessidade, os clientes de Aquário gostam de discutir o assunto e até pedirão um segundo ou mesmo um terceiro encontro. Seu relacionamento pessoal com eles se aprofundará um pouco durante esse tempo, dando--lhes uma ideia bem melhor do tipo de pessoa que você é. Só assim decidirão se podem confiar em você para atender seus melhores interesses.

Como impressionar o cliente de Aquário

Os clientes de Aquário ficam mais impressionados com uma ampla gama de escolhas e abordagens. Também os impressiona muito sua boa vontade em devotar-se a eles, em trabalhar com eles para aprimorar uma abordagem ou conceito comuns. Como você provavelmente não cobrará nada por essas reuniões iniciais, os clientes de Aquário ficarão felizes em usufruir de graça o benefício de seus conhecimentos. Reserve uma ou duas horas para a primeira reunião, de modo que nenhuma das partes se sinta pressionada. Os clientes de Aquário gostam de bom humor e pilhérias: tenha, pois, sempre à mão algumas histórias engraçadas para contar-lhes. Eles também apreciarão muito fofocas picantes sobre seus concorrentes.

Como vender para o cliente de Aquário

Apenas sua receptividade, inovações e boa vontade em ouvir problemas bastarão para fechar uma venda para os clientes de Aquário. Eles ficarão, é claro, impressionados também por sua experiência no ramo e sua história de sucessos, por isso leve sempre consigo um currículo. Lembre-se ainda de que eles falarão a seus sócios sobre o encontro que tiveram com você, talvez com um sentimento de orgulho por tê-lo impressionado. Dinâmicos eles próprios, os clientes de Aquário não esconderão sua admiração por seu dinamismo ao apresentar-se, enumerar suas realizações e dar-lhes garantias.

Sua aparência e o cliente de Aquário

Os clientes de Aquário levam muito em consideração os últimos estilos e modas. Portanto, faça algumas compras atentando bem para o corte elegante, o tecido, os padrões e as cores. Eles gostarão não apenas do estilo, mas também do fato de você ter-se dado o trabalho de comprar roupas adequadas para a ocasião. Os clientes de Aquário dificilmente se sentirão ofuscados por você, pois quase sempre estão contentes com sua aparência e não fazem comparações desfavoráveis com os outros. Se você se decidir por um estilo mais descontraído e casual, tudo bem; mas evite ao máximo roupas muito formais ou conservadoras.

Como manter o interesse do cliente de Aquário

Nas reuniões com os clientes de Aquário, seja rápido e evite que eles se aborreçam com você. Do mesmo modo, responda sem hesitar às suas perguntas e comentários, para mostrar que domina o assunto. Manter o interesse dos clientes de Aquário por muito tempo dependerá da porção de energia que você se propuser a investir ao fazer negócios com eles. É essencial também que lhes envie com frequência atualizações sobre seus passos e cópias de programas de relações públicas que você tenha desenvolvido para eles. Certifique-se de que os clientes aquarianos propaguem aos quatro ventos suas habilidades, pois com isso você conquistará mais consumidores.

Como dar más notícias ao cliente de Aquário

Dado que os clientes de Aquário são bastante receptivos à adoção de novos métodos, dar-lhes más notícias poderá significar uma mudança de tática. Dificilmente um único episódio de azar os afastará de você. Eles gostam de analisar o que deu errado e, em sua companhia, planejar uma campanha inteiramente nova que promete maior sucesso. Isso se aplica também a reveses passageiros, pois os aquarianos conseguem ver o quadro mais amplo e, em geral, são pacientes o bastante para aguardar a mudança. Mas sua paciência tem limites e acabam por exigir resultados em poucas semanas ou meses.

Como entreter o cliente de Aquário

Os aquarianos gostam de se divertir e os clientes de Aquário não são exceção. Você lucrará muito se marcar um jantar num restaurante da moda, combinar uns drinques num barzinho aconchegante ou reservar uma poltrona da frente num novo show. Eles não esperam que relações comerciais terminem em amizade, embora achem importantes manter a cordialidade. Quase sempre frios e distantes, ficam contentes ao partilhar oportunidades que proporcionem diversão objetiva, não envolvimento emocional. Os clientes de Aquário pagarão na mesma moeda, convidando-o também – e isso será um ótimo sinal de que as coisas estão indo bem.

O sócio de Aquário

Os aquarianos trazem animação e vigor à parceria. No entanto, devem ser vigiados de perto porque suas energias prodigiosas e não raro dispersas podem escapar ao controle com a maior facilidade. Imprevisíveis, eles seguem seus próprios métodos sem consultar ninguém ou acatar conselhos. Mantê-los em rédea curta é impossível. Convém ainda marcar reuniões semanais para que você lhes comunique suas expectativas e saiba com antecedência o que eles tencionam fazer. Discussões amplas e detalhadas são úteis durante as reuniões.

Como montar um negócio com um aquariano

A hora certa para pôr tudo às claras com seus sócios de Aquário é antes, não depois da assinatura do contrato de sociedade. Longas discussões a respeito da nova empresa e do papel deles no negócio devem acontecer, dando-se atenção especial à maneira de mantê-los sob controle. Toda cláusula que possa ser interpretada como concessão de mais liberdade para escaparem a seu escrutínio ou avaliação precisa ser cuidadosamente reescrita. Os sócios de Aquário não se importarão se você exigir esse acordo, achando que mais tarde, de qualquer modo, agirão como bem entenderem. Você terá como tarefa obrigá-los a cumprir a palavra escrita.

TRABALHO

(O sócio de Aquário)

PONTOS FORTES

Alegre

Vigoroso

Individualista

PONTOS FRACOS

Imprevisível

Impulsivo

Disperso

ESTILO INTERATIVO

Amistoso

Versátil

Enérgico

Como dividir tarefas com o sócio de Aquário

Os aquarianos aceitam de bom grado dividir tarefas com equidade e justiça. O problema é convencê-los a seguir o plano combinado. Suas energias dispersas e rebeldes podem criar problemas graves aqui, pois eles costumam deixar de lado responsabilidades assumidas para se ocupar de uma coisa que apareceu de repente. Isso coloca você na posição constrangedora de um capataz temível, sempre pronto a atrapalhar a vida de seus sócios de Aquário. Controlar o entusiasmo deles é uma tarefa ingrata, mas sem dúvida necessária para a sobrevivência da empresa. Procure demonstrar o máximo de sensibilidade e compreensão; mas permaneça firme em suas resoluções.

Como viajar com o sócio de Aquário e entretê-lo

Os sócios de Aquário costumam ser maravilhosos companheiros de viagem. Atentos e sempre prontos a divertir-se, seu bom humor pode deixar você alegre por horas. O problema surge quando se aborrecem com um contratempo qualquer, pois não se recuperam fácil da depressão resultante. Além disso, você às vezes se irritará com tanta hilaridade e pedirá que se moderem um pouco. Inevitavelmente, terá de encontrar uma maneira de ficar na sua, para ter um pouco de descanso, sem magoá-los.

Como gerenciar e dirigir o sócio de Aquário

Dada a natureza ingovernável de Aquário, não tente gerenciá-los. Dirigi-los é possível se você usar métodos psicológicos que funcionem para as personalidades complexas deles. O melhor é seguir um plano estabelecido com antecedência ou um curso de ação comprovadamente eficaz em vez de reagir aos atos intempestivos de seus sócios de Aquário, que podem deixá-lo louco. Seja sempre calmo para tranquilizá-los e evitar questões que venham a incomodá-los. Eles gostam de examinar com frieza e objetividade as situações; apele, pois, para o senso lógico e a racionalidade de seus sócios de Aquário a fim de obter melhores resultados.

Como se relacionar com o sócio de Aquário a longo prazo

Procure agir como companheiro e amigo de seus sócios de Aquário, não como chefe. Eles farão o possível para estimá-lo, desde que você não fique constantemente vigiando-os, chateando-os e censurando-os. Faça-os entender suas preocupações de uma só vez em vez de aborrecê-los o tempo todo. Os sócios de Aquário ficam felizes quando as coisas vão bem, e eles se sentem apreciados por você e valorizados por seus esforços. Trate-os com o máximo de leveza possível, pois atitudes sérias ou rabugentas de sua parte terão efeitos negativos com o tempo, tornando seus sócios ainda mais difíceis de controlar.

Como romper com o sócio de Aquário

Os sócios de Aquário já tiveram, é claro, a experiência de rompimentos súbitos. Por iniciativa deles ou de outra pessoa, o rompimento é algo que conhecem bem, pois sabem que são de convívio difícil e exigem muito da paciência alheia. Rompimentos abruptos são típicos dessa situação, mas não é necessário que haja rancor no processo, pelo menos não da parte deles. Você pode se sentir magoado ou ressentido com os atos intempestivos dos sócios de Aquário, ficando fora de si justamente quando tudo parecia caminhar bem. Aqui, o contrato desempenhará um papel importante, pois sem dúvida continha os detalhes sobre um rompimento súbito antes de você colocar embaixo sua assinatura.

O concorrente de Aquário

A melhor maneira de enfrentar os concorrentes de Aquário é incitar sua imprudência e os desequilibrar. Despertar dúvidas e insegurança é um meio bastante efetivo de fazer isso, mas é preciso também seguir um curso de ação preestabelecido, permanecer calmo e consistente no comportamento. As duas estratégias podem ser empregadas simultaneamente: avançar com firmeza, atacando e abrindo rombos nas defesas dos concorrentes de Aquário, e assistir à sua reação exagerada. Esses concorrentes podem ser formidáveis, já que não hesitam em atirar tudo o que têm contra o adversário. O jogo consiste em desviar ou repensar seu objetivo, criando, se possível, um efeito bumerangue.

Como enfrentar o concorrente de Aquário

Induzir seus concorrentes de Aquário a concentrar forças num objetivo único para cair em sua armadilha é uma das maneiras de enfrentá-los. Mas, depois que se familiarizarem com essas táticas, será difícil apanhá-los de novo no futuro. Elas também podem ser usadas contra eles psicologicamente; com efeito, a abordagem psicológica, ou simplesmente desestabilização, é sempre uma boa medida a empregar. Os concorrentes de Aquário têm reações precipitadas: em geral, não esperam o problema nem refletem sobre ele. Além disso, quase nunca planejam um contra-ataque maciço, pois esperam dar o primeiro golpe fulminante.

Como superar o concorrente de Aquário em planejamento

É difícil superar os concorrentes de Aquário em planejamento porque eles não vão deixá-lo saber o que farão. Não tomam atitudes lógicas: agem por intuição e por palpites difíceis de adivinhar. Você deve planejar bem e implementar de vez suas decisões sem se importar com os contra-ataques do concorrente de Aquário, pois sua capacidade de cansá-lo com uma persistência invencível sem dúvida decidirá a luta em seu favor. Dito isso, acompanhe os movimentos dos adversários sem necessariamente reagir a eles: bastará que conheça suas intenções. Mas aja com rapidez para seguir o ritmo fulminante dos concorrentes de Aquário.

Como impressionar pessoalmente o concorrente de Aquário

Os concorrentes de Aquário sem dúvida ficarão impressionados com sua capacidade de inovar. Não gostam de atitudes conservadoras, baseadas no conhecido e no verdadeiro; não respondem a elas, exceto com impaciência. Se a reunião não for um confronto e você só quiser impressioná-los, não ceda; replique à altura com qualquer ideia interessante, sem, é claro, revelar no processo seus planos mais secretos. Os concorrentes de

PONTOS FORTES

Poderoso

Prepotente

Intuitivo

PONTOS FRACOS

Desconfiado

Inseguro

Exagerado

ESTILO INTERATIVO

Desmedido

Receptivo

Ágil

Aquário são muito competitivos nesses encontros e farão de tudo para superá-lo em acuidade crítica e rapidez de pensamento.

Como enfraquecer e superar o concorrente de Aquário

Quando os concorrentes de Aquário veem o que querem, agarram-se a isso sem deixar dúvidas quanto às suas intenções. Então, se têm capital suficiente disponível, procuram superar seus adversários na guerra aberta de licitações, para garantir o êxito naquilo que desejam. Sua melhor opção é exaurir os fundos e as energias desses concorrentes em pequenas licitações, a fim de obter vantagem nas grandes que se seguirem. Para superar os concorrentes de Aquário e ganhar os melhores contratos, anexe às suas propostas provas convincentes de sua capacidade para entregar os produtos, com base em um currículo longo e confiável. Ter fatos e números à mão é a melhor maneira de combater a tendência desses adversários a fazer promessas infundadas que com toda a probabilidade não serão capazes de cumprir.

Guerras de relações públicas com o concorrente de Aquário

Os concorrentes de Aquário costumam ser mestres em lidar com as guerras de mídia. Têm um sexto sentido para o que vai ou não funcionar, dadas condições atuais do mercado e o gosto público. Tecnicamente hábeis, os aquarianos estão em casa no mundo das relações públicas: sua propaganda, marketing e habilidades visuais em apresentações para profissionais e para o público são também extraordinários. Não tente vencê-los numa guerra aberta, deixe que eles esvaziem suas reservas em campanhas espetaculares, enquanto você se concentra em aprimorar a qualidade e o apelo a longo prazo de seus próprios produtos e serviços.

O concorrente de Aquário e a abordagem pessoal

Os concorrentes de Aquário são consumidores frios que não gostam de lidar com assuntos pessoais, sobretudo quando há emoções envolvidas. O calcanhar de Aquiles dos aquarianos é sua incapacidade de adotar uma abordagem pessoal e sua vulnerabilidade a táticas psicológicas. Os aquarianos podem ser extremamente sedutores em questões de negócios – não por sentimentos reais, é claro, mas devido a seu encanto natural e à sua capacidade de convencer os outros com argumentos persuasivos. Se você fingir ceder à magia dos concorrentes de Aquário, exibindo ao mesmo tempo sabedoria e prudência, tente desarmá-los com uma ou outra insinuação pessoal que os deixe confusos.

Amor

AQUÁRIO
21 DE JANEIRO A 19 DE FEVEREIRO

O primeiro encontro com alguém de Aquário

No primeiro encontro, em geral, os aquarianos se mostram exuberantes e engraçados. Avessas a dissabores e complicações, essas personalidades ricas só querem se divertir. Não descartam conhecer você melhor e talvez ter um envolvimento profundo. Para se sair bem com aquarianos no primeiro encontro, ofereça-lhes algumas escolhas de restaurantes, bares, clubes ou casas de show. Não se surpreenda se eles já tiverem decidido o que fazer, provavelmente cinco ou dez minutos antes de você encontrá-los. Portanto, não é uma boa ideia fazer planos fixos antes de ouvir o que eles tenham a dizer.

Como paquerar alguém de Aquário e como marcar um encontro

No primeiro encontro, os aquarianos se movem com muita rapidez, tanto mental quanto fisicamente, e é difícil acompanhá-los. Além disso, você deve tirar vantagem dos primeiros instantes em que atraiu a atenção ou o olhar deles, pois podem desaparecer na multidão numa fração de segundo. Não estranhe se, ao tentar segurá-los, eles perderem de súbito todo interesse em você e se voltarem para outra pessoa, numa festa ou em outra reunião social. Essas criaturas efêmeras são mesmo difíceis de apanhar, sobretudo no primeiro encontro, a menos que achem você muito atraente.

Atividades sugeridas para o primeiro encontro com alguém de Aquário

Em se tratando de aquarianos, o primeiro encontro pode também ser o último, se você não sugerir algo pouco usual. Fartos de velhas rotinas, eles contam com uma experiência especial, esperando sobretudo uma atividade nos moldes de suas necessidades e desejos peculiares. Ouça atentamente o que eles disserem e tome decisões de acordo com o que ouviu, caso tencione sobreviver aos primeiros quinze minutos do encontro. Atividades referentes a comunicação, música ou dança são boas pedidas. Começar com um jantar sossegado à luz de velas não se enquadra na velocidade dos aquarianos – suas intenções românticas para com eles serão demasiadamente óbvias e o tempo exigido para ficarem sentados à sua frente num lugar só, excessivo.

PONTOS FORTES
Espontâneo
Natural
Divertido

PONTOS FRACOS
Inconstante
Superficial
Pouco confiável

ESTILO INTERATIVO
Exuberante
Animado
Exigente

Estímulos e desestímulos no primeiro encontro com alguém de Aquário

Os aquarianos, no primeiro encontro, se sentem desestimulados pelas conclusões que você tira a seu respeito ou por qualquer rotina óbvia que você adote, demonstrando assim inflexibilidade ou pouco apreço pela individualidade deles. Os nativos de Aquário, no primeiro encontro, ficarão entusiasmados e bem impressionados caso você consiga tomar as rédeas da conversa com exuberância. Evite atitudes mesquinhas como vangloriar-se por ter conseguido um bom jantar ou entretenimento. Embora respeitando a privacidade do aquariano, anime-se e, com ardor, abra caminho para a próxima experiência mutuamente gratificante.

O "primeiro passo" no primeiro encontro com alguém de Aquário

Embora os aquarianos interessados em você possam ser bons paqueradores, receptivos a avanços, você caminhará sobre ovos caso decida dar o primeiro passo. Se eles não mostrarem interesse, talvez não haja uma segunda chance, pois não perdoam um avanço prematuro. Será melhor recuar e esperar que eles façam o primeiro movimento ou, pelo menos, acendam uma inequívoca luz verde para você ir em frente.

Como impressionar alguém de Aquário no primeiro encontro

Os aquarianos, no primeiro encontro, ficarão impressionados com os aspectos menos comuns de sua personalidade e comportamento. Se o acharem realmente divertido, isso será um passo largo na direção certa. Eles mostram pouco interesse por personalidades deprimidas, infelizes ou perturbadas. Embora a leveza e a alegria pareçam não levar a parte alguma, em especial nos primeiros encontros com eles, essas qualidades assegurarão ao menos que você não seja descartado muito cedo. Quando os aquarianos não se divertem nem se impressionam com uma pessoa, ela logo percebe, pois eles não fazem nenhuma questão de esconder seus verdadeiros sentimentos.

Como dispensar alguém de Aquário no primeiro encontro

Em geral, alguns olhares atravessados ou observações negativas já bastam para afastar os aquarianos logo no primeiro encontro. Assim, se você de fato tiver interesse em alguém desse signo, evite emitir sinais negativos que possam, mesmo remotamente, ser interpretados como um "fora". Recomenda-se sorrir, rir e acima de tudo mostrar receptividade à conversa leve dos aquarianos. Não havendo entendimento, o mais provável é que eles dispensem você primeiro, sem lhe dar a chance de tomar uma decisão. Evite irritá-los mencionando suas idiossincrasias e peculiaridades.

O par romântico de Aquário

O par romântico de Aquário é confiável até certo ponto – isto é, até que algo mais interessante apareça. Portanto, se você conseguir segurá-lo e satisfazer suas prodigiosas e muitas vezes bizarras necessidades, terá a chance de manter um relacionamento duradouro. Precisará perdoá-los quando eles, inevitavelmente, pularem a cerca e considerar alguns envolvimentos como coisas triviais. Sua autoconfiança pode ser a âncora mais importante quando o barco dos aquarianos estiver à deriva. Nem é preciso dizer, pessoas de Aquário costumam ser mais divertidas que um bando de macacos, mas também difíceis de controlar.

Como conversar com o par romântico de Aquário

Conversar sobre certos assuntos é possível; sobre outros, não. Por exemplo, em se tratando do comportamento dos aquarianos, o melhor é não despertar sua acirrada oposição, que levará a um choque inevitável de vontades. Depois de certo tempo, se você os recriminar por suas atitudes dispersas e imprevisíveis, a fim de corrigi-las, será o mesmo que tentar tapar os buracos de uma peneira. Convém apenas tomar nota do que eles fizeram e não colocar o assunto em discussão. Na maioria das áreas, procure agir sutilmente nos bastidores, sem despertar a oposição dos pares românticos de Aquário.

Como discutir com o par romântico de Aquário

Os aquarianos perdem as estribeiras com facilidade. Facilmente irritáveis, suas reações são às vezes furiosas e súbitas. Após um ou dois confrontos, você preferirá evitar ao máximo brigas e discussões. O problema com as pessoas de Aquário é que conversas se transformam em bate-bocas num piscar de olhos: não insista nesse caminho, pois as duas partes sofrerão graves danos antes que você chegue ao fim (se conseguir). Portanto, evite as discussões. Em geral, é melhor deixar um comentário ou advertência por escrito na mesa da cozinha antes de sair ou enviar-lhes depois um e-mail ou mensagem de texto.

Como viajar com o par romântico de Aquário

Quando estão de bom-humor, os aquarianos aceitam quaisquer atividades que você planejou; quando não, nada parece funcionar. A melhor maneira de viajar com eles é manter a leveza, procurando se ajustar às preferências e exigências sempre mutáveis dessas pessoas. A pior é insistir num desejo especial, que envolva a cooperação deles. Acima de tudo, não presuma saber o que os aquarianos apreciam ou detestam com base em experiências passadas: eles gostam de surpresas.

O sexo com o par romântico de Aquário

Os aquarianos podem gostar de transar com você, mas, infelizmente, gostam também de transar com outras pessoas. O melhor conselho, nessa área, é divertir-se enquanto pode e não dar muita atenção ao que eles fazem quando estão longe. Quando se sentem livres e você não os julga, ficam por perto; mas, quando o laço aperta em seus pescoços ou percebem que a doce armadilha do matrimônio está para se fechar, podem desaparecer com a velocidade do raio.

Afeição e o par romântico de Aquário

Os aquarianos preferem mostras superficiais de afeto a arroubos profundos ou emotivos. Depois que você se acostumar a seus modos frios e distantes, entenderá o verdadeiro significado de um sorriso ou de um toque de mão fortuitos. Não se surpreenda caso essa demonstração de afeto venha acompanhada de um riso irônico

(O par romântico de Aquário)

PONTOS FORTES

Divertido

Interessante

Empolgante

PONTOS FRACOS

Disperso

Descomprometido

Não confiável

ESTILO INTERATIVO

Brilhante

Alegre

Receptivo

AMOR

ou mesmo de uma consolação zombeteira como "Ah, pobre criatura!" Muitas manifestações de emoção ou afeto dos aquarianos são ilustradas por um brilho nos olhos que com frequência precede uma palavra provocativa, envolta em ironia ou franco sarcasmo. Mas lembre-se: nem sempre essas palavras são ditas com intenção maliciosa.

O senso de humor e o par romântico de Aquário

Os aquarianos não poupam o humor, mas infelizmente você pode virar logo o alvo de seus gracejos. E ser alvo de piadas se torna irritante com o tempo; cansa e por fim deixa a pessoa infeliz. Portanto, convém estabelecer limites para esse comportamento desde o início, não deixando que a brincadeira se insira num padrão de zombarias ou saia de controle. Encontrar assuntos de que ambos possam rir é uma boa alternativa para você não ser sempre o bode expiatório. Não tente virar a mesa e zombar de pares românticos de Aquário, pois o senso de humor dessas pessoas é limitado quando elas próprias se tornam alvo de gozações.

O cônjuge de Aquário

PONTOS FORTES

Divertido

Confiável

Dedicado

PONTOS FRACOS

Ocupado

Incomodado

Egoísta

ESTILO INTERATIVO

Positivo

Brilhante

Interessante

Os cônjuges de Aquário costumam ser muito ligados à família. Quando decidem que o casamento é o melhor a fazer, dedicam-se a ele totalmente, sem reservas. São confiáveis quando se sentem úteis a quem está ao seu lado e aos filhos. Embora passem muito tempo fora de casa, quase sempre por causa de atividades profissionais, gostam bastante do convívio doméstico, sobretudo por ocasião de feriados ou férias. Os cônjuges de Aquário tornam excitantes e divertidos até os eventos mais simples do dia a dia. Seu bom humor anima a todos os que os cercam.

A cerimônia de casamento e a lua de mel com o cônjuge de Aquário

Os cônjuges de Aquário não se interessam muito pelas extravagâncias de eventos sociais pomposos, incluindo aí a cerimônia de seu casamento. Porém, embora fiquem bastante satisfeitos com uma festa simples, reconhecem a necessidade do cônjuge de dar mais brilho ao acontecimento, participando sem reservas das comemorações. Em geral, não entram na suíte nupcial com muitas expectativas, preferindo ver as coisas como são. Assim, desapontamentos ou desilusões são quase sempre evitados. Eles farão o melhor para tornar a cerimônia de casamento e a lua de mel muito especiais, mas não se surpreenda se perguntarem: "E então, como me saí?".

O cotidiano doméstico e a vida de casado com alguém de Aquário

Muitos aquarianos têm dificuldade em se ajustar às exigências corriqueiras do dia a dia, mesmo quando estão animados para isso. Aborrecem-se com facilidade e o esforço constante para gerar interesse e excitação pode cansá-los com o tempo. Certifique-se de contribuir com suficiente energia e interesse para mantê-los entretidos, do contrário eles não prestarão mais atenção em você. Conceda-lhes também a liberdade de que precisam longe de casa e nunca os pressione para saber onde estavam e o que fizeram. Eles mesmos lhe contarão o que quiserem contar. A maioria dos aquarianos compartilha fatos sobre si naturalmente.

AQUÁRIO

As finanças e o cônjuge de Aquário

Os aquarianos, em geral, precisam se sentir livres para gastar dinheiro à vontade. Isso pode gerar graves problemas na família quando o orçamento é apertado. Imprevisíveis nas ações, muitas vezes enfrentam dificuldades para confessar seus gastos quando recebem um extrato bancário mostrando que a conta conjunta do casal está no vermelho e os cartões de crédito, estourados. Não é bom ter contas separadas, do contrário você não conseguirá mais pôr limites à gastança. Os cônjuges de Aquário têm uma fraqueza especial por bugigangas, carros e aparelhos vistosos.

A infidelidade e o cônjuge de Aquário

Embora os amantes de Aquário possam ser notoriamente infiéis, os cônjuges de Aquário em geral não são. Orgulham-se muito da família e fazem o máximo de esforço para apoiá-la e levá-la a progredir. Entretanto, como em qualquer casamento, é inevitável que vez por outra se sintam fortemente tentados a trair, quando alguém muito atraente aparece ou a infelicidade e o sofrimento da vida conjugal se tornam insuportáveis. Essas traições trazem sofrimentos emocionais aos aquarianos, que não foram feitos para suportá-los. Os cônjuges devem convencê-los a falar, se quiserem ficar com eles.

Os filhos e o cônjuge de Aquário

Os aquarianos podem ser ótimos pais. Seu lado infantil leva-os a participar de atividades mutuamente agradáveis com os filhos, inclusive, mas não só, esportes (como participantes ou espectadores), jogos, resolução de enigmas, criação de peças artísticas, viagens e todos os tipos de reunião social. Brincar na caixa de areia com os filhos é característico dos pais de Aquário, que não se envergonham de expressar sua criança interior para todos verem. Costumam cair em profunda depressão quando seu casamento não vai bem ou seus cônjuges não querem ter filhos.

O divórcio e o cônjuge de Aquário

Sobretudo quando há filhos envolvidos, os cônjuges de Aquário sofrem mais por causa de um casamento desfeito, com as consequentes tribulações da família, do que por qualquer outra contrariedade na vida. Capazes de aceitar quase tudo, recusam-se a tolerar o rompimento e sofrem em demasia durante anos, afetando seriamente com isso a vida dos ex-cônjuges e dos filhos. Divorciar-se de um cônjuge de Aquário é algo que deve, pois, ser evitado ao máximo; e mesmo quando é ele o culpado, convém lhe dar uma segunda ou até uma terceira chance. Eles farão de tudo para não mais desapontar os cônjuges, sabendo o que correm o risco de perder.

O amante de Aquário

Quando se envolver com amantes de Aquário, você terá de aceitar este fato: não é a primeira pessoa e não será a última, podendo até nem ser a única no momento. Em se tratando de amor, os aquarianos acham que podem fazer de tudo lá fora sem prejudicar seus entes queridos. Assim, o amor que partilham com qualquer pessoa é limitado em

(O amante de Aquário)

PONTOS FORTES

Empolgante

Criativo

Tolerante

PONTOS FRACOS

Leviano

Superficial

Disperso

ESTILO INTERATIVO

Solidário

Ativo

Exigente

quantidade, embora a qualidade possa ser alta – ao menos por algum tempo. Quem busca profundidade e significação num relacionamento talvez fique insatisfeito com o que os amantes de Aquário têm a oferecer, achando seus sentimentos superficiais (embora excitantes) e efêmeros.

Como conhecer o amante de Aquário

Os amantes de Aquário estarão prontos para se encontrar com você em qualquer lugar e a qualquer hora. Não muito exigentes, pegam o que podem sempre que possível. Contatá-los por e-mail ou celular quase nunca é problema, pois checam tudo o que recebem e respondem dentro de vinte e quatro horas. São particularmente vulneráveis a ações espontâneas do par, já que o inesperado e o excitante são duas áreas que os atraem como um ímã. Acostume-se também a comunicações inesperadas, que chamam você para determinado lugar a determinada hora – às vezes dentro de quinze ou vinte minutos! Para eles, uma hora é demais.

Onde se encontrar com o amante de Aquário

O lugar não importa muito para os amantes de Aquário. Às vezes, o risco de serem descobertos atua como um afrodisíaco, induzindo-os a preferir os locais mais perigosos. Quebrar regras e provocar confusão é em geral parte inerente ao envolvimento com um amante de Aquário, de modo que você deve se acostumar logo com isso. Indivíduos espontâneos, não é possível controlá-los de maneira alguma, o que quase sempre resulta em comportamentos bizarros. Eles acham que a excitação vale bem o risco e esperam o mesmo de você.

O sexo e o amante de Aquário

O amante de Aquário tem um instinto apurado para a variedade e pode mesmo ter, vez por outra, lançado um olhar ao *Kama Sutra*, a livros de Henry Miller ou *A História de O*. Em matéria de sexo, eles se cansam com facilidade, de modo que o melhor é você se inteirar bem do assunto ou decidir-se a suprir seus desejos exóticos, se quiser continuar sendo objeto da atenção deles. Atitudes puritanas ou francamente conservadoras são um meio seguro de desestimulá-los; entretanto, às vezes, essas mesmas atitudes não raro induzem os amantes escandalosos de Aquário a comportamentos surpreendentes, que podem ser agradáveis e estimulantes.

Como segurar o amante de Aquário

Na verdade, é impossível segurar esses indivíduos irrequietos por muito tempo. Os amantes de Aquário se especializam em relacionamentos de curto prazo. Se você quiser segurá-los por um período mais longo, terá de recorrer à magia para preservar seu interesse e não permitir que eles fiquem olhando para todos os lados. Como Sherazade, que ia alinhavando histórias sem fim nas *Mil e uma noites*, você precisará exibir seus encantos e até selar o acordo com o casamento. Quanto mais tentar prender amantes de Aquário, mais os verá escorrendo como água por entre os dedos.

AQUÁRIO

Como entreter o amante de Aquário

Em casa, os amantes de Aquário gostam que os entretenham, mas gostam mais ainda de entreter. Adoram ser apreciados e reconhecidos; você será repetidamente instado a acariciar seus egos e calar suas inseguranças dizendo-lhes como foram, ou são, imbatíveis na cama. Se quiser descansar um pouco dos avanços frenéticos dos amantes de Aquário, sugira um passeio pela cidade, pois eles são bastante receptivos a sugestões que impliquem uma mudança espontânea e inesperada de lugar. Fazem questão de ser vistos em público com seus parceiros e de ficar no centro de controvérsias de todo tipo.

Como romper com o amante de Aquário

Isso quase nunca é um problema porque os amantes de Aquário, com muita probabilidade, já romperam sem que você tenha notado ou nunca estiveram de fato envolvidos! É raro que se apeguem aos parceiros e tentem forçá-los a ficar com eles. Acham o mundo um lugar cheio de novidades e a mais recente talvez os esteja aguardando na próxima esquina. Não é a autoconfiança que os move (muitas vezes são inseguros quanto à própria capacidade de amar e fazer amor), e sim sua fé em que o universo lhes proporcionará um novo envolvimento quando estiverem precisando de um.

O ex-cônjuge de Aquário

Não se surpreenda se os ex-cônjuges de Aquário não mostrarem grande interesse por você. Com toda probabilidade já estão em outra, fazendo com que você suspire de alívio ou sofra profundamente, dependendo de seus sentimentos. Pouco depois do rompimento, talvez você nem os reconheça mais, tão mudados ficam – e eles também não reconheçam você. Costumam tratar os antigos parceiros como se estes jamais houvessem existido, o que torna difícil ou impossível qualquer tipo de relacionamento com essas pessoas. Assim, com a maioria dos ex-cônjuges de Aquário, o que passou, passou: nada mais se pode esperar.

Como fazer amizade com o ex-cônjuge de Aquário

Em geral, os ex-cônjuges de Aquário não mostrarão nenhum interesse em ter amizade com você após o rompimento. Entretanto, é possível marcar encontros, desde que sejam esporádicos e sem importância. Conversas formais sobre assuntos práticos é o máximo que você pode esperar. Acima de tudo, não conte com mostras de emoção por parte dos ex-cônjuges de Aquário: com isso, evitará muita dor e frustração. Caso revelem algum interesse em você, será apenas para obter o que querem. Não entre no jogo deles.

Problemas para reatar com o ex-cônjuge de Aquário

Nos casos raríssimos em que mostram interesse genuíno em reatar o relacionamento, os ex-cônjuges de Aquário podem ter em mira um compromisso permanente. No entanto, costumam também discutir a reconciliação como um meio de exercer controle sobre você – na verdade, de usá-lo com finalidades egoístas. Vá com calma em qualquer

PONTOS FORTES
Independente
Controlado
Objetivo

PONTOS FRACOS
Frio
Desligado
Despreocupado

ESTILO INTERATIVO
Objetivo
Indiferente
Desinteressado

AMOR

discussão desse tipo e force-os a dar garantias sólidas de suas intenções, mesmo por escrito. Se você tiver interesse em voltar e seu ex-cônjuge não, terá pela frente um futuro cheio de dor e sofrimento.

Como conversar sobre questões do passado com o ex-cônjuge de Aquário

Nem todos os ex-cônjuges de Aquário terão interesse em discutir o passado e muito menos problemas antigos. Às vezes, nem se lembram dos acontecimentos, bons ou maus, e chegam a negá-los de maneira permanente. Se você lhes mostrar fotos ou textos que demonstrem a devoção deles a você e à família, talvez se neguem a olhar, alegando que você está apenas tentando manipular seus sentimentos. ("Que sentimentos?", seria o caso de se perguntar.) Os ex-cônjuges de Aquário são também capazes de se recusar a falar sobre o passado dizendo que seus parceiros atuais não gostariam nada disso e que a conversa poderia atrapalhar seus novos relacionamentos.

Como expressar afeto pelo ex-cônjuge de Aquário

Isso em geral está fora de questão. De novo, se os ex-cônjuges de Aquário mostram afeto é porque estão querendo alguma coisa, física ou financeira. Essas manifestações costumam ter conotação sexual e ser um meio direto de despertar antigas emoções que podem levar rapidamente você para a cama. Mas o que parece a revivescência da antiga chama do amor não passa, em muitos casos, de um incidente isolado. É, pois, aconselhável que você encare a ocasião assim, por mais agradável que tenha sido.

Como definir o atual relacionamento com o ex-cônjuge de Aquário

Que relacionamento? Provavelmente, tudo pode ser resumido em poucas palavras, não deixando muito para a imaginação. Os ex-cônjuges de Aquário tendem a definir o relacionamento atual apenas limitando-o a algumas áreas essenciais: filhos, impostos, propriedades e coisas do tipo. Qualquer discussão para descrever ou definir mais precisamente o relacionamento está fora de cogitação, dado o desinteresse ou a franca hostilidade dos ex-cônjuges de Aquário. Você poderá transmitir-lhes suas ideias por e-mail ou carta – mas não conte com a resposta.

Como compartilhar a guarda com o ex-cônjuge de Aquário

A guarda dos filhos é o único assunto em que contatos com os ex-cônjuges de Aquário serão sem dúvida mantidos. Os aquarianos amam seus filhos e querem continuar participando da vida deles; por isso, é provável que concordem em falar com você ou mesmo em discutir certas questões. Os filhos exigem, muitas vezes, tempo igual com os pais de Aquário, que os divertem e lhes dão um tratamento especial. Essa expectativa pode colocar você na desconfortável posição de ser um capataz ou um ogro.

Amigos e família

AQUÁRIO
21 DE JANEIRO A 19 DE FEVEREIRO

O amigo de Aquário

A amizade é muito importante para a maioria dos aquarianos. A seu ver, ela tem um significado idealista, global e universal, não apenas pessoal. Em consequência, suas amizades possuem uma qualidade altamente desprendida e objetiva – são frias, nunca apaixonadas. Pouco interessados em contatos diários ou mesmo semanais, os aquarianos procurarão você quando precisarem muito de ajuda ou quando um de seus últimos empreendimentos estiver indo mal ou paralisado momentaneamente. Assim, não os considere pilares de estabilidade, mas apenas um evento interessante em sua vida – ao mesmo tempo engraçado e um pouquinho especial.

Como pedir ajuda ao amigo de Aquário

É melhor você ter somente uma ou duas perguntas para seu amigo apressado de Aquário – de preferência que possam ser feitas e respondidas numa conversa rápida. Não conte com ele para ajudá-lo em tarefas como mudança, planejamento, arrumação, listas de trabalho e atividades futuras ou compras de itens difíceis de encontrar. Os amigos aquarianos só ajudam quando têm tempo livre, que é sempre limitadíssimo ou inexistente. E há o problema de encontrá-los, o que também é difícil. Mande-lhes mensagens de voz ou e-mails vários dias ou mesmo duas semanas antes de precisar da assistência deles.

Como comunicar-se com o amigo de Aquário e manter contato com ele

Embora sejam, de um modo geral, bons comunicadores, os aquarianos preferem contatar a ser contatados. Não apenas são difíceis de encontrar como acham melhor iniciar os contatos – dependendo de quando, onde e como isso lhe convenha. O mais das vezes, isso acontece justamente quando você está muito ocupado; e, se achar impossível responder ao gesto espontâneo desses amigos, eles ficarão ainda mais arredios no futuro. Os aquarianos precisam sentir que você necessita urgentemente de sua ajuda – e você tem de se comunicar com eles da maneira certa, na hora certa.

Como pedir um empréstimo ao amigo de Aquário

Nunca dependa de amigos de Aquário para empréstimos, incluindo aqueles que concordaram em ajudar e prometeram atender a seu pedido. As chances são de que,

PONTOS FORTES
Idealista
Universal
Espontâneo

PONTOS FRACOS
Bizarro
Pouco confiável
Inseguro

ESTILO INTERATIVO
Desprendido
Objetivo
Frio

pouco antes de emprestar (com a melhor das intenções), eles gastem o dinheiro em outra coisa. E gastam com tamanha leviandade que não se pode absolutamente contar com esses amigos para cumprir obrigações financeiras assumidas. Mas, se você os deixar interessados naquilo que vai fazer com o dinheiro, eles poderão encarar o empréstimo como um bom investimento e oferecer mais que o solicitado. Se você despertar seu interesse, valerá apenas alimentá-lo daí por diante, pois poderá significar um desembolso generoso da parte deles.

Como pedir conselhos ao amigo de Aquário

Os amigos de Aquário não são de dar conselhos demorados. Em geral, dizem o que pensam em poucas palavras e não perdem tempo refletindo no que vão dizer. São sensíveis quando se trata de questões objetivas, mas não têm muito talento nas áreas de observação psicológica, emoções humanas e lado escuro da vida. Às vezes se recusam peremptoriamente a participar de discussões sobre assuntos deprimentes ou mórbidos, não só por aversão, mas também por princípio. É melhor, portanto, que você limite seus pedidos de conselhos a áreas em que eles revelaram alguma proficiência, sobretudo em problemas técnicos.

Como visitar o amigo de Aquário

É difícil visitar amigos de Aquário porque você dificilmente vai encontrá-los em casa. Além disso, caso estejam lá, mas totalmente ocupados com algum assunto profissional ou particular, sem dúvida não atenderão a campainha nem as batidas na porta. O envolvimento total dos aquarianos com o que estão fazendo – e que, é claro, pode mudar de uma hora para outra – muitas vezes frustra até as visitas combinadas com bastante antecedência. Portanto, não faça suposições nem alimente grandes expectativas. Em vez disso, sugira que eles próprios o visitem, dando-lhes um amplo espectro de escolhas, cada qual encaixada num longo período de horas ou mesmo dias.

Comemorações/entretenimento com o amigo de Aquário

Os aquarianos, adeptos da alegria, gostam de comemorar ocasiões especiais e de sair para se divertir. No entanto, como seus compromissos mudam o tempo todo, o melhor é tomar a decisão de comemorar ou sair no calor do momento. Se você seguir esse impulso, poderá haver muita diversão em inúmeras atividades, de um simples jantar ou alguns drinques até uma comemoração realmente para valer. Você verá que os aquarianos não se cansam quando se divertem e só haverá problema caso alguém tente refreá-los ou encerrar a festa.

O colega de quarto de Aquário

Os colegas de quarto de Aquário aparecem e desaparecem num piscar de olhos, recusando-se a permanecer por muito tempo num lugar ou função. Acompanhá-los ou ajustar-se a eles pode ser difícil ou impossível, portanto o melhor é que você se ocupe de suas coisas e ignore-os ao máximo. Eles não querem irritar você de propósito nem interferir no que você faz, de modo que as coisas funcionarão melhor se houver tolerância mútua. O distanciamento dos aquarianos impede qualquer envolvimento profundo. Não os sobrecarregue com tarefas domésticas excessivas: eles concordarão sem hesitar em fazê-las, mas só para você não os pressionar mais, e com a mesma rapidez deixarão de cumprir o prometido.

Como dividir responsabilidades financeiras com o colega de quarto de Aquário

Infelizmente, em se tratando de dinheiro, os colegas de quarto de Aquário são um desastre. Gastam-no com tanta leviandade que no fim do mês estão duros. É lamentável, mas ficar devendo o aluguel para você será norma. Entretanto, quando têm bastante dinheiro, entregam-no aos montões. Quanto a pagamentos em geral, os colegas de quarto de Aquário não são confiáveis, a menos que você os encurrale e se arrisque a um acesso de mau humor, seguido de uma fuga rápida.

A limpeza e o colega de quarto de Aquário

Em matéria de limpeza, não insista com seus colegas de quarto de Aquário: os resultados serão uma bagunça perpétua e cansativa, que só deixará você ressentido. É melhor ignorá-los e manter seu próprio quarto em ordem, para, talvez, servir de exemplo. O problema é manter em ordem os espaços comuns, como cozinha, banheiro e sala de estar. Você sempre terá de fazer a maior parte do trabalho. Entretanto, quando a bagunça passar dos limites, você terá de obrigá-los a agir, recusando com firmeza quaisquer desculpas ou promessas para o futuro.

Convidados e o colega de quarto de Aquário

Em geral, os colegas de quarto de Aquário serão tolerantes e acolhedores para com as pessoas que você convidar, mesmo aquelas que aparecem nas horas erradas e não vão embora nunca. Os aquarianos gostam de se divertir e raramente perdem a oportunidade de partilhar isso com os outros. Mas, se você convidar pessoas conservadoras e empertigadas, elas ficarão surpresas ao ver as loucuras e excessos de seu estranhíssimo colega de quarto de Aquário. O choque entre essas personalidades contrastantes pode pôr um fim abrupto às visitas.

Festas e o colega de quarto de Aquário

A perspectiva de uma festa é ótima oportunidade para seu colega de quarto de Aquário fazer uma arrumação, antes e depois do evento. Os aquarianos gostam de festas e sem dúvida vão contribuir com tempo e energia para que todos se divirtam. Mantê-los sob controle pode ser um problema, embora costumem dançar até não poder mais e sair de cena. Às vezes, porém, precisam ser literalmente carregados para o quarto e colocados

PONTOS FORTES

Tolerante

Compreensivo

Receptivo

PONTOS FRACOS

Evasivo

Esquecido

Distante

ESTILO INTERATIVO

Desligado

Caprichoso

Individualista

AMIGOS E FAMÍLIA

na cama. Os colegas de quarto de Aquário quase nunca põem limites ao que acontece até nas festas mais malucas.

Privacidade e o colega de quarto de Aquário

Os colegas de quarto de Aquário não terão muito respeito para com sua privacidade, pois pensam em termos grupais e não individuais quando se trata de viver juntos. Por outro lado, tolerarão que você invada seu espaço privado, mas estabelecerão barreiras quando estiverem profundamente envolvidos em atividades profissionais ou íntimas. Em geral solidários, partilharão com você sua comida, seu espaço e seu dinheiro (quando o tiverem, é claro). É provável que a porta de seu quarto fique mais aberta que fechada, permitindo assim observações e visitas ocasionais sem a necessidade de bater.

Como conversar sobre problemas com o colega de quarto de Aquário

Os colegas de quarto de Aquário aceitam discutir problemas desde que a conversa seja espontânea e não programada ou muito formal. Entretanto, sobretudo quando concordarem prontamente com um pedido seu, não se espante se eles ignorarem aquilo que pareceram aceitar sem hesitação. Arredios a cumprir acordos, os colegas de quarto de Aquário são compreensivos, mas nada práticos quando se trata de atender aos pedidos dos outros. Não conseguem reconhecer que são parte do problema discutido e com toda probabilidade criticarão os colegas ou porão a culpa na ocasião pouco auspiciosa ou no azar.

Os pais de Aquário

Muitos aquarianos, espíritos livres, preferem não se casar e ter filhos. Os que o fazem quase sempre preservam sua independência ou incentivam os filhos a deixarem o ninho quando chegam à maioridade. Nem autoritários nem possessivos, gostam de ver os filhos desenvolver atitudes independentes, mas mostram-se muito intolerantes quando eles quebram certas normas rigorosas estabelecidas para sua segurança. Portanto, os pais de Aquário traçam os limites da liberdade quando acham que os filhos podem correr perigo. Interessam-se até mais pelas atividades fora da escola do que pelas acadêmicas, encorajando os filhos em práticas como esportes, vida social, amizades e projetos criativos.

O estilo de disciplina dos pais de Aquário

Muitos pais aquarianos preferem não disciplinar seus filhos, exceto quando se trata de segurança. Se eles infligirem as normas e correrem perigo, os pais de Aquário os tratarão com dureza e provavelmente os colocarão de castigo por um bom tempo. Em contrapartida, ensinam-nos a arcar com as consequências de seu comportamento, dando-lhes liberdade com a advertência de que, embora livres, são responsáveis pelo que fazem. Por exemplo, podem sair à noite, desde que se levantem cedo e façam os deveres de casa. O pai e a mãe de Aquário detestam aborrecimentos.

AQUÁRIO

Nível de afeto e os pais de Aquário

Os pais de Aquário costumam ser afetuosos com os filhos, mas com discrição e sem muito alvoroço. Dar ou receber abraços e beijinhos são coisa normal para eles. Mas, ainda assim, o afeto dos pais de Aquário nem sempre é profundo; às vezes, esses indivíduos podem ser muito frios, alheios às necessidades emocionais das crianças. De comportamento um pouco estranho, têm maneiras curiosas de mostrar afeto, como provocar ou até ridicularizar os filhos. Muitos destes não acharão que tais atos sejam mostras de carinho; e, mesmo que achem, seus amigos provavelmente pensarão de outra forma e ficarão confusos.

Questões financeiras e os pais de Aquário

Os pais de Aquário quase sempre são bastante generosos em questões de dinheiro. Dão boas mesadas aos filhos e querem que eles as gastem com atividades agradáveis (mas não perigosas). Mesmo quando ficam sabendo que um tablete de chocolate pode provocar cáries, acham que esse risco é compensado pelo prazer obtido. Os pais de Aquário também não economizam quando se trata das necessidades básicas dos filhos; o único problema é que o dinheiro já pode ter sido gasto com sua última paixão ou capricho. Quase sempre eles têm o bom senso de não contrair grandes dívidas para a família atendendo a exigências ou desejos muito caros dos filhos.

Crises e os pais de Aquário

Como são muito tensos, os pais de Aquário costumam ter reações exageradas quando os filhos estão em perigo, pelo menos a seu ver. Entrar em pânico e correr para resgatá-los prematuramente é típico dessas pessoas e pode, com frequência, aumentar o risco em vez de diminuí-lo. Por exemplo, um pai alarmado, querendo avisar o filho de que um carro está se aproximando, pode na verdade distraí-lo com seus gritos. Os pais de Aquário devem confiar mais na percepção de seus filhos.

Feriados/reuniões de família e os pais de Aquário

Os pais de Aquário não apreciam muito reuniões de família, mas adoram sair de férias com os filhos e podem mesmo levar na viagem alguns amiguinhos deles. Aqui, a diferença é entre o que gostam de fazer (férias) e o que fazem por obrigação (reuniões familiares). Eles detestam repetir coisas infindavelmente e de maneira previsível, de modo que os mesmos episódios familiares, todos os anos, aborrecem-nos por completo. Para um aquariano, o tédio leva à irritação, a irritação ao ressentimento e o ressentimento à recusa peremptória de participar. Em se tratando de férias, porém, obedecem a seus impulsos espontâneos e a seu anseio de aventura. Os pais de Aquário costumam, eles próprios, agir como crianças grandes.

Como cuidar dos pais de Aquário idosos

Os pais de Aquário idosos geralmente pedem que os deixem em paz e se recusam com teimosia a aceitar a ajuda dos filhos, física ou financeira. Vão ficando cada vez mais sovinas à medida que envelhecem e por isso conseguem sobreviver com muito pouco, quer queiram, quer não. As ninharias com que conseguem se virar não bastariam para

---

(Os pais de Aquário)

PONTOS FORTES

Incentivador

Interessado

Liberal

PONTOS FRACOS

Intolerante

Medroso

Egoísta

ESTILO INTERATIVO

Ativo

Entusiasta

Não acadêmico

AMIGOS E FAMÍLIA

a maioria das outras pessoas de sua idade e certamente não seriam desejáveis para elas. Como os caprichos do pai e da mãe de Aquário também se acentuam com a idade, os filhos às vezes se preocupam muito com suas travessuras e chegam a pensar que eles estão ficando fracos da cabeça. O melhor é manter um olho neles e não censurar seu comportamento, por mais bizarro.

Os irmãos de Aquário

PONTOS FORTES
Inspirador
Criativo
Inovador

PONTOS FRACOS
Perturbador
Desconcertante
Alarmista

ESTILO INTERATIVO
Abrupto
Espontâneo
Leviano

É inevitável: os aquarianos atiçam o lado divertido dos irmãos graças a seu brilho e bom humor. Pode-se contar com eles para uma ótima diversão, mas também para fazer soar uma nota tranquila, descontraída e leve na vida familiar. Seu humor pode mudar de repente, passando do jovial ao frenético e enviando ondas de choque pela comunidade fraterna. Contudo, após alguns anos desse comportamento, o inesperado se torna corriqueiro e as reações a ele se modificam. Elaborar novos planos e pensamentos – essa é a especialidade deles – é uma habilidade muito valorizada por seus irmãos. Quando as coisas ficam aborrecidas ou previsíveis demais, estes frequentemente se voltam para os irmãos de Aquário para obter inspiração.

Rivalidade/proximidade com os irmãos de Aquário

Em regra, os aquarianos não são abertamente competitivos com seus irmãos, mesmo quando exibem características agressivas fora de casa. Preferem ficar próximos dos irmãos, mas isso nem sempre é possível devido a certos traços que podem ser considerados entediantes e desconcertantes. Mas sabem conquistar corações e são quase sempre perdoados por suas transgressões perturbadoras e turbulentas. Em vez de competir, os irmãos de Aquário em geral preferem agir: seus impulsos competitivos não raro se transformam em uma busca de excelência e superação de si mesmos.

Problemas passados e os irmãos de Aquário

Em se tratando de problemas passados, os irmãos de Aquário não só esquecem como perdoam. Isso mostra sua tendência a progredir, viver o presente e antecipar o futuro. Para eles, o passado não significa muita coisa. No entanto, essa tendência pode não ser partilhada por um de seus irmãos ou irmãs que acaso se sinta injustiçado: nesse caso, o fato de o irmão aquariano esquecer e aceitar apenas enfurecerá ainda mais a vítima da injustiça. Os irmãos de Aquário precisam entender que problemas passados às vezes são importantes para outras pessoas.

Como lidar com os irmãos de Aquário afastados

Devido à sua ânsia de ver as coisas nos trilhos e à sua intensa necessidade de exprimir sentimentos amistosos para com os irmãos, os aquarianos são em geral pessoas receptivas à reconciliação. Cabe, pois, à família discutir o assunto, resolver trazer a ovelha desgarrada de volta ao rebanho e, por fim, tentar se reconciliar com ela. Na maioria dos casos, o irmão afastado concordará em voltar e até em aceitar certas exigências. Mas nunca entenderá complemente por que o afastaram.

Problemas financeiros (empréstimos, testamentos etc.) e os irmãos de Aquário

De um modo geral, o dinheiro não é a coisa mais importante para os aquarianos; por isso, emprestá-lo não constitui grande problema para eles. Não sofrem em demasia quando são esquecidos num testamento, a menos, é claro, que o falecido seja um parente próximo ou alguém a que estivessem ligados emocionalmente. Ficam muito felizes quando todos os irmãos e irmãs, incluindo eles próprios, são contemplados igualmente. Odeiam brigar por dinheiro e às vezes não se prestam a isso, mesmo que sejam prejudicados. Mais idealistas que a maioria das pessoas, raramente põem de lado seus princípios em matéria financeira.

Feriados/comemorações/reuniões e os irmãos de Aquário

Os irmãos de Aquário se contentam com desempenhar um papel apagado nos feriados, comemorações e reuniões de família. Retribuem prontamente os bons sentimentos partilhados pelos familiares, jamais exigindo para si uma atenção especial ou uma posição de poder nessas atividades. Mantê-los alegres e evitar discussões valerá a pena, pois assim o grupo ficará livre da irritação e dos súbitos acessos emocionais dos aquarianos. A presença de um aquariano jovial e radiante animará praticamente todos os encontros familiares. Aproveite as energias abundantes dos irmãos de Aquário incluindo-os em representações, histórias, jogos e atividades recreacionais ao ar livre.

Como tirar férias com os irmãos de Aquário

Ficar de fora de um programa de férias pode ser uma tortura para a maioria dos irmãos de Aquário. Eles têm que ser incluídos nas atividades, pois, se não forem... prepare-se para uma reação de raiva, ressentimento e mesmo lágrimas na volta. Os irmãos de Aquário, durante as férias, preferem aventuras desafiadoras e excitantes, raramente evitando o perigo, que na verdade os estimula. Os irmãos dos aquarianos devem, assim, vigiá-los de perto para que um mal-estar súbito ou um acidente imprevisto não ponham fim a um período de férias que vinha sendo tão agradável. É preciso lembrá-los de suas limitações de vez em quando e impor-lhes algumas restrições, embora eles costumem se irritar quando estas são muito severas.

Os filhos de Aquário

Os filhos de Aquário costumam criar graves problemas para os pais. Entretanto, devido à sua natureza jovial, são bastante sensíveis à atenção, compreensão e aceitação do pai ou da mãe. As áreas problemáticas em geral envolvem sua maneira inusitada de fazer as coisas e sua recusa peremptória a fazê-las do jeito dos pais – ou de qualquer outra pessoa. Caso os sapatos estejam apertados, eles andarão descalços na neve; se uma comida lhes faz bem, mas os desagrada e os pais tentam obrigá-los a ingeri-la, recusam-se até a olhar para o prato. Choramingar, chorar, contorcer-se e gritar são manifestações frequentes em seus primeiros anos: uma reação às tentativas de controlá-los.

AMIGOS E FAMÍLIA

(Os filhos de Aquário)

PONTOS FORTES

Alegre

Agradecido

Sensível

PONTOS FRACOS

Irritadiço

Rebelde

Incontrolável

ESTILO INTERATIVO

Exigente

Meticuloso

Individualista

O desenvolvimento da personalidade e os filhos de Aquário

Convém deixar que o filho e a filha de Aquário ajam à sua maneira muito própria ao longo das várias etapas da infância. Se você, como pai ou mãe, atrapalhá-los num ponto crucial de seu desenvolvimento, eles talvez fiquem presos ali, padecendo sérios problemas psicológicos na adolescência e na vida adulta. Lembre-se de que as crianças de Aquário não são como as outras e de que seu jeito altamente individualista de lidar com diversas questões deve ser aceito e mesmo incentivado. Por isso, eles pedem e devem ter um tratamento especial, sobretudo se você quiser evitar tribulações sem fim. Numa comparação entre o desenvolvimento infantil e o crescimento de uma árvore, evite podar ou desbastar demais os galhos dos aquarianos.

Hobbies/interesses/planos de carreira para os filhos de Aquário

Convém apresentar aos filhos de Aquário todo um leque de atividades para que possam escolher. Isso é necessário não só por causa da enorme quantidade de energia que precisa ser usada, mas também porque eles não se interessam pela maioria das coisas que lhes são oferecidas. Observar seus hobbies preferidos muitas vezes fornece pistas para uma possível profissão na vida adulta. Não tente encaixar crianças de Aquário em moldes ou forçá-las a seguir um caminho que você próprio escolheu. A natureza acentuadamente rebelde dessas crianças escapará mais cedo ou mais tarde das imposições, provocando em você uma decepção e uma infelicidade mais intensas do que simplesmente aceitar as escolhas pessoais de seus filhos, por mais difícil que isso seja.

A disciplina e os filhos de Aquário

É difícil ou mesmo impossível disciplinar filhos de Aquário. Além disso, como suas reações bravas a semelhante tratamento podem levar com facilidade a um conflito aberto (ou mesmo a uma guerra), o melhor é deixá-los em paz sempre que possível. A aplicação firme de algumas regras básicas, além de atitudes compreensivas, gentis e carinhosas, são em geral o meio mais indicado para manter sob controle suas energias exuberantes. Se você administrar castigos físicos, não se surpreenda se eles lhe derem o troco, pois não toleram abusos. Com muita probabilidade, defenderão também outras criaturas próximas que recebam idêntico tratamento.

Nível de afeto e os filhos de Aquário

Mais que muitos outros, os filhos de Aquário precisam de carinho. Quando mais jovens, carícias, tons de voz suaves, olhares afetuosos e tapinhas tranquilizadores nas costas são essenciais para acalmar suas naturezas excitáveis. Os filhos de Aquário se nutrem de afeição e costumam retribuir esses investimentos com juros, na vida adulta, a pais compreensivos e solidários. Em virtude de sua natureza enérgica e irrequieta, os pais às vezes cometem o erro de achar que eles não precisam de muito encorajamento e afeição; mas privá-los disso é que constitui o grande erro. Convém dar-lhes bichos de estimação para que, cuidando deles, aprendam a ser gentis e dedicados, não rudes e incontroláveis.

AQUÁRIO

Como lidar com as interações dos filhos de Aquário com os irmãos

Os filhos de Aquário exigem compreensão especial dos pais no monitoramento de suas interações com os irmãos. Muitas vezes, essas crianças brigam com quem não entende seus hábitos estranhos e com frequência perturbadores. Os pais terão de fazer de tudo para manter a harmonia numa família que conte com um filho de Aquário particularmente irrequieto. Por outro lado, quando são plenamente aceitos e apreciam o modo como são tratados, os filhos de Aquário nunca, ou quase nunca, provocarão confusões ou tentarão perturbar a paz no seio da família apenas para chamar a atenção.

Como interagir com os filhos adultos de Aquário

Coisa estranha, mesmo o mais turbulento filho de Aquário pode se tornar um modelo de tranquilidade na vida adulta. Depois de aprontar muito na infância e adolescência, essas pessoas frequentemente sossegam, vivendo uma vida adulta harmoniosa e mostrando um espírito de cooperação e compreensão que não tinham antes. Tornam-se, assim, um elemento de estabilidade na família que aterrorizaram por anos. Quem só os conheceu na infância se espanta com a transformação, ao encontrá-los mais tarde.

AMIGOS E FAMÍLIA

Peixes

NASCIDOS DE 20 DE FEVEREIRO A 20 DE MARÇO

Peixes é o signo mutável da água, regido por Netuno. Com sua capacidade de sentir as coisas em profundidade, os indivíduos pertencentes a esse signo valorizam as emoções mais que a maioria e exigem muito envolvimento em suas relações mais sérias. Sensíveis ao extremo, podem ser feridos emocionalmente com facilidade e são vulneráveis sobretudo à rejeição. Sua espiritualidade ou crença no divino são quase sempre muito fortes, bem como seu envolvimento com as artes, principalmente a música. Embora sensuais, os piscianos sabem que há mais coisas na vida do que aquelas que podem ver e tocar.

Trabalho

PEIXES
20 DE FEVEREIRO A 20 DE MARÇO

O chefe de Peixes

Por alguma razão, os nativos de Peixes são considerados um desastre em matéria de dinheiro. Contudo, seja na história, seja num círculo de amigos, observa-se que o dinheiro parece correr para eles com facilidade. Do mesmo modo, um chefe desse signo suscita com frequência a imagem de um peixe superdescontraído e indeciso saltando das profundezas. Mas, na verdade, os piscianos costumam ser ótimos chefes e até criadores de dinastias. Ganhar dinheiro é natural para eles, pois se trata de um meio fluido que entendem muito bem: os chefes proficientes de Peixes são mais que capazes de zelar pelos interesses de suas empresas e funcionários, proporcionando lucros a todos.

Como pedir aumento ao chefe de Peixes

Os chefes de Peixes gostam de ver seu dinheiro bem empregado. Em consequência, quando percebem que você está tendo um bom desempenho, decidem te recompensar, pois assim esperam que você se sinta ainda mais motivado a fazer um trabalho de alta qualidade e aumentar os lucros da empresa. Seu pedido de aumento deve ser apresentado com firmeza, juntamente com os motivos pelos quais julga merecê-lo. As promessas de trabalho futuro feitas por chefes de Peixes devem ser recebidas com reservas; entretanto, ao lhe garantir uma posição mais elevada, eles estão inteligentemente proporcionando a você as ferramentas de que necessita para progredir.

Como dar más notícias ao chefe de Peixes

Os chefes de Peixes estão sempre dispostos a dar mais uma ou até duas oportunidades quando as coisas não funcionaram. Assim, as más notícias são em geral apenas o prelúdio de uma reorganização ou de algumas mudanças de planos antes da segunda tentativa. O melhor, quase sempre, é deixar que os chefes de Peixes se encarreguem da nova agenda, pois são muito bons para criar soluções em épocas desvantajosas ou de franco desastre. Na verdade, mostram-se ainda mais proficientes quando pressionados. Lembre-se: dor, sofrimento e infortúnio são coisas bem conhecidas da maioria dos nativos de Peixes. Eles sabem se sustentar apesar dos reveses.

PONTOS FORTES
Próspero
Fluido
Compreensivo

PONTOS FRACOS
Manipulável
Supersensível
Superprotetor

ESTILO INTERATIVO
Descontraído
Adaptável
Influente

Como providenciar viagens e/ou entretenimento para o chefe de Peixes

Os chefes de Peixes apreciam bastante a qualidade e muitos deles ocupam posições de poder para conseguir aproveitar bem as vantagens extras. Em geral, os orçamentos para viagem, alojamento e jantares são altos, permitindo-lhes saciar seus gostos apurados. Os piscianos gostam de sofisticação e por isso se sentem à vontade, praticamente em casa, nos ambientes luxuosos de restaurantes e hotéis de classe. Não poupam gastos, pois sabem que os locais onde são vistos podem constituir uma poderosa ferramenta para impressionar clientes ou concorrentes. Vestem-se bem para sair e apreciam sobretudo calçados finos.

A tomada de decisões e o chefe de Peixes

Conhecidos pela indecisão, os chefes de Peixes têm a grande vantagem de ser flexíveis na maioria dos cenários empresariais. Na verdade, não são indecisos em tudo, mas gostam de um tempinho para examinar vários fatores antes de tomar uma decisão, que é quase sempre apresentada na hora certa. Devido a esse pendor para o *kairós* (o momento exato para fazer alguma coisa!), costumam se sair bem na maioria dos empreendimentos. Depois que se decidem, estão prontos para implementar suas ideias e acionar seus projetos.

Como impressionar e/ou motivar o chefe de Peixes

Os chefes de Peixes sabem que uma empresa, a fim de ter sucesso, precisa multiplicar recompensas para todos; portanto, se você quiser impressioná-los, deve mostrar-lhes que trabalha bem como membro de uma equipe. Na mesma linha de raciocínio, quando o grupo se revela proficiente em suas tarefas, os chefes de Peixes se sentem mais motivados a vender produtos e a prestar serviços no nível mais alto de profissionalismo. Quando esses chefes passam de mesa em mesa, olhando por cima dos ombros dos funcionários, quase sempre começam perguntando coisas aparentemente sem nenhuma relação com o trabalho deles: fazem isso para deixá-los à vontade. A fim de impressionar seus chefes de Peixes, adote o mesmo tom descontraído, informal.

Como fazer propostas e/ou apresentações para o chefe de Peixes

Os chefes de Peixes precisam ser convencidos. Sempre querem saber por que têm de acreditar no que você diz e, nas reuniões, exigem evidências convincentes em apoio das palavras. Embora não seja necessário enfeitar as apresentações com detalhes técnicos, eles apreciam a estética e ouvem com gosto uma apresentação elegante, agradável – mas detestam as que são feitas com descuido e negligência. Costumam mostrar sua aprovação e satisfação com um simples aceno de cabeça; nunca fazem elogios rasgados.

O funcionário de Peixes

Graças à sua extrema adaptabilidade, os funcionários de Peixes são geralmente muito valorizados. Capazes de substituir qualquer um em quase todas as situações, estão sempre prontos a ser usados como tapa-buracos confiáveis. Não costumam ser egoístas e, por isso, sacrificam seus interesses pelo bem comum. Essa tendência ao sacrifício pode prejudicá-los, pois a modéstia excessiva gera baixa autoestima e até ressentimento. As coisas funcionam melhor quando os funcionários de Peixes são, com justiça, recompensados financeiramente por seus esforços e têm a oportunidade de subir aos poucos na empresa.

Como entrevistar e/ou contratar um funcionário de Peixes

Entrevistados bem-sucedidos podem se mostrar flexíveis a seus novos empregadores e sustentar suas reivindicações com um currículo em que mostrem a ampla variedade de tarefas que são capazes de executar. Potenciais funcionários de Peixes são em geral modestos, embora tacitamente confiantes, e nunca ou quase nunca se exibem. Sabem como impressionar bem, pois têm consciência de seu próprio visual e estão a par dos estilos e gostos da moda. Declaram com honestidade se possuem ou não a capacidade necessária para emprego, após tomarem conhecimento das exigências. Caso a entrevista corra bem, dispõem-se quase sempre a começar a trabalhar de imediato, se necessário.

Como dar más notícias ao funcionário de Peixes ou demiti-lo

Os funcionários de Peixes são capazes de aceitar más notícias e podem até antecipá-las. Em geral, não procuram negar sua responsabilidade pelo que aconteceu; na verdade, até se culpam mais que o necessário, às vezes para proteger outrem. Em casos graves, o mais provável é que peçam demissão antes de ser demitidos. Quando as coisas não funcionam, são suficientemente realistas para saber que já basta e que chegou a hora de partir.

Como viajar com o funcionário de Peixes e entretê-lo

Os funcionários de Peixes viajam bem, mas não com muita frequência. Nessas ocasionais viagens de negócios, mostram-se reservados e curtem bastante o conforto que lhes é oferecido. Não são exigentes quanto a divertimentos, mas gostam de comida requintada e preferem passar uma tarde livre com você num restaurante tranquilo, que tenha uma cozinha de qualidade. Os funcionários de Peixes também são ótimos para fazer planos e reservas com boa antecedência, sobretudo em cidades que já visitaram antes. Têm seus lugares favoritos e ficam felizes em mostrá-los a seus companheiros de viagem, que de outro modo dificilmente os conheceriam.

Como confiar tarefas ao funcionário de Peixes

É aqui que os funcionários de Peixes realmente brilham. Não apenas ouvem com atenção as instruções e se entregam de corpo e alma às tarefas prescritas, como são flexíveis o bastante para aplicar suas habilidades a uma ampla gama de trabalhos. Entrosam-se bem em grupos já existentes, desempenhando suas novas funções sem hesitação nem queixa. Porém, são bastante sensíveis, e em geral repudiam insultos. Dito isso, dão o que recebem e não hesitam em revidar quando se julgam tratados de forma injusta, embora não gostem de brigas.

(O funcionário de Peixes)

PONTOS FORTES

Flexível
Adaptável
Desprendido

PONTOS FRACOS

Propenso ao autossacrifício
Excessivamente modesto
Ressentido

ESTILO INTERATIVO

Devotado
Esforçado
Trabalhador em equipe

TRABALHO

Como motivar ou impressionar o funcionário de Peixes

Os funcionários de Peixes ficam muito impressionados com empregadores e colegas que fazem seu trabalho com modéstia e responsabilidade. Apreciam também habilidades em assuntos técnicos e admiram aqueles que, como por magia, compreendem profundamente o material que têm em mãos. Trabalhar com uma dessas figuras inspiradoras pode ser um fator de muita motivação para que os funcionários de Peixes possam mostrar o seu melhor. Sonham ser, no futuro, como elas e podem mesmo, aos poucos e depois de algum tempo, assumir esse papel.

Como gerenciar, dirigir ou criticar o funcionário de Peixes

Os funcionários de Peixes não temem as críticas. Na verdade, acham-nas bem-vindas quando são feitas com franqueza por alguém que respeitam. Encarando comentários construtivos e correções como parte importante do processo educativo, os funcionários de Peixes agradecerão você por seus conselhos e os seguirão. Outro ponto forte é o grau em que eles podem ser gerenciados e dirigidos. À vontade em funções subalternas, conseguem manter seus egos longe do trabalho, dessa forma fazendo com mais eficiência o que precisa ser feito.

O colega de trabalho de Peixes

PONTOS FORTES

Bondoso
Sensível
Solidário

PONTOS FRACOS

Vulnerável
Irritadiço
Obstinado

ESTILO INTERATIVO

Descontraído
Agradecido
Submisso

Os funcionários de Peixes gostam de trabalhar num ambiente descontraído, em que os colegas se tratam com desenvoltura e liberdade. Devido à sua natureza muito sensível, são vulneráveis a emoções negativas vindas dos outros e, portanto, ficam felizes quando os companheiros de trabalho se dão bem. A boa vontade é importantíssima para eles, pois sabem que, havendo essa virtude, tudo flui com mais facilidade. Às vezes, não se esforçam o bastante, preferindo fazer apenas seu trabalho e entregá-lo no prazo, sempre que possível.

Como pedir conselhos ao colega de trabalho de Peixes

Os piscianos são, em geral, pessoas simpáticas, que sempre oferecerão aos colegas de trabalho um ombro amigo. Devido à sua orientação emocional e às suas virtudes de empatia, conseguem perceber as razões por trás dos problemas, pressentindo as motivações profundas e os desejos envolvidos. Conseguem também falar sobre esse assunto de maneira simpática, sem deixar os outros enraivecidos ou chocados. No entanto, como os colegas de trabalho de Peixes não conseguem se distanciar do sofrimento alheio, tenha cuidado para não ferir sua natureza sensível ou fazê-los sofrer por você.

Como pedir ajuda ao colega de trabalho de Peixes

Embora solidários com os problemas dos outros, os colegas de trabalho de Peixes nem sempre têm suficiente confiança em suas próprias habilidades para ajudá-los. E mesmo quando pensam estar ajudando, podem se retrair pelo desejo de não aparecer muito ou para atender primeiro às suas próprias necessidades. É que, preocupados consigo mesmos, colocam-se sempre em primeiro lugar. Todavia, quando conseguem terminar seu trabalho a tempo, oferecem ajuda logo que podem. Assim, têm mais capacidade de ajudar a longo prazo do que em situações de pressão, que exigem atenção imediata.

Como viajar com o colega de trabalho de Peixes e entretê-lo

A natureza receptiva dos piscianos torna-os companheiros ideais de viagem e entretenimento. Sempre agradecidos, sabem reconhecer a atenção que você lhes dá e os esforços que faz por eles. Não espere que desempenhem um papel ativo na organização da viagem e nas reservas – e acostume-se ao fato de que chegar atrasados é uma característica notória dos nativos de Peixes. Como se isso não bastasse, demoram muito a acordar completamente de manhã. Em geral, apenas depois da segunda xícara de café ou do segundo copo de suco de laranja é que ficam conscientes o bastante para conversar.

Como o colega de Peixes coopera com os outros

Os colegas de trabalho de Peixes são abertos à cooperação com os outros, mas nem sempre conseguem fazer isso, em geral por motivos pessoais. Os problemas com tarefas em grupo se devem, quase sempre, à sua insegurança e à sua falta de autoconfiança: em situações mais privadas, acham difícil se abrir, tendendo a mostrar-se tímidos e reservados. Com a melhor das intenções se dispõem a participar e mesmo a ajudar, mas sua personalidade os impede disso. O melhor é deixar que se apresentem como voluntários para um projeto quando se sentirem prontos, sem pressioná-los.

Como impressionar e motivar o colega de trabalho de Peixes

Os colegas de trabalho de Peixes gostam de quem os trata de maneira simpática, pois são bastante sensíveis a variações de humor e a estados emocionais complexos. Poucos colegas sabem tratá-los da maneira certa e, em consequência, eles podem se sentir distanciados do grupo a ponto de manifestar tendências paranoicas. Ter um bom amigo ou colega no grupo, que os entenda e saiba como e quando abordá-los é, em geral, a chave para motivá-los a trabalhar. Essa pessoa confiável costuma funcionar como uma ponte efetiva entre os piscianos e seus colegas de trabalho.

Como persuadir e/ou criticar o colega de trabalho de Peixes

É difícil persuadir os colegas de trabalho de Peixes quando eles não querem ser persuadidos. Teimosos, com fortes gostos e aversões, lembram o cavalo que se pode levar até o rio, mas não forçar a beber. Além disso, como são muito sensíveis, não aceitam críticas diretas. Quando não se sentem valorizados, inevitavelmente se retraem e ficam em silêncio, não sendo nada fácil tirá-los desse estado. Incapazes de expressar raiva e ressentimento, caem facilmente em depressão quando são criticados de maneira injusta. Portanto, se quiser que trabalhem bem, é importante usar de gentileza e compreensão ao abordá-los.

TRABALHO

O cliente de Peixes

PONTOS FORTES

Curioso
Astuto
Generoso

PONTOS FRACOS

Esbanjador
Inseguro
Desconfiado

ESTILO INTERATIVO

Minucioso
Bem informado
Esperto

Hábeis com o dinheiro, os clientes de Peixes não o desperdiçam em projetos infrutíferos. Por outro lado, quando percebem o valor dos produtos ou serviços que você lhes oferece, não hesitam um instante em investir pesado neles. Esses clientes são muito astutos em matéria de negócios e questionam minuciosamente o vendedor antes de se decidir pela compra. Pode bem ser que eles já tenham feito uma detalhada pesquisa a seu respeito antes do encontro – e, também, a respeito de sua firma ou departamento. Portanto, não se surpreenda ao descobrir que já sabem muita coisa sobre você.

Como impressionar o cliente de Peixes

Os piscianos não se interessam apenas por seu currículo, mas também por sua visão, em particular por sua capacidade de sonhar junto com eles no desenvolvimento de projetos criativos. Acalentam a possibilidade de estabelecer um vínculo pessoal cujo objetivo é fazer você entender perfeitamente o que eles desejam, de modo a implementar seus desejos com eficiência, mas também com sensibilidade. Para eles, é importante que as pessoas antecipem seus desejos. Se perceberem que mostra suficiente receptividade às suas vontades, investirão dinheiro sem questionamentos e deixarão você à vontade para trabalhar.

Como vender para o cliente de Peixes

Os clientes de Peixes não reagirão positivamente a gestos exagerados e a apresentações espalhafatosas que tentem convencê-los, por mais que você se esforce. Sentados em silêncio, eles em geral fazem algumas perguntas e você terá sucesso na venda conforme as respostas que der. Assim, quando eles lhe fizerem perguntas, procure responder com detalhes, ainda que isso exija tempo. Por outro lado, respostas que podem ser breves nunca devem ser longas. Os clientes de Peixes ficarão de olho em suas reações emocionais e na lógica de suas respostas.

Sua aparência e o cliente de Peixes

Sua aparência será sempre importante para os clientes de Peixes, tanto quanto a qualidade dos materiais visuais e escritos que você apresentar. Se você falhar em alguma dessas áreas ou for francamente descuidado, eles acharão difícil acreditar em suas alegações e projetos. Assim, é provável que o julguem mais pela aparência e pelo desempenho na apresentação do que pelos produtos em si. Em geral, eles estarão elegantes e bem vestidos como sinal de que respeitam você, mas também de que são pessoas de qualidade. Os clientes de Peixes querem se sentir orgulhosos por trabalhar a seu lado. Não os decepcione nisso, caso queira conquistar seu respeito.

Como manter o interesse do cliente de Peixes

Depois de você impressionar os clientes de Peixes e fechar o pedido, eles esperarão para ver como você vai se sair. Mas, conforme já dissemos, não o pressionarão, dando-lhe tempo para mostrar resultados. Em geral, não exigem nada de espetacular no primeiro mês; entretanto, após algum tempo, se você não apresentou nenhum progresso substancial, eles ficarão cada vez mais nervosos. Procure alcançar, em três ou quatro meses, um êxito que realmente os impressione, pois assim permanecerá nas boas graças de seus clientes de Peixes pelo resto do ano.

Como dar más notícias ao cliente de Peixes

Aqui, convém adotar uma abordagem menos direta, pois golpear os clientes de Peixes com toda a força de uma notícia negativa pode ser demais para eles. Reparta as más notícias por um período de pelo menos uma semana e recuse-se, de propósito, mas com prudência, a dá-las todas de uma vez. Assim, terá um tempo extra para começar a recuperar parte de suas perdas ou, pelo menos, descobrir uma maneira de fazer isso. Sem dúvida, seus clientes de Peixes permitirão que prossiga, vendo que você procurou controlar rapidamente o dano e foi flexível o bastante para mudar de rumo tendo em vista o melhor.

Como entreter o cliente de Peixes

Os clientes de Peixes gostam de entretenimento e esperam que você remova todos os obstáculos à sua diversão. Qualquer sinal de mesquinhez os desanima, embora também possam considerar uma loucura usar mal o dinheiro só para impressioná-los. Leve em conta o gosto que eles têm pelo luxo e a qualidade, bem como sua atração por marcas famosas. Verdadeiros amantes das boas coisas da vida, os clientes de Peixes não deixarão de partilhar seus prazeres dispendiosos com você. Não hesitam em sacar o talão de cheques, mas esperam que você pague a conta e dê uma gorjeta generosa.

O sócio de Peixes

Embora eles tentem ser honestos, ou pelo menos é o que pensam, você deve vigiar os sócios de Peixes o tempo todo. Muito sutis e até tortuosos em seus métodos, são consumidores evasivos e difíceis de segurar ou controlar. Costumam fingir estupidez e dar respostas ou fazer comentários ambíguos que não fornecem nenhuma pista de suas verdadeiras ideias – quando não o fazem unicamente para enganar. Os motivos disso, com toda probabilidade, permanecerão um mistério para você, pois eles revelam pouco de si mesmos e resistem com tenacidade a quaisquer tentativas de decifrar sua psique. Por outro lado, podem ser ótimos aliados contra um inimigo comum e empregar suas táticas eficientes para benefício mútuo.

PONTOS FORTES
Sutil
Esperto
Tático

PONTOS FRACOS
Tortuoso
Ambíguo
Enganador

ESTILO INTERATIVO
Indireto
Volúvel
Evasivo

Como montar um negócio com um pisciano

Cuide para que a sociedade seja estabelecida de maneira sistemática e prudente. Um bom advogado, aceito por ambas as partes, é essencial para lavrar o contrato inicial. Se isso não for possível, as partes devem ter representantes legais separados. Certifique-se de que o contrato seja abrangente: deixe o mínimo de lacunas possível, pois os nativos de Peixes são conhecidos por contornar acordos que eram considerados impecáveis. Corrija e elimine sem hesitar quaisquer ambiguidades contratuais. A esse respeito, uma cláusula tácita é às vezes mais importante do que uma cláusula escrita.

TRABALHO

Como dividir tarefas com o sócio de Peixes

Não é má ideia determinar a divisão de tarefas no acordo de sociedade inicial. Mantenha seus sócios de Peixes presos a elas nos primeiros meses e anos da empresa, sempre que possível – por princípio e por necessidade. Se permitir um arranjo mais solto, poderá ver seus sócios voando em outra direção, antes que possa detê-los. De um modo geral, os sócios de Peixes se reservarão os projetos mais criativos e as decisões financeiras, deixando para você as tarefas mais simples da manutenção e das vendas. Não permita que a visão geral da empresa fique inteiramente nas mãos deles. Os sócios de Peixes são bons nisso, mas costumam sair completamente dos trilhos e tomar a direção errada.

Como viajar com o sócio de Peixes e entretê-lo

Vigie de perto os gastos de seus parceiros de Peixes; de outro modo, vão estourar o orçamento e, antes que você se dê conta, estará com altas faturas de cartões de crédito para pagar. Além disso, se eles consumirem todo o orçamento, não restará dinheiro para você gastar e precisará recorrer a seus fundos particulares. Os parceiros de Peixes gostam mais de se divertir quando ambas as partes se divertem. Mas se você resolver que já chega e for para a cama, eles não terão problemas em continuar sem sua companhia. Em viagem, as acomodações e restaurantes precisam ser de primeira linha, para que seus sócios de Peixes fiquem de bom humor.

Como gerenciar e dirigir o sócio de Peixes

Gerenciar e dirigir os sócios de Peixes costuma não ser problema até que, um belo dia, você descobre qual era realmente a deles. Com efeito, essa tarefa não é tão simples quanto parece. Embora eles concordem com qualquer coisa que você diga, quando estão sós esquecem as promessas sem o menor escrúpulo. Nem percebem que estão traindo sua confiança, tão distraídos ficam com o último pensamento ou oportunidade que aparecem.

Como se relacionar com o sócio de Peixes a longo prazo

Depois que você se habituar à maneira com que os sócios de Peixes conduzem os negócios, aceitando seus métodos inusitados de trabalhar, as coisas ficarão bem mais fáceis. No entanto, é conveniente examinar bem todas as cláusulas do contrato para saber o que acontecerá quando algo der errado ou algum de vocês quiser desfazer a parceria. Essa é uma possibilidade concreta caso seu sócio seja difícil de controlar ou tenha uma verdadeira vocação para o fracasso.

Como romper com o sócio de Peixes

Se o contrato for sólido, você só terá de seguir o acordo à risca. Não se exponha às demandas volúveis de seus sócios de Peixes ou ficará louco. Se vocês concordarem em que chegou a hora de desfazer a sociedade, avance ponto por ponto da maneira a mais metódica possível. Acima de tudo, vigie-os cuidadosamente durante todo esse período difícil, pois os gastos dessas pessoas podem escapar ao controle. Além disso, o desejo dos sócios de Peixes de implementar seus projetos fantasiosos, antes que a empresa vá à falência, podem subir às nuvens e passar das medidas, ficando para você a tarefa de juntar os cacos.

PEIXES

O concorrente de Peixes

Os concorrentes de Peixes são desonestos. Sua armadilha favorita consiste em induzir você a crer que os está apanhando como a um peixe – quando, na verdade, eles é que estão apanhando você. Fingem que sucumbiram a sua lábia e foram fisgados, ou simplesmente iludidos, mas estão o tempo todo conscientes de que o passaram para trás e levaram vantagem. E enquanto você se congratula ou mesmo se gaba para os outros, eles planejam ou executam sua queda. Portanto, não leve a sério o que eles fizerem, mas espie sob a superfície para adivinhar suas táticas.

Como enfrentar o concorrente de Peixes

Os piscianos são mestres da tática. Assim, para enfrentá-los, você precisa saber o que eles pretendem fazer e descobrir uma maneira de detê-los. Como são ótimos em armadilhas, procure ser paciente para vencê-los, esperando e não reagindo. Quando tiver uma boa chance de levar vantagem (sem que induzam você a crer que está levando, o que pode ser fatal), ataque e destrua a campanha deles sem misericórdia. De outro modo, os concorrentes de Peixes voltarão à carga e se vingarão meses ou mesmo anos mais tarde, quando você menos esperar.

Como superar o concorrente de Peixes em planejamento

Não tente superar os concorrentes de Peixes em planejamento, mas force-os a revelar suas cartas. Há então duas possibilidades: primeira, que tenham urdido uma fraude para desequilibrar você, a fim de que reaja à trama deles; segunda, que tenham lançado um ataque direto e para valer, para o qual você precisa dar uma resposta imediata. Você não terá muita sorte se tentar superar os concorrentes de Peixes antes do primeiro movimento, pois esses indivíduos são esquivos e ladinos – exceto se plantou um espião ou uma escuta na empresa deles. Ministre-lhes uma dose de seu próprio veneno, deixando que falsos planos caiam em suas mãos e os faça perder o rumo.

Como impressionar pessoalmente o concorrente de Peixes

Os concorrentes de Peixes se impressionam com quem não cai em suas múltiplas armadilhas, e riem de quem é suficientemente tolo para cair. Do mesmo modo, respeitam adversários que têm melhor aparência, falam com maior desenvoltura e são mais convincentes que eles. Convém não esquecer que os concorrentes de Peixes estão entre os maiores farsantes do mundo; se você não se lembrar disso, eles farão com que se lembre. Por exemplo, se tentar enganá-los, os concorrentes de Peixes muito provavelmente fingirão que estão sendo enganados; mas, bem na hora em que você pensar que os enganou, eles olharão você de frente e dirão ou darão a entender: "Nunca trapaceie um trapaceiro".

Como enfraquecer e superar o concorrente de Peixes

Os piscianos são tão esquivos nas respostas e nas atitudes que é difícil enfraquecê-los ou superá-los. Hábeis no blefe, fingem ter cartas ruins para você arriscar todas as suas fichas no que parece um massacre certo – mas é apenas um truque. A especialidade deles é fazer ofertas mais elevadas para bens ou propriedades que você deseja, e

---

PONTOS FORTES

Sedutor

Esperto

Convincente

PONTOS FRACOS

Desonesto

Dissimulado

Amoral

ESTILO INTERATIVO

Complicado

Enganador

Falso

TRABALHO

mais baixas em licitações por contratos com clientes potenciais. É tão difícil entender ou mesmo adivinhar um concorrente pisciano que você talvez desista logo de início. Apegue-se às suas próprias armas e não se abale quando provocado.

Guerras de relações públicas com o concorrente de Peixes

Na maior parte das vezes, os concorrentes de Peixes trabalham nos bastidores. Não costumam atacar diretamente as campanhas de propaganda e relações públicas dos adversários: preferem subvertê-las e sabotá-las recorrendo a todos os tipos de meios duvidosos e desleais. Não lançam campanhas antes de você lançar as suas – para em seguida tentar arruiná-las. Procuram voltar as palavras do adversário contra ele, denunciar suas fraquezas e contradições, induzi-lo a gastar dinheiro em tentativas fúteis para acompanhá-los e, aos poucos, esgotar sua força de ataque e sua vontade de resistência. Contra-ataques oportunos e rápidos podem muitas vezes paralisá-los.

O concorrente de Peixes e a abordagem pessoal

Os concorrentes de Peixes podem agir com muita leveza, mostrando-se altamente sedutores com sua capacidade de hipnotizar e controlar os adversários. Mesmo seus inimigos mais encarniçados costumam achá-los simpáticos e gostar deles. A melhor maneira de enfrentar essa abordagem altamente manipuladora é recebê-la em silêncio absoluto, na firme recusa a acreditar em qualquer coisa que mostrem ou digam. Acima de tudo, não tente jogar o jogo deles nem superá-los, pois nisso as chances de sucesso são mínimas. Seja, é claro, cortês, mas ao mesmo tempo envie-lhes um sinal direto e inequívoco de que não foi enganado.

PEIXES

Amor

PEIXES
20 DE FEVEREIRO A 20 DE MARÇO

O primeiro encontro com alguém de Peixes

Os piscianos, no primeiro encontro, mostram-se de imediato receptivos à paquera – quando acham você atraente. Para muitos, a beleza tem valor, mas não é o mais importante. Portanto, saberão apreciar sua personalidade e, sobretudo, suas qualidades raras. Buscam algo de especial – fora do comum – e você talvez atenda a essa exigência. Como as roupas são muito importantes para eles, com toda certeza se apresentarão bem-vestidos e esperarão o mesmo de você, embora os trajes pomposos e caros não sejam uma condição absolutamente necessária.

Como paquerar alguém de Peixes e como marcar um encontro

Um primeiro encontro com piscianos em circunstâncias estranhas e inusitadas é coisa comum. Em geral, não mudarão seus hábitos para encontrar você, mas como que cairão do céu em sua vida, frequentemente mais por acaso do que por intenção. Entretanto, os piscianos são capazes de preparar armadilhas sutis que lembram um plano, mas dão a impressão de ser mera casualidade. Depois de se prenderem a você, não irão embora sem antes obter o que queriam. Seus desejos vão de apenas um encontro fortuito a um caso amoroso prolongado.

Atividades sugeridas para o primeiro encontro com alguém de Peixes

Quando os sentimentos são fortes e mútuos, dificilmente os piscianos recuam. Assim, passar algumas horas íntimas num ambiente privado pode ser mais proveitoso do que um programa na cidade. Os piscianos, pessoas emotivas, não têm receio de exprimir seus sentimentos, sejam eles decididamente românticos ou eróticos. Acabar na cama com um pisciano logo ao primeiro encontro não deve ser visto como surpresa – pelo menos não do ponto de vista do pisciano. Sair para um drinque rápido antes ou depois da transa também é uma possibilidade.

Estímulos e desestímulos no primeiro encontro com alguém de Peixes

O pior desestímulo para um pisciano, no primeiro encontro, é perceber que você não o acha atraente ou ignora suas cantadas e repele seus avanços. Os piscianos não ficam com quem não desejam. Procuram vários tipos de pessoa, mas selecionam aquelas com

PONTOS FORTES
Bem-vestido
Amante da beleza
Especial

PONTOS FRACOS
Estranho
Excêntrico
Manipulador

ESTILO INTERATIVO
Interessante
Sedutor
Receptivo

as quais pretendem ter um caso romântico. Por outro lado, sentem-se estimulados ao notar que você é sensível o bastante para adivinhar seus gostos e aversões sem que eles precisem recitar a lista.

O "primeiro passo" no primeiro encontro com alguém de Peixes

Dar o primeiro passo no primeiro encontro com alguém de Peixes é uma espécie de atividade mútua. Depois que alguns sinais tácitos foram enviados, e em seguida reforçados com olhares e carícias, o resto flui com naturalidade, em geral sem interrupção, exceto para atirar longe o excesso de roupas. Característica desse processo que avança espontaneamente é a fluidez dos movimentos, que, uma vez iniciados, quase nunca terminam antes da satisfação sexual de ambas as partes. Se você tiver dúvidas ou escrúpulos quanto a ir longe e depressa demais no primeiro encontro com piscianos, não se envolva com eles.

Como impressionar alguém de Peixes no primeiro encontro

No primeiro encontro, os piscianos ficam impressionados com a sinceridade emocional e incomodados com todas as formas de superficialidade ou fingimento. Se seus sentimentos são falsos e suas ações desonestas, eles logo o perceberão e não quererão mais ver você. A imediaticidade e a profundidade da consciência emocional dos piscianos surpreendem e não raro gratificam, caso você decida acompanhá-los em sua excitante aventura romântica. Eles se impressionam também com a coragem e a capacidade de infringir convencionalismos ou imposições sociais. Para os nativos de Peixes, o que se faz por amor está além do bem e do mal.

Como dispensar alguém de Peixes no primeiro encontro

Como os piscianos, no primeiro encontro, não querem saber de superficialidades e convenções, qualquer atitude crítica, rígida ou condenatória basta para afastá-los. São tão sensíveis à desaprovação que podem confrontar os parceiros com o fato de as coisas não estarem indo bem e sugerir, candidamente, o fim do envolvimento. De qualquer modo, o pisciano só continuará se ambas as partes se entenderem e partilharem o mesmo desejo. Caso nada dê certo, o fim pode ser abrupto e ocorrer no meio de praticamente qualquer atividade.

O par romântico de Peixes

Os piscianos românticos dão tudo de si num relacionamento sério. Mesmo pessoas singelas e prosaicas se sentem mais vivas e mais tocadas pelas emoções profundas desses pares. Quem se envolve com eles logo reconhece sua natureza exigente, possessiva, sedutora, controladora e apaixonada. Até o par romântico mais inconstante e independente achará difícil ou impossível manter outro relacionamento ao mesmo tempo. Muito depois que alguém de Peixes se for de sua vida, a pessoa pode permanecer num estado de exaustão e choque por algum tempo.

Como conversar com o par romântico de Peixes

Os pares românticos de Peixes não são nada reticentes quando se trata de desabafar suas queixas. Assim, conversas com eles em geral se resumem a ouvi-los dizer o que a outra pessoa faz de errado. Reclamadores natos, os piscianos acham que têm boas razões para proclamar sua insatisfação a plenos pulmões e sem nenhuma reserva. É a maneira que encontram para processar o que, segundo os piscianos, está acontecendo com eles. Você não precisa dizer nada durante essas "conversas": limite-se a ouvir e, quando lhe for solicitado, responda às perguntas. Não fale muito, do contrário estará cavando ainda mais fundo sua cova.

Como discutir com o par romântico de Peixes

Nem pense em discutir com os piscianos, principalmente se tiver a pretenção de vencê-los. Teimosos ao extremo, eles não cedem até que as duas partes se cansem e fiquem muito mal-humoradas – por dias ou mesmo semanas. Assim, brigar com eles não é uma boa ideia. O melhor é evitar discussões acaloradas e só fazer observações curtas, de passagem; caso os piscianos comecem a resmungar, recuse-se a entrar no jogo e apague as chamas antes que tudo se transforme num verdadeiro inferno, talvez saindo de perto deles.

Como viajar com o par romântico de Peixes

Os piscianos gostam tanto das viagens curtas quanto das longas. Adaptam-se com facilidade e em geral se sentem em casa onde quer que estejam. Preferindo uma mudança rápida a uma localização tediosa permanente (o que sempre acontece, pois essas pessoas se entediam com facilidade), os piscianos estão sempre à procura de lugares novos e excitantes para contemplar. Preferem lugares românticos; e se você não puder ou não quiser apreciar suas belezas, espere por uma dispensa fatal e sem cerimônias. No entanto, se for capaz de aproveitar essas jornadas e participar delas plenamente, terá sua recompensa.

O sexo com o par romântico de Peixes

Em geral, o sexo com os piscianos é frequente e demorado. Quando eles se sentem atraídos por uma pessoa, podem permanecer excitados durante semanas, meses ou mesmo anos. Embora sejam acusados de se animar com facilidade, o fato é que se entregam totalmente, e num nível emocional profundo, apenas a poucos pares românticos. Os piscianos colocam o amor num patamar elevado e, na ausência dele, o sexo pode assumir as proporções de um ato prosaico e sem inspiração.

Afeição e o par romântico de Peixes

Os piscianos tendem a ser muito afetuosos. Ficam felizes quando o sexo, o romance e o afeto se misturam naturalmente, formando um lago onde podem nadar à vontade, todos os dias e todas as noites. Contentes por dividir com alguém esse meio fluido, não é de modo algum necessário que você partilhe sempre os sentimentos deles, pois em geral exprimem e fruem o amor por ambos. Na verdade, costumam se envolver com pessoas que acham difícil ou impossível dividir esses sentimentos. Então, posam de conselheiros em tais assuntos.

(O par romântico de Peixes)

PONTOS FORTES

Apaixonado

Sedutor

Romântico

PONTOS FRACOS

Possessivo

Controlador

Medroso

ESTILO INTERATIVO

Envolvente

Descompromissado

Dedicado

AMOR

O senso de humor e o par romântico de Peixes

Apesar de sua aparente seriedade, os piscianos gostam muito de contar piadas, rir, zombar e proferir frases picantes quando estão com seus pares românticos. As pessoas que conseguem arrancar isso deles contam com sua simpatia. Portanto, não é que os nativos de Peixes gostem de sofrer, apenas aceitam o sofrimento como seu quinhão na vida, ao qual não podem fugir. Quando estão em baixa emocionalmente, o bom humor e as brincadeiras de seus pares funcionam como um salva-vidas ao qual podem se agarrar até que seu astral melhore.

O cônjuge de Peixes

PONTOS FORTES

Protetor
Carinhoso
Dedicado à família

PONTOS FRACOS

Nervoso
Superprotetor
Fechado

ESTILO INTERATIVO

Solidário
Responsável
Devotado

Os cônjuges de Peixes são devotados à família e gostam de ficar em casa. Seu objetivo é criar uma família, de modo que um casamento sem filhos não faz sentido para eles. Assim, quando a adoção não é desejada, os cônjuges piscianos transferem o instinto paterno e materno para sobrinhos, parentes ou filhos de amigos. Esse instinto é tão forte em alguns piscianos que até animais de estimação se tornam seus filhos. São pessoas superprotetoras, que se preocupam muito com o bem-estar dos cônjuges. Mas elas mesmas não esperam ser protegidas, embora gostem de receber atenção.

A cerimônia de casamento e a lua de mel com o cônjuge de Peixes

Embora os piscianos tenham sido descritos como pessoas não muito interessadas em sexo, sobretudo as mulheres, isso não é verdade em se tratando da lua de mel. Eles investem pesado na cerimônia e esperam boas recompensas durante a noite de núpcias – e nos dias seguintes. Entretanto, seus pares acabam, com frequência, sendo os beneficiários dessas recompensas. Os cônjuges de Peixes adoram compartilhar e encontram imensa satisfação no dar e receber de um romance. Para eles, é uma grande alegria acertar os detalhes da festa, convites, cerimônia, local da lua de mel, reservas de hotel e restaurante.

O cotidiano doméstico e a vida de casado com alguém de Peixes

Não é fácil conviver com piscianos no dia a dia. Em geral, seu maior problema é a depressão, quase sempre trazida, não pelo casamento, mas sim pela baixa autoestima, que os faz se sentir inúteis e não raro inibe suas aspirações profissionais. Com efeito, muitos cônjuges desse signo têm pouquíssima ambição e se contentam com o aconchego familiar, além de um emprego comum. Sem dúvida, alguns nativos de Peixes, um pouco diferentes, levam uma vida que se poderia dizer extraordinária, mas estes não optam pelo casamento ou, quando o fazem, se separam por tédio ou pela sensação de estarem sendo negligenciados.

As finanças e o cônjuge de Peixes

Os cônjuges de Peixes são responsáveis e permanecem em seus empregos por muito tempo, mostrando-se bons ou, em alguns casos, excelentes provedores do lar. Na administração das contas e orçamentos domésticos, podem ser considerados muito eficientes; apreciam a natureza fluida do dinheiro e sabem gastá-lo. Embora as despesas excessivas sejam um de seus maiores problemas, com frequência deixando a família endividada, eles de algum modo conseguem se recuperar. Mesmo a pobreza e a falência são enfrentadas, suportadas e por fim superadas.

A infidelidade e o cônjuge de Peixes

Os piscianos só são infiéis quando maltratados, abusados ou negligenciados por seus cônjuges. Mesmo assim alguns ainda se apegam à fidelidade, convivendo penosamente com os parceiros e caindo em profunda depressão pela recusa a desistir. Há, neles, um inegável impulso masoquista que os torna às vezes suspeitos de gostar do sofrimento, sobre o qual não hesitam em falar. Suas queixas constantes, mesmo em períodos felizes, podem cansar os parceiros e abalar o casamento. Alguns membros da família chegam a se perguntar por que, afinal de contas, eles se casaram.

Os filhos e o cônjuge de Peixes

Em geral, os cônjuges de Peixes são muito devotados aos filhos, às vezes até demais. Essas atitudes reivindicadoras e superprotetoras podem comprometer o desenvolvimento das crianças e produzir jovens adultos inteiramente dependentes dos pais. Parte do problema é a tendência pisciana ao medo e ao sofrimento, o que pode incutir nos filhos uma terrível sensação de culpa e insegurança quanto às próprias ações. Assim, a confiança dos filhos é abalada, levando com frequência a um comportamento neurótico na maturidade. Os pais de Peixes devem, portanto, afrouxar um pouco as rédeas e encorajar os filhos a serem mais responsáveis, mais independentes.

O divórcio e o cônjuge de Peixes

O pisciano divorciado quase sempre aparece aos olhos do mundo como um coitadinho. Sem as interações familiares cotidianas, tende a perder o rumo e a mergulhar de cabeça no desespero. Mas há exceções: os que têm a coragem de se separar após anos de infelicidade vivem a experiência eufórica de ser livres. Outros piscianos de tipo mais saudável voltam a se casar depois de alguns anos, quase sempre com pessoas bem diferentes dos primeiros cônjuges e que sabem lhes dar o devido valor. Entretanto, um pisciano muito magoado emocionalmente tende a desposar alguém parecido com o ex-cônjuge e a recomeçar o ciclo de sofrimento e abuso.

O amante de Peixes

Os amantes de Peixes estão o tempo todo se apaixonando pela paixão, em vez de se apaixonar por uma pessoa real. Fantasiam que de fato amam alguém, mas na verdade dão asas a seus anseios narcisistas e altamente idealistas. Repetem os mesmos padrões de deslumbramento, logo seguidos de atitudes apaixonadas, ciumentas e possessivas, que os atormentam e a seus amantes. Repetem, então, a série de prazeres e dores que todo romance candente pode oferecer. Talvez não haja melhor descrição de um caso amoroso envolvendo piscianos do que estes versos da canção-tema do filme *Casablanca*: "Luar e canções de amor nunca envelhecem/Corações inundados de paixão, ciúme e ódio".

(O amante de Peixes)

PONTOS FORTES

Generoso

Agradecido

Receptivo

PONTOS FRACOS

Sofredor

Narcisista

Iludido

ESTILO INTERATIVO

Deslumbrado

Atormentado

Exagerado

Como conhecer o amante de Peixes

Os amantes de Peixes são muito sensíveis às necessidades dos outros, sobretudo quando se imaginam capazes de amenizar a infelicidade ou o abandono que alguém sofreu. Entregam-se sem egoísmo e investem todas as suas energias num relacionamento em que se sentem necessários. Muitos amantes de Peixes realizam fantasias secretas nas quais aparecem como salvadores de criaturas ainda mais indefesas que eles, dando-lhes um amor sublime (a seus olhos). Com frequência, o resultado são duas pessoas em vez de uma se afogando num mar de emoções. A verdadeira autoestima invariavelmente exige que os amantes de Peixes renunciem a essas atitudes prejudiciais.

Onde se encontrar com o amante de Peixes

A casa de qualquer dos amantes servirá, desde que haja privacidade. Em geral, a do pisciano funcionará melhor, sobretudo se ele for solteiro e você estiver procurando distância de um cônjuge ou companheiro abusivo. O lar dos piscianos lhes garante sentimentos de proteção, lembrando às vezes um casulo ou caverna confortável, onde podem de fato se refugiar do mundo. Visitas frequentes a esse local logo darão a ideia de que você está morando lá, mas é improvável que isso aconteça. Depois que a pessoa é apanhada na rede de um amante de Peixes, uma série de problemas pode começar a surgir, fazendo com que seu relacionamento anterior não pareça, comparativamente, tão difícil.

O sexo e o amante de Peixes

O sexo com um amante de Peixes pode ser bastante satisfatório, sobretudo quando ele vive sozinho e seu par está muito infeliz. Esses sentimentos negativos como que se enredam, gerando picos de êxtase sexual – seguidos, é claro, por crises de solidão e desejo que precisam ser outra vez aliviadas e satisfeitas. Uma vez apanhada na velha montanha-russa do sexo e do amor, que se torna um vício, a pessoa se vê em grandes dificuldades para escapar, sobretudo quando divide a corrida com um amante pisciano. Caso as coisas cheguem a extremos, familiares e amigos também podem ser envolvidos emocionalmente; se, porém, conservarem a objetividade, apenas se sentarão à sua frente, pasmos com tanta loucura.

Como segurar o amante de Peixes

Segurar um amante pisciano pode ser tão difícil quanto tentar pegar com as mãos um peixe escorregadio em seu elemento, a água. Bem depressa você descobrirá que seu maior atrativo é o sofrimento; portanto, a continuidade do relacionamento dependerá diretamente do abuso que você pensa estar sofrendo de seu parceiro. A simpatia leva ao consolo, o consolo leva ao desejo, o desejo leva à paixão – e a descida maluca pela montanha-russa começa de novo. Conclusão: apegar-se a seu amante de Peixes significa apegar-se à sua infelicidade.

Como entreter o amante de Peixes

Os amantes de Peixes adoram ouvir que são maravilhosos, sobretudo quando comparados ao traste que está fazendo você sofrer. Não é incomum, para amantes de Peixes, contar piadas sobre esse indivíduo e gabar-se de tê-lo corneado... esquecendo-se de que o relacionamento de vocês dois gira em torno do ódio comum a uma terceira pessoa. Atividades saudáveis com um amante de Peixes incluem jantares, cinema ou festas com amigos, mas a paranoia de serem vistos juntos em público forçará vocês a se esconder em casa.

Como romper com o amante de Peixes

Como o rompimento com um amante de Peixes pode indicar que você, finalmente, decidiu renunciar à angústia e à dor provocadas pelo caso, você se verá quase sempre num estado menos apaixonado, mas mais saudável. Não precisa ter dó do amante de Peixes: com toda certeza ele logo encontrará outra alma sofredora a quem se ligar. Quanto a você, tenha esperança de achar uma pessoa equilibrada e menos carente.

O ex-cônjuge de Peixes

Pode demorar um pouco, mas depois que o ex-cônjuge de Peixes terminar com você, provavelmente não voltará nem tentará fazer contato. O período entre o rompimento inicial e esse ponto sem volta é que pode ser incerto e inquietante. Como dois peixes nadando em direções opostas (o símbolo do signo), essas pessoas são inseguras e mudam de ideia o tempo todo. Por isso, seu ex-cônjuge de Peixes pode exercer um efeito desestabilizador em sua vida e de sua família. Em geral, eles não são vingativos, embora sua incerteza seja real e não uma tática que tentam empregar.

PONTOS FORTES

Honesto

Natural

Indulgente

Como fazer amizade com o ex-cônjuge de Peixes

Os ex-cônjuges de Peixes não têm nada contra fazer amizades, mas, como já não confiam em você após o rompimento, não serão nunca seus amigos do peito. Desconfiam muito das tentativas de aproximação e das declarações de boa intenção para consolidar essa amizade, de modo que é melhor você ignorar completamente o assunto e deixar que suas ações falem por si. Não espere que seus ex-cônjuges de Peixes deem o primeiro passo, pois eles preferem se refugiar em seu pequeno mundo e evitar contatos. Em geral, não discutir nem brigar é o melhor caminho.

PONTOS FRACOS

Difícil

Instável

Infeliz

Problemas para reatar com o ex-cônjuge de Peixes

Embora esquivos, fracos e ambíguos de muitas maneiras, os ex-cônjuges de Peixes são irredutíveis em se tratando de reatar o relacionamento: a resposta é quase sempre "não". Alegam que estão confusos e sem condições emocionais para discutir essa possibilidade, insistindo em que você os magoou a ponto de não quererem fazer uma segunda tentativa, ao menos por enquanto. Os ex-cônjuges de Peixes precisam de muito tempo para se acalmar e poder conversar objetivamente sobre diversos assuntos, inclusive esse.

ESTILO INTERATIVO

Ambíguo

Inseguro

Tímido

AMOR

Como conversar sobre questões do passado com o ex-cônjuge de Peixes

Os ex-cônjuges de Peixes costumam bater sempre na mesma tecla, acumulando acusações de todo tipo. Quando sua negatividade agressiva começa a passar dos limites, você deve repetir o mantra "Culpa, culpa, culpa e vergonha" até eles finalmente entenderem o que estão fazendo. Chegar a essa constatação com respeito às suas frases repetitivas não é fácil para os ex-cônjuges de Peixes, pois estão sempre citando o último exemplo de comportamento indesculpável e atroz que atribuem aos outros. Qualquer tentativa que você fizer de se desculpar pelos erros cometidos cairá em ouvidos surdos.

Como expressar afeto pelo ex-cônjuge de Peixes

Os nativos de Peixes em geral reagem bem ao afeto. Mas, no caso dos ex-cônjuges desse signo, a suspeita quanto às intenções do outro torna difícil ou impossível aceitá-lo. O máximo que você pode esperar é inspirar-lhes confiança ao longo dos anos, até que finalmente cheguem ao ponto de permitir esse tipo de aproximação. Ao contrário, não espere dos ex-cônjuges de Peixes nenhuma expressão de afeto: se isso acontecer, tenha a certeza de que o fazem por alguma intenção oculta, da qual talvez nem eles se deem conta.

Como definir o atual relacionamento com o ex-cônjuge de Peixes

É impossível definir o atual relacionamento com um ex-cônjuge de Peixes porque esse relacionamento flutua muito – em geral, entre extremos. Quer dizer então que, de dia para dia ou de semana para semana, você só terá uma certeza: a incerteza. Fazer predições ou acordos não será nada fácil e você talvez tenha de confiar na constância do documento original do divórcio como o único ponto de referência fixo. As mudanças de sentimentos em ambos os lados inviabilizarão toda possibilidade de cumprir as decisões tomadas.

Como compartilhar a guarda com o ex-cônjuge de Peixes

Os ex-cônjuges de Peixes em geral são muito ligados emocionalmente aos filhos e sofrem bastante com sua ausência. Se um acordo justo de guarda compartilhada conveniente para ambas as partes puder ser feito, essa é a opção que você deve propor, em vez de pleitear a guarda total. Mas, mesmo que o acordo seja justo, haverá constantes problemas relativos aos filhos, na razão direta do grau de sofrimento emocional de seu ex-cônjuge na ocasião. Muitas vezes os filhos, mais que qualquer outro fator, ajudarão a manter sob controle as emoções extremas de seus pais de Peixes.

Amigos e família

PEIXES
20 DE FEVEREIRO A 20 DE MARÇO

O amigo de Peixes

Os piscianos têm uma fascinação duradoura por quem é afortunado o bastante para se tornar rapidamente seu amigo. Além disso, sendo muito sensíveis e receptivos, darão atenção ao estado emocional da outra pessoa e respeitarão devidamente seus sentimentos. Pode-se contar com os piscianos em tempos de necessidade. Embora, de um modo geral, tenham poucos amigos, dão imenso valor à amizade e, como em várias outras áreas de sua vida, preferem a qualidade à quantidade. A porta da casa de um pisciano está sempre aberta aos amigos queridos. Eles são muito magnânimos e generosos quando se trata de ajudar em tempos de necessidade.

Como pedir ajuda ao amigo de Peixes

Em geral, você não precisará pedir ajuda aos amigos de Peixes, pois antes disso eles terão percebido sua situação e estarão prontos a ajudar. Essas pessoas sabem o que é estar em alta e em baixa ou o que é sofrer; e, devido à sua intensa empatia, colocam-se imediatamente no lugar de quem necessita de ajuda. De muitos modos, a dor dos outros é a sua dor, o que garante simpatia instantânea com os problemas que você tiver e o desejo de ajudar. Quando os amigos de Peixes fazem uma promessa de auxílio, pode-se contar que vão cumpri-la.

Como se comunicar com o amigo de Peixes e manter contato com ele

Em geral, os amigos de Peixes levam uma vida simples, reservada, e, mesmo quando são famosos, zelam bastante por sua privacidade. Assim, quer sejam discretos ou sociáveis, quase nunca terão tempo ou vontade de manter ou iniciar contatos com você regularmente. No entanto, se forem procurados, serão atenciosos, e essa é a abordagem recomendada na maioria dos casos. Dificilmente deixam de receber alguém que admitiram em seu limitado círculo de amigos. Se demorarem a responder, não estranhe: os piscianos são morosos mesmo.

Como pedir um empréstimo ao amigo de Peixes

Os amigos de Peixes partilham o que têm – inclusive dinheiro – com as pessoas que lhes são próximas. Para eles, o dinheiro não é diferente das outras coisas que possuem;

PONTOS FORTES
Magnânimo
Solidário
Generoso

PONTOS FRACOS
Moroso
Muito emotivo
Perdulário

ESTILO INTERATIVO
Interessante
Seletivo
Devotado

AMIGOS E FAMÍLIA

portanto, pedir-lhes um empréstimo não os deixará alarmados. Como são esbanjadores, talvez seja necessário aguardar algum tempo até que tenham o suficiente para ajudar você – mas eles ajudarão. Jamais pedem ressarcimento ou exigem um acordo formal, mas, quando precisam do dinheiro que emprestaram, esperam que você o devolva com a mesma presteza. A generosidade é a verdadeira característica dos piscianos.

Como pedir conselhos ao amigo de Peixes

Os amigos de Peixes muitas vezes relutam em dar conselhos porque respeitam muito os pontos de vista dos outros e não confiam o suficiente em sua própria capacidade nessa área. No entanto, se você insistir, eles o atenderão. Lembre-se de que essas opiniões serão bastante subjetivas, pois tudo que os piscianos fazem, pensam e dizem vem envolto em emoção. Você pode então não seguir os conselhos deles ao pé da letra e apenas levar em conta uma ou outra dica. Os amigos de Peixes não farão objeções a esse procedimento seletivo, ficando felizes em ajudar do jeito que puderem.

Como visitar o amigo de Peixes

Embora valorizem muito sua privacidade, os piscianos não exigem que você marque hora para visitá-los. Gostam que seus amigos mais próximos apareçam de repente, encarando essas surpresas como distrações agradáveis para seu humor variável e até como um bom antídoto para sua melancolia ou depressão. Veem no desejo de visitá-los um elogio, talvez o mais bem-vindo de todos. Gostam também de sair acompanhados para uns drinques ou refeições, mas raramente batem na porta dos outros, preferindo encontrá-los na rua ou na porta de sua residência ou local de trabalho.

Comemorações/entretenimento com o amigo de Peixes

Como alívio ocasional para sua existência reservada e retraída, os piscianos gostam às vezes de comemorações e entretenimento, mas não com grupos muito grandes: preferem noites tranquilas em casa ou fora, na companhia de uns poucos amigos íntimos. Uma vez por ano, mais ou menos, são capazes de dar festanças barulhentas, sem restrições nem hora para terminar. Sua extravagância em promover essas farras é lendária. Cozinham, servem as bebidas, decoram o ambiente e tratam cada convidado de uma maneira especial, para mostrar sua afeição e amor.

O colega de quarto de Peixes

Os colegas de quarto de Peixes são de fácil convívio, desde que tenham seu espaço garantido, inviolável e privado. Isso posto, e se você não os incomodar, tudo irá bem. Se precisar deles, uma batida na porta ou um chamado bastarão. No entanto, há ocasiões em que eles ignoram batidas e chamados, considerando-os uma interrupção indesejada. Em geral, os colegas de quarto desse signo, embora estejam desligados (e podem estar muito desligados, no sentido cósmico), se dispõem a ajudar nas tarefas domésticas, no aluguel e no dinheiro para a comida, apesar de se atrasarem em muitas coisas.

Como dividir responsabilidades financeiras com o colega de quarto de Peixes

Uma vez inteirados de suas responsabilidades, os colegas de quarto de Peixes não deixam de cumpri-las da melhor maneira possível. Mas essas responsabilidades devem ser bem esclarecidas, pois às vezes os piscianos ouvem apenas o que querem ouvir; consequentemente, as coisas podem ficar um tanto vagas e ambíguas. Mesmo quando reconhecem ter ouvido o que você disse, podem esquecer tudo logo depois, deixando para trás quaisquer pensamentos sérios. O melhor é lançar por escrito as responsabilidades financeiras dos colegas de quarto de Peixes, pedindo, de preferência, que assinem o documento.

A limpeza e o colega de quarto de Peixes

Os colegas de quarto de Peixes gostam de um ambiente limpo e bem arrumado. No entanto, apesar das boas intenções, são capazes de produzir e acumular uma bagunça em que só se acredita vendo. Sua forma particular de caos consiste quase sempre em jogar no chão qualquer coisa que tiverem nas mãos, depois de usá-la. Em consequência, você não encontrará dificuldade alguma para achá-las: bastará seguir a trilha. Se o colega de quarto for posto contra a parede e forçado a ajudar na limpeza, mostrará que é bom nisso e que tem talento para embelezar o ambiente.

Convidados e o colega de quarto de Peixes

Os colegas de quarto de Peixes em geral só têm uns poucos amigos íntimos, mas querem que eles se sintam bem-vindos em sua casa, não importando a hora. Isso significa que um desses amigos pode cruzar a porta a qualquer momento ou, pior ainda, acordar você no meio da noite ao som da campainha. Além do mais, os colegas de quarto de Peixe insistem em dividir tudo com os amigos, incluindo coisas comuns da casa ou que pertençam só a você. Isso cria reais dificuldades, pois é preciso impedir que eles sejam generosos com pertences alheios.

Festas e o colega de quarto de Peixes

Em geral, quando você organiza uma festa para seus amigos, seus colegas de quarto de Peixes dão um jeito de não estar em casa. Quando estão, quase sempre se refugiam no quarto deles, recusando-se a aparecer. Por outro lado, quando vocês decidem dar uma festa juntos, participam com entusiasmo, mas moderação, até o momento do clímax, quando então passam a exibir um comportamento dos mais extrovertidos. Eles gostam de se soltar de tempos em tempos – e qual a ocasião melhor para isso do que uma festança em casa?

Privacidade e o colega de quarto de Peixes

Muito contidos, os piscianos exigem que você aja de forma discreta para garantir a paz e o sossego doméstico, refreando o entusiasmo a maior parte do tempo. Consideram o barulho e o som alto uma forma de poluição, de modo que você terá de manter o volume de seu aparelho sempre muito baixo. Não bastasse isso, os colegas de quarto de Peixes têm um verdadeiro fascínio por banheiros. Ficam ali durante longos períodos, sem admitir interrupções, a fim de exercer plenamente suas atividades de banho, higiene pessoal, penteado e outras funções do corpo.

(O colega de quarto de Peixes)

PONTOS FORTES

Prestativo

Caseiro

Reservado

PONTOS FRACOS

Recluso

Pouco acessível

Ensimesmado

ESTILO INTERATIVO

Adaptável

Pródigo

Colaborador

AMIGOS E FAMÍLIA

Como conversar sobre problemas com o colega de quarto de Peixes

Os colegas de quarto de Peixes têm, em geral, tantos problemas pessoais que se recusam a conversar sobre dificuldades domésticas, sobretudo as que os envolvem. Muitas vezes, eles encaram você e o espaço da casa como um alívio para seus transtornos íntimos. Por isso, não gostam de discutir problemas com você, embora, às vezes, precisem aliviar suas almas torturadas pedindo-lhe conselho ou ajuda. Facilite as coisas para eles: observe que estão parecendo infelizes e talvez queiram falar sobre o assunto.

Os pais de Peixes

PONTOS FORTES

Carinhoso

Dedicado

Amoroso

PONTOS FRACOS

Ameaçador

Exigente

Possessivo

ESTILO INTERATIVO

Protetor

Entusiasta

Orgulhoso

O pai e a mãe do signo de Peixes são extremamente dedicados ao bem-estar e ao desenvolvimento pessoal de seus filhos. Essas pessoas não só sentem uma enorme necessidade de ter filhos como investem substanciais energias em sua criação até o começo da idade adulta. Orgulham-se de sua prole e insistem em dar-lhe as melhores oportunidades. Também gostam de se divertir com as crianças e organizam atividades nas quais a família inteira toma parte. Às vezes ameaçadores e exigentes, mostram que confiam nos filhos encorajando-os a agir com independência. Só assim as crianças podem se tornar pessoas capazes de andar com os próprios pés.

O estilo de disciplina dos pais de Peixes

De um modo geral, os pais desse signo consideram desagradável a maior parte dos castigos. Mesmo quando concluem ser necessário punir os filhos, acham difícil ou impossível fazê-lo. A punição física está quase sempre fora de questão, pois vai contra seus sentimentos de empatia e sua incapacidade de infligir sofrimento a entes queridos. Pôr de castigo é uma possibilidade quando se trata de traçar limites para adolescentes, bem como diversas formas de advertência, desde a reprimenda severa até um sinal de mão. Com muita frequência, infelizmente, os filhos de pais de Peixes têm permissão para fazer o que bem entendem.

Nível de afeto e os pais de Peixes

Os pais de Peixes gostam de mimar os filhos e parte desse processo é o impressionante afeto que têm por eles. Os filhos de piscianos se sentem especialmente afortunados por receber tamanha atenção; contudo, uma criança mimada pode desenvolver graves problemas, que talvez pudessem ser evitados com menos permissividade e menos recompensas. Assim, os pais de Peixes têm boas intenções, mas obtêm maus resultados por serem demasiadamente generosos e compreensivos. Os filhos de piscianos nem sempre são adequadamente preparados para as realidades de um mundo cruel.

Questões financeiras e os pais de Peixes

Os pais de Peixes presenteiam generosamente os filhos, dando-lhes inclusive boas mesadas para eles gastarem como quiserem. A fim de contrabalançar tanta prodigalidade, deveriam passar algum tempo ensinando aos filhos o valor do dinheiro, dando-lhes algumas lições sobre economia e poupança. Deveriam, ainda, incentivá-los a ganhar dinheiro, sobretudo em tarefas de casa difíceis e cansativas. Desse modo, no futuro, não se acostumarão a apenas receber.

Crises e os pais de Peixes

Os pais de Peixes têm tendência ao nervosismo e às preocupações. Sem perceber que estão implantando seus medos na mente dos filhos, provocam crises em vez de evitá--las. Além disso, o perigo aqui é transmitir padrões de comportamento repetitivos aos filhos, o que muitas vezes resulta de uma autoimagem precária e de falta de confiança. Em situações de crise, os pais de Peixes conseguem manter sob controle seu lado nervoso e sensível, agindo com tranquilidade e decisão para proteger os filhos. Isso é verdade também para os amigos dos filhos e os bichos de estimação da família.

Feriados/reuniões de família e os pais de Peixes

Os pais de Peixes costumam preparar festas maravilhosas para seus filhos e contribuir bastante para o sucesso das reuniões de família. Em se tratando de férias, porém, gostam de passá-las com os filhos ou só com o cônjuge. Quando se ausentam, sozinhos ou com o cônjuge, geralmente procuram a pessoa mais confiável possível para ficar com as crianças. Os pais de Peixes também cuidam dos sobrinhos com o mesmo carinho que dispensam aos próprios filhos. Tios e tias, de um modo geral, confiam neles.

Como cuidar dos pais de Peixes idosos

Os pais piscianos idosos agradecem muito a ajuda que recebem. Como, nessa idade, vivem mais retirados e suas necessidades são fixas e óbvias, a responsabilidade de cuidar deles recai inevitavelmente sobre os filhos. A maior necessidade desses pais é sair a passeio, frequentar eventos sociais ocasionais, divertir-se ou participar de jantares especiais, para não se sentirem prisioneiros, isolados do mundo. Se os filhos conseguirem mantê-los de alto astral e zelar por eles mesmo em curtos períodos todos os dias, verão que reagem muito bem. Ser esquecidos e negligenciados pela família é a pior coisa que pode acontecer a eles.

Os irmãos de Peixes

Pode ocorrer uma situação atípica quando um pisciano é o filho mais velho. Em geral, essas pessoas protegem a todo custo os irmãos, amando-os com ternura. Sem nada do protótipo do primogênito repressivo e dominador, ostentam quase sempre as qualidades passivas e afetuosas da personalidade pisciana. No entanto, podem deixar de exercer a liderança no grupo de irmãos, que acaba sendo assumida pelos mais novos. Irmãos piscianos mais novos costumam permanecer no fim da hierarquia familiar, mas têm uma infância confortável e protegida.

Rivalidade/proximidade com os irmãos de Peixes

As rivalidades com irmãos de Peixes usualmente não passam de conflitos sem importância. Embora os mais passivos sejam às vezes obrigados a lutar por reconhecimento,

(Os irmãos de Peixes)

PONTOS FORTES

Protetor

Carinhoso

Dedicado

PONTOS FRACOS

Passivo

Desnorteado

Sem inspiração

ESTILO INTERATIVO

Discreto

Atento

Atencioso

quase sempre ficam satisfeitos com sua posição na hierarquia familiar, sem competir abertamente com seus irmãos e irmãs. Gostam de todos, mas em particular de um deles, quase sempre do sexo oposto, no caso de famílias grandes. No entanto, é justamente com essa irmã ou irmão mais querido que eles costumam competir, de um modo geral na brincadeira e com lealdade.

Problemas passados e os irmãos de Peixes

Os irmãos de Peixes sentem as feridas da infância com muita intensidade e não as esquecem facilmente. Assim, levam para a idade adulta cicatrizes ou mesmo chagas abertas, que não podem ou não querem curar. Aprender a ser maduros e capazes de aceitar dores passadas, deixando-as para trás, é um dos principais desafios no desenvolvimento dos piscianos, sobretudo quando as infrações envolvem atos ou palavras de um irmão ou irmã. Eles têm muita necessidade de harmonia em seu grupo familiar, sofrendo bastante quando os irmãos não colaboram – a ponto de ficar doentes.

Como lidar com os irmãos de Peixes afastados

Em geral, os piscianos tendem a se sentir desprezados, negligenciados e ignorados. Tendem também a assumir comportamentos de vítima e a lamentar-se. Devido a essas características, pode ser difícil lidar com um irmão pisciano afastado que se sinta alvo de injustiça e rejeição. Procurar entendê-lo e adotar abordagens honestas e prudentes para com ele é um desafio que tem de ser enfrentado para trazê-lo de volta ao seio da família. Os piscianos aceitam as desculpas que sentem ser sinceras e as tentativas de reconciliação que não sejam formais, mas autênticas e emanadas do coração.

Problemas financeiros (empréstimos, testamentos etc.) e os irmãos de Peixes

Os irmãos de Peixes esperam ser mencionados com destaque em testamentos e, quando isso não acontece, sentem-se extremamente angustiados. Mais importante que dinheiro ou bens é a estima e o amor expressos pelos falecidos. Uma simples palavra afetuosa num testamento já basta para satisfazer suas necessidades emocionais. O dinheiro deixado a um pisciano em geral será gasto do modo como o morto gostaria ou aprovaria. Quanto a pedir empréstimos aos nativos de Peixes, sabe-se que eles ficam felizes em partilhar o que possuem com seus irmãos e irmãs. Além disso, raramente exigem o ressarcimento da quantia emprestada, sobretudo se ela for pequena.

Feriados/comemorações/reuniões e os irmãos de Peixes

Os piscianos costumam assumir um papel ativo nessas atividades. São criaturas nostálgicas e sentimentais que se derretem pelos irmãos e irmãs quando evocam os bons tempos da infância. Tirar fotografias é um dos hobbies dos irmãos de Peixes, que se fazem de cronistas do passado da família. Montar álbuns para mostrar nas reuniões familiares é um de seus meios favoritos de partilhar emoções com irmãos, com os pais e com os próprios filhos. Ficam felizes como nunca quando reinam os bons sentimentos.

PEIXES

Como tirar férias com os irmãos de Peixes

Os irmãos de Peixes adoram participar de tudo. Infelizmente, seu lado negativo às vezes faz com que se sintam deixados de fora, mesmo quando isso não é verdade. Portanto, pais prudentes devem conceder-lhes um pouquinho mais de atenção para evitar que se julguem excluídos por seus irmãos e irmãs. Não raro, o sucesso das férias repousa nas mãos dos filhos piscianos. Após uma experiência negativa, seus irmãos decidem ou deixá-los em casa com outros membros da família ou atender às suas necessidades com mais cuidado, para que a experiência não se repita. Os irmãos de Peixes sempre reagem de maneira positiva a esse tratamento especial.

Os filhos de Peixes

Os filhos de Peixes costumam ser tranquilos e educados, refletindo o amor de seus pais. Mas também podem ser muito difíceis, pois seu humor às vezes não condiz com o das pessoas à sua volta. Capazes de fazer cenas ou surtar quando se sentem incompreendidos, é como se ostentassem o rótulo de "cuidado, frágil" no semblante. Têm por marca registrada a sensibilidade extrema, mas, quando estão felizes e se sentem aceitos ou compreendidos, iluminam o ambiente e enchem os outros de alegria. Não há nada mais triste do que ver um pisciano sofrer; entretanto, quando ao mesmo tempo atormentam a vida alheia, é difícil simpatizar com eles.

O desenvolvimento da personalidade e os filhos de Peixes

Se os filhos de Peixes forem tratados de maneira inteligente e sensível por pais compreensivos, atravessarão as fases do desenvolvimento da personalidade sem problemas. Mas, se forem privados de carinho e se sentirem frustrados ou incompreendidos, brigarão com os pais e o mundo a cada etapa. No fim, mesmo os filhos mais difíceis de Peixes conseguem se acomodar, mas não sem cicatrizes para ambas as partes – a sua e a dos pais. Quando felizes, esses filhos respondem ao amor e ao carinho tão naturalmente quanto uma flor se volta para a luz; mas quando magoados, acham difícil aceitar o afeto e até o rejeitam.

Hobbies/interesses/planos de carreira para os filhos de Peixes

O filho e a filha nascidos sob o signo de Peixes em geral têm muitos hobbies e interesses, mas que ficam em sua maioria confinados à infância. Raramente suas brincadeiras e lazeres do tempo de criança pressagiam como será sua carreira adulta. Para quase todos os piscianos, existe uma nítida separação entre infância e maturidade. Esses parecem ser mundos totalmente diferentes e algumas pessoas sequer reconhecem as crianças de Peixes depois que elas crescem. Aprender a brincar de novo na idade adulta é um sério desafio para a maioria dos piscianos.

PONTOS FORTES
Alegre
Feliz
Brilhante

PONTOS FRACOS
Desalentado
Incompreendido
Rejeitado

ESTILO INTERATIVO
Sensível
Suscetível
Exigente

AMIGOS E FAMÍLIA

A disciplina e os filhos de Peixes

Os filhos piscianos reagem muito mal a punições e métodos disciplinares rigorosos, que podem desorientá-los e induzi-los a infringir regras. Seguem-se então mais punições e mais sofrimentos. O problema com os filhos de Peixes que se rebelam e são punidos é que, uma vez encaixados nesse padrão, passam a achá-lo normal e repetem os erros num ciclo sem fim. Portanto, não devem ser punidos como as outras crianças, mas tratados com consideração especial por sua natureza altamente sensível.

Nível de afeto e os filhos de Peixes

Os filhos de Peixes precisam de mais afeto que a maioria das crianças. Abraços, beijos e sorrisos são ingredientes saudáveis e essenciais de sua dieta normal. Um filho de Peixes privado de afeto é uma visão triste: parece uma galinha depenada. A falta de afeto pode levá-los a adoecer, tanto física quanto psicologicamente. Essa é uma das coisas mais cruéis que os pais podem fazer com eles. A salvação é um gato ou cão para o qual se voltam em busca de afeto. Um amiguinho ou irmão mais próximo ajudam a compensar a carência, mas em geral os filhos de Peixes precisam receber amor diretamente dos pais.

Como lidar com as interações dos filhos de Peixes com os irmãos

Os pais em geral acham difícil não proteger seus filhos de Peixes e procuram de todos os modos fazer com que os irmãos deles os aceitem. Além disso, uma vez estigmatizadas como filhos favoritos, essas crianças podem despertar inveja e ciúme, piorando assim a situação. Os pais precisam então traçar uma linha nítida entre apenas proteger suficientemente seus filhos piscianos e não provocar o antagonismo e a mágoa dos outros irmãos. Às vezes, o melhor é que os filhos resolvam sozinhos o problema, sem a intervenção dos pais. Passada a tormenta, quase sempre se observa que eles de fato o resolveram.

Como interagir com os filhos adultos de Peixes

A maioria dos piscianos deixa a infância para trás, transformando-se em criaturas diferentes ao atingir a idade adulta. O maior problema deles é retomar contato com a juventude por meio do despertar de sua criança interior. Às vezes, isso só acontece quando eles próprios se tornam pais. Só tendo filhos conseguem recuperar a magia essencial da infância, alcançando sobre esse período uma compreensão que na época não possuíam. Mais verdadeira para piscianos do que para a maioria das outras pessoas é a frase: "Adultos crescem para se tornar crianças".

TÍTULO ORIGINAL *The Astrology of You and Me*
© 2009, 2018 by Gary Goldschneider
Todos os direitos reservados. Publicado originalmente em inglês pela
Quirk Books, Filadélfia, Pensilvânia. Este livro foi negociado por intermédio
da Ute Körner Literary Agent, S.L.U., Barcelona - www.uklitag.com
© 2018 Vergara & Riba Editoras S.A.

EDIÇÃO Fabrício Valério e Flavia Lago
EDITORA-ASSISTENTE Natália Chagas Máximo
PREPARAÇÃO Adilson Mendes
REVISÃO Isadora Prospero
DIREÇÃO DE ARTE Ana Solt
DIAGRAMAÇÃO Ana Solt
ILUSTRAÇÃO Camille Chew
CAPA E DESIGN Andie Reid

Dados Internacionais de Catalogação na Publicação (CIP)
(Câmara Brasileira do Livro, SP, Brasil)

Goldschneider, Gary
A astrologia de nós dois: como entender e melhorar cada relacionamento
em sua vida / Gary Goldschneider; [tradução de Frank de Oliveira]. -
São Paulo: V&R Editoras, 2018.

Título original: The astrology of you and me.

ISBN 978-85-507-0245-2

1. Astrologia 2. Ciências ocultas 3. Esoterismo I. Título.

18-18941   CDD-133.5

Índices para catálogo sistemático:
1. Astrologia 133.5
Maria Alice Ferreira - Bibliotecária - CRB-8/7964

Todos os direitos desta edição reservados à
VERGARA & RIBA EDITORAS S.A.
Rua Cel. Lisboa, 989 | Vila Mariana
CEP 04020-041 | São Paulo | SP
Tel.| Fax: (+55 11) 4612-2866
vreditoras.com.br | editoras@vreditoras.com.br

SUA OPINIÃO É MUITO IMPORTANTE
Mande um e-mail para **opiniao@vreditoras.com.br**
com o título deste livro no campo "Assunto".

1ª edição, out. 2018

FONTE Baskerville 9,25/12,5pt; Brandon Grotesque 11/14pt
PAPEL Offset 120 g/m²
IMPRESSÃO Santa Marta
LOTE SM298787